大文化与小传统——民俗文化学论萃

赵宗福　米海萍／主编

科学出版社

北京

图书在版编目（CIP）数据

大文化与小传统：民俗文化学论萃 / 赵宗福，米海萍主编. —北京：科学出版社，2016.2
ISBN 978-7-03-047205-2

Ⅰ. ①大⋯ Ⅱ. ①赵⋯ ②米⋯ Ⅲ. ①民俗学–文化学–研究–中国 Ⅳ. ①K892

中国版本图书馆 CIP 数据核字（2016）第 019810 号

责任编辑：陈　亮　范鹏伟 / 责任校对：张小霞
责任印制：徐晓晨 / 封面设计：黄华斌　陈　敬
编辑部电话：010-64026975
E-mail：chenliang@mail.sciencep.com

科学出版社 出版
北京东黄城根北街 16 号
邮政编码：100717
http://www.sciencep.com

北京九州迅驰传媒文化有限公司 印刷
科学出版社发行　各地新华书店经销
*

2016 年 3 月第 一 版　开本：720×1000　1/16
2020 年 1 月第二次印刷　印张：23 3/4
字数：390 000
定价：92.00元
（如有印装质量问题，我社负责调换）

目 录

文 化 篇

大文化视野中的昆仑文化研究与文化建设 …………… 赵宗福 3
论昆仑神话与昆仑文化 ………………………………… 赵宗福 25
穆天子西巡的地缘文化意义 …………………………… 米海萍 38
论"虎齿豹尾"的西王母 ……………………………… 赵宗福 52
历史记忆与文化认同
　　——《格萨尔》史诗的文化功能阐释 ……………… 马都尕吉 63
试析史诗《格萨尔》中的游牧文化特征 ……………… 马都尕吉 70

理 论 篇

论河湟皮影戏展演中的口头程式 ……………………… 赵宗福 77
西北花儿的研究保护与学界的学术责任 ……………… 赵宗福 87
民歌花儿的民间指涉和文本使用 ……………………… 李言统 100
村落土地利用与空间观同心圆结构关系探讨
　　——以青海土族村落为例 …………………………… 文忠祥 107
论河湟地区时空设置 …………………………………… 文忠祥 115
青海多元民俗文化和谐共生的文化建构模式探析 …… 贺喜焱 129
非物质文化视野下对民间文学文本的传承与尊重
　　——以青藏地区民间文学文本为例 ………………… 米海萍 137

民间文学篇

青藏地区民族民间文学的交流与特点 ………………… 米海萍 151
青藏地区与域外民间文学交流 ………………………… 米海萍 165

口传与书写：从"蓝桥"主题看民间文学的历史演绎……… 李言统 176
宝卷与青海嘛呢经流变的关系………………………… 李言统 183
中国花儿的学术史回顾与反思………………………… 赵宗福 191
论《格萨尔》的程式化结构特点及其传承规律……… 马都尕吉 200
《格萨尔》伦理思想探微……………………………… 马都尕吉 214
毁灭与重生
——故事歌《方四娘》的悲剧叙事……………… 李言统 220

民 俗 篇

清代咏藏竹枝词的民俗内容及其特点………………… 米海萍 231
三川土族"纳顿"解读………………………………… 文忠祥 242
土族纳顿面具舞解读…………………………………… 文忠祥 254
试析土族"纳顿"节传承、复兴的文化动因
——以青海省民和县鄂家村为例………………… 贺喜焱 278
非物质文化遗产保护视野下的土族婚礼传承研究…… 贺喜焱 285
"那达慕"的传承与创新研究
——以青海省海西蒙古族藏族自治州"那达慕"为例 贺喜焱 292
从史诗《格萨尔》看藏族盟誓习俗…………………… 马都尕吉 299
河源昆仑与土地崇拜…………………………………… 米海萍 304
论土族民间信仰象征…………………………………… 文忠祥 314

田野调查篇

乡土社会农事祭祀与社会控制
——对民和县桥头村青苗善事的民俗学调查……… 李言统 329
青海民和土族"纳顿"节的田野调查………………… 贺喜焱 342
神圣的民俗化与民间信仰的多元性
——大通老爷山朝山会调查研究………………… 邢海珍 351
青海省大通县城关镇城隍庙会调查报告……………… 邢海珍 361

后 记 ………………………………………………………………… 373

文化篇

大文化视野中的昆仑文化研究与文化建设

赵宗福

昆仑文化是近年来由民俗学和民间文艺学界策划推动兴起的一种地方文化,在海内外产生了较大影响,尤其是在地方文化发展战略中发挥了重要作用。作为一个有广泛影响和有现实功能的学术活动个案,其中的得失是值得关注的。本文即从民俗学角度对昆仑文化与青海地方文化建设的关系进行回顾,进而对民俗学与国家文化发展作一些思考。

一、海内外对昆仑神话的研究

昆仑文化的主要源头是昆仑神话,而昆仑神话是我国古典神话中内容最丰富、保存最完整、影响最深远的神话体系,一个世纪以来众多学者从中国神话学发轫期至今,运用人类学、民族学以及民俗学的理论,结合中国传统文字学、音韵学、训诂学以及田野调查方法,还有叶舒宪等提倡的"四重证据法"等,对之进行了不懈探索。蒋智由的《中国人种考》一书从人种学视角提出"西王母,今为东西各国研究支那学者,热心考察之一问题。盖以西王母为窥测中国古史,与外域交通之一要件"的观点,引用《山海经》等文献论证"昆仑山就是喜马拉雅山"、"西王母是黄种的氏族"等,此书成为现代研究昆仑神话的拓荒之作,对昆仑神话体系的建立和华夏族起源研究产生了影响。夏曾佑《中国历史教科书》开篇述神话内容,认为"中国自黄帝以上,包牺、女娲、神农诸帝,其之形貌、事业、年寿、皆在半人半神之间,皆神话也。"具备了基本的神话观。此后,刘师培、鲁迅、茅盾、钟敬文、吕思勉、吴晗、方诗铭、朱芳圃、丁山、卫聚贤、苏雪林、程发轫、凌纯声、顾颉刚、杜而未、徐高阮、袁珂、任乃强等学者从文学、历史学、民族学、宗教学和神话学等学科,对昆仑神话进行了关注研究和相关文献整理,成果颇多。鲁迅《中国小说史略》从中国文学史源起探讨原始神话探求初民精神和昆仑神话、西王母神话等话题,将神话定为文学之源。茅盾代表作《中国神话研究 ABC》具有拓荒性意义,首次提出了昆仑神话中西王母神话演化的三阶段观点,并论述了神话演化的历史文化原因。闻一多《伏羲考》立于人类文化发展史的高度,以文化人类学理论为指导,灵活结合中国传统小学考证方法,论证了女娲、伏羲神话的起源、发展和演变,并对相关文化作了广泛深刻的研究，实际上通过这两位创世大神和龙蛇的渊源关系，探讨了昆仑神话对于早期中华文明形成和发展的关键作用。程憬的《古代中国神话中的天、地及昆仑》《山海注考》《西王母传说的演变》《山海注中的神话人物》等论文颇有分量，提出了"中国有系统神话"的观点，并对中国神话尤其是昆仑神话进行"全貌素描"式专门研究，从巫药、巫术、祭祀礼和神话四方面论证了《山海经》是古代巫觋宝典的观点，形成了独特的神话理论和研究个性。之后，钟敬文《山海经神话研究的讨论及其他》研究系列论文、辰伯《西王母与西戎——西王母与昆仑山之一》、郑德坤《山海注及其神话》、吕思勉《昆仑考》和《西王母考》、凌纯声《山海经新论》、王以中《山海注图与外国图》、丁山《论炎帝大岳与昆仑山》等，从神话研究层面关注了神话与边疆问题以及中华民族认同感；饶宗颐、丁山、卫聚贤、苏雪林、程发轫、杜而未、徐高阮、凌纯声等学者对昆仑神话做了不同角度的研究，提出的论点归纳成为昆仑"七说"之论，使昆仑神话的整体研究区域丰富和充实。

顾颉刚是中国史学"古史辨派"的开创者，由于古史与神话之间存在难分难解关系，"古史即神话"是该学派信奉的原则，所以在古史"辨伪"的学术探索和争论之下阐明其神话理论及其研究方法名义之下，率先从理论上系统完整地建构了昆仑神话理论体系。顾颉刚所撰写的《从古籍中探索我国的西部民族——羌族》一文提出"中华民族的人文的始祖炎黄首先是羌人的祖先，然后才是华夏族的祖先"，"不仅以炎帝为宗神的古代羌人生活在今青海祁连山南北河湟之地，而且青、甘、陕、川一带，主要是炎黄部落联盟活动，成为华夏民族的发祥地"①等论。顾颉刚在昆仑神话研究方面的代表作有《昆仑传说和羌戎文化》《〈穆天子传〉及其著作时代》《〈禹贡〉中的昆仑》《昆仑和河源的实定》等，《〈庄子〉和〈楚辞〉中昆仑和蓬莱两个神话系统的融合》一文提出在中国古代留传下来的神话中，有两个重要的系统：一个是发源于西部的昆仑神话系统；一个是受昆仑神话影响而形成于东部沿海地区的蓬莱神话系统。古史辨派神话学家们以"层累"和"演变"的理论结合传统考据辨伪方法，不仅是中国现代民间文艺学史上神话研究的开拓者，而且对昆仑神话研究贡献颇多。

袁珂是中国大陆一直坚持神话研究并取得丰硕成果的老一辈学者，《中国古代神话》《中国神话史》等是其代表作，尤其对《山海经》作了独到研究，《山海经校注》以对1181年以来的16种《山海经》版本及各家注释仔细比较鉴别为基础，第一次专从神话的角度给予系统解释。他的学术思想可主要概括为中

---

① 顾颉刚：《从古籍中探索我国西部的民族——羌族》，《社会科学战线》1980年第1期。

华多民族整体神话观,主要内容是"广义神话论"、古籍记载与民族传闻并重、少数民族神话和汉民族神话同步。

这里值得一提的是我国台湾和香港地区神话学界对昆仑文化扎实研究而形成的一批重要论著,有卫聚贤《封神榜故事探源》、芮逸夫《中国民族及其文化论稿》、苏雪林《昆仑之谜》和《屈赋之谜》等重要论著。1960年之后,杜而未的《山海经神话系统》、《昆仑文化与不死观念》和《中国古代宗教研究》等相继问世,主要集中在创世神话研究、古帝系神话研究、虚拟动物神话研究、《易经》研究、古代宗教研究等方面,从宗教学理论、从月亮崇拜模式对昆仑神话进行了阐释,第一个提出"昆仑文化"学术命题,认为"文化越古老雄厚越需要解释","昆仑文化是昆仑神话连带出来的人生哲学"①。尽管他并没有从文化学理论对"昆仑文化"概念作进一步学理性阐释,而且仅仅局限于对《山海经》等文献的梳理,但提出这个命题并研究昆仑神话的主要内容及其意义,当属开创性论说。王孝廉的《中国的神话世界——各民族的创世神话及信仰》(作家出版社出版时只出版下册,并题为《中国的神话世界》)多次修订出版,主要是对中原各部族的神话与信仰研究、对东北西南族群的创世神话的梳理,尝试对中华各民族神话作整体性、历史性的研究,所发表的《绝地天通神话——昆仑神话主题解说》一文,提出了昆仑的原始源于古代羌族的圣岳信仰的看法。此外,李亦园、李丰懋、朱传誉、杨希枚、谭达先、陈炳良等关涉昆仑文化的研究成果也很显著。这些论著的发表和学术观点的积累,大大拓展了昆仑文化研究的领域和思路。

凌纯声《昆仑丘与西王母》②一文,对学界的"昆仑七说"进行了梳理,认为分别是:① 丁山《论炎帝大岳与昆仑山》一文认为昆仑神话源自须弥山。② 卫聚贤《昆仑与陆浑》一文认为昆仑山就是今天新疆与青海的昆仑山脉。③ 苏雪林《昆仑之谜》一文认为昆仑是指两河流域之帝都。④ 程发轫《昆仑之谜读后感》认为"昆仑"一词出于西域,有"崇高"与"玄色"二义。⑤ 杜而未的著作《昆仑文化与不死观念》认为《山海经》中的昆仑是月山。⑥ 徐高阮《昆仑丘和禹神话》一文认为古籍所载昆仑丘(墟)应为古代两河流域各城通有的多层庙塔。⑦ 凌纯声认为源于两河的昆仑,在中国则称为坛墠,又可名曰封禅文化。

---

① 杜而未:《昆仑文化与不死观念·序》,台北:学生书局,1977年,第1页。
② 凌纯声:《中国边疆民族与环太平洋文化》,台北:联经出版事业公司,1979年,下册,第1569—1606页。

改革开放以后，一些学者如刘魁立、连树声、萧兵、叶舒宪、董晓萍、何新、邓启耀、陶思炎、杨利慧等分别对神话原型理论、精神分析理论、结构主义理论、表演理论或美国学者阿兰·邓迪斯、欧达伟、萨姆纳、鲍曼等人的著作进行了翻译、介绍或运用。特别是叶舒宪的著作《河西走廊：西部神话与华夏源流》运用考古学成果资料，结合文献记载、田野调查和语源学资料"四重证据法"，研究视角置于河西走廊文化空间（包括今青海东部区域），探寻夏商周华夏文化源流，以此阐明古代西部氐羌民族对中华文明所作的巨大贡献。所有这些成果对昆仑神话与昆仑文化研究有理论架构和方法论的启示性意义。

除此而外，有关昆仑神话的文献经过学者的精心校注考证不断问世，如2006年西安地图出版社出版的《历代山海经文献集成》，收晋唐明清以来注本、校订本、绘本等18种，堪称昆仑神话资料的集成式汇编。2008—2009年，广西师范大学出版社先后出版了由迟文杰、陆志红主编的《西王母文化研究集成》系列丛书，通过收集、整理、刊布古代关于西王母的文献记载、考古资料、文物图片等，系统介绍了迄今国内外学术界关于西王母的研究成果。自20世纪80年代以来"三套集成"和"十套集成"的有关文本化的口述文献，也为昆仑文化的研究积淀了厚重的资料基础。

与此同时，我国台湾学界与大陆学界来往密切，在昆仑文化的研究与交流方面也表现出空前的热情，王秋桂、曾永义、鹿忆鹿、钟宗宪、高莉芬、刘惠萍、郑灿山、彭衍伦、唐蕙韵等一大批学者先后甚至多次到青海、甘肃、新疆等西北地区考察和研讨，发表和出版了一批高质量论著。尤其是高莉芬致力于昆仑神话的研究和热心于昆仑文化的演讲，在台湾学界对昆仑文化的认同方面发挥了作用。

国际学术界对昆仑神话也早有关注，并取得了诸多成绩。如法国学者于1836年发表了最早的有关中国神话的文章，并且最早翻译了《山海经》。E.Burnof 在1875年翻译了《山海经》的《西山经》，L.deRosny 在1889年发表《山海经》部分译文。俄罗斯学者 C.M. 格奥尔吉耶夫斯基于1892年在圣彼得堡出版了《中国人的神话观与神话》一书，首次对中国古代神话作了分类，详细分析了古代中国人对于宇宙形成的观念、宇宙神话、古代帝王神奇诞生的传说等，认为古代中国人有了星空明显倾斜的观念后，才会出现共工与祝融交战，共工不胜而怒触不周山，天柱折断东南倾斜的神话；还认为伏羲、神农、黄帝、帝喾、尧、舜、大禹等帝王形象是在神话概念的基础上形成于民间的神话形象，后来被孔子加以利用，塑造成"指导中国未来的生活"的理想人物。李福清（B.Riftin）在1979年出版的《从神话到章回小说：中国文学中人物肖像的演变》，主要根据中国古文献即古代石像中所载有关神话人物的奇异肖像，力图重建上古神话概念，以揭示神话形象中从兽形到人形共体、直至全部人形化过程。李福清还将世界各地学者研究中国神话的成果辑录成《中国各民族神话研究外文论著目录——1839—1990（包括跨境民族神话）》出版①，较为系统地整理了自19世纪以来国外神话学者用俄、英、法、德等15种语言发表的中国神话研究成果，为研究昆仑神话提供了重要的基础文献。

日本学者研究昆仑神话颇有见地和成果。1904年，高木敏雄出版的《比较神话学》一书是东方汉文化圈中涉及中国神话研究的第一部著作。白鸟库吉分别在1909年和1912年发表了《支那古神话的研究》、《〈尚书〉的高等批判》，成为日本研究中国古神话奠基人。加藤常贤、贝家茂树、池田末利、御手洗胜、白川静、森安太郎等，在研究中国神话方法上，都曾经是或一直是以中国古文献中文字考证而见长的学者，从文字的原初音义的解明去构架中国神话的秩序，相继发表的中国神话研究的专著，积累为中国本土之外最丰厚的亚洲神话学传统。御手洗胜的《古代中国昆仑思想的展开》、《昆仑传承与永劫回归》等著作，对昆仑的思想传承做了较多的考证，至今仍有相当的影响。20世纪70—80年代，伊藤清司等从人物、咒术、山岳神祭祀、民间医疗等多角度对《山海经》进行了研究。近20年来，白川静等学者侧重于上古祭仪研究，认为古代铭文反映了一部分祭仪的情况，提出禹属夏系神话；共工为姜姓部族的神，属于藏系的羌人；女娲、伏羲则属于所谓屈家岭文化等观点。日本神话学家吉田敦彦的《神话考古学》、《绳文土偶的神话学》等论著突破了传统的文本化的神话观念，将神像、陶器图像及纹饰、玉石器造型等实物与民族志资料相结合，深入解读了其中蕴含的文化信息。铁井庆纪的《中国神话的文化人类学的研究》一书，收录了《昆仑传说试论》、《道家思想乐园思想》等论文，另有小南一郎的《西王母与七夕传说》、松田稔的《山海经之比较研究》、下斗米晟的《西王母研究》、栃尾武的《精卫传说资料汇编》等论著和资料。

俄罗斯学者C.M.格奥尔吉耶夫斯基于1892年在俄国圣彼得堡出版《中国人的神话观与神话》②一书，认为古代中国人有了星空明显倾斜的观念后，才会出现共工与祝融交战，共工不胜而怒触不周山，天柱折断东南倾斜的神话。法国汉学家H.Maspero的《书经中的神话传说》（1924年）、《上古中国史》（1927

---

① ［俄］李福清：《中国各民族神话研究外文论著目录——1839—1990（包括跨境民族神话）》，北京：北京图书馆出版社，2007年。

② ［俄］C.M.格奥尔吉耶夫斯基：《中国人的神话观与神话》，1892年圣彼得堡版。参见马昌仪：《中国神话学发展的一个轮廓——〈中国神话学文论选萃〉序言》，《民间文学论坛》1992年第6期。

年,1959年)和 M.Granet 的《中国古代的祭礼和歌谣》(1919年)、《古代中国的舞蹈和传说》(1926年)等著述都涉及中国神话的问题,二者分别从历史学和社会学的角度切入,在汉学界有较大的反响。20 世纪西欧汉学家如英国汉学家 H. Giles、德国汉学家 A. Forke、法国汉学大师 P. Pelliot 对西王母形象的起源进行了专门讨论。

二、青海对昆仑神话与昆仑文化的研究

由于昆仑山主峰在青海以及历史上对青海昆仑西王母的普遍认同,青海地方学界对昆仑神话尤其关注。李文实、赵宗福、汤惠生、崔永红、米海萍、鄂崇荣、李措吉、刘永红、王伟章等一批青海本土学者对昆仑神话的研究不遗余力。李文实认为"西王母神话来源于昆仑之丘,而这昆仑之丘,其地就在今青海地区。而这块地区,则是古氐羌生息活动的主要所在"[①]。与此同时,汤惠生《神话中之昆仑山考述》一文通过对昆仑山神话和萨满教宇宙观的比较以及对"昆仑"二字的训诂学考察,认为"昆仑"乃古代匈奴语"天"之谓,古代信奉萨满教的民族和部落都可以拥有自己的联系天地的宇宙山,考虑到文化传播的特性,提出"昆仑山就是宇宙山"[②]的概念。此外,卢耀光、朱世奎等学者从考古学、地方文化等角度,阐述西王母的主要活动区域在青海,及其与羌戎民族的关系。

青海地方学界还进而提出了"昆仑文化"的概念并进行研究。20 世纪 90 年代初,笔者就在《青海远古文化与中华文化的关系》等论文中提出"昆仑文化"(当时还没有接触到杜而未的著作),后来在《青海史纲》中把昆仑神话作为青海远古文化源头进行了专节描述,但这些并没有马上引起关注。之后由于在一些学术会议上的呼吁和一批学术论文的发表[③],"昆仑文化"的概念逐渐被地方学界接受。进入 21 世纪后,笔者的《昆仑神话》一书运用神话学、民俗学和文化人类学的理论方法,结合古文字学、考古学、民族志等材料,第一次对昆仑神话做了系统的梳理和科学的评价,勾勒出了一个完整的昆仑神话体系和学术构架。书中提出昆仑神话是中国古典神话的主体,并就神话昆仑山的风貌、主

---

① 李文实:《西王母通考》,《江河源文化研究》1995 年第 1 期。
② 汤惠生:《神话中之昆仑山考述》,《中国社会科学》1996 年第 5 期。
③ 在 20 世纪 90 年代,笔者在《民间文学论坛》《北京师范大学学报》(社会科学版)《西北民族研究》等学术杂志曾陆续发表《中国月亮神话演化新解——以月虎为主题的考证》、《岗仁波钦信仰与昆仑神话》、《论"虎齿豹尾"的西王母》、《黄河之水青海来——河源神话之谜破译》、《西王母的神格功能》等系列论文,并于 1997 年获得青海省人文社会科学优秀成果二等奖。

要传说故事及其文化意象、西王母信仰的历史流变、昆仑神话与青海的文化关系、昆仑神话的传播等做出了诸多新颖可信的诠释，被学术文化界普遍采纳。而《论"虎齿豹尾"的西王母》、《论昆仑神话与昆仑文化》等论文，认为"河源"就是昆仑山地理所在的标志。从我国古籍中"河出昆仑"的反复记载和历代对河源昆仑的寻求，表明国人千百年来有一个共识，就是昆仑山在黄河源头地域，也就是今天的以三江源为中心的青海高原地区。根据《山海经》、《穆天子传》和王充《论衡》中记载以及藏族关于青海湖起源的传说，昆仑神话中的西王母国和西王母也就在以青海湖为中心的青海高原地区，这些都可以从各种神话传说遗迹、民族志与民俗志，以及历代文人墨客的文学作品中得到充分的印证。其西王母的原型就是远古以青海湖为中心地带的原始部落酋长兼大女巫，这些观点被学界广泛认同和采用。

但是，我们研究昆仑文化的视野并不拘囿于某一行政区域，而是把它放置在整个中华文化的环境中予以考量，这也许正是我们不同于很多"地方文化中心主义"绝对论者的特点之一。概而要之，我们的主要观点有：

（1）昆仑神话是中华文明的重要源头之一。从现存的古籍文献看，昆仑神话的形态最朴野最原始、故事系统最完整最丰富、资料保存最多，她是中华民族在"童年时期"的以神格信仰为核心的综合体创作，是中华民族最初的世界观、社会观、价值观的整体反映，因此昆仑神话在一定意义上就是中华民族早期的昆仑文化。她与中华文明的产生发展密切相关。

（2）神话昆仑山是中华民族的发祥地和祖居地。"赫赫我祖，来自昆仑。"文献上反复出现的这句话正反映了中华民族对民族起源的文化记忆和历史强调。而"河源昆仑"是中国人千万年不变的文化情结，从屈原对昆仑山的向往到汉晋以来几十次对黄河源头和昆仑山的探索追寻，就反映了这一文化心理。黄河是华夏民族的母亲河，昆仑山是母亲河的源头，是中华大地（文化意义上）的巨乳。

（3）西王母是昆仑神话中的女主神，历史上影响巨大，在不同层次不同领域以不同形式演变，如神话、历史传说、国家祭祀、道家与道教、明清民间秘密宗教、民间信仰中各有不同，但产生着影响，至今被民间称为"王母娘娘"，台湾新兴宗教称为"瑶池金母"。但在最初，其原型是青藏高原上的羌人部落大首领兼大女巫，故有"西王母国"、"西王母之邦"。以此推之，昆仑神话发祥地在以青海高原为中心的西部地区。

（4）昆仑山作为昆仑神话和昆仑文化的标志性地理圣山，历史上有一个发展互动的文化过程。神话昆仑是原始先民根据现实地理想象出来的神圣大山，而现实的昆仑山又是神话昆仑的神圣延续，二者具有密不可分的关系，既不可混为一谈，也不能截然割裂。昆仑山的神话世界是在文化史上逐渐丰富起来的。

（5）昆仑神话与西南民族及其地区民族关系密切。从目前掌握的可靠资料看，西南地区至少有近20个民族来源于青海高原，都与昆仑文化和古羌文化有着密切的关系，至今在他们的口承记忆和民俗文化中仍然保存着大量昆仑文化的元素，且与汉文献中的昆仑神话及其民族文化的历史记录可以相印证。同时与历史上西北的一些民族如月氏、西夏党项、吐蕃（藏族）等具有源流关系。有人研究，我国至少有2/3的民族与昆仑文化有密切的关系。因此，昆仑文化是我国多民族共同传承享用的精神财富，对于促进多民族对祖国大家庭共同的文化认知具有重要意义。

（6）昆仑神话不仅影响了中华民族，而且进一步辐射到周边国家和民族，深深地影响了日本、韩国、越南、马来西亚、新加坡等国家的文化，如圣山信仰，海外亦有昆仑、西王母神灵，等等。同时，随着华人向世界的流移，昆仑文化意象走向世界。因此，昆仑文化具有世界的文化影响力，与希腊神话中的奥林匹斯山相媲美。

（7）昆仑神话作为中华文明的重要源头之一，对中国文化的发展产生了深远的影响。大如对中华天文、地文、人文的影响，具体如对宗教信仰、天文地理观念、文学艺术、社会制度、民俗习惯等的影响，昆仑文化弥散在中国文化的方方面面之中。我们"总是处在传统的掌心之中"（希尔斯语），但又往往不知所以然。今天对之进行细致的梳理，对于正确认知我们民族的历史文化很有意义。

（8）昆仑文化在当代还发挥着重要的文化功能，尤其是和谐大爱、无私奉献、勇于担当、敢于拼搏、锐意探索、不断创新的精神，不仅激励着各族人民团结进步共建小康，而且与当代主流精神相吻合。昆仑文化是增强文化软实力、辐射力、影响力的重要途径，也是实现中华文化复兴中不可或缺的传统资源。

（9）昆仑文化在当代地域文化建设中发挥着积极作用，在有些地方还有着不可替代的功能。从近年青海、新疆、甘肃等省区的文化建设成效来看，昆仑（西王母）文化几乎成为了金色品牌。特别是青海省把昆仑文化定位为地域文化的标志性文化，开展丰富的文化活动，在地域文化的大发展大繁荣、促进文化产业发展中产生了很好的影响，值得关注借鉴。

（10）昆仑神话与昆仑文化是中国传统文化中具有重要价值的文化现象，所以古来受到学术界、文化界的重视，一大批名家研究昆仑神话，诸说纷纭，成果累累，但是还没有提升到昆仑文化的层面上予以研究，也缺乏学术史的系统梳理和有效运用。在弘扬优秀传统文化、实现中华民族文化复兴的当代，应予以重点研究。

三、昆仑神话与昆仑文化研究的重点评价

近百年来的昆仑神话与昆仑文化研究，为我们积累了文献资料，提供了多角度、多层次的视角，一些学者的观点和研究方法为我们系统研究昆仑文化与中华文明的关系提供了理论指导和方法手段。其中有几个方面是值得注意的。

（1）茅盾西王母神话演化"三阶段"观点的提出。茅盾著《中国神话研究ABC》第一次提出了西王母神话演化"三阶段"看法，认为第一个阶段是《山海经》，第二个阶段是《穆天子传》，第三个阶段是《汉武故事》，由半人半兽的怪异之神蜕变为女王，再成为雍容王母，论证了西王母形象由野到文、由简到繁的神话演进，认为西王母是古代西域一带以虎、豹为图腾的女酋长的形象。所谓三青鸟，说明凶禽猛兽相伴，还处于啖食充饥的原始狩猎阶段。西王母怪异可怕的形貌，正是当时人与动物不分、人神不分观念的反映，虽然不合理，却在很大程度上保留了原始神话的本相。认为昆仑是帝之下都，居住着西王母、陆吾、开明兽、猛兽、怪鸟、奇树等众神，"大概中国神话里的昆仑的最初观念，……正好代表了北方民族的严肃的现实的气味"①；而昆仑神话传到南方民族，便在《离骚》里塑造成了"昆仑玄圃"。他自己宣称按照人类学派的观点考察神话，又强调神话是文学的源头，重视其艺术价值，通过神话对《楚辞》的影响，论证神话在中国文学史发展的重要地位。关涉昆仑神话的内容和深层结构，从中华文学艺术之起源中分析昆仑文化所起的影响和作用，还是大有文章可做。

（2）袁珂对神话的定义和神话"广义论"观点的提出。早年有关昆仑神话的研究有《山海经里的诸神》等文章，专著《中国古代神话》一书先后在20世纪五六十年代刊印了7次之多，该书将神话梳理与研究相结合，在古代神话文献的整理和考释上，都具有重要的意义。他的学术代表作《山海经校注》，以郭璞《山海经注》为基础，对《山海经》进行全面校勘，恢复其原始面貌，为文化人类学、宗教学等研究昆仑文化提供了可靠的文本。他的《中国神话传说词典》《中国神话资料萃编》，为神话研究者及普通的神话爱好者研究和学习中国古代神话提供了一把钥匙。他的专著《中国神话史》堪称中国第一部神话史著作，对中国神话从上古迄于明清的神话材料作了纵贯系统论述，透彻分析了中国神话发展演变的轨迹，并体现和实践了广义神话观的理论，认为在中国历史的各个阶段都有新的神话产生，新神话又随着社会发展仍在不停地演变，尽管他没有明言研究昆仑神话，但用了很大篇幅论述昆仑神话及昆仑神话传播对于

---

① 茅盾：《中国神话研究初探》，上海：上海古籍出版社，2005年，第50页。

后世的影响,认为西王母在《大荒西经》中的形象是男性,到了《海内北经》中才初步女性化和王者化,秦汉之际西王母是国名(部落名),由野而文是不可抗拒的演化公例。源于古羌先民的昆仑文化对古今少数民族文化影响深远,在古代的大月氏、匈奴等古老民族中,都有西王母和昆仑山的文化记忆和文化事象;含有昆仑文化元素的创世神话、盘瓠神话、伏羲兄妹结婚神话、始祖诞生神话等至今保存在西南许多少数民族的口头传统中,这些在袁珂的《中国神话史》中多有论述,具有开拓昆仑文化研究思路的启示意义。

(3)顾颉刚关于"昆仑神话系统"的理论建构。《〈庄子〉和〈楚辞〉中昆仑和蓬莱两个神话系统的融合》①一文中提出昆仑的神话发源于西部高原地区,它那神奇瑰丽的故事,流传到东方以后,又跟苍莽窈冥的大海这一自然条件结合起来,在燕、吴、齐、越沿海地区形成了蓬莱神话系统。此后,这两个神话系统各在流传中发展,到了战国中后期,在新的历史条件下又被结合起来,形成了一个新的统一的神话世界。顾颉刚指出了昆仑神话的传播路径,一是由于秦国向西拓地与羌、戎的接触日益密切,从而流传了进来;一是由于这时的楚国疆域,已发展到古代盛产黄金的四川丽水地区,和羌、戎的接触也很频繁,并在云南的楚雄、四川的荥经先后设置官吏,经管黄金的开采和东运,因而昆仑的神话也随着黄金的不断运往郢都而在楚国广泛传播。他认为昆仑是一个有特殊地位的神话中心,很多古代的神话,如夸父逐日、共工触不周山及振滔洪水、禹杀相柳及布土、黄帝食玉投玉、稷与叔均作耕、魃除蚩尤、鼓与钦䲹杀葆江、烛龙烛九阴、建木与若木、恒山与有穷鬼、羿杀凿齿与窫窳、巫彭等活窫窳、西王母与三青鸟、姮娥窃药、黄帝娶嫘祖、窜三苗于三危等故事,都来源于昆仑。有了这样的神山和中心,才能形成独特的神话世界,称得上完整的神话。他第一次从理论上建构了完整的昆仑神话体系。

(4)杜而未"昆仑文化"命题提出的学术史意义。"昆仑文化"一词是台湾学者杜而未率先在1960年左右提出的,其《昆仑文化与不死观念》正式出版于1977年,在该书中提出"昆仑文化是昆仑神话连带出来的人生哲学,当然,先当说明昆仑神话本身的原义,然后才可以谈属于昆仑的文化"②的概念。他从宗教学视角论证昆仑是仙山,昆仑、仙、道都和月亮神话相关,昆仑神话中的不死观念也和月亮神话相关,且昆仑文化与不死观念是在月神宗教中发展的,举凡与月山、仙山、修仙相关者,都可归于昆仑文化。为"月亮崇拜一元论"鼓

---

① 顾颉刚:《〈庄子〉和〈楚辞〉中昆仑和蓬莱两个神话系统的融合》,《中华文史论丛》1979年第2辑。
② 杜而未:《昆仑文化与不死观念·序》,台北:学生书局,1977年,第1页。

吹者。依据《山海经》等文献，从字义、状貌等入手解析昆仑神话意义的同时，认为《山海经》等所载均为月山神话系统，从月亮神话中反映了古代民众追求理想美满生活、美满社会，并和神灵取得联系，希冀康乐长寿的心理；又认为研究古代宗教离不开神话，于是从仙道文化观论述仙山、仙者与历代人们之仙意、不死观念，强调不死观念是一种人生观，和昆仑文化密不可分。尽管杜而未的有些提法在当时的台湾学界有些非议，在大陆学界的影响力也不是很大，甚至不被人们所知，但是他提出"昆仑文化"概念有首创之功。

（5）神话学与其他学科相结合的方法论。这方面的成果很多，仅以吕振羽的《史前期中国社会研究》①为例，该书在20世纪30年代初即已出版，书中将文献材料、古史传说与史前考古发现相结合，探讨史前时期历史面貌。值得注意的是，作者试图将考古学新石器时代的史前文明与中国古史传说对应起来研究，从而使带有神话色彩的古史传说，在纳入考古学意义上的历史范畴的同时，依据这样的史学观和研究方法，对古代神话传说中的洪水内容、尧舜禹的事迹以及图腾崇拜等问题，给予历史学意义上的界定。这样的研究成果，严格说来属于历史学范畴，但此种研究思路和研究方法，仍然给昆仑文化和昆仑神话的研究以启发，其学术上的意义和价值不能低估。

昆仑文化的研究离不开古文献，运用文献学和考据学的理论与方法，追溯昆仑神话文本的演变及其与中华文明源头研究、与少数民族共融互动研究等重大课题研究，是本书采用的分析视角和手段之一，但综合运用多学科资料，从多种视角进行昆仑文化的研究，无疑是方法论的提高和更好的选择。叶舒宪提出的"四重证据法"，就是在方法论上的新的推动。如《鲧禹启化熊神话通释——四重证据法的立体释古方法》等系列论文，着重说明"四重证据法"的具体内容：一是传世文献；二是地下出土的文字材料；三是民俗学、民族学所提供的相关参照材料，包括口头的神话传说、活态的民俗礼仪、祭祀象征等；四是专指考古发掘或传世的远古实物及图像。结合此4种证据，可帮助神话研究者乃至古史研究者走出文字研究的老路，并借助于文化人类学的宏阔视野和跨学科的知识谱系，"获得多方参照和交叉透视的'打通'效果，使得传世古文献中误解的和无解的难题获得重新审视的新契机"②。这一方法的提出和具体运用，既是中国神话学在21世纪初期所取得的显著成果之一，也是在昆仑文化的实践中得以运用的重要利器。

---

① 吕振羽：《史前期中国社会研究》，北平：北平人文书店，1934年。
② 杨利慧：《21世纪以来的中外神话学》，参见杨利慧"民俗学博客"http://www.chinesefolklore.org.cn/blog/?action-viewspace-itemid-34401.html。

国际神话学权威罗伯特·西格尔（Robert A.Segal）在1996年主编出版的六大卷《神话理论》（Theories of Myth），文学方面的神话学研究只占6卷书中的1卷而已，即不到神话学研究全貌的20%。而占据80%以上的内容都是从哲学、史学、考古学、宗教学、心理学、人类学等学科视角对神话进行研究。这为我们如何运用多学科进行神话研究提供了广阔的视野和方法。研究昆仑文化与中华文明课题中，我们必须广泛汲取人文学科的各种前沿知识，不断拓展研究的疆界。

（6）赵宗福关于"昆仑文化"及昆仑神话基本概念、内涵价值梳理和概括的论证。其系列学术论文和专著《昆仑神话》等，运用神话学、民俗学和文化人类学的理论方法，结合古文字学、考古学、民族志等材料，相互参考，相互佐证，对"昆仑"及昆仑神话的基本概念、内涵价值作了较为系统的梳理和概括，认为昆仑神话是中华早期文明的曙光，是中国古典神话的主体部分，昆仑自古以来是中华民族精神的象征。昆仑山既是万山之宗、河岳之根，也是中华文明的发祥地之一。因此鲜明地提出，昆仑山是孕育中华文明的最初源泉，认为黄河是中华民族的母亲河，孕育了博大精深的中华文明，而黄河的源头就在昆仑山。他还从昆仑山的内部结构、风物与外围世界等方面对神话昆仑山的基本风貌进行了系统的梳理。认为昆仑山具体形胜是逐渐丰富起来的，其具有的丰富的神物异景，是先民的理想乐园，被视为沟通天地的通道。认为华夏民族千百年来一直围绕着黄河源头来探求昆仑山，"河源"是昆仑山地理所在的标志，寻求"河源昆仑"是中国人一个不可磨灭的精神情结。提出神话昆仑是现实地理的折射表述，现实昆仑是神话昆仑的神圣延续，二者结合起来看才是完整准确的。还通过对汉藏文献、蒙古族藏族民间传说的论证比较，认为西王母的神话传说原型很可能就是远古时期率部游牧于青海湖地区的羌人女首领兼大女巫。还运用大量的民族志和民俗学田野调查资料作为旁证，证明西王母虎齿豹尾的形象与古老的青海民族文化密切相关。这些观点得到学界认同，被反复不断地引用，甚至变成了文化界的"公共语言"。

四、青海对昆仑文化的建设实践

青海地处青藏高原东北部，历来是多民族文化交汇碰撞之区，至今有46个民族生活工作于此，其中汉、藏、回、土、撒拉、蒙古族等民族是世居民族。正由于这种民族及其文化的多元性和边缘性，青海始终无法确定一个具有全涵盖性的标志性文化。

自20世纪90年代以来，政府和学界都在不同层面上试图寻找出一个能够完全至少基本涵盖青海特色文化的标志性文化，先后提出了诸如"青藏文化"、

"青海文化"、"青藏高原安多文化"、"江河源文化"、"三江源文化"、"西羌文化"、"吐谷浑文化"、"青唐文化"、"南丝绸之路文化"、"中国昆仑江河文化"、"青海三江源文化"、"昆仑江源文化"等等，但始终没有达成共识。

进入21世纪后，根据国家关于建设社会主义文化强国和推动文化大发展大繁荣的形势，青海省委、省政府则提出建设文化名省的发展目标。正是在这样的形势下，在省内外有识之士的支持下，青海民俗学界本着立足青海特色文化和学术文化建设积累、放眼国内国际文化大语境、着力于未来文化软实力的竞争力的思考，毅然提出了"以昆仑文化为青海多元文化的标志性文化"的主张。

关于"昆仑文化"这一概念，虽然杜而未早在20世纪60年代就已经提出，但是杜先生还仅仅局限在《山海经》中的昆仑山及其月山信仰以及文化影响中，并没有放到整个中华文化形成发展的大格局中来讨论，加之当时以及后来几十年间两岸学术的交流极其有限，大陆学界并没有接受甚至不知道"昆仑文化"一说。20世纪70年代末，顾颉刚先生研究昆仑神话，给学界带来了诸多启发，一批地方学者以其地缘关系而尤其注意昆仑神话的研究。20世纪90年代初，笔者在一些文章中把昆仑神话延伸为"昆仑文化"①，当时还仅仅属于联想性的表述，并没有上升到理论的整体思考，同时也没机会参考杜而未的昆仑文化说，因此基本内涵上完全不同，当时所说的昆仑文化仅仅指以昆仑神话等远古文化为源头的青海及其周边地域的区域文化。后来随着"昆仑文化"概念的逐渐推广开来，到2000年时，青海省文化厅等单位在格尔木举办"海峡两岸昆仑文化研讨会"，标志着"昆仑文化"被青海官方文化机构认同和正式使用。

但是把昆仑文化真正作为大文化进行科学研究，进而把昆仑文化与地方文化建设结合起来的文化战略研究，还经过了一段沉寂时光。这期间虽然也出现了一些以"昆仑"或"西王母"命名的书籍、文章或风物建筑，但一是往往陷入极端地方文化中心主义或宗教迷思之中，缺少战略思维和科学论证，不能与中华整体文化相衔接，也不能与未来文化建设相适应。当然也不否认，这样的诸多民间个人诠释和自由呈现现象在一定程度上为昆仑文化的兴起营造了氛围。

2008年4月，笔者担任青海省社会科学院院长。因身份的转换不得不逐渐调整研究取向，开始注重研究成果为地方社会文化建设服务的功能。我们认为，昆仑文化是青海文化中的标志性文化，如果做好了，可以从国际、国内文化语境上来提升青海文化的地位和影响，增强青海文化的软实力。尤其是青海省民俗学会成立之后，以学会为中心广泛联系相近及相关学科学者，围绕昆仑文化

---

① 赵宗福：《青海远古文化与中华文化的关系》，《江河源文化研究》1990年第1期。

与民族民俗文化、地方文化建设锐意进取。为此，我们集中精力做了四个方面的学术工作。

（1）严格依据学术原理和按照学术规范进行昆仑文化的研究。学术原理与学术规范，是真正的学术研究与非学术写作的区别。笔者曾经把二者称为"学院派"和"江湖派"，其逻辑风格和价值取向不同，但也各有价值（尤其是在欠发达地区，江湖派不仅人多势众，而且在一定程度上主导着学术场域）。但是就真正的文化软实力与文化话语权而言，科学研究是极为重要的途径。因此，我们在学术环境还比较差的青海高原上始终坚守了科学的学术立场。笔者在2010年发表的《论昆仑神话与昆仑文化》一文，认为"河源"就是昆仑山地理所在的标志。我国古籍中"河出昆仑"的反复记载和历代对河源昆仑的寻求，表明国人千百年来有一个共识，就是昆仑山在黄河源头地域，也就是今天的以三江源为中心的青海高原地区。而根据《山海经》、《穆天子传》和王充《论衡》中的记载以及藏族关于青海湖起源的传说，昆仑神话中的西王母国和西王母也就在以青海湖为中心的青海高原地区。这些都可以从各种神话传说遗迹、民族志与民俗志，以及历代文人墨客的文学作品中得到充分的印证。因此进一步提出，昆仑文化是青海古今各民族文化的最佳概括，是青海的标志性文化。从文化源头看，所谓昆仑文化就是昆仑神话。从区域文化看，所谓昆仑文化就是以昆仑山为标志的青海高原各民族文化，既包括历史文化，也包括现当代文化；既包括各类精英文化，也包括各民族民间文化。昆仑文化应该是一个区域性的文化整体。昆仑文化的基本特征就是"大美青海"——神圣、神奇、神秘。昆仑文化成为地域文化的一种符号①。这些观点得到了青海学术界、文化界的普遍赞同。当然，这期间，学会的一大批学者如鄂崇荣、米海萍、文忠祥、唐仲山、霍福、刘永红、王伟章等也发表了很多与昆仑文化有关的学术论文，共同推进了昆仑文化的学术研究。

（2）搭建学术平台，把昆仑文化放置在国际文化的大语境中讨论沟通，进而赢得国际国内学术界的认同，提升区域文化的影响力。在各类学术平台中，"昆仑文化国际学术论坛"是最为重要的。在中国民俗学会的支持下，我们于2009年开始策划筹备论坛，在筹备过程中意外地得到了国内外学界的一致支持。尤其是在2010年初向青海省委常委、宣传部部长吉狄马加先生汇报筹备情况时，得到马加先生的高度肯定并给予了鼎力支持。他认为只有昆仑文化在世界文化格局中才有竞争力。他还指出，论坛规模要扩大，规格要提高，而且要连续办

---

① 赵宗福：《论昆仑神话与昆仑文化》，《青海社会科学》2010年第4期。

下去，要办成青海学术文化的品牌。正是在他的大手笔支持下，"昆仑文化与西王母神话国际学术论坛"（首届）在 2010 年 8 月成功举办。之后由青海省社会科学院与青海省委宣传部、中国民俗学会、青海民俗学会以及湟源县人民政府、格尔木市人民政府等单位，连续举办四届昆仑文化国际论坛，同时还策划举办了与地方文化相关的"土文化国际学术研讨会"、"格萨尔与世界史诗国际学术论坛"、"人文视野下的昆仑生态国际研讨会"、"中国训诂学与民族民俗文化学术研讨会"等学术会议。每次学术会议开幕式上，都有青海省委、省政府领导出席并发表演讲。特别是作为著名诗人的吉狄马加先生先后发表了《在神话的思维中感悟未来》等精彩演讲。先后有来自中国、德国、美国、瑞士、日本、韩国、马来西亚、俄罗斯、印度，以及中国台湾、中国香港等近 30 个国家和地区的 350 多人次的著名学者出席论坛，共同研讨昆仑文化与地域文化、中华文化、世界文化的关系。不同国家与民族、不同学科、不同观点的学者在这里进行学术碰撞与沟通，取得了诸多共识。每次会议均由海内外媒体集中报道，产生了很大影响。由笔者主编、青海人民出版社出版的《昆仑文化与西王母神话论文集》（2011 年）、《昆仑神话与世界创世神话国际学术论坛论文集》（2012 年）和《昆仑神话的现实精神与探险之路国际学术论坛论文集》（2013 年）等，集中体现了目前神话、昆仑神话及西王母神话研究领域的学术水平和最新观点，为昆仑文化、昆仑神话的深入研究提供了有价值的借鉴意义[①]。2013 年《昆仑文化与西王母神话论文集》获北方十五省哲学社会科学优秀图书奖。

与此同时，我们在《青海社会科学》还开辟了《昆仑文化论坛》专栏，先后发表有关昆仑文化的论文 50 多篇。与此同时，通过青海民俗学会协调，中国民俗学会在湟源县设立了"中国西王母文化研究基地"，在格尔木市设立了"中国昆仑文化研究基地"，为昆仑文化研究创建了学术研究平台。

（3）重构文化仪式，突显昆仑文化，力争赢得全社会的参与和认同。从 2009 年起，我们帮助湟源县连续举办"昆仑文化周"和"西王母祭拜大典"活动，特别是规范祭拜仪式，除笔者外，还邀请李炳海、鲍鹏山、徐正英等海内外知名学者撰写祭文，邀请海内外著名专家学者以及海峡两岸道教界负责人参加祭典，极大地丰富了仪式的内涵和提升了仪式的品位，很好地促进了昆仑文化的建设。格尔木市人民政府从 2012 年开始启动昆仑山敬拜大典，特别是 2013 年 8 月，由青海省对外交流协会和青海民俗学会策划协办，融进昆仑文化学术元素，提升仪式的文化品质，神圣而隆重，一举成功。几日之内，海内外百余

---

① 赵宗福：《昆仑文化与西王母神话论文集·前言》，西宁：青海人民出版社，2011 年，第 1 页。

家媒体进行连续采访报道,影响极大。与此同时,青海民俗学会为青海湖祭海仪式及神圣文化体验旅游策划编制了详尽的建设实施方案,并将其纳入昆仑文化建设的内容中,在论证会上赢得海内外专家一致佳评。同时学会还为各州县策划昆仑文化建设方案,如刚察县"昆仑神祠"、格尔木市"昆仑文化研究基地"(建筑),均获得成功。

(4) 论证昆仑文化作为青海区域文化的标志性文化,为青海文化的定位作出努力。进入新世纪后,我们力主昆仑文化是青海及其周边地域的标志性文化。特别是2000年之后,根据文化发展形势,青海民俗学界把昆仑文化作为地方文化建设的重点进行研究和资政,先后完成《关于昆仑文化作为青海省标志性文化的思考》、《关于以昆仑文化定位青海特色文化的补充说明》、《打造昆仑文化品牌的历史回顾与发展思考》、《昆仑文化与民族团结进步先进区建设的关系研究》①等课题的研究。对学界历年提出的各种定位提法进行了系统分析,认为以"以昆仑文化为源头的青海多民族文化"这一标志性文化来定位青海特色文化,既可兼顾与中华文化的同源性,还可考虑到青海地域文化多样性;既具有世界眼光,还能关照现实。具体而言,一是可以成为反映青海地域地貌特征的象征性标志,承载的大气魄与"大美青海"相辅相成;二是可体现青海在中华民族文化发展史乃至世界文明交流史上的重要地位;三是可促进青海各民族"建设中华民族共有精神家园"动力,增强"文化自觉"和"文化自信",进一步树立青海精神。这些观点得到了青海省委、省政府和社会各界的普遍认可。

在此过程和影响下,"自下而上"和"自上而下"的昆仑文化热也在无形中有力地支撑和支持了我们的观点。如"昆仑文化研究会"、"昆仑文化研究院"的成立,昆仑玉被镶嵌在奥运会奖牌上,各类与昆仑西王母相关的地方文化设计,民间信仰活动和个体化写作宣传,等等。特别是2010年在昆仑山脚下举办的"圣殿般的雪山"昆仑山音乐交响会,由一大批海内外著名音乐家演奏,成为史上在海拔最高地方(海拔4150米)举办的交响乐演出,也是史上唯一以昆仑山为歌颂对象的交响音乐会,被列入吉尼斯纪录。2011年中央电视台播出《走遍中国——昆仑神话断想》节目,是首次由国家一流媒体讲述昆仑神话。这些都产生了很大的影响,无疑为昆仑文化在青海文化中的学术定位增加了分量。

尤其是在由时任省委书记强卫先生先后主持的3次小型高层论证会上,笔者代表课题组力排众议,陈述昆仑文化作为标志性文化的理由:① 昆仑文化在

---

① 这些成果除个别公开发表外,大部分刊载于《青海研究报告》等内部资政平台。参与的主要成员有鄂崇荣、解占录、霍福等人。

青海多民族多元文化中最为古老，最具源头性。②昆仑文化为源头还可以统领青海多民族文化和古今各种文化。③昆仑文化在世界文化史上影响深远，最具国际性。④昆仑文化在中华文化发展史上影响巨大，最具神圣性。⑤昆仑文化在不断影响和吸收各种文化，最具包容性。⑥昆仑精神与当代青海精神一脉相承，最具传承性。因此主张以"以昆仑文化为主体的青海多元一体民族文化"来定位青海的文化，其鲜明的功能和意义表现在：①能够提升青海在国内、国际上的文化地位，提高青海在世界文化特别是国内各区域文化竞争中的文化软实力。②能够进而增强青海人民的文化自豪，真正树立起青海文化精神。③能够实现青海人民的文化自觉，能使全社会自觉地和政府一起来维护和发展青海的文化。④能够增进青海各民族对中华文化和国家认同，以及各民族之间的文化认同。⑤能够进一步促进文化和谐和社会和谐，推动社会文化的发展，促进青海的长治久安。这些观点得到了省委、省政府主要领导和主管领导的肯定和支持。

在不懈的努力下，青海省委、省政府在2012年全省文化发展改革大会上对青海的地域文化做出了"以昆仑文化为主体的多元一体文化"的定位，特别强调要精心打造以昆仑文化为重点的系列文化品牌。这是一次把民俗学研究成果转化提升为政府文化建设方略的有效尝试，在全国也是地方民俗学为地方文化服务的成功案例。

由此看出，近年来青海的昆仑文化研究，已经成为政府地方文化建设中不可或缺的组成部分，学术活动与地方文化建设融为一体。而且民俗文化学的学术成果在此期间发挥了重要的思想引领作用，具有主体地位。事实证明，民俗文化学在地方文化建设中可以大有作为，而其前提是必须要有开阔创新的文化大视野和科学可信的学术成果量，以高层次的学术质量和独特开放的文化战略眼光来赢得话语权。

在笔者看来，学术为现实发展服务的原则应当是：我们的民俗学在地方文化建设中不是点缀式的附庸或者一味的追随跟进，甚至乞怜似的搭车，而是站在文化发展的战略高度和时代前沿，以权威的成果话语和高层次的学术活动成为文化发展的引领者和指导者，真正发挥其主体作用。在青海的昆仑文化发展建设中，我们就贯穿了这样的思想，并取得了学术影响和社会效益。

五、昆仑文化与国家民族文化建设的理论思考

在昆仑文化的发展中我们也认识到一些不足，即因为地方文化建设的需要，难免把一个应该在整个中华文化层面上的昆仑文化局限于青海这样一个行政性的地域范围内来界定研究，颇嫌拘囿。事实上，昆仑文化是整个中华文明的源

头之一,也对中国文化产生了深远的影响,乃至于对周边国家和民族文化都有着不可回避的影响,值得在更大范围内予以关注。于是笔者在青海昆仑文化研究的基础上进一步拓展开来,着眼于昆仑文化与中华文化的研究。2013年9月,国家社科基金重大项目"昆仑文化与中华文明研究"获准立项,高莉芬、刘宗迪、安德明、米海萍、鄂崇荣等一批对昆仑文化素有研究的海峡两岸学者加盟研究。2014年3月,在北京召开了该项目的开题论证会,根据专家委员会的评议和与各子课题组负责人的沟通,形成了诸多共识,标志着昆仑文化的研究眼光正式从地域文化范围扩大到了中华文化的大视野,也更符合昆仑文化博大精深的人文实际。

我们认为,就昆仑神话的文化地位而言,与古希腊神话并驾齐驱,分别被称为具有创世记录意义的东西方文明的源头主体文化,在世界文化史上有着重要位置。昆仑神话开创了塑造中华民族精神和人格理想的历史先河,具有系统化、体系化的讲述水平,是人类社会理性与非理性此长彼消的显著成果。昆仑文化对中华文化的发展产生着深远影响,影响涉及天文学、政治学、军事学、建筑学、哲学、文学、道学和儒学等诸多学科领域。所以,昆仑文化的研究必须要突破以往在昆仑文化研究中区域性的视野局限和单一学科的理论方法,综合相关学科优势,全面探索昆仑文化与中华文明以及域外文化的关系及其在中华民族文化复兴的功能,点面结合,宏观把握,进行全局性、系统性的研究。尤其是要在以下六个方面作重点研究。

(1)昆仑神话与中华文明源头关系研究。昆仑文化是西部文化的代表,更是华夏文化的重要构成部分,作为古老华夏文明的源头,昆仑神话是中国乃至东方早期文明的曙光,与希腊神话并驾齐驱,分别被称为具有创世记录意义的东西方文明的源头主体文化,在世界文化史上有着重要位置,因而中华文明的繁荣光大,与昆仑神话有着直接的关联。中华元典上"河出昆仑"的反复记载,还经常有"赫赫我祖,来自昆仑"之说,足以说明昆仑作为中华民族记忆中的故乡和神圣的精神家园。因此要从民俗学、神话学及文化哲学视角,探索昆仑神话的深层结构及其所呈现出的宇宙观、生命观等,研究昆仑神话是中华民族集体记忆和精神家园,进而研究昆仑文化在整个中华文明形成中的重要作用及文化意义。

(2)昆仑文化与中国天文、地文和人文的关系研究。昆仑是中国传统宇宙观的核心,而宇宙观的产生与古代天文学和地理学息息相关。在昆仑神话中,昆仑是宇宙中心,为众神所居之地,也是天地相通的地方,与天上的北斗或北极遥相呼应,如此,天文学是神话宇宙观赖以成立的经验基础。因此要重点研究：① 综合运用上古天文学史、天文考古学、神话学等，解释昆仑神话与原始天文学之间的渊源关系，以期对昆仑神话的起源和原初内涵作出透彻而全面的解析，进一步阐明昆仑文化在中国古代宇宙乃至中国传统文化中的核心地位和神圣意义。昆仑的位置，在古代地理学中是一个经久不衰的话题，"河出昆仑"意识与历代探寻河源等人文活动分不开。② 在对历史上关于昆仑的地理学研究的学术史进行梳理的基础上，就神话昆仑和地理昆仑的关系进行解析，藉以对昆仑之所在这一千古聚讼的学术史问题作出中肯的阐释。③ 研究以昆仑神话为核心的昆仑文化如何深刻而持久地渗透在中国人文传统如文学艺术、宗教信仰、风俗制度等方方面面，揭示昆仑文化在中华人文传统不断发展、演变和充实的过程中所起的重要作用。

（3）昆仑文化与少数民族文化互动研究。不同历史时期的文物遗迹、文献记载、口头传说及文学艺术等多种历史文化事象表明，昆仑文化作为我们民族的文化源头和精神原型，伴随着民族迁徙和文化传播，对少数民族影响极大。如在大月氏、匈奴等古代民族中就有昆仑神话、西王母传说的流传，匈奴人还将祁连山称为"祁连"，即天山，亦即与昆仑含义相同。当代中国许多少数民族尤其是西南诸多少数民族如彝族、普米族、纳西族等的历史文化记忆与昆仑文化息息相联。因此要运用民族学、民俗学和文化学的理论与方法，分析追寻少数民族对昆仑文化的历史记忆与集体记忆特点，分析研究在中华多元一体格局中昆仑文化对于少数民族的深刻影响。

（4）昆仑文化与域外文明的传播互动研究。自古以来中国与域外的文化交流非常频繁，随着丝绸之路、民族迁徙等路径，昆仑文化尤其是昆仑神话亦影响扩布于域外的西亚、东亚、南亚及欧洲。如在韩国有以昆仑山、西王母为意象的文学作品，在日本有"不死"之仙山信仰，在越南有套用昆仑神话母题情节的传说故事，在印度佛教徒将阿耨达山与昆仑山捏合于一体而崇拜，在马来西亚华人中仍旧有西王母崇拜，等等。因此要从文化传播学、民俗学视角，将昆仑文化在域外的流播置于中外文化交流语境，分析昆仑文化流播域外的途径，研究昆仑文化在域外扩布所产生的影响和深远的世界文化意义。

（5）昆仑神话精神与中华民族精神沿袭传承研究。昆仑神话是以创世纪和人类起源发展为特征的文化体系，既凝结着中华文化"和谐、和睦"及"天人合一"思想，影响民族精神的形成和民族性格，同时又蕴含着敬重生命的忧患意识、自觉担当的厚生爱民意识、追求真理的奋斗精神和抗争精神等文化品格，是中华文化复兴的源泉之一，也是时代精神传承与发展的重要精神基因库。因此要从文化学、社会学视角，对昆仑神话所蕴涵的精神价值进行深入系统的挖掘论述，并对昆仑神话精神核心内容、价值传承与中华民族精神弘扬关系进行深入的阐述。

（6）当代昆仑文化的重构与传播研究。当下昆仑文化以其强大的吸引力，凝聚全球华人对中华民族的极大认同，而成为联结中华各民族最牢固的精神纽带之一。当代对于昆仑文化的重新构建，即是对昆仑文化内涵的再次认知和发扬光大。通过对昆仑文化的拣选、提取、重塑等实现文化资源的共同享用，实现文化重构和对传统的再造，凝塑中华民族共同历史文化记忆，增强海内外中华儿女的向心力和凝聚力。因此要从文化学、民族学的视角，采用比较法、田野调查法等，对各民族历史记忆和当代发展中对昆仑文化的认同与共享进行动态考察，从全球化多元文化共生的环境中分析昆仑文化的历史与现实价值，探讨昆仑文化在中华文化复兴中的重要作用，进而阐述利用传统文化精髓以提升中华民族文化凝聚力等深层次问题。

研究这些问题的终极目标是建立以民俗文化学为主要学术背景的"昆仑文化学科"体系，同时积极为复兴中华文化、建设文化强国作出理论支撑和战略指导。仅以后者而言，昆仑文化对中华文化建设至少有两个层面的意义。

（1）为中华民族文化建设提供具有悠久人文历史传统和最广泛民族民俗文化基础的资源依据和发展模式，"在历史的掌心之中"复兴具有传统精神内核的中华文化。我们认为：中华民族的复兴首先是文化和文明的复兴，中国梦实现的根基是中华文化的复兴，中国的复兴是有根的复兴，有文明之根、历史之根、文化之根。实现文化的自觉、自信、自强则需要我们对中华文化的再认识与再继承、再弘扬。神话是民族文化的源头，昆仑神话是我国古典神话中内容最丰富、保存最完整、影响最深远的神话体系。昆仑神话与希腊神话并驾齐驱，闻名于世，分别被称为具有创世纪录意义的东西方文明的源头主体文化。昆仑山被称为"亚洲脊梁"，它不仅仅是一种自然高度，而且更是东方精神文化的坐标，世界文化的制高点。世界上有数百个国家、地区和民族，都曾对世界人类文化作出巨大贡献，但是随着历史演进，许多古代文明早已湮没于历史的尘埃之中，只有中国和中国文化依旧屹立于世界之林，一脉相承，历久而弥新。而昆仑文化某种程度上作为中华民族的文脉之根、灵魂之乡和精神家园，成为中华民族在创世文化方面傲视群雄、自立于世界民族之林的重要文化基础。昆仑神话与中华文明的形成、发展和繁荣密切相关。昆仑文化在长期的历史发展过程中不断吸纳、融汇了众多民族和地域的文化，发展演变成了中华民族的一种根脉象征、文化符号和精神坐标。

昆仑文化辐射地域宽广，融汇不同时空的多元文化，内涵极其丰富，在历史长河中与不同地域、民族文化不断交流、渗透、竞争和融合。昆仑文化资源丰富，除了广为流传的昆仑神话之外，还有许多神奇的故事，或根植昆仑，或枝发昆仑，或源出昆仑，或皈依昆仑。"赫赫我祖，来自昆仑"，人们仰望昆仑，神往昆仑，诠释昆仑，至今昆仑文化仍以强大的"磁力"，吸引着许多海内外华夏子孙不远万里，远渡重洋前来寻根觅祖，顶礼膜拜，以瞻仰昆仑神山为荣。

在中国目前的民族构成中，至少有包括汉族在内的1/3以上的民族，与曾经生息在青海地区的古羌族群有着直接的渊源关系，他们的原始神话传说和文化传承脱离不了昆仑文化这一母题。藏族、羌族、彝族、景颇族、普米族、土族历史传说、神话故事中都有与昆仑文化相关的神话元素。昆仑文化还对亚洲多民族民间信仰产生了深远的影响，如西王母不仅是中国人心目中最受尊敬的东方女神之一，而且也受到日本、东南亚以及中亚等许多地区人民的崇拜，成为一个世界性的文化现象。从20世纪80年代末起，来昆仑山朝觐、观光寻祖的旅游者络绎不绝，尤其是新加坡、韩国、日本和中国台湾、中国香港等地的道教信徒不远千山万水，不顾旅途艰辛，走进他们日夜向往的昆仑山，走进西王母瑶池顶礼膜拜、寻根拜祖、祈求安康，以了却终身夙愿。2000年8月以来青海、甘肃等地多次举行海峡两岸昆仑文化考察活动和学术研讨会。在我国台湾地区，以慈惠堂、胜安宫为代表，岛内主祀西王母的庙宇已达数千家，信众已达百万余人。青海省格尔木市、甘肃省泾川县从1992年以来，接待台湾信众数十万人次。如2008年9月18日台湾桃园县20名同胞，向湟中县扎麻隆凤凰山旅游景区当地捐赠一鼎重达1800千克、价值50余万元人民币的香炉，表达台湾同胞对昆仑文化的探求与崇尚。2013年8月24日（农历七月十八日），甘肃泾川举行公祭"华夏母亲·西王母"大典，中国国民党荣誉主席吴伯雄发来贺信，并题词"西王母乃华夏之尊母"。

因此，昆仑文化成为当下和今后凝聚全球华人中华民族大认同的象征，成为连接东部与西部各少数民族地区最牢固的精神纽带。因此，昆仑文化在中华文化复兴中肩负着重要的历史使命，将在建设中华民族共有文化家园与精神家园中发挥不可替代的重要作用。

（2）在更高层次上为地方文化服务，提升文化发展品质。昆仑文化作为一种文化符号，融汇了不同时空的多元文化，在当今时代不断影响和吸收各种文化，最具包容性和传承性，出现处处为昆仑的现象。由于昆仑文化深远的影响力和包容性，具有不可估量的无形价值，因此作为一种可利用的文化资源，受到不同地域的抢注。如当下青海、甘肃、新疆等省、自治区些地方政府和学界动用各种社会资源，求助于昆仑文化，依据历史文献、民间传说、文物遗迹，进行文化定位，修建祭拜之所，召开国际会议，提升文化软实力。2008年，昆仑玉经各方努力成为北京奥运会奖牌用玉。2009年8月，"青海·湟源首届中华昆仑文化周暨西王母祭拜大典"在湟源县宗家沟西王母石室前举行。2010年，青海在昆仑山脚下举办主题为"圣殿般的雪山"的昆仑山音乐交响会。2010年至今，中国民俗学会、青海省社科院、青海民俗学会等单位已联合举办多届的昆仑文化国际会议得到国内乃至国际文化界广泛认可。2011年11月，青海省文化改革发展大会胜利召开，青海省委、省政府提出了"以昆仑文化为主体的多元一体文化格局"的青海文化定位。2013年，青海格尔木在昆仑山玉珠峰下进行了"昆仑山敬拜大典"，引起广泛关注。甘肃泾川县也认为泾川是西王母文化故乡，把农历七月十八日西王母降生日确立为"华夏母亲节"，并将泾川王母宫建设成为国家AAAA级旅游景区。新疆天山天池也被视为西王母瑶池，山腰处还建有西王母祖庙，并举办"西王母文化论坛"，新疆维吾尔自治区还把西王母神话与传说列入非物质文化遗产名录。

各地通过对昆仑文化拣选、提取、重塑共享资源，实现了文化重构和传统的再造。与此同时，一些企业则以"昆仑"为注册商标，提高企业品牌，扩大影响，昆仑文化通过多种载体得到了表达。当前昆仑文化的学术研究也已从最初的神话学研究，扩展到符号学、文化学、人类学、社会学和文化产业等更广阔的研究领域。我们将对各地继承、重构昆仑文化相关的庆典、仪式、文化产业园、文化遗迹等进行田野调查、归纳分类，深入考察这些活动对当地多元文化互动、文化理解带来的影响，分析是否在当地提升和凝塑了民众对中华民族共同的历史记忆。

由此进而可以得到一点启示：任何一种学术的兴衰命运，都与国家民族的发展息息相关尤其，是能否参与到国家民族和政府的文化发展大势中，能否发挥出应有的学术功能，能否体现出不可替代的现实意义，直接关乎着一种学术文化甚至是一个学科的存在与发展。民俗学虽然研究的是民众的"草根文化"，我们坚持的自然也是"民间立场"，似乎与政府关注的文化发展（也就是"精英文化"）相对立，但实际上正因为民俗学特有的关注面和研究成果，对习惯于精英文化的政府来说，恰恰是意境大开，风景独好；而对政府文化战略和文化发展来说，民俗文化堪称"柳暗花明又一村"，有着独一无二的资政价值，由此也正可以大有作为，与政府形成良性互动的文化关系，从而在理论与实践中繁荣发展民俗学学术事业。

论昆仑神话与昆仑文化

赵宗福

昆仑神话作为中国远古文化的神圣话语，给中华民族带来了难以估量的深远影响，给中华儿女带来了无穷无尽的幻思遐想。昆仑神话是中国古典神话中故事最丰富、影响最大的神话系统，也可以说是中国古代神话的精华部分。而她与青海高原的历史文化有着密不可分的关系。

一、"昆仑"及其昆仑神话

"昆仑"在我国早期文献中写作"崐崘"或"崑崙"，从字面就可以看出，它与山分不开。从古籍记载和一般人的印象说，昆仑山是一座神圣的大山。这座山不仅是古老神话中的大山，而且是中华民族的象征，人们常用"巍巍昆仑"四字来形容中华民族伟岸不屈的人文性格和博大精深的文化内涵。同时它还是我们民族的发祥地，所以过去人们动不动就说"赫赫我祖，来自昆仑"，可见它在国人心目中无可替代的神圣位置。

在今天看来十分神圣的这个"昆仑"在原始意义上首先是一种圆形的混沌迷茫状态。一些古书里直接写作或者等同于"混沦"、"浑沦"、"混沌"、"浑敦"等等。所以神话里的昆仑山便呈现出一派雄伟浑圆、混混沌沌的气象。"南望昆仑，其光熊熊，其气魄魄"[①]是《山海经》对这座神山的整体概括。虽然上面有众多的神人、神树、神兽等神物，但除了能射十日的后羿，一般人类上不去。神话中昆仑山不仅是圆形的，连山上的大铜柱也足足有3000里的周长，而且"周圆如削"。有关昆仑山的一切都是圆的，西王母送给中原帝王的玉璧都往往是环状，也是圆形的。

神话昆仑山的男主角黄帝，被历史化以后尊奉得具有无比神圣的地位，但在最初的神话中，他同样呈现出与昆仑一样混沌的形貌和特质。黄帝在文献中又被称作"帝江"、"帝鸿"，浑身混沌没有面目，颜色赤如丹火，长着6足4翼（又说长着4个面孔），一幅"浑敦"（即混沌）的模样。以至于有人认为黄帝的原型就是青海、甘肃地区民间浮渡黄河的羊皮袋[②]，因为是吹胀了气的完整皮囊，

---

① 袁珂校注：《山海经校注》，上海：上海古籍出版社，1980年，第45页。
② 庞朴：《黄帝与混沌》，《读者文摘》1992年第9期。

所以"混沌无面目"。有意思的是黄帝有一个不成器的儿子（不才子），掩义隐贼，好行凶德，丑类恶扬，玩枭不友，天下之人称他为"浑敦"。当然这个"浑敦"跟今天的"浑蛋"差不多，表示极端地不开通、不文明，仍然透露出混沌的含义。

跟昆仑山相对的是不周山。神话中的共工一怒之下头撞天柱，把另一座山碰得走了形，不圆了，所以才叫作不周山。对人类来讲，如此周圆而广大的昆仑山真是太混沌了，人是去不了，也没有办法看得清说得明，只好仰望高山，伏地而膜拜了。所以历代皇帝大多都有意无意地不仅向往昆仑，而且还寻找昆仑。实在没办法，把登上明堂祭祀天神的盘旋阁道，起名叫昆仑道。那些修行出家、白日做梦的道家神仙们，对昆仑山的心往更不在话下，编造出了多少神奇美妙的传说故事来。昆仑是圆的，登上昆仑山实际上又是在圆梦。总之，他们无非是在"圆"字上做文章，这也正说明"昆仑"的本意是圆，并由崇拜而增加了神圣的意味。

由于昆仑周圆而浑大，混混沌沌不可分解，逐渐又引申出完整的意思，并演化出了一些新词，譬如"囫囵"。"囫囵"一词不但在书面上仍然使用着，形容学知识不加内化地一股脑儿地往里装叫"囫囵吞枣"。而且，在民间口头中也普遍地存活着，青海河湟地区方言中把完整的、没有损伤的东西形容为"囫囵囵儿的"。不仅用作形容词，而且演化出别的名词，我们日常食品中就有叫"馄饨"的；把不明事理、冥顽不化的人骂作"浑蛋"、"混账"。

昆仑混沌不开明，所以相应地就有了"黑色"的意思。这方面最能说明问题的是，从唐代开始，一些黑人被贩卖到中国的一些贵族家庭充当家奴，因为他们生得面目黝黑，加之体魄强健，身材伟岸，被称为"昆仑奴"，意思就是"黑奴"。对个体的昆仑奴，还加上"黑"、"墨"等字样来称谓，如"黑昆仑"、"墨昆仑"等等。正因为昆仑有"黑"意，所以昆仑山也可以叫作黑山。黄河源头雄伟高大的巴颜喀拉山，唐代刘元鼎曾实地考察，他说此山叫紫山，即"古所谓昆仑者也"[①]。

昆仑在某种意义上还有"天"的含义，所以昆仑山实际上也可以叫作天山。"河出昆仑"实际就是说黄河发源于天山，因而李白那"黄河之水天上来"的诗句并不是没有一点依据的艺术想象。处于青海、甘肃省交接的祁连山，早在秦汉时期就是匈奴人的天山，"祁连"在匈奴语中的意思即为天。也正因为如此，历来许多学者认为祁连山就是神话中的昆仑山。

---

① 《新唐书》卷二百一十六下《吐蕃传下》，北京：中华书局，1975年，第6104页。

另外，一些学者还认为昆仑山实际上就是人类生殖崇拜的原型①。昆仑山十分雄伟高大，整体结构下狭上阔，有点像倒放的盆子。山上面中间有些凹陷，还有神水。瑶池大概就在这里，琼浆玉液从这里流出，另外黄河等河流也从昆仑山流出。正因为如此，昆仑山被看作是生命之源。有的学者进一步认为，"昆仑"二字就是"葫芦"的同义，是女性的象征。有人还认为，昆仑山本身就是一座月山，女性之山②，所以西王母住在上面。

黄河是中华民族的母亲河，孕育了博大精深的中华文明。而这孕育中华文明的大河的源头就在昆仑山，这也正说明昆仑山才是孕育中华文明的最初源泉。我们很多人平时喜欢说"大地母亲"，这句话背后的意象便是：大地是母亲的身躯，而突起的大山就是大地的乳房，那么作为众山之王的昆仑山自然是大地最典型的巨乳，难怪从昆仑山流出了黄河等滋润孕育民族文化的河流。

总而言之，无论是现实的昆仑还是神话的昆仑，昆仑山都是万山之宗，河岳之根，同时也是中华文明的发祥地之一。远古昆仑意象对中华文化有过巨大的影响，所以昆仑自古以来就是我们民族精神的象征，

昆仑神话是中国古典神话的主体部分，这足以证明昆仑神话在中国古典神话中的重要位置和文化价值。

这重要的位置和文化价值还体现在：如果说神话是一个民族文化的源头，是文明古国的象征，那么作为中国古典神话主体的昆仑神话，至少也是中华民族文化的源头之一，也无疑是中国早期文明的曙光。中华文明的形成发展、中国文化的繁荣光大，无不与昆仑神话有直接的关联。

二、神话昆仑山的基本风貌

尽管由于文献记录的不足与历史化倾向的破坏，昆仑神话同样遭受了支离破碎的下场。但是，我们从许许多多零散的典籍中还是可以理出基本的线索，就拿昆仑山的基本形胜状态而言，从十几部古籍里面的点滴记载，就可以勾勒出它的大概。

昆仑山作为天帝的"下都"，地理位置就很特殊。昆仑又号称昆陵（也写作"昆崚"）、昆仑虚、昆仑丘，地处西海的戌地和北海的亥地方位，离东海岸有13万里远，离咸阳46万里。山的东南是积石圃，西北是北户之室，东北与大火之井相邻，西南可达承渊之谷。昆仑周围的这4座大山也都是些迷茫混沌、不知

---

① 吕微：《神话何为——神圣叙事的传承与阐释》，北京：社会科学文献出版社，2001年，第150—151页。
② 杜而未：《昆仑文化与不死观念》，台北：学生书局，1977年，第165页。

详情的神山，它们实际上是昆仑山的支辅，与昆仑山共同组成了一个雄浑广大的神境世界。像北户之室的周边就长达3万里，有一条身子长9万里的巨蛇绕山三匝，伸长头就可以饮到沧海的海水。显然，北户之室及其巨蛇充当着昆仑山外围门户和守卫者的角色。

不仅如此，昆仑山周边也有与外面的世俗世界隔绝的弱水和炎火山环绕着。那弱水紧绕昆仑山，水宽700余里，表面上波澜不起，但水质极弱，别说是载舟，就是扔进一片鸿毛，也能沉到水底，可见俗人是没办法渡过去的。弱水外边就是大火熊熊的炎火山，每年四月开始生火，直到十二月才熄火，火灭后即非常寒冷，火起时熊熊不能接近，扔进一点东西顷刻间便灰飞烟灭，常人根本就无法靠近。

昆仑山非常辽阔高大，大概因为太广阔高大，各类文献上关于它的面积和高度说法五花八门。昆仑山面积，《山海经》说方圆800里，《博物志》则说有10 000里之大；至于昆仑的高度，一说离平地有万仞（大约七八千丈）之高，一说高36 000里，一说高11 000里，一说高2500里，《淮南子》则更具体地说高达11 000里114步2尺6寸。总之作为想象之词，大可不必太较真，但是古人看来昆仑山十分雄伟高大，是无可怀疑的了。

山上有天帝在下方的都城，那是一座庄严华美的宫殿，这就是穆天子所谓的"黄帝之宫"吧？专门有长相狞厉古怪的天神"陆吾"守卫。帝宫周围有80余座城环绕着。帝宫外边是玉石栏杆围绕着的9口玉井和9扇巨门，周围长满了形形色色的仙树神花，比如珠树、玉树、璇树、碧树、瑶树、不死树、沙棠树、琅玕树、玗琪树等等。山上还有高大的天柱铜柱和建木，那是众神升降于天地之间的天梯。其实铜柱也罢，建木也罢，和昆仑山是一体的，昆仑山本身就是古人心目中最大的天梯，凡升天的都从昆仑攀援而上。这真是一个神妙奇异的世界。

从平面上说，昆仑山有3处叫作"昆仑三角"的神圣地方，那就是正东的昆仑宫和正北的阆风巅、正西的悬圃堂，都是些琼花仙树竞相开放，金台楼阁鳞次栉比的神境。另一角还有天墉城，方圆千里，城上有金台5座，玉楼12所。附近的北户山、承渊山上也有墉城，同样金台玉楼，处处是碧玉之堂，琼花之室，紫翠丹房，流光映霞，据说这里便是西王母所居住的圣地。

昆仑山以高大著称，日月行经昆仑，光辉都会被山所遮拦，一派光明避隐的样子。因此高是昆仑山的显著特征之一。据《昆仑记》记载，昆仑山共分为3层，也就是3个神境层次。下面是樊桐；中间是悬圃阆风；上面是增城，便是天庭，是天帝黄帝所居住的地方。山上还有醴泉、瑶池等仙地，是人们十分向往的。每层神境都有不同的奇妙风物，凡人登之也能长生不死。

从山底下往上望，昆仑山隐约就像城阙一样。逐次向上观览，每层神灵不一，各有特色。举例来说，第三层仙境有一种谷穗长得很大，长4丈、大5围（5个人才围得住），一棵穗就可以装满一辆大车；有一种叫奈东的瓜果，用玉井的水洗过之后食用，常人也能身骨轻柔，腾云驾雾般飞行。第五层有一种神龟，身长1尺9寸，长着4个翅膀，当活到1万年的时候便飞到树上居住，还能说人话。第六层有一种巨大的五色玉树，它茂盛的枝叶可以遮盖500里，夜晚时枝条下垂到水里，还闪烁着烛火一样的光彩。到第九层时山形逐渐狭小起来，有12座瑶台，每座瑶台有1000步的面积，台基用五色玉石砌成。瑶台下边周围是几百顷一块的芝田蕙圃，由群仙们种植着仙草神蔬。显然，这样的昆仑山风貌跟佛教徒笔下的须弥山很有相似之处，也许就是从佛经里借用来的。当然这样的地方，常人是不可能上得去的，只有靠那些在人神之间传达信息的巫师们和善于想象的文人们，给世人描绘着昆仑山的"真实情况"了。

昆仑是中华民族的母亲河黄河的发源地。在神话中，黄河发源于昆仑山的东北角，经过积石山浩浩荡荡东去，最终流入渤海。

从以上的描述可以看到，神话昆仑山有这样几个特点：
（1）昆仑山是先民们最为向往的理想乐园，但常人无法登临；
（2）昆仑山是天帝即黄帝在地上的行宫，也是众神居住游乐的神地；
（3）昆仑山是通往天上的天梯，是诸神升降于天地间的交通要道；
（4）昆仑山是中华民族的母亲河黄河的源头，它是大地母亲的巨乳；
（5）昆仑山高大雄伟，上面有着十分丰富的神物异景；
（6）昆仑山的具体形胜是逐渐丰富起来的。

三、昆仑女主神西王母

昆仑山是东方的奥林匹斯山，是众神的乐园，因此山上有不少神仙。在这些神灵中，对后世影响最大的要数孺妇皆知的王母娘娘原型西王母。自古到今，流传着许多有关她的神奇传说故事。

说起这个西王母，一般人们只知道她的后世形象王母娘娘：她是玉皇大帝的老婆，永远是30多岁的样子，雍雍华贵，仪态翩翩，众多的仙女伺候陪伴着，吃蟠桃，喝玉酒，协助玉皇大帝治理着天上、人间，所以可以向她祈求实现各种各样的愿望。

但是古典神话中最初的西王母可不是这样有风度，而是一个令人惊骇的凶煞恶神。西王母正式粉墨登场是在《山海经》中。概括起来说，神话中的西王母形象就是"虎齿豹尾、蓬发戴胜、善啸穴居"12个字①。实际生活中当然没有这样的人,根据文化人类学和民俗学的理解,这样的形象不过是原始社会的一些特殊人物在特定语境中的表演形式而已。按照这一思路,我们认为神话西王母的原型是古代西部某个原始部落的女酋长兼大巫师,这样的形象实际描绘的是她作为部落女酋长和大巫师在某些神圣活动中的装扮。

西王母所谓的"虎齿",只不过是突出了獠牙巨口的形象,实际上就是老虎的头脸,跟守卫昆仑山的开明兽一样。这不是没有根据的想象,《山海经》本来有图,后来逐渐遗失,只剩下文字。但是在晋朝的时候,这些图还流传在世上,陶渊明、郭璞都曾见到过,所以陶渊明有"流观山海图"的诗句,郭璞还专门写了一组《山海经图赞》,其中写西王母是"蓬头虎颜"。显然是根据山海图而作的写实,其他的一些文献上也有西王母"虎首豹尾"的记载,说明"虎齿"的确是"虎首"、"虎颜"的局部夸张。

一个人长着老虎般的头,这就够恐怖的了,但这还不够,她还拖着一条野兽尾巴,即所谓的"豹尾"。虎头豹尾的西王母,披头散发,高声叫嚣,这是多么令人骇怖的凶残模样!但是实际上所谓"豹尾"并不是我们认为的豹子的尾巴,而是一种传说中叫作"狡"的怪兽的尾巴。

先民们为什么想象出来这样一个怪神呢?这是因为在他们的心目中,西王母本来就是一个掌握着上天灾害以及五刑残杀之气的凶神。在遥远的原始社会时期,人类的生活生产能力极其低下,面对来自大自然的各种各样的灾害,既没有力量抗衡,也没有科学解释的知识,只好想象这些灾害是由一个人类无法控制的凶神在操纵着,灾害的出现还可能是因为人类自己的种种不当言行,惹得神灵们生气而给予的惩罚。除了五花八门的自然灾害,人为的种种酷刑也是很恐怖的,所以西王母不但主掌大自然的种种灾害,还主管各种残酷的刑罚。所谓的"五刑",就是古代的"墨、劓、宫、刖、大辟"等使身体残缺或死亡的酷刑,墨是把面部刻染成黑色,劓是割去鼻子,宫是除去生殖器,刖是砍腿,大辟是处死。总之,什么最残酷最恐怖,西王母就掌管什么。

上面说过,西王母形象的特征之一是头上还戴着一件装饰品,这就是所谓的"戴胜"。过去人们常常以为这是西王母作为女性的象征,其实这恰恰是她掌管天上灾害和五刑残杀之气的标志。"胜"是古代一种女性首饰,但西王母头上

---

① 《山海经·西次三经》:"西王母其状如人,豹尾虎齿而善啸,蓬发戴胜,是司天之厉及五残。"《山海经·大荒西经》:"有人,戴胜,虎齿,有豹尾,穴处,名曰西王母。"袁珂校注:《山海经校注》,上海:上海古籍出版社,1980年,第50、407页。

的胜的形状应该是一只颜色赤红、形状像野鸡的鸟。这种鸟叫胜遇，居住于西王母的玉山上，它的出现是发洪水的预兆，而洪水过后又会有瘟疫流行。西王母戴上胜遇形状的玉胜，象征着她拥有惩罚诸神和人类的权力，也象征着天地社会秩序的正常运行。相反，如果西王母头上的胜被取消了或者折断了，那就说明天地之间处于混乱无序状态。古书上说，夏朝暴君桀统治社会的时候，没有法度可言，所以西王母折断了头上的玉胜。

西王母"穴居"，就是说她住在山洞里，但是山洞的自然质地千差万别，最好的就是坚实的石洞，所以人们又进而想象西王母居住在石头洞里。到后来人们干脆把"穴"美化为"石室"，因此汉代以后的文献上常常有"西王母石室"的记载。

总之，《山海经》里的西王母是一位只会号叫而不说话的凶神，她是病疫灾害之神、酷刑诛杀之神、死亡之神。

死亡与生命相互依存，西王母既然有权力使人类死亡，也就有权力让人类不死亡，所以她又是生命之神、生殖之神。她掌握着人类乃至神仙们渴望的灵丹妙药——不死之药，所以后羿才远途跋涉到昆仑山向她求药，结果药被嫦娥偷吃，飞到月宫里去了。这就是著名的"嫦娥奔月"神话。

到了《穆天子传》中，西王母开口说话了。周穆王来到西王母之邦，以宾客的礼节去会见西王母，送上了白色的玉圭和黑色的玉璧，还有一些彩色的丝帛，西王母恭敬地接受了这些礼物。穆王又在瑶池摆下盛宴款待西王母，友好和睦的气氛颇为浓厚。这时的西王母一改往日凶相，竟然文采飞扬地为穆王献上一首诗："白云在天，丘陵自出。道里悠远，山川间之。将子无死，尚能复来？"①

宴会结束后，穆王又驱车登上弇嵫山的山顶，树立起一块石碑，刻上"西王母之山"5个字，并在碑的旁边亲自种下一棵槐树，作为会见西王母的美好纪念。

汉魏之后，西王母又摇身一变，变成了漂亮美丽的女仙领袖，还与中原王朝的最高统治者汉武帝会见，《汉武帝内传》、《汉武故事》等伪书详尽而生动地演绎了种种诡奇的传说。再后来，西王母成为道教中的最高女仙，而在民间逐渐变成了王母娘娘。

值得注意的是，到汉代，还出现了一位与西王母对应的男神东王公。《神异经》上说，昆仑山大铜柱的下面有一座"回屋"，方圆100丈大小，是仙人九府所在的地方，居住着玉男玉女。回屋上面有一只巨大无比的鸟，叫希有。顾名

---

① 王贻樑、陈建敏：《穆天子传汇校集释》，上海：华东师范大学出版社，1994年，第161页。

思义，这是一只天地间稀有的巨鸟[①]。它的嘴巴是红色的，眼睛是黄色的，不吃不喝，一直面向南方。向东展开巨大的左翅，下面是东王公；向西展开巨大的右翼，下面是西王母。它的背上有一块没毛的地方，足足有19 000里那么大，那是西王母和东王公每年相会的地方。也就是说，每年的某一天，西王母和东王公同时登上希有大鸟的翅膀，走到鸟背中间相会，由于相会时的踩踏，以至于连羽毛都被蹭落得干干净净。

在古人看来，这种相会实际就是阴阳会通，说穿了就是男女两性间的性爱事件。而这样的观念也是从汉代的阴阳学说生发出来的，为古老的没有爱情的西王母神话又增添了一份人性化的篇章。

四、昆仑西王母神话与青海的关系

昆仑西王母神话作为中华古典神话的重要内容，在中国文化史上具有重要的地位，所以学术界历来重视对其起源的探讨。而根据多方面的佐证，昆仑西王母神话与青海高原有着密不可分的关系。

（一）河源圣山

昆仑神话是围绕着昆仑山演绎出的传说故事，因此昆仑山无疑是昆仑神话的核心地带。"河出昆仑"、"河出昆仑墟"、"昆仑之丘，河水出焉"，这些不厌其烦的记载明确昭示我们：黄河发源于昆仑山，要寻找昆仑山，必须要沿河上溯，方能找到昆仑山。"河源"就是昆仑山地理所在的标志。

正是出于这样的地理思考，华夏民族千百年来就一直围绕着黄河源头来探求昆仑山。寻求"河源昆仑"，可以说简直就是中国人一个不可磨灭的精神情结。

先秦时人们就在寻找着昆仑，但由于诸侯割据，交通视野有限，只好被认知在朦胧的西部旷野中。譬如楚国屈原在被放逐后，痛苦悲烈，作赋以抒无处可诉的情怀，处处以昆仑山为寄托精神的家园："朝发轫于苍梧兮，夕余至乎玄圃；欲少留此灵琐兮，日忽忽其将暮。"（《离骚》）"吾与重华游兮瑶之圃，登昆仑兮食玉英，与天地兮同寿，与日月兮齐光。"（《涉江》）屈子在对现实极度悲观之际从苍梧来到昆仑山，登上玄圃、瑶池等仙境，食玉英，浴仙气，在精神上与日月同光、同天地齐寿，得到了极大的满足。当然屈原笔下的昆仑山应该说是在很广义的西部土地上，是一种神话想象，还不可能具体到青海高原。但

[①]（宋）李昉等：《太平御览》卷九百二十七《羽族部十四·异鸟》，北京：中华书局，1960年，第4119页。

是这种想象在后世被传承并被逐渐落实，与青海有了神奇的关联。直到20世纪90年代，中国台湾等地的一些道教徒还专门来到青海西部的昆仑玉虚峰修行，据说那里是昆仑山的正脉所在，在这里修行就能迅速提升道法功能。

汉王朝不仅代替秦并统一天下，而且拓疆扩土，王朝使臣远达西域，为进一步认知昆仑奠定了现实地理的基础。汉武帝就曾根据张骞通西域回来所作的汇报，钦定于阗南山为昆仑山，这似乎是中国历史上第一次官方对昆仑地理位置的规定。但钦定归钦定，学界的讨论远未停止。之后两千多年来的学术界仍然进行了大量的讨论，结论众说纷纭。如果把这些讨论昆仑山的学术史进行系统的整理，简直可以写出一本厚厚的著作来。真是昆仑悬案，千古聚讼！

但到唐朝时期，人们普遍认为昆仑就在今天青海西南地区。唐太宗时，李靖、侯君集等将领追击吐谷浑，"次星宿川，达柏海上，望积石山，览观河源"①。唐穆宗时，刘元鼎出使吐蕃，途径河源地区，回长安后写下《使吐蕃经见记略》，其中确认河源有昆仑山。之后，元、明、清三代考察记录河源昆仑的文字更是屡见不鲜。固然，自然地理的昆仑山绝不等同于神话的昆仑山，但也不是说二者之间毫无关系。神话昆仑山与现实昆仑山的关系应该是：神话昆仑是现实地理的折射表述，现实昆仑是神话昆仑的神圣延续，二者结合起来看才是完整准确的。

从古籍中"河出昆仑"的反复记载和历代对河源昆仑的寻求，表明国人千百年来有一个共识，这就是昆仑山在黄河源头地域，也就是今天的以三江源为中心的青海高原地区。

（二）西王母国

《山海经》记载有"西王母玉山"②，《穆天子传》记载有"西王母之邦"③，汉人文献记载有"西王母之国"、"西王母石室"④等等。那么这些以西王母命名的山、邦、国在何处呢？中外绝大多数学者认为，就在以青海湖为中心的青海高原。尤其值得注意的是，汉代时青海湖之西有西王母石室。尤其是西汉末年，

---

① 《新唐书》卷二百二十一上《西域上·吐谷浑传》，北京：中华书局，1975年，第6226页。
② 《山海经》卷二《西山经》："又西三百五十里，曰玉山，是西王母之所居也。"袁珂校注：《山海经校注》，上海：上海古籍出版社，1980年，第50页。
③ 《穆天子传》卷二："乃遂西征，癸亥，至于西王母之邦。"王贻樑、陈建敏：《穆天子传汇注集释》，上海：华东师范大学出版社，1994年，第155页。
④ 黄晖：《论衡校释》卷十九《恢国》，北京：中华书局，1990年。

王莽派员利诱环青海湖而游牧的羌人首领良愿让出环湖地区，然后在此地设置西海郡，以象征"四海一统"。对这件事，王充在《论衡》中高兴地写道："遂得西王母石室，因为西海郡。……西王母国在绝极之外，而汉属之。德孰大？壤孰广？"事实胜于雄辩，无需费辞，这就足以说明当时人认为西王母之邦、之国就在青海。

此外关于青海湖起源的藏族传说也可佐证这样的事实。青海湖在藏语中读如"错温布"，白鸟库吉曾经认为这个名称与"西王母"系一音之转，因为"王"字在古汉语中读"温"音。藏学家吴均则认为"王母"实际就是藏语（与羌语有渊源关系）"昂毛"（又写作"拉毛"、"旺姆"，意为仙女或神女）的音转。而西南纳西族、普米族等羌人支系民族称神女亦音近"王母"。这些足以窥知"王母"很可能是古羌人词语。而"西"是后来逐渐不明真义，根据方位补加上去的。许多历史学者、民族学者都不约而同地认为，西王母是远古时代游牧于青海湖边的一位羌人女酋长。其实，藏文文献中更有与西王母极近似的传说，清代佑宁寺名僧松巴·益西班觉在其文集中记述道：青海湖在古代叫"赤秀洁莫"，意思是万户消失的女神王。青海湖本来是一片美丽富饶的草原，有10万户帐房人家，后来海心山下的泉水涌出，淹没了草原和帐房，幸亏有神运来海心山压住泉眼，才使整个草原免于沉没。这个传说至今在蒙古和藏族群众中流传①。"赤秀洁莫"的含义正与西王母的名称相对应，说明西王母的神话传说原型很可能就是远古时期率部游牧于青海湖地区的羌人女首领兼大女巫②。

苏雪林说过："西王母与昆仑山原有不可分拆之关系，言西王母即言昆仑也。"③《禹贡》说昆仑在西戎之地，而西王母也正好在羌戎之地。由此看来，西王母不论作为神话人物也好，国家名称也好，部族名称也好，酋长名称也好，其方位一直在以青海为中心的西部。

（三）神话传说遗迹

昆仑西王母神话作为古老的神话传说，在古代青海留下了一系列的遗迹，如著名的西王母石室、西王母樗蒲山、昆仑神祠、积石山等等。

关于西王母石室，《汉书·地理志》云：金城郡临羌"西北至塞外，有西王母石室、仙海、盐池，北则湟水所出。"④临羌即今青海湟中县多巴镇一带，西北

---

① 关于这方面的引述论证，详见赵宗福：《论"虎齿豹尾"的西王母》，《北京师范大学学报》1993年访问学者专号。
② 赵宗福：《论"虎齿豹尾"的西王母》，《北京师范大学学报》1993年访问学者专号。
③ 苏雪林：《昆仑一词何时始见于中国记载》，《大陆杂志》1954年第11期。
④ 《汉书》卷二十八下《地理志下》，北京：中华书局，1962年，第1611页。

行过日月山（塞），即为西王母石室、青海湖（仙海）、茶卡盐池，湟水发源于青海湖北边。根据考古发现，所谓西王母石室就在天峻县关角乡，当地有一处巨大的自然岩洞，门前有古建筑遗址，并发现为数较多的汉代瓦当等建筑用料，在汉魏晋南北朝时此处修建有规模颇大的西王母寺。十六国时，北凉主沮渠蒙逊在征战之余，"遂循海而西，至盐池，祀西王母寺"①。当时在当地各民族中还流传着一些关于西王母活动的传说。段国《沙州记》就提到，沙州（青海贵南县）东北青海湖一带有大山，"羌胡父老传云：是西王母樗蒲山"。以上资料证明，远古的西王母的确居牧在青海湖边草原，并留下了石室等遗迹。

昆仑山在青海，所以古代的青海东部还有"昆仑神祠"，孔安国注《史记》引王肃语："地理志：金城临羌县有昆仑祠。"更有大禹"导河积石"的大小积石山，古代文献中屡见不鲜。这些至少从汉代开始一直到明清时期文献上不厌其烦地记载的有关在青海地区的昆仑山和西王母的神话传说遗迹，也证明了昆仑神话在青海的悠久传承历史。

至于这些年被发现的昆仑山玉虚峰、西王母瑶池、昆仑神泉、西王母石室等等，可以看作是这种神话传说的精神延续和现代诠释。

（四）民族志与民俗志

西王母在神话中以"虎齿"、"虎颜"的形象出现，其实这是古羌人虎图腾崇拜的反映。而印证古代羌人及其支系民族的信仰崇拜，虎崇拜十分兴盛。

《后汉书·西羌传》中的记载，秦厉公时，西羌的第一位著名酋长无弋爰剑从秦国西逃，秦兵追赶甚急时躲入一山洞，秦兵放火烧洞，只见洞口出现一虎形怪物，遮住火焰，秦兵惧退。无弋爰剑才得以逃到三河（黄河上游、湟水、大通河流域），诸羌以为有虎护佑、焚而不死是神人，遂推为首领。自此以后，其子孙"世世为豪"②。这个早期传说被史家写进志传，说明它在西羌酋长的起源上很重要，而且在当时流传很广，更说明羌人对老虎是十分崇拜的。

《太平御览》引《庄子》佚文："羌人死，燔而扬其灰。"又《荀子·大略》中说羌人作战被俘后，不忧死而"忧其不焚"。这一奇特的丧葬信仰习俗原来正与虎图腾崇拜有关。唐代樊绰《蛮书》说，羌人有"披大虫皮"、"死后三日焚"的习俗，目的就是为了转生为虎。李京《云南方志略·诸夷风俗》记载，罗罗（彝族）"酋长死，以虎皮裹尸而焚，其骨葬于山中。……年老（死）往往化为

---

① 《晋书》卷一百二十九《沮渠蒙逊载记》，北京：中华书局，1974年，第3197页。
② 《后汉书》卷八十七《西羌传》，北京：中华书局，1965年，第2875页。

虎云"。彝族巫师的话更加有力地证明了虎为人祖、人死化虎的图腾观念："虎族是虎变的，如果不火葬，死者的灵魂就不能再转变为虎。"①彝族源出氐羌，其强烈的虎图腾崇拜意识与羌人的丧葬信仰习俗一脉相承。由此窥彼，羌人的虎图腾崇拜昭然。

从青海少数民族的民间信仰仪式看，古羌人虎崇拜的影子也还仍然残留着。在青海省同仁县一个叫年都乎的土族村子里，每年农历十一月要举行一种叫作"跳於菟"的虎舞驱傩仪式。届时，7名男子赤身露体，脸和身上以锅底灰画为虎头形和斑纹，手举荆枝（也许就是不死之药的象征吧）进村，两"虎"在村口敲锣鼓，五"虎"在村中走户穿巷，列队而舞。最后驱至村外河边洗尽锅灰，以示将邪鬼等尽付之东流，巫师焚纸诵经，祛邪求福。"於菟"一词早在《左传·宣公四年》中就出现过：楚人……谓虎於菟。也就是说"於菟"是虎的别称。其实仔细追究，"於菟"可能源于古老的羌语，而土族跳於菟舞仪式完全是远古羌人虎图腾崇拜在本土的遗存②。

这些从侧面证明了西王母虎齿豹尾的形象与古老的青海民族文化密切相关，从而也旁证了昆仑神话起源于青海高原。

（五）历代文人的渲染

从先秦开始，文人文学就开始涉及昆仑神话的内容，尤其是从唐宋以来，很多文人墨客就不自觉地用诗词的方式反映昆仑西王母在青海的种种想象③。自然，文学不等于写实，更不等于科学研究，但却说明了历代文化精英们认同昆仑西王母神话传说与青海地区的渊源关系。

综上所述，昆仑西王母神话与青海有着非同一般的联系，二者之间的渊源关系说明，古老的羌文化是昆仑神话的生成温床，而青海地区是昆仑神话的发祥地。

五、关于昆仑文化

昆仑山是青海高原乃至整个东方最神圣的大山，昆仑文化被称为青海的标

---

① 刘尧汉：《羌戎、夏、彝同源小议》，《彝族社会历史调查研究文集》，北京：民族出版社，1980年，第212页。

② 详见赵宗福：《丝路羌人虎图腾舞小论》，《丝绸之路》1993年第2期。

③ 关于这方面的材料，可参考赵宗福：《历代咏青诗选》中的相关诗篇，西宁：青海人民出版社，1986年。

志性文化品牌一点也不为过。那么如何看待昆仑文化，要从两个方面来认知。

从文化源头看，所谓昆仑文化就是昆仑神话。

从区域文化看，所谓昆仑文化就是以昆仑山为标志的青海高原各民族文化，既包括历史文化，也包括现当代文化；既包括各类精英文化，也包括各民族民间文化。昆仑文化应该是一个区域性的文化整体。

昆仑文化的基本特征就是"大美青海"，神圣、神奇、神秘，令人神往！

所谓神圣，就是昆仑神话是中华文明的源头，而且源远流长，影响了整个中华文明发展史，具有神圣的文化地位。昆仑山在中华民族的文化史上具有"万山之祖"的显赫地位，国人称昆仑山为中华"龙祖之脉"。古籍文献上经常说"赫赫我祖，来自昆仑"。其神圣性不容轻视。青海还是出产圣人的地方，如西藏佛教的后弘期，正是由青海而发生兴起的；藏传佛教格鲁派的创始人宗喀巴大师被世人称为"第二佛陀"，是具有世界性影响的佛教领袖，其弟子们的影响也是举世瞩目。著名的历辈章嘉呼图克图大都产生于青海东部地区。

所谓神奇则表现在青海山川的壮丽雄奇，各民族文化的瑰丽多彩。比如昆仑山全长2500千米，平均海拔5500—6000米，宽130—200千米，总面积50多万平方千米，最高峰在青海境内，海拔6860米，也是青海省的最高点。昆仑山浩浩荡荡，横贯东西数千里；茫茫苍苍，挺拔高峻，雄奇壮美。真如《山海经》所描写："其光熊熊，其气魄魄。"令人震撼。

所谓神秘，就是青海地处西部，广袤的土地，雄浑的山川，神秘的宗教文化，瑰丽的民俗文化，有着无穷的神秘感。

青海多民族文化不但历史悠久，博大精深，而且"多元和美"，"和而不同"。

不仅是中华文化的有机组成部分，而且在中国多民族地区具有典型性和代表性，是多民族文化的缩型地区。如此神圣神秘而博大精深的多元文化，难用一个普通的概念来涵盖，纵观历史与现实，唯有昆仑文化能够代表整个青海文化。

总之，昆仑山堪称是青海的标志性形象，以昆仑神话为核心的昆仑文化是青海古今各民族文化的最佳概括。

穆天子西巡的地缘文化意义

米海萍

《穆天子传》又称《周王游行记》①，自西晋太康二年（281）汲冢出土以来，长期称奇于学界，备受历代学者的关注。关于其作者与成书时间，一般认为非出自一人一时一地之作，成书年代被定为战国前期。该书内容简约，主要记叙了周穆王驾八骏、率六师巡游天下，专程西巡昆仑而见到西王母之事。就其文献性质而言，因历代目录学之著录而有所不同，《隋书·经籍志》《新唐书·艺文志》、陈振孙的《直斋书录解题》、郑樵的《通志·艺文略》等皆列入起居注类；《旧唐书·经籍志》列入实录类；晁公武的《郡斋读书志》、王应麟的《玉海·艺文》列入传记类；清修《四库全书》时，四库馆臣将其由史部"退置"于子部，列入小说家类。历代著录家们对该书性质有着"由史而子"的变化认识，近代以来学者们又有其为地理之书或神话传说著作之说，且有陈逢衡的《穆天子传补正》、郝懿行的《穆天子传注补》、孙诒让的《穆天子传札迻》、丁谦与金蓉镜的《穆天子传集解》等连版累牍的再补注疏和考据辨证。无论是聚讼式的考证研究，还是集大成式的资料汇集，学界的研究热情始终有增无减。综合来看，趋于史书或小说者占据主要看法②。

从先秦的《竹书纪年》《左传》，到汉代《史记》之《秦本纪》和《赵世家》等史部文献，史家们皆持相信态度，对穆天子西巡一事专门作了记载。史学家岑仲勉言之凿凿："穆天子传即历史上之穆王，本无疑问"③。史学家杨宽在其著作《西周史》之第六章中，从民俗学和神话学视角，深入细致地分析了河宗氏祖先神话传说的真实性、周穆王西征史迹的真实性、《穆天子传》所述及周初历史的正确性及昆仑和县圃神话的来历等，认为该书作者采自一个世代口头流传的、从西周留存到战国的游牧部族的祖先河宗氏参与周穆王西游的神话传说，河宗柏夭氏从一个引导者变成了周穆王的随从官员，结果得封为"河宗正"的官职，从而使这个部族得以兴旺起来。其后代觉得这是他们整个部族的光荣历史，世代口头相传而不替，直到战国初期才被魏国史官采访所得，成为《穆天

---

① （晋）郭璞注：《穆天子传》，上海：上海古籍出版社，1990年据明《正统道藏》影印本。
② 王洪涛：《〈穆天子传〉性质研究综述》，《社科纵横》2002年第4期。
③ 岑仲勉：《〈穆天子传〉西征地理概测》，《中山大学学报》（社会科学版）1957年第2期。

子传》的主要内容。杨先生确认该书既有西周史料,又反映了先秦中西交通及沿途部族分布的史迹①。简言之,这是根据西周历史传说、结合战国人远行见闻等基于史料、神话传说之上而写成的历史典籍。本文依据上述文献,就《穆天子传》中穆天子西巡的地缘文化意义作一探讨。

一

穆天子西巡,大体上沿着先秦传统"玉石之路"行进的,是一次远游华夏西部的"和谐万邦"之旅,也是一次在"河出昆仑"观念下追思"赫赫我祖,来自昆仑"的精神圣地之旅,具有寻根问祖的地缘文化意义。

日本学者白川静曾指出:穆天子"远游西北的故事,是在与西北有交通往来的地区,以信仰西方昆仑等为背景而产生的"②。据研究,在先秦时期,华夏中原与西部(或称西域)的交通主要有3条道路:一是从关中平原沿渭河河谷向西北,经过现在的兰州,进入河西走廊,再经敦煌出玉门关或古阳关,通向西域的"阳关路";二是经过现在的兰州,转向湟水河谷,经过今天的西宁、青海湖北岸,穿过柴达木盆地至西域的"青海—西宁路"③;三是从内蒙古阴山山脉西北麓向西穿过戈壁沙漠,趋向天山南北的"居延路"④。有学者认为穆天子西巡的路线是,从洛邑出发,经山西太行山一线,越河北井陉山,渡滹沱河,出燕门关,进入内蒙阴山河套地区,西北溯黄河水经宁夏达甘肃,西出青海柴达木盆地,逾今昆仑山及其支脉,进入塔里木盆地南缘,折而向北向东达祁连山西端(群玉之山),然后再向西沿天山一线,达伊犁河谷以西之"西北大旷原",然后东归,再取道"居延路"回返阴山,东南入于山西,复过雁门,逾太行济河水回到洛邑的⑤。如此,穆天子西巡经过的地方,包括了现在的河南、山西、内蒙古、陕西、宁夏、甘肃、青海和新疆等省区。此次西游,由平坦温暖的平原游历了崇山峻岭的高原,由绿树碧草游历了荒漠戈壁,由田连阡陌的农耕地区游历了风吹草低见牛羊的辽阔牧场,经过了迥异的地形地貌和不同生态经济区域。

穆天子西巡的政治目的也很明确,如《尚书·周官》所言:"惟周王抚万邦,巡侯、甸,四征弗庭,绥厥兆民";"王乃时巡,考制度于四岳。"⑥通俗地

---

① 杨宽:《西周史》,上海:上海人民出版社,1999年,第604—619页。
② [日]白川静:《西周史略》,袁林译,西安:三秦出版社,1992年,第61—67页。
③ 夏鼐:《青海西宁出土的波斯萨珊朝银币》,《考古学报》1958年第1期。
④ 王北辰:《古代居延道路》,《历史研究》1980年第3期。
⑤ 陈国生:《论〈穆天子传〉所记的先秦民族地理学文献价值》,《贵州民族研究》1999年第2期。
⑥ 《尚书正义》卷十八《周官》,北京:中华书局,1980年影印清阮元校刻《十三经注疏》本,第234、235页。

说，就是沿袭前代国君治理国家的传统，不仅治理好直接统治的中心地带，而且要安抚万邦，巡视侯、甸等远近区域的诸侯国，必要时征伐那些不臣服于周朝的诸侯及周围的"夷狄之人"，恩威并施，以加强统治、安定亿万庶众。

在《穆天子传》中，穆天子颇具人君风范，很有"自鉴"美德，能思己过，曾感概说："於乎，予一人不盈于德，而辨于乐，后世亦追数吾过乎！"①俨然为战国前期人们所期盼的理想君王的形象化身。治理国家主张采用和谐和睦之策，即要"和治诸夏"，关心民瘼，看到有人冻死，深深自责"余一人则淫，不皇万民"，并作诗3章来哀悼。重视农业生产，把异域优良作物的种子带回中原。如在昆仑之春山，见"孳木华不畏雪，天子于是取孳木华之实，持归种之"；在赤乌氏之口山，"是唯天下之良山也，王缶玉之所在，嘉谷生之，草木硕美。天子于是取嘉禾，以归树于中国"②。穆天子走入赤乌氏境地，当地人献上了酒食牛羊和"穄麦百载"。被称为"嘉禾"的粟，俗名小米。考古资料显示，小米在黄河流域至少有8000年的人工栽培史，多数专家认为小米的故乡就在黄河流域的中国北方。在西藏昌都距今5000年的卡若文化中，出土了大量的粟。小米耐干旱，耐寒冷，卡若人生活的地方适合种植小米③。无独有偶，在今青海东部湟水流域广泛分布的距今6000年的马家窑文化中，"居民以原始农业为主，兼营饲养业。种植有粟、大麻等作物，以稷最为常见"④。在青海民和喇家遗址中出土了距今4000年的一碗面条。《初学记》引《周书》曰："凡禾，麦居东方，黍居南方，稻居中央，粟居西方，菽居北方。"⑤说明农作物适宜的种植区域。《后汉书·西羌传》记载护羌校尉贯友在永元五年（93）攻击在今青海贵德地区的烧当羌人时，专门提及收走羌人粮食"收麦数万斛"之事。此处"麦"可能包括大麦、青稞和粟等耐寒早熟粮食。粟是自古以来种植于包括青藏高原在内的广大西部的主要农作物之一，推测小米是原始先民的主要粮食作物，穆天子将其带入中原之事也在情理之中。

穆天子西巡华夏版图上的西部地区，一路之上并没有大规模陈兵黩武之举，而是以礼邦交外域诸族，以和为贵。所到之处，当地首领用"献"的方式——"献食马三百"、"献食马九百、牛羊七千、穄麦百车"表示对天子的迎接和敬畏；穆天子则以"赐"的方式——"赐黄金四十镒"、"贝带五十、朱三百裹"、"赐

---

① （晋）郭璞注：《穆天子传》，上海：上海古籍出版社，1990年据明《正统道藏》影印本。
② 嘉禾：岑仲勉先生释为穄属，穄是粟的别称。参见岑仲勉：《〈穆天子传〉西征地理概测》，《中山大学学报》（社会科学版）1957年第2期。
③ 侯石柱：《卡若人从黄河走来》，《中国西藏》（汉文版）2001年第1期。
④ 许新国：《史前史的青海》，西宁：青海人民出版社，2005年，第12—13页。
⑤ 《初学记》卷二十七《草部附·五谷》，北京：中华书局，1962年，第629页。

之黄金䴢三六、朱三百裹"予以安抚和宽慰,更以"得"的方式——"得玉策枝斯之英"、"取玉三乘"、"载玉万只"、"载羽百车"获取了大批美玉宝物。① 正是在这样一个既依托历史——包括编年体的叙述方式和主要事实,又有质的虚构性(人物、情节和环境)和小说手法的背景之下②,沿着传统的玉石之路,穆天子进行了一场"和谐万邦"之旅。"玉"、"璧"字眼多次出现于《穆天子传》中,产玉的地方有舂山、群玉之山、文山和采石之山等。在重䳒氏境内"黑水之阿,爰有野麦,爰有荅堇,西膜之所谓木禾。重䳒氏之所食,爰有采石之山;重䳒氏之所守,曰枝斯、璿瑰、玫瑶、琅玕……凡好石之器于是出"③。中原使用的玉石主要来源于西部所产,也许,中原和西部的最初交流,是以"玉"这种特殊物质做媒介开始的。商周以来的统治者把玉看作天地精气的结晶、人与神心灵沟通的中介物,常常用玉来祭祀天地四方和神灵,同时视为体现王权思想理念、实行"德被四方"达到国泰民安的物化标志。考古资料显示:"西周玉文化中包含的齐家玉文化基因则是更为鲜明的。"④ 2000 年中国十大文物考古发现之一的青海民和喇家遗址(距今 4000 年,属齐家文化),出土了一柄属"王者之器"的国内最大的玉刀,应是权力、地位和身份的象征,为最高统治者所专用之物。昆仑山盛产美玉,其向东运输的道路,被学者们称为"玉石之路"⑤。昆仑山是"亚洲脊柱",为中国最长的山脉,西起帕米尔高原,向东一直延伸到青海中部。青海昆仑玉具有质地细润、淡雅清爽、透明度高的特点。据地矿专家介绍,昆仑玉与和田玉同处于一个成矿带上,昆仑山之东曰昆仑玉,山之北曰和田玉,因其在物质组合、产状、结构构造特征等方面基本相同,为大自然的"孪生同胞",而统称昆仑玉。

今通行的《正统道藏》本之《穆天子传》凡 6 卷,前 3 卷讲述穆天子西巡过程;第四和第五两卷讲述穆天子的东归及以后之事;第六卷应为后人所添加,叙述盛姬死丧之事。从内容而言,前 3 卷当为一个叙述穆王西巡的整体故事,其主干大体围绕着关于玉和玉的礼仪而展开。

第一卷讲穆天子西巡边塞,先到达河宗氏之邦,向邦主河宗柏夭赠送玉璧,让他将此玉璧向西的方向沉入黄河,以祭献河神,同时以"祝"为首的官员们参与了这个盛大祭祀典礼,将牛马豕羊等作为祭献牺牲沉入于河。河宗氏告诉

---

① (晋)郭璞注:《穆天子传》,上海:上海古籍出版社,1990 年据明《正统道藏》影印本。
② 王洪涛:《〈穆天子传〉性质研究》,《社科纵横》2002 年第 4 期。
③ (晋)郭璞注:《穆天子传》,上海:上海古籍出版社,1990 年据明《正统道藏》影印本。
④ 杨伯达:《巫玉之光——中国史前玉文化论考》,上海:上海古籍出版社,2005 年,第 198 页。
⑤ 杨伯达:《中国古代玉器面面观》,《故宫博物院院刊》1989 年第 1 期。

穆天子西边的昆仑山有高原4处，清泉70处，那里盛产珍稀宝玉，并建议去昆仑之丘，看看那里的绝美宝玉。穆天子接受了这个建议，于是折而向西方进发。在黄之山上观看图典，了解"天子之宝器"：主要有玉果、璇珠、烛银、黄金之膏。以珍贵的玉璧献祭黄河之神，其仪式神圣而庄严，是对母亲河的虔诚膜拜。在阴阳学说盛行的古代，人们深信玉是服之不死的仙药，又是生水的神物，故而用玉祭祀河神，以求风调雨顺，国泰民安。又因黄河之水来自天之柱、地之脐的昆仑山，体现了"河出昆仑"的坚定信仰，而昆仑山就在黄河源头，天下美玉又出自昆仑山，这是指引穆天子一行向西行进的动力。

第二卷主体描述穆天子西巡的具体过程，与玉石相关的有4个典型情景。

一是吉日"观宫登山"得玉。穆天子登上昆仑山峰，参观了黄帝之宫；在癸亥日，备齐全套的牺牲，祭拜昆仑山。随后北行，驻跸于珠泽的大水畔，当地人"乃献白玉"。

二是"悬圃之叹"得玉。穆天子盘桓在昆仑山守黄帝之宫，南司赤水、北守春山之宝；还向当地人赏赐黄金之环、朱带贝饰等物。季夏丁卯日，穆天子北升于春山之上，举目四望，喟叹说："春山，是唯天下之高山也"，"清水出泉，温和无风，飞鸟百兽之所饮食，先王所谓'县圃'。"① 在这座走兽出没、飞禽振翅的春山上，穆天子得到了珍稀异常的"玉策枝斯之英"，一连5天都在欣赏美景，并在这神仙居住的花园"悬圃"里勒铭题刻，以昭示后世。

三是夸赞"赤乌盛产"得玉。穆天子来到赤乌氏境内，赤乌人"献酒千斛，食马九百，羊牛三千，穄麦百载"。穆天子说赤乌人与周人同宗，于是"贿用周室之璧"。赤乌酋长向穆天子介绍说这里美人出、宝玉生、嘉谷长，草木丰美，是物华宝地，并献上当地另一土特产品——美女2人，被收为嬖人。穆天子赞叹："赤乌氏，美人之地也，宝玉之所在也！"②

四是"取群山玉"。在癸巳日，穆天子来到容成氏之所守的"群玉之山"，再一次"取玉三乘，玉器服物，于是载玉万只"。在这掘不尽宝物的群玉之山上，因得到大批玉石而心满意足。休息了4日后，在孟秋癸亥日，穆天子一行进入了西王母之邦。

从这4个典型和玉石有关的场景看，美玉是沟通中原与西部政治、经济及文化交流的绝佳介质。通过西部诸族诚心自愿的"献"玉，穆天子以最高君主姿态的"赐"物，达到了"协和万邦"和平巡视异域邦国的政治目的。也为在祥和宁静美好的气氛下，在美玉仙境瑶池"见西王母"、"觞西王母"作了坚实铺垫。

---

① （晋）郭璞注：《穆天子传》，上海：上海古籍出版社，1990年据明《正统道藏》影印本。
② （晋）郭璞注：《穆天子传》，上海：上海古籍出版社，1990年据明《正统道藏》影印本。

第三卷则是穆天子西巡的高潮：吉日甲子，天子拜见西王母。凡间之人要见到西王母是多么地不容易，《太平广记》卷五十六引《集仙录》曰：西王母所居宫阙在"昆仑之圃，阆风之苑，有城千里，玉楼十二，琼华之阙，光碧之堂，九层玄室，紫翠丹房，左带瑶池，右环翠水，其山之下，弱水九重，洪涛万丈，非飚车羽轮，不可到也"①。穆天子经过了"道里悠远"的艰辛跋涉，幸运地到达了常人难以到达的西王母领地。穆天子捧上400纯精美的丝绸织品、白色玉圭和黑色玉璧，晋见西王母。西王母接受了这份来自丝绸大国的厚礼，还礼答谢。次日，天子觞西王母于瑶池之上。西王母为天子谣曰：

  白云在天，山陵自出。
  道里悠远，山川间之。
  将子无死，尚能复来？

天子答曰：

  予归东土，和治诸夏。
  万民平均，吾顾见汝。
  比及三年，将复而野。

在充满和谐气氛的宴饮中，二人赋诗吟唱，饱含情深意沉。昆仑山之瑶池一经穆天子巡视并在此会见西王母对酒当歌，在后世越发名气大增，成为人们心灵的享受圣地、超越凡间的永恒乐园。在文学中以"周穆八骏"、"瑶池"、"王母"意象反复出现，所创作的诗文累积众多，其艺术性可观者亦很多，倾诉和寄托着人们宗教信仰般的精神追求。

载于《穆天子传》中的西王母形象，雍容华贵，温文尔雅，是仙姿裊裊的天帝之女。在穆天子西巡的路途之中，但凡遇到者皆言某某"献天子"或"觞天子"，都是主动先为穆天子献纳上当地的土特产品。唯有独见西王母时"甲子吉日，天子宾于西王母，乃执白圭玄璧以见西王母；好献锦组百纯，□组三百纯。乙丑，天子觞西王母于瑶池之上"②。从作为君王的穆天子，难得有主动态度和所持的"白圭玄璧"珍贵礼物看，显出西王母地位的非同一般。西王母的居住地"瑶池"就是美玉之池，而西王母又称"瑶母"，即玉母、玉女神，已属半人半神，非凡间女子，亦非常人能够相见之人，穆天子如此恭敬，是出于神性的崇拜。瑶池相会的地缘意义在于：

---

① （宋）李昉等编：《太平广记》卷五十六《女仙一》"西王母"条，北京：中华书局，1961年，第344页。
② （晋）郭璞注：《穆天子传》，上海：上海古籍出版社，1990年据明《正统道藏》影印本。

首先，当初穆天子西行时，特意在燕然之山举行庄严的"大朝"礼仪，昭示天下他的君王职位是在"帝"即在上天的旨意下承袭了天命的，是上天所授予的，所以要服从天命、身体力行唯天帝所命的礼治，用德治和礼治的有效结合的办法，维护神圣的王权统治。当西王母问及何日君再来时，穆天子答曰：只有实现了"和治诸夏，万民平均"的治国目标方可再来，表达了一种追求功业的抱负，不似人间一般卿卿我我的相互承诺，体现有作为君王的"德治"理想。

其次，穆天子一行大体沿黄河西行，一路上用宝玉祭祀了黄河之神，黄河恰好是一条连接中原与西部的纽带。除了安抚万邦的政治目的、对昆仑美玉的极大追求外，重要的是表达一种文化诉求心理，成为向往昆仑即在"慎终追远"情结下寻根问祖的精神之旅。《尚书·周书》之《泰誓》篇言："呜呼！我西土君子。天有显道，厥类惟彰。"① 该书的《酒诰》篇还特意提到："穆考文王，肇国在西土。"② 周人兴起于中国西北地区，始祖弃为羌人之女姜嫄所生，号后稷，姓姬氏，为周人祖先。其文化血脉中就有浓郁厚重的西北人文质素，与西北游牧民族羌人一直保持着密切的关系，张光直认为周人"确实也有显著的西部特征"③。周人东向发展过程中得到了西部众多坚挺力量的帮助，在周革殷命的关键时刻，西北羌人作为一支主力军加入周武王的联合军队，鼎力助周灭殷。故而在周人文化中，保留积淀了久远以来对"西土之人"的感念情结与眷恋西方故土的情愫，在潜意识中都有着一种回归故土的意念，以不忘自己"从哪里来"的根本。

再次，先秦的人们笃信"河出昆仑"，昆仑承载着华夏民族精神领域的神圣与崇高，中国人素有"赫赫我祖，来自昆仑"的祖先崇拜心理，先祖来自昆仑的恒久记忆积淀在人们心灵深处。在中国传统文化中，人文之祖伏羲、创造人类的始祖母女娲，是奉了上天旨意在昆仑山上完成他们的"神圣婚配"的④。大诗人屈原在《楚辞》中自称为"帝高阳之苗裔"，神游昆仑山，在浪漫情怀中得到了巨大的精神慰藉与心理满足。姜亮夫认为"高阳氏来自西方，即今之新疆、青海、甘肃一带，也就是从昆仑山来的。我们汉族发展源于西方的昆仑，这说法是对的，也只有昆仑山才当得起高阳氏的发祥之地"。楚人是夏人的后裔，夏兴起于西北，"屈子心中所想象的'旧乡'即老家是在昆仑"⑤。居于黄河中下游

---

① 《尚书正义》卷十一《泰誓》，北京：中华书局，1980年影印清阮元校刻《十三经注疏》本，第182页。
② 《尚书正义》卷十四《酒诰》，北京：中华书局，1980年影印清阮元校刻《十三经注疏》本，第205页。
③ 张光直：《殷周关系的再检讨》，《中国青铜时代》，北京：生活·读书·新知三联书店，1983年，第105页。
④ 赵宗福：《昆仑神话》，西宁：青海人民出版社，2005年，第83页。
⑤ 姜亮夫：《楚辞今译讲录》，昆明：云南人民出版社，2002年，第29、175页。

人们所认识的昆仑区域,处《尚书·禹贡》所言九州之一的古雍州地界。穆天子西行的目的地是西部,在西巡中体验和感性认识黄河母亲河源头的昆仑山,就是对先祖故地的再认识、再体验,进而从地缘文化观念上,认同西部、认同祖先来自西部的昆仑山。故此,穆天子西巡,是一次神游昆仑圣地的精神长旅。

二

穆天子在西游行程中,以"予一人"最高王者的身份进行了祭祀、安抚和植树活动。用璧玉、牛马豕羊"祭于河宗",观舂山时"铭迹于县圃","具蠲齐牲全以禋□昆仑之丘"进行祭祀。昆仑山东的膜昼族奉祀殷代为先王,为殷人主祭。经过赤乌氏境地,认为赤乌氏先祖出自周宗室,视之为"周室主",赐予墨乘车、黄金、珠贝等物。居舂山以北的长肱部族被穆王封为"留胥之邦",为周人主祭。经过西膜黑水,亦视为"周室主"而待之。经过西王母邦附近的玄池,种树竹子于玄池边,并命名为"竹林"。登上昆仑舂山,"而树之槐,眉曰:西王母之山"。种种活动表明,这是穆天子西巡安抚万邦,巡视侯、甸等远近区域政治手段的具体体现,也是一种意在宣示其拥有国家最高权力和全部土地的折射反映,使其所巡视过的地域有"溥天之下,莫非王土"政治象征意义。

这里就其在玄池"乃树之竹"、在舂山"乃纪丌迹于舂山之石,而树之槐"的种植寓意作一简要分析。

竹子具心虚有节、坚韧挺拔、不畏风霜雨淋和青翠生机的自然属性,在中国传统文化中,与松、柏一起号为"岁寒三友",又和梅、兰、菊称为"四君子",赋予人的灵性。在古代有些巫师、占验家眼中,竹子被视为是沟通天地的法器。一些部落族群把竹子作为图腾来崇拜,甚至视作祖先崇拜、图腾崇拜、生殖崇拜以及自然神灵崇拜的符号或象征物。《华阳国志·南中志》、《后汉书·西南夷传》叙述西南夜郎国的由来和源起时,引用"竹生夜郎侯"的古老神话构建夜郎国早期的发展历史。后来,汉朝使者来到夜郎国,其国君一句"汉孰与我大"的问话,使"夜郎自大"这则成语风靡于国人的日常生活中,通过这个成语人们都知道在汉代时西南有个小政权叫夜郎国。汉武帝时夜郎国主归顺,于此设置牂牁郡,纳入汉朝版图。唐代的司马贞作《史记索隐》时,仍旧沿袭这个古老的神话传说,解释夜郎国"君长本出于竹,以竹为姓也"来历,"竹崇拜"成为夜郎国的文化标志。穆天子植竹于昆仑山中玄池边,试图借助竹子旺盛的生命力和生殖力,表达治下所有部族和属民安宁昌盛、繁荣和谐的意愿,更有作为最高的、正统的"予一人",表达其君权神授的圣神性,对所巡视地域拥有的最高宗主权。

昆仑山生竹子。《吕氏春秋·仲夏纪》载："昔，黄帝令伶伦作为律。伶伦自大夏之西，乃之阮隃之阴，取竹于嶰溪之谷，以生空窍厚钧者，断两节间，其长三寸九分，而吹之以为黄钟之宫，吹曰舍少。次制十二筒，以之阮隃之下，听凤皇之鸣，以别十二律。其雄鸣为六，雌鸣亦六，以比黄钟之宫适合。黄钟之宫皆可以生之，故曰'黄钟之宫，律吕之本'。"① 此处所谓"嶰谷"，在昆仑山北。黄帝派乐官伦专门到昆仑山采撷"三寸九分"长的两节竹子，制成律管吹律，以测定天时、确定长度，用来度量。"量者，龠、合、升、斗、斛也，所以量多少也。本起于黄钟之龠，用度审数其容。"竹管芯是空的，1尺长的竹管作容积，即为度量之量。"权者，铢、两、斤、钧、石也，所以称物平施，知轻重也。本起于黄钟之重，一龠容纳千二百黍，重十二铢，两之为两。二十四铢为两"②。遂以"黄钟之龠"为基点，斤、均和石的权衡单位得以建立。

这里特意说明制定律的竹管取自昆仑山嶰谷，自有其深意。人类对于自身生存状态的共同心理是恐惧死亡而期盼长生，为了追求生命的无限延长而设法探寻不死之术，而"昆仑的全部事物笼罩在不死观念的下面"③。昆仑山是国人心目中最为神圣而崇高的圣山，从这里生长出来的一石一木都是长生不老之物，凡间俗人一旦服食，便可永生不死，与天地同寿。昆仑山还是天帝即黄帝在地上凡间的行宫，众神居住的乐园。黄帝被后世纳入古史系统后居五帝之首，向来被描画成理想的圣王贤君，是历代帝王所尊奉的人文初祖。穆天子西游时，专程拜谒过昆仑山上的"黄帝之宫"，一方面对"能成命百物"、"西方上帝"黄帝表达怀念尊崇之情，承借先圣英灵之气，种竹于玄池边，颇具神圣和正统意味；另一方面希望亲手种植的竹子能够汲取昆仑圣山的精气、灵气和正气，孕育生长成天地间的菁华竹林，以祈求自己长生不老，永享人间荣华富贵。

穆天子在昆仑山上手植槐树，更有深刻的政治与文化的象征意义。

槐树属根深叶茂的乔木，中国各地广泛种植。在中国传统文化中排在松、柏之后的第三位。槐者，怀也，修德以怀远人之政治意义。"槐有怀来远人之功能，其实包蕴一种巫术企图。一方面槐树高大翁郁，有招凤集鸟之特性，于是可以借其招远人；另一方面槐树树龄长久，像三公之年长德厚，所以'三公面三槐'成为一种政治象征"④。穆天子是借助种植槐树形式来宣告自己统辖土地所有权的，使远方之人对周王有政治归属感和文化认同感，突出"溥天之下，莫

---

① 许维遹撰，梁运华整理：《吕氏春秋集释》，北京：中华书局，2009年，第122页。
② 《汉书》卷二十一《律历志》，北京：中华书局，1962年，第969页。
③ 顾颉刚：《山海经中的昆仑区》，《中国社会科学》1982年第1期。
④ 纪永贵：《槐树意象的文学象征》，《东方文学》2004年第3期。

非王土"最高统治者的权力的信仰意识。这是一种"为走向一统的文化权力话语提供神拳政治的空间证明,通过对各地山神祭祀权的局部认识和把握,达到对普天之下的远近山河实施一种法术性的全面控制"而服务于政治功利目的的文化象征①。槐树之树龄很长,相对于人生命的短暂而言是常青之树、不死之树,自然产生崇拜心理,深深影响了中国人的文化心理。《周礼·秋官》载:"面三槐,三公位焉"②,周代宫廷外种有3棵槐树,三公朝见天子时,站在槐树下面。三公指太师、太傅、太保3种最高官职的合称。后来之人用槐树比喻位列高官的三公,成为三公宰辅官位的象征。槐树适宜栽植于门旁,达官显贵们植槐于门旁,名为"槐门",象征做臣子的有怀柔百姓、奉仕帝王的道德和能力。一些欲博得功名的人家在门前、院中栽植槐树,有祈望子孙后人位列三公之意。一旦官高位贵,自然显达富贵,民间就有了"门前一棵槐,财源滚滚来"的俗谚。

槐,还有望怀之意。今山西洪洞县大槐树,就是一棵最为著名的"望怀"之树。明初实行"移民实边"政策,朝廷有组织地把山西、陕西、江苏、安徽等地的汉人农户,大量迁居到西北地区。相传来自四面八方的人们先集中在洪洞县大槐树下等待移徙命令,然后举家去往异地他乡,大槐树成为移民的"集散地"。留恋故土的移民,多采集大槐树的种子、枝条种植到新家。久而久之,后人每当谈起自己的祖籍老家时,只有"洪洞大槐树"的模糊记忆,大槐树也就成了祖先根基、籍贯所在,是梦牵魂绕的精神故土。直到现在,和河南、河北、山东及东北各地一样,青海民间仍然流传着"问我老家在何处,山西洪洞大槐树"的民谣。这是穆天子植槐即寓意怀远人来归、官吏们关怀平民百姓的政治意象直接衍生的结果,槐树成了"怀远人"、"怀柔黎庶"、"怀念故土"的著名文化树种。

三

穆天子一路西巡的区域,根据周人"五服制",是最远的外围行政区划,即所谓"荒服",正如《山海经》五方空间模式里的"大荒"一样,在中原人们观念中,是一个无法想象的、遥远的、生疏的茫茫荒原。扬雄在《法言·孝至》中认为"龙堆以西,大漠以北,鸟夷、兽夷,郡劳王师,汉家不为也"③。汉家

---

① 叶舒宪等:《山海经的文化寻踪——"想象地理学"与东西文化碰撞》(上),武汉:湖北人民出版社,2004年,第52页。

② 《周礼注疏》卷三十五《秋官·朝士》,北京:中华书局,1980年影印清阮元《十三经注疏》本,第877页。

③ 汪荣宝撰,陈仲夫点校:《法言义疏》二十《孝至》,北京:中华书局,1987年,第554页。

"不为"的地方,就是中原王朝之王化思想难以传达到的地方,如同唐代诗人屈同仙《燕歌行》吟"河塞东西万余里,地与京华不相似"、杜甫《兵车行》吟"君不见青海头,古来白骨无人收"想象一样,是亘古以来的荒芜之地,人们想当然地看作十分僻远而艰苦的地理空间。如此,穆天子一行所走之路绝不是畅通无阻的阳关大道,而是充满了艰辛的漫漫修远之路,势必饱受风餐露宿之苦。所幸的是穆天子一行似乎早已有了心理和物质准备,天子体恤扈从者,"天子以寒之故,命王属休",曾经两次"大飨正公诸侯王吏七萃之士"。将士亦爱戴天子,出现"天子渴于衍中,高奔戎为天子刺其左骖之颈,取其清血以饮天子。天子美之,乃赐奔戎佩玉1只。奔戎再拜稽首"的感人场景。[①] 天子还体念从行将士之苦,以佩玉表其真心,互诉真情,和睦同心。如此这般上下和睦,在行经途中君臣上下戮力齐心,顺利抵达目的地,登上了常人难以到达的昆仑之丘。穆天子一路西巡、寻梦西方,淡化杀伐战争气氛,实施以和为贵方略,促使巡视方邦自愿以"觞"、"献"方式归顺,所表现出的不畏艰难、同舟共济的精神,以礼待诚、和睦方邦所彰显的德治与礼治魅力,深深积淀于民族传统文化之中,并在时代向前发展的潮流中赋予和融入新的内容而不断焕发出新的活力。

周穆王是周朝的第五位帝王,也是中国古代历史上最富于传奇色彩的帝王之一。穆天子远行西巡,与西王母瑶池相会,是继后羿以来到达昆仑仙境见到女神西王母的第二人。尧之时,十日并出,英雄后羿射掉天上同时蹦出的9个太阳,救万民于倒悬,使万物重返生机。为了长生不老,他特地向西王母求来不死之仙药,不料被妻子嫦娥偷吃,飘飘然离开丈夫飞奔月宫而去,结果这对恩爱夫妻分离,留下永恒遗憾。是为"嫦娥奔月"的神话故事。穆天子一路向西,在从造父驭八骏出发、取群山宝玉、到舂山纪其事和植槐等数十个大小情节累计叠加而成的整体性故事中,和后羿一样,一路上追寻得到了长生不老永生不死之灵物,也在瑶池拜会了西王母。但和后羿所不同的是,"予一人"穆天子,是以唯天所命的正统与神圣踏上西巡之路,获取了能够沟通天地神灵的宝石美玉和其他宝物,借昆仑山的灵气、神气种竹植槐,达到了和睦巡视西部方国的政治目的,宣示了对这些西部方邦部族拥有统治的最高权力职能。而在长途跋涉中始终没有离开"昆仑"二字。古代中国人把国家和自己居住的地称为"中国"、"中土"、"中原",但视昆仑为世界中心的观念一直不变。

《河图括地象》云:"地中央曰昆仑。"

《淮南子·天文训》曰:"昆仑者,地之中也。"

[①] (晋)郭璞注:《穆天子传》,上海:上海古籍出版社,1990年据明《正统道藏》影印本。

《淮南子·墜形训》中又说:"昆仑之丘……盖天地之中也。"

《十洲记》更确信昆仑"此乃天地之根纽,万度之纲柄矣"。

昆仑山是华夏民族共同的"龙祖之脉",在古人心目中是一个位于天下之中、天地之中,由神、巫、昆仑(帝之下都)、黄河之源以及有着长生不老永生不死仙物所组成的仙乡,是中国人集体无意识中"赫赫我祖,来自昆仑"的崇高精神圣地。神话中的"昆仑"高不可攀登,大不可丈量,"其光熊熊,其气魂魂",因其现实的超自然性和信仰的真实性特点[1],成为历代凡间的天子、文人、方士各色人等可羡的仙乡、追慕的仙境。穆天子十分幸运地登上了一般凡间世人渴望不可及的天下圣山,在他眼中,昆仑山不仅神圣,而且富饶:可看可观的,昆仑山的部分状貌得到较为清晰的展现。如昆仑丘北的春山之上,分布着悬圃,悬圃风景美而雅:清水出泉,温和无风;百兽之所聚,飞鸟之所栖,有赤豹白虎、白鷮青雕等奇鸟异兽,有不畏雪霜的"孳木华"。如此神圣之所和神奇至物,唯存在于天上人间之中心昆仑,使昆仑的神圣性与神秘性因有了穆天子的亲身经历而得以增强。而言及昆仑与昆仑山,与居住在昆仑瑶池的西王母断难分开。

西王母是中国传统文化中的"千面女神"。最早出现于《山海经》的西王母形象,形貌特征只有"蓬发"、"梯几戴胜"、"虎齿"、"豹尾"、"善啸"、"穴居"几个关键词描述,她头发蓬松,有老虎般的利齿,拖着豹子似的尾巴装饰,主管瘟疫刑杀,形象狰狞可怖。至《汉武帝内传》,西王母形象由丑而美、由老变少、由野而文,变为年龄约三十、容貌绝世的女神。其华丽转身的关键一环,则与《穆天子传》中瑶池之会密切关联。在《穆天子传》中,西王母已经褪去了凶神恶煞般的模样,变成了出身帝胄且雍容脱俗的贵妇人,与穆天子相互赋诗歌咏,似是人世间一位多愁善感、颇有情才而又情意绵绵的女王。后世的西王母神话传说和周穆王西巡事迹联系起来,把两人瑶池相会的故事加以扩充,广为流传,使西王母的形象逐渐完善而丰满起来,趋于人格化、神圣化和传说故事化。再到后来,西王母被道教吸纳为最受尊奉的"女仙之首",专司天界盛宴邀请各路神仙之职,在人间掌管婚姻和生儿育女之事,转为人形化的吉神、"文采鲜明,光仪淑穆"的天界女神。这一系列故事的衍生和持续发展,不能不归结于穆天子的西巡事迹和《穆天子传》记载的功劳。

而当我们从现代地理学的视角考证,或从中华文化多元合流的文化渊源联

---

[1] 陈连山:《论古代昆仑神话的真实性——古人为什么要探索昆仑的地理位置》,《广西师范大学学报》(哲学社会科学版)2011年第4期。

系来解读"瑶池仙会"的地缘文化意义时,西王母与青海历史文化有着不可分割性的关联性。

第一,从青海湖周围一直到柴达木盆地南沿的昆仑山中段,包括现在青海省版图的大部分地区,为昆仑神话发生和衍化的核心地带。西王母神话传说植根于古羌人母系氏族文化思维土壤中,并与母系氏族文化精神紧密相联,她身上所展现的"司天厉及五残"、"手操不死之药"等,不仅讲述了女神自身的故事,也讲述着人与女神的关系,进而讲述人与自然在精神上的不可分离性。对女性的敬重崇拜、对生命力量的礼赞,是中国人最为突出的思维特点,无疑也是人类审美意识萌发的温床。先民创造的神话并不是历史的本身,但却"是历史上突出的片段的记录",抑或是历史的影子或者是神化的历史。许多学者根据青海大通出土的舞蹈纹彩陶盆上的舞者图案等考古资料,结合《山海经》、《汉书》、《后汉书》、《论衡》、《晋书》、《十六国春秋》等不同的典籍文献记载,考察长期流传在环青海湖地区"赤修洁嬷"(藏语,意思是"万户消失的女神王")藏族神话,勘探据说是西王母居住过的、一直受到当地百姓保护和崇拜信仰的"石室"这"三重"证据,力证昆仑神话、历史上西王母国与青海文化的关联。神话中的西王母是一个"虎齿豹尾、蓬发戴胜、善啸穴居"形象,有其文化意义和神格特征,赵宗福博士从文化人类学和民俗文化学分析认为,这样的形象只不过是原始社会时期某些特殊人物在特定语境中的表演形式而已,按此思路,神话西王母的原型是古羌人部落的女酋长兼大巫师,她的骇人外形实际上描绘的是作为部落女首领兼大巫师身份在某些神圣活动中的装扮;"穴居"指原居住于山洞,被后人美化为"西王母石室"。据文献记载,早在汉代,中原普遍闻知今青海湖附近有西王母石室。四世纪中叶前凉政权在西王母石室修建西王母祠;五世纪初北凉主沮渠蒙逊率兵入青海,亲自拜祀西王母寺,还命中书侍郎张穆写了一篇西王母文赋勒铭于寺前。今青海湟源县日月山中有硕大的洞穴,被热心于地方文化的研究者指证为"西王母石室"。

第二,昆仑神话与青海历史的相关,与青海历史上曾有"西王母国"的存在史实分不开。《尚书·禹贡》中有"织皮昆仑、析支、渠搜,西戎即叙"[①]。这些古羌部落大致分布在今以青海湖为中心的青海境内,学者们认为,此处"昆仑"谓"西王母之邦"或"西王母国"。对《穆天子传》持"史书说"的学者们认为,穆天子西巡封禅昆仑、在西王母国访问西王母就是一段被神话化了的富有传奇色彩的历史。但那些年代久远的先秦许多文献流传于后世时,所载西

---

① 《尚书正义》卷六《禹贡》,北京:中华书局,1980年影印清阮元校刻《十三经注疏》本,第150页。

和青海史实阙如，又不了解西部等种种客观原因，多不载于后代史籍，造成文献渐灭、杞宋无征的状况，遗留下在流传中讹误频出而难以廓清的缺憾。原本为西北古羌女王的西王母，随着商周以降古羌人的东进，将其先祖故事传入中原，并加以神话化了。环湖草原一直是古羌人部落游牧生息的家园，西汉帝国开疆拓土势力扩及青海湖草原，于汉平帝元始四年（4）设立西海郡，郡治在今海晏县。满足了整个汉朝"四海一统"河清海晏的统治心理，《论衡·恢国》曰："遂得西王母石室，因为西海郡。……西王母国在绝极之外，而汉属之。"[①] 王莽篡政后特意在郡治凿了一尊硕大的花岗岩质虎符石匮，石匮顶端蹲卧一只老虎，其象征意义在于，环湖地区曾经是西王母国，西王母最初形象是"虎齿"，故而西王母之虎成为了镇守汉朝西疆的圣兽，以冀希西疆安宁无虞。藏族神话中的"赤修洁嫫"女王，许多国内外学者认为是西王母的原型[②]。进而言之，倘若说西王母国在青海远古时期曾经存在过，那么以西王母为主要神格的昆仑神话生成于青海，也是不争事实。

周穆王西巡，尽管存在着历史与想象杂糅一起的状况，但究其实质，还是有着"历史投影于神话，神话反映于历史"之感[③]。后世人们对其西行路线、地点有不同解释，见仁见智，疑信不一，但从先秦秦汉以来多部中国著名史籍都有记载来看，历史上的周穆王西巡的壮举确有史实可证。穆天子沿"玉石之路"巡视侯甸方邦、寻梦"河出昆仑"获得大批宝玉、种竹植槐于神圣昆仑山，宣示了"予一人"最高统治的正统性和承接天命的合法性。穆天子与西王母的瑶池相会，使昆仑山的神圣性在世人心目中得到升华，其神秘性随之得以强化。西王母形象一再被美化，其神格功能被放大和神化，而且这位被人们无比崇拜的西方女神与青海的历史文化有着密不可分的联系。总之，穆天子西巡事迹，在与中国西部尤其与青海高原的地缘关系上，有着多重文化象征意义。

---

① 黄晖：《论衡校释》卷十九《恢国》，北京：中华书局，1990年，第832页。
② 赵宗福：《昆仑神话》，西宁：青海人民出版社，2005年，第99页。
③ 王孝廉：《王权交替与神话转换》，《民间文学论坛》1998年第3期。

论"虎齿豹尾"的西王母

赵宗福

今传本《山海经》三次写到西王母(另外一次为"西有王母之山"),其中两次都有虎齿豹尾的描绘。《西次三经》说:"西王母其状如人,豹尾虎齿而善啸,蓬发戴胜,是司天之厉及五残。"《大荒西经》说:"有人戴胜,虎齿,有豹尾,穴处,名曰西王母。"①因此,西王母作为昆仑神话的主神之一,以"虎齿豹尾"的形象著名于世,腾播人口。近世以来,研究西王母的中外学者不少,结论五花八门,甚至相悖。本文拟从"虎齿豹尾"入手,结合民族史志材料,对西王母形象的文化内涵和西王母神话的起源问题作一新的探索。

一

首先应该指出,"虎齿豹尾"并非是人类的真实面目,而是一种图腾化的神的外表,是先民们从心灵上对部落首领的原始性装饰。在遥远的原始社会时期,由于西王母及其部族对其图腾的刻意摹仿,感情上力求与图腾神秘互渗,外形上极力图腾兽化,所以才出现了这种半人半兽的怪象。

"虎齿"是西王母形象中最具神威之所在。因为动物尤其是猛兽类以头部最有牲征,头部又以獠牙巨口最富明显。在甲骨文中,凡表示野兽的字都被极力刻划头部的獠牙巨口,尤其以锋利的獠牙显得凶恶可怖。因而"齿"字与"凶"字相近,《说文》说:"齿,口断骨也,象口齿之形。"虎为百兽之王,"虎齿"更为凶残无比。西王母脸上其他部分未引起先民们的特别注意,只有"虎齿"让他们难以忘怀,以致在其神话流传很久后才记录下来的文献中再三提到其"虎齿"。可见其"虎齿"最为突出明显,由此也可知西王母其人(或神、或族、或国)崇拜的图腾是虎。

《古今图书集成》引《鸿苞轩辕黄帝纪》云:"于是有神人西王母者,太阴之精,天帝之女也。人身虎首,豹尾蓬头,戴胜颢然,白首长啸。""虎首"说明整个头部都是虎头式装饰。又《易林·小畜之大有》云:"金牙铁齿,西王母子。"樊绰《蛮书》记载西南少数民族部落说:"黑齿蛮以漆漆其齿,金齿蛮以

---

① 袁珂校注:《山海经校注》,上海:上海古籍出版社,1980年,第50、407页。

金缕片裹其齿，银齿以银。有事出见人则以此为饰，寝食则去之。"西王母"虎齿"系后天以金属等为之，而且多在正式场合出现的本相由此更得到旁证。虎齿是如此，虎首也当是如此。

至于"豹尾"，《庄子·大宗师》释文引《山海经》佚文说，西王母"状如人，狗尾"。说明既可以看作豹尾，也可以视为狗尾。《山海经》中还有"人身牛尾"之类的记述。其功能主要在于兽尾横扫的猛劲威力，而不在哪种走兽的尾巴。因此把"豹尾"看作"虎尾"也是无妨的吧！

从考古材料和文献史料看也是如此。甘肃秦安县大地湾出土的地画中，卧者不仅头有装饰，而且有"尾巴"；在青海湟源县大华发掘的卡约文化墓葬中，随葬品中就有动物尾巴。然而这类尾巴不是"豹尾"。青海大通县上孙家寨出土的五人舞蹈彩盆中的舞者也拖着长长的尾巴，只不过简单的线条难以确指何种野兽之尾。在西南少数民族中也大量存在尾饰风俗。《说文》云："古人或饰系尾，西南夷亦然。"《后汉书·西南夷列传》说，哀牢夷"种人皆刻画其身，象龙纹，衣皆著尾"[①]。《太平御览》引《永昌郡传》："郡西千五百里，徼外有尾濮，尾著龟形，长三四寸。欲坐辄先穿地空，以安其尾。若邂逅折尾便死。"汉以来文献都没有指明西南夷系哪种动物之尾，与记述头脸装饰的文献相比，显然不够明细。在先民们看来，既然与某种动物有亲缘关系，就应摹仿其形，尾巴亦不能例外，但是最能显示动物的标志在头部，所以着力刻画修饰其头脸，而尻后有条尾就行，头是什么动物的，尾巴也自然是什么动物的，所以对尾饰的特征不去更多地雕琢。可以说，《山海经》的西王母形象中，"虎齿"是确凿不移的，而"豹尾"的"豹"则有可能是想象修饰之辞。在神话流传中，人们从豹子尾巴的强劲有力进一步神化西王母的威力，但是在原始形象中不一定非豹尾不可。在神话世界里，西王母为什么以这种怪状出场呢？《鸿苞轩辕黄帝记》中"西王母者太阴之精，天帝之女也"一句是窥其奥秘的窗口之一。"天帝之女也"与《穆天子传》中西王母自称的"我惟帝女"一致，表明了西王母神圣不可替越的地位；"太阴之精"则暗示其性别。在父系社会里，"天子"是最高的奴隶主和封建统治者，那么"帝女"（天帝之女）就是母系社会里最高的统治者，实际也就是部落酋长、国王之类。难怪乎在神话中，西王母"司天之厉及五残"；在《穆天子传》中，西王母与中原的穆天子以平等之礼相会，没有尊卑之别。至于

[①] 《后汉书》卷八十六《南蛮西南夷列传》，北京：中华书局，1965年，第2848页。

有人以为西王母是穆天子之女,又有人以为西王母是穆天子之祖等强分上下的说法是没有根据的。"虎齿豹尾"正是西王母身为酋长的神圣地位的外在体现。虎图腾面具戴在头上,便是神和帝女的化身,就可以啸动山川、威镇域内了。

"西王母"不是某一代酋长的名号,而应当是世代相袭的,"虎齿豹尾"随同"西王母"在其部落酋长中代代相传,每代酋长都作如是状,所以在典籍中不同时代都会有西王母出现。早在殷代甲骨文中,就已有"西母"之词,陈梦家先生认为"西母是西王母的原始形态"①。而《山海经》中的西王母神话是战国时期才根据传闻写进去的,其间的年代何其久远!其后,西王母的怪状越来越少直到消失,这是人类向文明社会前进、日益客观地认知社会的历史结果。

二

弗雷泽说过:"在很多地区和民族中,巫术都曾声称它具有能为人们的利益控制大自然的伟力。假如确曾如此,那么巫术的施行者必然会在对他的故弄玄虚深信不疑的社会中成为举足轻重的有影响的人物。他们当中的某些人,靠着他们所享有的声望和人们对他们的畏惧,攫取到最高权力,从而高踞于那些易于轻信的同胞之上,这是不足为怪的。事实上,巫师们似乎常常发展为酋长或国王。"②西王母正是这样一位靠其巫术已经充当了酋长的大女巫,其身份是酋长兼大巫。"西王母"既是她的名号,也是其部落(或国家)、其辖地的名号。

西王母居住的地方是中国神话中的昆仑之丘。昆仑是中国先民们心目中的天下的中心,也是从人间通往天界的天梯,"此山万物尽有"(《山海经·大荒西经》)。西王母身为昆仑山的女主神,支配着万物,掌握着不死之药。所以,"羿请不死之药于西王母,姮娥窃以奔月"③。拿到西王母赐予的不死之药,就等于拿到了进入天界的门票。西王母的这种权力令人想起西藏佛教领袖班禅大师的传说:香拔拉是藏族人民心目中的理想乐园,而历代班禅大师便是香拔拉的座主,因此凡是想去香拔拉的人必须先要到后藏扎什伦布寺领取"路引",只有得到班禅大师亲自授予的"路引",才会畅通无阻地来到香拔拉,否则连路口也找不到④。班禅大师是藏传佛教两大领袖之一,他赐予的"路引"与西王母赐予的"不死

---

① 陈梦家:《古文字中之商周祭祀》,《燕京学报》1936年第19期。
② [英]弗雷泽:《金枝》(中译本),北京:中国民间文艺出版社,1987年,第128页。
③ 何宁:《淮南子集释》卷六《览冥训》,北京:中华书局,1998年,第501页。
④ 廖东凡:《雪域西藏风情录》,北京:燕山出版社,1991年,第45—46页。

之药"有相同的神奇功能，使人从凡间一举进入天界。这一事实说明西王母不仅仅是酋长之类，而且是宗教首领（尽管与人为宗教有别），政教大权集于一身。

正因为如此，西王母又"司天之厉及五残"，惩治着一切妨害正常秩序和部落利益的势力。也就是说，西王母掌握着最权威的黑白巫术，具有"控制大自然的伟力"。因而她以此成为昆仑神话中的女性主神。后来又演变为统领天下万民的女首领，"老子云：万民皆付西王母，唯王、圣人、真人、仙人、道人之命上属九天君耳"①。男神东王公等崛起后才分去了一半权力，但她仍然是众女仙的总领班。这种有趣的演变可谓渊源有本。西王母的身份正如陈梦家先生所言："由巫而史而为王者的行政官吏，王者自己虽为政治领袖，同时仍为群巫之长。"②

西王母作为以部落酋长或国王身份出现的大巫，"虎齿"是其具有奇迹般功能的不可或缺的装饰，它不但标志着其图腾，而且标志着其超凡的巫术。张开的虎口、锋利的巨长獠牙把两个不同世界（如生与死、人世与天界）连接了起来。在中国青铜器中有不少诸如"人虎雕像"、"乳虎食人卣"、"龙虎尊"等兽形、兽纹器物，张光直先生认为与"这几件器物所像的人很可能便是作法通天中的巫师，他与他熟用的动物在一起，动物张开大口，嘘气成气，帮助巫师上宾于天"③。更应注意到，"云从龙，风从虎"（《易·乾》），风与虎历来被认为紧密相随，中国古典小说每写虎的出场必先写风，虎从风出，虎出生风。西王母施行巫术时以虎齿豹尾、巨口獠牙的虎貌出场，威风凛凛，啸声回环，从而便可以上达于天、下止于地，为其部落、国家"控制大自然"了。

从巫的历史看，人类早期社会以女巫为主。在原始人眼中，女性是生殖之本源，而且在生理上与天上月亮的圆缺周期神秘地相吻合，硕大的乳房如同日月一样神秘莫测，成熟的胴体令神灵喜悦，因之女性作巫师，其法力远比男巫大得多。所以《说文》释"巫"说："巫，祝也，女能事无形以舞降神者，象人两褎舞形。"瞿蜕之先生说："自巫之本字观之，亦足证巫以女为主也。"④ 直到近现代，一些民族中仍然看重女巫。东北亚和堪察加地区的部分民族中，男萨满在主持宗教仪式时，身着女装，头顶女发，胸前挂乳房等饰物，言行举止模仿女性。近现代尚且如此，史前母系社会的情况更是不言自明。但是笔者认为，

---

① （晋）张华撰，范宁校正：《博物志校正》卷九《杂说上》，北京：中华书局，1980年，第104页。
② 陈梦家：《商代的神话与巫术》，《燕京学报》1936年第20期。
③ 张光直：《中国青铜时代》，北京：生活·读书·新知三联书店，1983年，第333页。
④ 瞿蜕之：《释巫》，《燕京学报》1930年第7期。

许慎解释"巫"字和近现代一些民族中男萨满的女装,在很大程度上是进入父系社会后,男性以女性娱乐神祇的观念的反映;而在母系社会,女巫并非是男性用以娱神的工具,而是女性主持政教的权力之一。西王母活跃于神话世界和政治历史舞台之时,西部氏羌正处在母系社会,甚至直到隋唐时期,青藏高原上的"女国"还很有势力,每每见载于史书。女王的地位和权力不是男性赐予的。

以上所述证明:西王母的原型实际是远古时的一位部落女性酋长兼大巫师,"虎齿豹尾"是她在正式场合或者操作巫术时的面具。

三

很多学者以为西王母的虎(尤其是白虎)是汉民族按照朱雀玄武、青龙白虎的五方观念配上去的。但是只要考察一下古老的氏羌民族及其支系民族的图腾信仰,就会发现这种推测是站不住脚的。

西王母是原始社会时期西北部的一位尊神或酋长,对此不少学者是公认的。根据夏、商、周时分布于陕、甘、青、新等地区的民族看,西北主要是包含有许多小氏族甚至种族的"氏羌",西王母神话连同昆仑神话发源于氏羌游牧地区,那么西王母的"虎齿豹尾"形象应该说从氏羌先民那里而来。

泰勒在《原始文化》中说:"神话的虚构,也像人类思想的一切其它表现一样,是以经验为基础的。"[①]西王母的"虎齿豹尾"形象自然也不是凭空产生的,而是一个民族根据对自己氏族起源、信仰文化的心理体验而"虚构"出的。对于这种虚构的经验基础加以探讨,是理清西王母神话源流的必要途径。然而首先遇到的困难是古典神话的不系统和其他文献的匮乏。那么怎样克服这种困难呢?钟敬文先生在20世纪80年代初指出:在古典神话研究中,"我们必须求援于古文字学、考古学、民族史志及原始文化史等。在这些辅助科学中,我觉得民族志(神话、传说是构成它内容的一部分),必须给予应有的重视,充分发挥它在研究资料上的辅助作用。"[②]钟先生的话为我们理清西王母的虎图腾源出氏羌民族这一事实指出了一条极其有效的路子。

在甘、青、新一带的羌人岩画中就已经有虎的形象,这些历经几千年风雨剥蚀而残存下来的古画至少表明了远古羌人对虎的关注。而根据《后汉书·西羌传》中的记载,秦厉公时,西羌的第一位著名酋长无弋爰剑从秦国西逃,秦兵追赶甚急时躲入一山洞,秦兵放火烧洞,只见洞口出现一虎形怪物,遮住火

---

① [英]爱德华·泰勒:《原始文化》(中译本),上海:上海文艺出版社,1992年,第273页。
② 钟敬文:《论民族志在古典神话研究上的作用》,《北京师范大学学报》(社会科学版)1981年第2期。

焰，秦兵惧退。无弋爰剑才得以逃到三河（黄河上游、湟水、大通河流域），诸羌以为有虎护佑、焚而不死是神人，遂推为首领。自此以后，其子孙"世世为豪"①。这个早期传说被史家写进志传，说明它在西羌酋长的起源上很重要，而且在当时流传很广。由此进而说明羌人对虎是十分崇拜的。

《太平御览》引《庄子》佚文："羌人死，燔而扬其灰。"又《荀子·大略》中说羌人作战被俘后，不忧死而"忧其不焚"。这一奇特的丧葬信仰习俗原来正与虎图腾崇拜有关。唐代樊绰《蛮书》说，羌人有"披大虫皮"、"死后三日焚"的习俗，焚的目的就是为了转生为虎。李京《云南方志略·诸夷风俗》记载，罗罗（彝族）"酋长死，以虎皮裹尸而焚，其骨葬于山中。……年老（死）往往化为虎云"。彝族巫师的话更加有力地证明了虎为人祖、人死化虎的图腾观念："虎族是虎变的，如果不火葬，死者的灵魂就不能再转变为虎。"②彝族源出氏羌，其强烈的虎图腾崇拜意识与羌人的丧葬信仰习俗一脉相承。由此窥彼，羌人的虎图腾崇拜昭然。

不仅彝族如此，凡与氏羌有血缘关系的民族都或多或少地保留着虎图腾信仰习俗。清江流域的土家族中传说，他们的祖先是化为白虎升天的"廪君"，所以他们是白虎的子孙。过去，土家族以人做牺牲祭祖，摆上人血供始祖饱饮。近世以来才以畜代人。直到新中国建立后，主祭者还须割破自己的头，将血滴在纸钱上作祭。家家都设坛祭神虎。每逢佳节或贵客临门，则摆上"血豆腐"以保持其虎的食性③。其实，土家族及其图腾源自巴人，《后汉书》上就说巴人始祖为廪君，"魂魄世为白虎，巴氏以虎饮人血，遂以人祠焉"④。而巴人又源出氏羌。

纳西族亦出自氏羌。其东巴神话中忍利恩成亲时的新装是：虎皮帽，虎皮衣，虎皮箭囊，座下是虎皮垫褥，"英雄变成了威武漂亮的'虎'，这一方面是狩猎时代的光荣象征，另一方面也有可能与象征力量、威武的虎图腾相联系着"⑤。

还有普米族、拉祜族、哈尼族、白族、傈僳族、怒族、藏族、珞巴族等氏羌支系民族中，可以大量地采集到虎信仰的神话传说、节令仪式、地名人名、狩猎禁忌等方面的事例。羌人是华夏族的前身之一，所以汉民族对虎的崇拜虽不及龙，但虎崇拜也很有势力。

---

① 范晔：《后汉书》卷八十七《西羌传》，北京：中华书局1965年，第2875页。
② 刘尧汉：《羌戎、夏、彝同源小议》，《彝族社会历史调查研究文集》，北京：民族出版社，1980年，第212页。
③ 详见刘孝瑜：《土家族》，北京：民族出版社，1989年，第58—59页。
④ 《后汉书》卷八十六《南蛮传》，北京：中华书局，1965年，第2840页。
⑤ 杨世光：《纳西族东巴神话的形象美》，《神话新探》，贵阳：贵州人民出版社，1986年，第357页。

毋需赘列各个民族的虎信仰例子就可以看出，如此众多的与氐羌有血缘关系的民族都崇拜虎，一些民族还至今以虎为本民族图腾，这不是偶然的巧合。事实说明古代氐羌（至少有相当一部分）是以虎为图腾的，西王母的"虎齿豹尾"正是氐羌古族虎崇拜的心理基础上"虚构"成的；从而也证明，伴随着西王母的虎乃至白虎是古代西部土著人的产物，而不仅仅是后来中原汉民族随意强加上去。

四

从氐羌的支系诸民族的虎信仰不仅可以洞悉氐羌以虎为氏族、部落的始祖神，而且还可窥知虎是开天辟地、创造万物、人类的创世者，"虎齿豹尾"的西王母在一定程度上有可能还是这样一位始祖神与创世神的化身。

在彝族传说中，虎就是天地万物的创造者。该族史诗《梅葛》中说，太古时人世间什么也没有，这时虎出现了，"虎头作天头，虎尾作地尾；虎鼻作天鼻，虎耳作天耳。左眼作太阳，右眼作月亮；虎须作阳光，虎牙作星星；虎油作云彩，虎气作雾气。虎心作天心地胆，虎肚作大海，虎血作海水，大肠作大江，小肠变作河；排骨作道路，虎皮作地皮，硬毛变树林，软毛变成草，细毛作秧苗。……"① 这里，虎完全是又一个盘古！虎尸肢解化作万物的情节与盘古"死后骨节为山林，体为江海，血为淮渎，毛发为草木"② 基本一致。所以一些人以为这是盘古神话的翻版或者称呼不同而已，在有的整理本上径自在"虎"下面注上"盘古"二字。但是，这位创造万物之神以虎的形象出现在氐羌系民族中，应当说与西王母的"虎齿豹尾"形象有着密切的关系。

在《山海经》中，围绕着昆仑山有许多"虎首"、"虎身"或"类虎"的怪兽怪神。《西山经》说："昆仑之丘，实惟帝下之都，神陆吾司之。其神状虎身而九尾，人面似虎爪。是神也，司天之九部及帝之囿时。"《海内西经》称守卫昆仑之门的怪兽开明兽"身大类虎而九首"。《大荒西经》在记述虎齿豹尾的西王母之前，称"有大山名昆仑之丘，有神，人面虎身，有文有尾皆白处之"。这些与西王母具有同样兽特征的怪兽怪神们居处在昆仑丘及其周围，不是主司九域之部界和天帝苑囿之时令，就是守卫着神圣的山门，与西王母和平共处，可见是一个虎图腾系统中的神。特别是《海外北经》中有这样的记载："有青兽焉，状如虎，名曰罗罗。"就是说其图腾为青（黑）色的虎，这种"青兽"族自

---

① 云南省民间文学楚雄调查队整理：《梅葛》，昆明：云南人民出版社，1959年，第12—13页。
② 《五运历年纪》，转引自袁珂编：《中国神话资料萃编》，成都：四川社科院出版社，1985年，第7页。

称为"罗罗"。古人早就发现，云南彝族也把虎叫"罗罗"，并用以自称。明人陈继儒《虎荟》说："罗罗，云南蛮人，呼虎为罗罗。"据民族史志记载，彝族崇拜的虎即黑虎，与《山海经》中所说的"青兽"一致。其虎崇拜习俗的传承不言自喻，因此也使人不能不推测其虎开天地造万物的传说可能承袭自古老的氐羌。如果真是如此，那么"虎齿豹尾"的西王母的原始形态也就是始祖神和创世神。

普米族与彝族在很大程度上是属同源异流的民族。普米族崇拜白额虎，以之为图腾。他们信仰着一位女神，叫"巴丁拉木"，意思是"西番土地上的母虎神"①。据说这位女神的生活习俗是"穴居"，所以供奉在山野洞穴中。这位女神被称为白色母虎，主司着西番（普米族、藏族等）人的土地，是当地最高的女性保护神，所以香火极盛，不仅普米族，还有当地藏族、纳西族摩梭人等定期进行隆重祭祀。这位"巴丁拉木"的居住形式、母虎形象以及崇高的地位与西王母何其相似，简直是全盘移植！日本学者小南一郎先生也曾发现这一关系。他说："这个巴丁拉木女神与西王母之间有着直接的关系，被呼为西方女神。住洞穴，具有支配人间和牲畜的繁殖等女神性格。"②"巴丁拉木"神使我们确信，西王母还是一位虎形的始祖神乃至创世神，与彝族史诗中的创始神虎有直接的遗传关系。

容笔者再举出羌人后裔羌族中间至今流传而未曾引起学者们注意的关于西王母创世造人的神话传说。远古时，阿补曲格（羌语，即"天爷"）跟红满西（羌语，即王母娘娘）商量，要造天地。红满西打开黑鸡蛋，放出一个大鳖鱼，用鳖的4条腿撑住了作为天的青石板。天地造成后，阿补曲格又跟红满西商量如何造人，红满西说："用羊角花枝枝造人嘛！" 9天后，地上有了很多人。红满西对人说："戊日这天，是造人的日子，千万不要动土，动了土就要伤人的生命。"所以羌族至今保留着"戊日不动土"的习俗③。

值得注意的是，这些传说是根据羌族巫师的古唱经翻译讲解出来的，可见是经过千百年而流传下来的古老传说，很可能源出羌人神话。虽然由于篇幅之限未能细述细节，同时也有一位与红满西同样高大的阿补曲格，但是红满西造大地、撑青天、创造人类的伟大功绩仍然令人敬仰。红满西与昆仑神话中的西王母、彝族史诗中的虎、普米族奉祀的巴丁拉木，都有相同之处。尽管"虎"

---

① 严汝娴、陈久金：《普米族》，北京：民族出版社，1986年，第73页。
② ［日］小南一郎：《西王母と七夕伝承》，东京：平凡社，1991年，第72页。
③ 详见《羌族故事集》，四川省阿坝藏族羌族自治州文化局1989年铅印本，上册，第5—6、25页。

的形象在羌族的红满西身上不见踪迹,但她为创世神、始祖神的性质是可以确认的,尤其是她不叫"女娲"而叫"王母娘娘"的事实,令人相信她源出昆仑神话中的西王母,从而也令人确信西王母是氐羌先民们的始祖神和创世神。

五

上文运用民族志的材料论证了西王母是古氐羌部落酋长兼女巫。作为酋长,西王母是虎图腾的再现,也就是始祖神乃至创世神的化身;作为女巫,西王母又以虎作为操作巫术、升天降神的辅助性神物。西王母神话就是在这样的基础上产生出来的。

然而,商、周及其之前的氐羌在中国西部分布甚广,也没有形成统一国家,尤其是氐与羌还不是一个民族。那么,西王母神话究竟起源于何族何处,有必要继续利用民族志以及民族史、考古学等方面的材料进行探讨。

"西王母与昆仑山原有不可分拆之关系,言西王母即言昆仑也"①。徐旭生、常征等先生考证昆仑丘即青藏高原,此外还有祁连山说、岷山说、巴颜喀拉山说、和田南山说、喜玛拉雅山说等,大多在青藏高原周边。根据多方面的资料,我们说古人所谓的原始的昆仑山大体上在以青藏高原为中心的广大地区,而西王母神话就产生于这一中心地带,大致是不差的。

从民族史看,凡与氐羌有关的西南少数民族几乎都与青海高原有关。如毛佑全、李期博在《哈尼族》一书中说:"哈尼族有悠久的历史,与彝、纳西、拉祜等民族同源于古代的氐羌族群。据汉文史籍记载,氐羌族群游牧于青、甘、藏高原,……其中有一部分逐渐往南流迁,散布到川西南、滇西北、滇东北广大地区。"②《普米族简史》中也说:"普米族先民起源于西北青藏高原的古羌人。"③诸如此类的民族史志材料,举不胜举。川西羌族则直接说青海是他们的故乡。正由于如此,这些民族都或多或少地保留着从氐羌那里继承来的虎图腾崇拜观念,其他丧葬等民俗中也残存着一些以西北高原为故乡的观念。而这些事实正说明了西王母神话起源于青海高原。而当时居住在青海高原的是羌人,氐人至少在汉以前没有涉足青海④。所以,如果说西王母神话起源于青海高原,其族属当系羌人。而羌人正是以虎为图腾之一,这在上文已有论证。

从汉文文献更能确指西王母神话起源的具体地区。《庄子》释文引《山海经》

---

① 苏雪林:《昆仑一词何时始见于中国记载》,《大陆杂志》,1954年第11期。
② 毛佑全、李期博:《哈尼族》,北京:民族出版社,1989年,第5页。
③ 严汝娴、石树五:《普米族简史》,昆明:云南人民出版社,1988年,第26页。
④ 周新会:《青海上古部族及其与华夏族的亲密关系》,《江河源文化研究》1992年第2期。

佚文曰：西王母"状如人，狗尾，蓬发戴胜，善啸，居海水之涯。"这里点明西王母居处在"海"边，但这海绝不会是东边的大海，而是西部地区的一个大湖，很可能指的就是青海湖。从文献考察，秦汉到南北朝时期，几乎宇内皆知青海湖边有西王母遗迹西王母石室。《汉书·地理志》云："金城郡临羌西北至塞外，有西王母石室、仙海、盐池，北则湟水所出，……"临羌即今青海湟中县多巴镇一带，西北行过日月山（塞），即为西王母石室、青海湖（仙海）、茶卡盐池，湟水发源于青海湖北边。西汉末年，王莽在青海湖边设西海郡。王充在《论衡·恢国篇》中说："汉遂得西王母石室，因为西海郡。……西王母国在绝极之外，而汉属之。德孰大？壤孰广？"王充不仅提到西王母石室，还称其地为"西王母国"，并称之为"宝地"，可见当时人认为青海湖地区就是西王母的故乡。十六国时，北凉主沮渠蒙逊在征战之余，"遂循海而西，至盐池，祀西王母寺"①。所谓西王母寺可能就是西王母石室前建造的宏伟寺庙或西王母宫。在郦道元的《水经注》中专门记载："湟水出塞外，东经西王母石室、石釜、西海、盐池北。"汉文文献中一再提及西王母石室，说明当时影响甚大，有可能当时流传着一些传说。段国《沙州记》就提到，沙州（青海贵南县）东北青海湖一带有大山，"羌胡父老传云：是西王母樗蒲山"。以上资料证明，远古的西王母的确居牧在青海湖边草原，并留下了石室遗迹。

藏族传说也可佐证这个结论。青海湖在藏语中读如"错温布"，白乌库吉曾经认为这个名称与"西王母"系一音之转，因为"王"字在古汉语中读"温"音。由此他认为西王母是远古时代游牧于青海湖边的一位女酋长。其实，藏文文献中更有与西王母极近似的传说，清代佑宁寺名僧松巴·益西班觉在其文集中记述道：青海湖在古代叫"赤秀洁莫"，意思是万户消失的女神王。青海湖本来是一片美丽富饶的草原，有10万户帐房人家，后来海心山下的泉水涌出，淹没了草原和帐房，幸亏有神（西王母）运来海心山压住泉眼，才使整个草原免于沉没。这个传说至今在蒙藏群众中流传，只不过有些变异。"赤秀洁莫"的含义正与西王母的名称相对应，不难想象，最初的传说中必有一位女神的形象。据调查，在当地藏族信仰传说中，守护青海湖的神就是一位骑着神骡的女神。这位女神在性格上与西王母有不少共同之处，或许来自一个源头。至于不作虎齿豹尾之形，也不骑虎豹，而是骑着骡子巡游，这是可以理解的。神话传说在不同民族中会变异得不一样，更何况藏族（羌人是其前身之一）原始文化在佛教文化的冲击下变异得非常厉害。这位乘骡巡海的女神就很有点像藏传佛教寺

---

① 《晋书》卷一百二十九《沮渠蒙逊载记》，北京：中华书局，1974年，第3197页。

院里的护法女神吉祥天母。虎豹是狮子一类的动物,只能作佛的坐骑,其他神祇只可骑乘马、牛、骡之类。

从青海高原少数民族的民间宗教风俗看,西王母虎齿豹尾的影子仍然残留着。在青海省同仁县一个叫年都乎的土族村子里,每年农历腊月要举行一种叫作"wū tú"的虎舞驱傩仪式。届时,7名男子赤身露体,脸和身上以锅底灰涂画为虎头形和斑纹,手举树枝(也许就是不死之药的象征吧)进入村子。两"虎"在村口敲锣鼓,5"虎"在村中走户穿巷,列队而舞。最后驱至村外河边洗尽锅灰,以示将邪鬼等尽付之东流,巫师焚纸诵经,祛邪求福。乔永福先生认为"wū tú"即楚语"於菟",这种古老的舞蹈是在明代由楚地传入青海土族中的①。其实,"wū tú"、"於菟"都可能源于古老的羌语,土族虎舞完全是远古羌人虎图腾崇拜在本土的遗存。②

西王母"虎齿豹尾"的踪影在其故乡的考古文物中也可见到。青海湟源县大华乡出土的卡约文化墓中就有动物尾巴等随葬品,而卡约文化的族属是羌,这已是公认的定论。大通县上孙家寨出土的五人舞蹈彩盆,系马家窑文化彩陶。盆内壁绘有3组5人连臂舞蹈图案,舞者头有装饰,尻有尾饰,整齐地踏舞着。学术界普遍认为该文化的主人也是羌人。既然为羌人彩陶,图案反映的必然是羌人的精神世界和物质生活。联系到西王母的"虎齿豹尾"和高原的"wū tú"虎舞,可以认定这件彩盆图案所反映的就是古老羌人的虎图腾崇拜舞。换言之,也就证明了西王母神话的故乡在青海高原。

综上所述,作如下结论:西王母神话起源于青海湖地区的远古羌人,其原型是崇拜虎图腾的部落女酋长兼大女巫。至于后来随着民族迁徙、文化传播,西王母向西则移到西亚乃至"大秦"(罗马),向东则遍布中原大地乃至沿海地区,这是西王母影响的自然放射了。

---

① 乔永福:《"於菟"为楚文化遗存之我见》,《青海日报》1989年12月23日第2版。
② 详见赵宗福:《丝路羌人虎图腾舞小论》,《丝绸之路》1993年第2期。

历史记忆与文化认同
——《格萨尔》史诗的文化功能阐释

马都尕吉

史诗往往以真实的历史事件为基础，包含并传递悠远的历史和文化信息，具有一定的历史真实性，因此，史诗具有作为历史记忆的文化功能。同时，史诗作为一个民族（或族群）民间文化的最高成就，在强化族群记忆、维护族群文化认同方面也具有独特功能。本文从历史记忆和文化认同两个方面论析藏族英雄史诗《路萨尔》的文化功能。

一、历史记忆的表达

（一）史诗的历史性

传统意义上，人们总是把记录在史书中的内容当作历史。因为文献历史记载一经形成便不会再有变动，它以一种静态的、固化的形式呈现在人们面前，因此被认为是一种真实可靠的信史、实录，是一种"真实"。而史诗等民间的口头叙事会因人因时而不尽相同，常常被认为是不真实的，被视为"虚构"，于是，它们之间的区别也就是"虚构"与"事实"之间的差别。在后现代语境中，二者之间的截然对立被打破，认为无论是正史中记载的历史，亦或民间口传的历史，其本质都是一种历史记忆，只不过一种被固化为历史，另一种为民间口头传承，虚构与事实之间是否有边界本身可能就是一种"虚构"[1]。因此，从记忆的角度来讲，无论是历史还是神话、史诗，它们本质上都是一种"历史记忆"。

概而论之，历史记忆具有这样几个特点：第一，历史是一种集体记忆。任何个人对历史事件的记忆都具有社会性，某个群体当中对某一事件的记忆大体上是相同的。第二，记忆具有传承性和延续性。历史记忆这个词不仅包括它记忆的对象是历史事件，同时一个记忆本身也是一个历史，是一个不断传承、延续的过程，这个过程本身也构成历史。不同的人、不同的时代对事件的记忆或者遗忘，或者是重构，都要经历一个过程。第三，人们强迫自己去遗忘或不去

---

[1] 赵世瑜：《传说·历史·历史记忆——从20世纪的新史学到后现代史学》，《中国社会科学》2003年第2期。

思考的记忆的企图往往是不成功的,一旦人们被告知不要去谈论某件事情的时候,这些事情却往往被记忆下来①。

史诗完全符合历史记忆的这些特点。史诗是关于整个民族的一种神圣而庄严的宏大叙事,其神圣性和庄严性在史诗的内容上体现为,它讲述的是关于民族战争、民族迁徙,记忆民族英雄等对本民族影响重大的事件和人物,并且与民族的宗教、社会生活融汇一起,成为被该民族奉为经典的"根谱"。史诗不仅讲述了一个民族产生以来的各个阶段、各个时期的历史,同时也记录下了史诗本身发生、发展的历史。史诗虽不言称是客观历史,但它经由千百年历朝历代人民大众的历时性的增删和加工,承载了民族太多的共同记忆,记述了一个民族的心路历程和思想情感的历史,更具诗学的真实。

史诗叙事的本源是反映广大民众的真实生活,表达广大人民的真实情感。从这个意义上讲,史诗具有历史之"实"。史诗中蕴含着对往昔历史的解读。"它的发展与民族和古代国家的形成过程有着密切的联系。英雄史诗是用来表现人民命运的,其诗歌形式是别具一格的,这种形式是随着英雄史诗的发展而不断变化的。在民族和国家形成之前,由于种族和政治上的融合,民族意识不断增强,史诗中的神话式的人物渐渐被历史上的人物替代。从这个意义上来说,史诗永远是历史性的。即使那些神话式的人物也是人民历史观的体现者,而不是古代神仙的变体。这不仅重新解释了史诗在整个文学史上的位置,而且,在客观上对其作为一种普遍现象所包含的人类学意义做了阐发"②。

(二) 作为历史记忆的《格萨尔》

史诗这一古老而特殊的文学样态,以真实的历史事件为基础,包含并传递着悠远的历史和文化信息。史诗伴随着民族的历史一起成长,是在一个相当漫长的历史过程中逐渐形成的,"从某种意义上说,一部民族史诗,往往就是该民族在特定时期的一部形象化的历史"③。它虽不是编年体式的历史实录,但却已具有了一定的历史意识,从这个意义上说,史诗可谓历史的源泉。

《格萨尔》史诗是藏民族集体创作的一部伟大英雄史诗。它以远古时期青藏高原上一系列纷繁复杂的部落战争为背景,充分展示了古代藏民族社会生活的方方面面。这部广泛流传在藏族民间的史诗,结构宏伟,卷帙浩繁,是目前发掘的篇幅最长、流传的地域和民族最广的活形态史诗。

---

① 赵世瑜:《传说·历史·历史记忆——从20世纪的新史学到后现代史学》,《中国社会科学》2003年第2期。

② 程金城:《英雄史诗研究的理论突破和学术贡献》,《贵州社会科学》2008年第11期。

③ 钟敬文主编:《民间文学概论》,上海:上海文艺出版社,1980年,第282页。

《格萨尔》史诗根植于藏族民间文化的沃土，在神话、传说、故事、民歌等多种民间文学形式的基础上不断积累、丰富、加工，最后才定型。向我们展示和讲述了高原藏民族的生活风貌和心路历程。因此，我们也不能因其民间性、口头性而否认《格萨尔》史诗与藏族历史之间有着千丝万缕的联系。

《格萨尔》兼有诗与史的双重内涵。作为"史"的一面，《格萨尔》史诗与藏族社会现实和历史的发展息息相关，史诗中不时闪现着历史的影子，直接出现许多藏族历史上真实存在的部落、邦国、氏族等的名称，以及许多实际存在的地名和山水河流的名称，甚至我们从史籍中常常会发现某一段藏族历史竟与史诗中的某段叙事是那么契合，尤其是《格萨尔》诸多讲述战争的分部本，许多战争都是藏族历史上实际发生过的。这部史诗自进入学者们的视界，最先被关注、讨论的也是一些与历史相关的话题，且这些话题一直到现在也都为学界津津乐道、谈论不休。笔者以为，这不光是因为有人所说的最早介入《格萨尔》史诗研究的学者因个人研究的旨趣（早期研究《格萨尔》史诗的学者中不少是原本从事历史学研究的）从一开始就把《格萨尔》史诗的研究带上了历史研究的不归路，而是这部史诗本身的历史性牵引了学者们的目光。然而，需要指出的是，在这个过程中，藏族历史上却又出现了对史诗的主人公完全历史化的倾向，即将格萨尔考据成某个具体的历史人物，并建构出其生活的具体的时空背景，把史诗的叙事与历史史实完全划上等号。这虽然是史诗研究方法上一个值得商榷的问题，但从另一方面讲，却是藏族民众的历史心性使然。

作为"诗"的一面《格萨尔》的体裁归属毕竟是史诗，是民间艺人对"历史"所做的诗性创作和表达。史诗在记忆和表达历史时始终是以其自身的特质为前提和基础的。同时必须认识到，《格萨尔》史诗作为一部口头传承的文学样式，在漫长的传承过程中，其内容或多或少要遭到现实、现世和传承者（艺人或整理者）的加工、改造与利用。《格萨尔》史诗口头传统的特质，又使其每一次演述都掺有艺人的创造与幻想，而不可能完全等同于历史事实。在洋洋洒洒的诗行中甄别历史史实，确非易事。总的说来，《格萨尔》史诗撷取藏族历史上真实发生过的许多历史事件为其宏大叙事的历史背景，史诗主人公格萨尔身上也闪现着诸多历史人物的影子，《格萨尔》是藏族民众的历史记忆。但在史诗的叙事中，却又是完全遵从自身的创编规律，以主题引导，由程式构筑诗行①。

（三）《格萨尔》体现的藏族民众的历史心性

《格萨尔》史诗中往往将神话的表述同历史的事实糅合在一起，一半是历

---

① 马都尕吉：《论〈格萨尔〉的程式化结构特点及其传承规律》，《西藏研究》2005 年第 1 期。

史,一半是神话。对于《格萨尔》而言,即便有很多虚构的成分,但史诗的产生和流传的过程本身恰恰是一个历史真实。人们为什么去创作史诗?史诗是怎么样被创作出来,又是怎样流传至今的?为什么人们把一块石头、一件兵器、一座山峦跟《格萨尔》联系在一起?这时,史诗中的人物和史诗中的事件是否是真实已不再重要,我们所关注的中心则转为造成这些现象的历史动因,以及后人对此的历史记忆。

在藏族人眼里,《格萨尔》就是一部藏族历史。在跟史诗说唱艺人的接触中,以及在对《格萨尔》受众(史诗的听众)的访谈中,《格萨尔》史诗的说唱艺人们都坚信自己说唱的史诗内容是真实的历史,藏族群众也都普遍相信史诗讲述的内容是真实的历史,其中也包括受过精英教育的藏族知识分子。无论在民间做田野调查,还是与人闲谈,只要提及《格萨尔》史诗,他们必会提出这样一个问题:"格萨尔是一位真实的历史人物吗?"其实他们并不需要你是或不是的回答,在他们的心中早已有一个先入为主的答案,那就是格萨尔当然是藏族历史上一位真实存在过的大英雄!藏族人的祖先中确有这样一位抑强扶弱、神勇无敌的大王,正是格萨尔大王一生南征北战、降妖伏魔,把各"宗"的"运"带到了岭国,才有了后世藏族百姓的安居乐业和幸福生活。在英雄的格萨尔王面前,没有打不败的敌人,没有战胜不了的困难!格萨尔王的后代没有理由怀疑他的真实存在。如果否定这个答案,必是不懂历史。这份"坚信",正是《格萨尔》史诗得以源远流长、至今存活的内在原因之一,而这也正是藏族民众的历史心性所在。"所以对外来人的耳朵来说这种冗长乏味的、重复的叙事,却在特殊群体成员的记忆中通过他们对史诗特征和事件的认同达到崇高辉煌。对史诗的接受也是它存在的基本因素。如果没有某些群体至少是一部分的欣赏和热情,一个叙事便不能轻易地被划为史诗"①。

二、文化认同的表达

按照劳里·航柯的定义,史诗是关于文化范例的宏大叙事,它是集团认同的表达,通常由职业艺人来演述。史诗本身含纳了多种文类的传统。因此,关于史诗的定义,总是伴随着多样性、具体性与概括性、普遍性的对立、统一②。

任何族群离开文化都不能存在,族群认同总是通过一系列的文化要素表现出来,是以文化认同为基础的,因此这些文化要素基本上等于族群构成中的

---

① [芬兰]劳里·航柯:《史诗与认同表达》,《民族文学研究》2001年第2期。
② 尹虎彬:《口头传统史诗的内涵和特征》,《河南教育学院学报》(哲学社会科学版)2009年第3期。

客观因素①。可以说,《格萨尔》就是藏民族在族群认同过程中找到的最佳的民间文化标识,它除了是作为历史记忆的表达,还是作为族群认同的表达,成为藏民族族群认同的一个文化载体。

　　藏族人对祖先崇拜和记忆的传统由来已久。藏族历史文献中总是先从人类的氏族起源讲起,《格萨尔》史诗中也一再提及格萨尔所在的氏族谱系。祖先崇拜在英雄史诗中归结为对英雄的崇拜。英雄,是英雄史诗中一个重要的因素。他代表了人民大众的意志,体现了集体力量,是广大民众集体理想的合成体。《格萨尔》通过向人们演述英雄的故事,来追忆本部落(或本民族)的起源、发展以及祖先的丰功伟业,用英雄的业绩和精神时时鼓舞今天的人们,并让后人代代传扬、永远铭记。这样,民众的精神有了寄托之处,文化上乃至血缘上的寻根和认同得到了实现。《格萨尔》史诗的每一次演述、传唱,都是对这一共同的记忆的又一次强化,在不断的传唱中加深认同。因此《格萨尔》史诗在强化族群记忆、维护族群文化认同方面发挥着重要功能。

　　史诗具有庄严、神圣的特点,在这种神圣与庄严中,人们的族群意识又一次得到了坚固。在共同的精神需求中,表达了民众心底最真实的历史。英雄史诗所反映的并不是个人的行为和意志,它反映的是整个民族的思想和命运,史诗中的英雄则是民族精神的化身。"这些英雄,为了本族人民的利益,终生征战,除暴安良。他们所进行的战争,既有反抗暴虐的自卫性还击,也有为统一各分散部落所进行的主动征伐。他们所建树的功勋,往往是该族人民在几百年,甚至几千年间所取得的"②。英雄史诗以"英雄崇拜"的情结为心理基础弘扬民族精神,通过对英雄事迹的追忆,获得了与远古英雄历史的延续。广大民众歌唱着永存记忆中的英雄与英雄时代,追忆着"黑头百姓"在格萨尔的率领下由战乱纷争走向了和平统一的故事,在《格萨尔》的说唱中得到精神的慰藉和情感的陶冶。

　　《格萨尔》史诗文本的发掘地、《格萨尔》风物传说的流传地,以及说唱艺人的分布地区等主要是在多康地区。史诗在以此为中心向周围流传过程中,保存了藏民族共同的历史记忆,并逐渐成为族群(或民族)认同的文化标志。也反映了其在藏族民众历史记忆中的重要位置。藏区广泛存在的《格萨尔》风物传说和文化遗迹也都是基于族群认同的表达。民众在一次次的史诗传唱中听到的不仅仅是动人的故事,更找到了民族自豪感和自信心,同时也更坚固了族群认同。

---

①　周大鸣主编:《中国的族群与族群关系》,南宁:广西民族出版社,2002年。
②　钟敬文主编:《民间文学概论》,上海:上海文艺出版社,1980年,第290页。

三、结 语

史诗这一承载了丰富的民族民间文化的口头叙事,蕴含着十分深刻的社会记忆。在史诗中,英雄形象身上,维系着民族认同的情感和价值的取向,包含了人类最初的历史意识。

长期以来,在人们的一般观念当中,都将书面文献传统与民间口头传统两元对立起来,把文献史籍与"真实"、口头传统与"虚构"建立起等价关系。而在以往的《格萨尔》研究以及藏族民众的认识中,是将这二者都视为不容怀疑的"真实",乃至"信史"。这两种认识都显得片面和简单化。史诗中确有许多历史的元素,反映了历史上一些重大的战争、英雄人物的业绩,以及宗教信仰、社会生活等方方面面的"历史"。但史诗在将这些历史元素纳入口头传统进行诗性的表达时,又严格遵循着自身的传统和创编规律,达到了诗与史的高度糅合与统一。在这个意义上讲,作为史籍的文献传统与作为史诗的口头传统都不过是一种"历史记忆"的不同表述方式。因而,打破这种口述传统与文献记载的书写历史之间的二元对立,甚至是二者相互印证,把史诗与藏民族的信仰观念、民众的历史记忆联系起来研究,或许就能看到问题的另一面。

口头传统往往被视为无文字时代或无文字社会及民间的口述历史,在一定程度上起着记录历史的作用。《格萨尔》史诗的内容中体现出诸多与藏族历史的关联。如史诗中的主人公格萨尔历经的诸多战争与藏族历史上特别是吐蕃时期的赞普、贤臣所进行的一系列兼并、统一战争有着极大的相似性,并且,在多部藏族历史文献中都曾出现过"格萨尔"一词,不由得使人们想要将某一位历史人物与史诗中的格萨尔定位、对接;史诗中也出现了许多实际存在的地名以及山川、河流、湖泊的名称,又使人们对史诗中发达强盛的花花岭国的存在毫不质疑,试图为其划定疆域;史诗中表现出的复杂的宗教现象和试图以佛教统一民众信仰的倾向,引得人们急于给史诗的年代下一个结论。凡此种种都说明《格萨尔》史诗确有历史真实性的一面,但研究现状证明,这种想要一一对应地探究却是一个非常艰辛而未必有果的过程。

通过对史诗内在结构的系统分析可以得知,史诗有其内在的特质,史诗记忆"历史"亦有其自身的特点。《格萨尔》在记忆那些历史元素时,并不是做特定的一时一事的实录,而可能是历时地、动态地将甚至是不同时代的几件事或几个人叠加、糅合到一起,在史诗的叙事中则严格遵从形成传统的《格萨尔》的固有程式和主题,由主题导引,以程式创编故事。

正如国学大师王国维所言:"历史是可信的,但不可爱。文学是可爱的,但不可信。"因此，需要我们在"可爱"与"可信"之间探究《格萨尔》，在"诗"与"史"的文化特性中挖掘藏族民众的历史记忆、历史心性。

　　《格萨尔》是藏族民众创造的一个文化认同标志。史诗反映的应该是广大民众的生活和意识，而不是社会上层人物的生活和意识，所以，史诗表达的是广大民众对自己历史的观点。一部《格萨尔》，如同一个特定文化的"自传体民族志"。藏族民众创造出的格萨尔不仅仅是一个个体意义上的英雄，他已凝结成一个集体意义上的形象，成为全民族族群认同的民间文化中的重要标志。

试析史诗《格萨尔》中的游牧文化特征

马都尕吉

《格萨尔》是藏民族集体创作的一部伟大英雄史诗。它以原始社会末奴隶社会初期青藏高原上纷繁复杂的部落战争为背景,充分展示了古代藏族社会生活的方方面面,也是藏族先民游牧生活的真实写照。本文主要从这部史诗所反映出的藏族部落社会的信仰、习俗、价值观念,以及社会组织、生产生活方式等方面论析《格萨尔》史诗中的游牧文化特征。

一、藏族先民的生活环境与原始信仰

任何文化都是特定环境的文化,环境改造人、塑造人,同时也改造、塑造、限定着特定的文化形式[①]。高原独特的地理环境和生存条件在客观上限定了藏民族的文化形式,成为藏族先民选择游牧为生的客观原因。

藏民族聚居的青藏高原地势高亢,气候寒冷,自然环境十分恶劣。高原农业虽起源很早,但即便是农业相对发达的雅砻河谷地带,可供耕种的土地所占比例也很小,加之农作物品种少,无霜期短等因素,使游牧经济最终成为藏族先民的选择。

处在生产力水平极其低下的原始时期的藏族先民,面对高原严酷的自然环境,他们无力去改变和支配自然,由此对自然产生恐惧和敬畏,并进而转为崇拜。于是,人们日常生活中经常接触到的自然物和自然力就成为了自然崇拜的对象,周围的一山一水、一草一木间,便都附着了神的身影,天空、丛林中的飞禽走兽也都做了神话、史诗中的角色。

在人类的"童年时期",藏族先民面对自己所处的自然环境和生活空间,开始了认识自然和社会的历程。基于万物有灵观念的自然崇拜是藏族人原始宗教观念的最初内容,这一观念也体现在《格萨尔》史诗中的人名上,如岭国有一英雄名叫森达阿栋,"森"、"达"、"栋"这3个字在藏语中分别为狮子、虎、熊之意,这个名字不光有以狮、虎、熊这些猛兽来喻英雄的凶悍骁勇之意,更带有藏族先民图腾崇拜的印迹。

---

① 高宁:《〈格萨尔〉的图腾崇拜及其文化内涵》,王兴先主编:《格萨尔学集成》第5卷,兰州:甘肃民族出版社,1998年,第3792页。

在藏族的自然崇拜中，山神崇拜尤其突出，这与藏族人生活的高原地区多山的地理环境无不相关。《格萨尔》中常常提到的玛杰奔热即阿尼玛卿山神，玛卿雪山坐落在青海果洛地区，玛杰奔热是岭国六大部落的保护神，每当有战事发生，或遇到危急，他就会出面护佑和帮助，有时甚至是亲自参战。

在藏民族特有的宗教幻想、观念、信仰背景下，《格萨尔》史诗中的人物都有所谓的"寄魂物"，即灵魂用以附着、寄托的物体。有的人只有一个寄魂物，有的则有数个寄魂物，如格萨尔王的灵魂寄托在玛卿雪山上，想要战胜他，仅伤肉体是不行的，还须摧毁玛卿雪山；珠牡的灵魂寄托在扎陵湖；霍尔白帐王、黄帐王及辛巴·梅乳孜的灵魂分别寄在白野牛、黑野牛、黄野牛和红野牛身上；魔王鲁赞的灵魂寄托在大海、古树和野牛3处。交战双方须消灭了对方的寄魂物，才能将对手彻底置于死地。

如上所述，无论是史诗中涉及的人名中的狮子、虎、熊，还是寄魂物中的雪山、湖泊、古树、野牛，都无不与高原游牧部落的生活环境有着千丝万缕的联系，这些日常生活中司空见惯的自然物和自然力也理所当然地成为了史诗所描述的对象。

二、游牧部落的社会组织

在高原游牧生活中，凶悍威猛的野禽异兽，突如其来的自然灾害……这一切，都严重威胁着人畜的安全，渐渐地，人们认识到唯有通过集体的力量，才能使个人的生存和利益得到保护，这样就逐渐形成了以氏族联盟为特征的部落社会。

在部落社会中，部落成员协作互助，大大增强了捕杀猎物、防御自然灾害等的能力，使部落成员的利益得以有效的维护和保障，也在一定程度上弥补了个人力量的微薄和生产力低下带来的无奈。同时，同一部落成员间的矛盾与纠纷也可以通过部落组织而得到妥善的调节和解决。渐渐地，随着这种协作和互助进一步发展和加强，由几个部落凝结成联盟，就使得这一集团的力量更加强大，抵御自然灾害，以及其他部落的侵犯、掠夺的能力大大加强。

部落联盟有自己的组织制度，如有部落联盟议事会和最高军事首领，部落联盟内部的重大行动、重大事宜均需部落联盟议事会讨论通过。

《格萨尔》中的岭国就是一个游牧部落联盟组织。格萨尔称王前，岭国是以"穆布敦氏"为核心的建立在血缘关系基础上的较小部落联盟，由居住在上岭、中岭和下岭的长、中、幼3支"上岭塞氏八兄弟部落"、"中岭奥木布六部落"、"下岭木姜四部落"组成。格萨尔称王之后，南征北战，东讨西伐，征服了魔国、霍尔、门国、姜国等大小几十个部落、邦国，并将它们纳入麾下，使岭国逐渐发展壮大，缔结成以地缘为特征的较大的部落联盟组织。

部落议事会是部落联盟中的一项重要制度。部落内部的一切重大事宜均由部落议事会进行讨论、商议，并做出最后的决定。《格萨尔》中，岭国每遇到重大事情都要马上召集部落议事会，如岭部落迁徙玛域、通过赛马争夺王位以及格萨尔称王后每次出征等都是在部落议事会上做出的决定。《格萨尔·诞生篇》中讲：这一年，从十二月初一开始下起了大雪，"整个岭地全被积雪覆盖，牛羊牲畜，濒于饥饿死亡"。"岭人们集会商议说：'一定要去找一个没有降雪的地方，不然，牲畜将会一个不剩，全部死光。'"于是，派出4位勇士去查看，发现到处都是雪，只有玛域牧草丰厚，没有一点雪迹。"派出查看雪情的人回来后，六大部落立即集会"。听取汇报后，由嘉擦等人去玛域见角如，协商部落移牧之事。得到应允后，"他们很快回到岭地，召集六大部落集会商议，由总管王做出了迁居玛域河曲的决定"[①]。

三、游牧部落的畜牧业生产与生活

古代藏民族主要从事畜牧业生产，时至今日，畜牧业仍在藏族社会的经济生活中占有相当大的比重。牲畜既是生产资料，又是生活资料，同时也是财富的标志和象征。

《格萨尔》史诗的《松巴牦牛宗》、《索波马宗》、《白惹绵羊宗》等分部本，分别讲述岭部落与松巴、索波、白惹部落的战争，岭国获胜后夺取了他们的牦牛、骏马、绵羊等宝藏。这其实也是在以史诗的方式向人们讲述古代藏族畜牧业的起源。

在生产生活过程中，人们已积累了一定的畜养经验，按季轮牧，一年中随四时的气候变化而季节性搬迁，即所谓"逐水草而居"，并且，对不同畜种采取分类放养。史诗中格萨尔赴魔国救爱妃梅萨，在出发前的集会上交付国事时唱到："右边沟口牧马群，左边沟口有牛群，中间山沟放羊群，……"[②] 就是对这一现象的写照。

畜牧业生产不仅为高原藏民族提供了基本的生活需求，也与其游牧生活方式相适应。他们的一日三餐离不开牛羊肉和酥油、酸奶，这些被作为主食的肉食和乳类营养价值非常高，能够提供充足的热量和养分，以维持高寒缺氧的恶劣环境中的身体消耗。

---

① 王兴先主编：《格萨尔文库》第1卷，兰州：甘肃民族出版社，1996年，第1册，第107—111页。
② 王兴先主编：《格萨尔文库》第1卷，兰州：甘肃民族出版社，1996年，第1册，第64页。

羊皮被缝制成藏袍，保暖散热，而且耐磨，非常适应高原气候和逐水草而居的游牧生活。宽大肥长的藏袍，天气炎热或劳作时可袒出双臂将两袖系于腰间，天冷时穿上衣袖，系紧腰带又可遮挡风寒。到了晚上，则可解开腰带，脱下双袖，铺一半盖一半暖暖和和地睡个好觉。

被誉为"高原之舟"的牦牛，耐高寒，适宜爬雪山过草地，是牧民驮运物品理想的交通工具；牛毛编制成帐篷，质地粗厚且耐磨结实，不易透风，能有效地抵御风、雨、冰雹，而且易搬迁；牛皮靴子则无疑是行进在雪域高原的理想鞋具。

产品交换是填补畜牧业生产所无法提供和满足的那部分生活需求的重要方式。游牧部落成员内部相互间交换畜牧产品以外，还与周边其他民族发生产品交换关系。《格萨尔》史诗的众多分部本描述的内容常常是部落间发动战争，去夺取他部落的宝藏，其实也就是格萨尔王为岭国百姓夺取各种所需的"宝藏"的战争。我们从《格萨尔》分部本的名称中一看便知：如《汉地茶宗》、《北部盐宗》、《丹玛青稞宗》、《匝日药宗》、《阿里金宗》、《雪山水晶宗》、《米努绸缎宗》、《祝固兵器宗》等等。

《格萨尔》史诗所反映的游牧部落社会中，无论是首领，还是普通百姓，在非战时都需从事畜牧业生产劳动，即使是作为部落联盟最高首领的格萨尔也要牧牛羊、揉皮子，即使是贵为王妃的珠牡亦免不了烧茶、帮厨。人们都有诸如牲畜、畜产品、生产工具等私有财产，并对其拥有支配权；草地、河流、森林等公共财产则经统一分封后使用。如格萨尔还未降世前，他的母亲果萨受到僧伦（格萨尔的父亲）原配嘉萨的排挤，在总管王的调处下，给她在嘉萨帐篷后搭了一座小帐篷，除跟僧伦保持夫妻关系外，无权动用财产，一些生活必需品由嘉萨挑选给她。嘉萨只分给她"一匹骡马，一只母绵羊，一头母牦牛，一只母山羊"①。岭部落迁居玛域后，"在全部岭人聚会的会场上，角如王头戴他有缘的黄羊羊皮帽，用威震大众曲调，唱这分封玛域草地的歌道"：

> 玛域的孜拉金山前，苍天盾圆像八辐轮，
> 地形美好似八瓣莲，中央有一座小山峰。
> 具备了吉祥八种相。这里的水清山洁净，
> 众望所归首领去占领。分给尼奔达雅做封地！
> 长支的塞尔巴八族系，高角阿嘉都到那里去！

---

① 王兴先主编：《格萨尔文库》第1卷，兰州：甘肃民族出版社，1996年，第1册，第112页。

河首九山连绵处，好像太阳抱金山。
莲花自开阳山谷，公鹿游戏作乐园。
野牛嬉玩抵角跑，草茂牛犊看不见。
林密蜂儿通不过，野鹿藏在这中间。
此系贵人居住地，给阿努华桑作封赏。
中支的翁布六部落，嘎珠丹部落也跟上！①

四、游牧部落社会的价值观念

在藏语中，"诺尔"一词有两层意思，一是指牛，一为财宝之意，牲畜就是游牧民族财富的象征，非但如此，牲畜甚至被用来作为对一切事物的多少和美丑的衡量与评判，而嵌入人们的价值观念当中。《格萨尔》史诗中描绘珠牡姑娘时说："前行一步能值百匹马，就像空行天女迈舞步，后退一步能值百头骡，就像持明仙姑翩翩舞，乌黑秀发能值百头牛，丝丝根根上面串珍珠，金口玉液能值百只羊，舌头上面真言'阿'字显。"②这里用百匹马、百头骡、百头牛、百只羊来描绘女子的美貌、地位和价值，或许令人读者费解，这其实与藏民族特殊的文化背景有关，是藏民族游牧文化特征在艺术作品中的突显。一如汉族文学中形容美女常常是"倾国倾城"，对中原农耕民族而言，他们更为关注的是城池的安危，而牛羊则是游牧民族财富的象征。

此外，根据杨恩洪教授等人长期田野调查的结果显示，《格萨尔》史诗在整个藏区都有流传，但主要还是在牧区，同时牧区也是格萨尔说唱艺人的主要分布地区。

部落社会是崇拜英雄的社会，游牧部落更是如此。《格萨尔》史诗是藏族游牧文化培育出的一颗硕果，是反映古代藏族游牧部落社会生活和历史的辉煌巨著，因此也处处彰显着鲜明的游牧文化特征。

---

① 王兴先主编：《格萨尔文库》第1卷，兰州：甘肃民族出版社，2000年。第2册，第15页。
② 王兴先主编：《格萨尔文库》第1卷，兰州：甘肃民族出版社，2000年。第2册，第72页。

理论篇

论河湟皮影戏展演中的口头程式

赵宗福

河湟地区地处中国西部的青海省东部，湟水流贯其中，且与黄河相交汇。自汉武帝时开始，汉民族随着疆域的开拓迁入耕耘，此地也从此以"河湟"之名屡屡见载于史籍。皮影戏是该地最有代表性的民间文艺形式之一，也是中国影戏中独具"小传统文化"的品种之一。在体现民间文艺的口头程式性方面，河湟皮影戏尤其具有典型性。

一

河湟皮影戏的流行区域主要在西宁、大通、湟中、平安、互助、乐都、化隆、贵德及湟源、民和、循化等县市。青海的一些文化工作者称为"青海灯影戏"或"青海皮影"，实际上其流行区域仅青海省版图的一小块而已，以"青海"冠之未免太大，而民间称之为"皮影子"并无"灯影戏"的叫法，故本文以其流行地域和民间命名为准，称作"河湟皮影戏"。根据有关资料，皮影戏传入河湟地区的时间大约在清代中叶。具体考证，本文暂略不谈。但要说明的是，本文讨论和运用的河湟皮影戏资料是 20 世纪 50—80 年代地方有关单位和民间文化工作者从民间艺人口头采录的稿本，也有少部分是笔者田野作业所得。

河湟皮影戏在发展传承过程中，不论从影人（俗称"皮娃娃"）形象，还是韵白唱词，抑或唱腔音乐、表演程式，都形成了自己的话语系统，程式化倾向极为明显。与其他地区影戏以及各类戏曲相比，河湟皮影戏最大的特点是完全口头传承，没有书面传承，艺人们（俗称"影子匠"）大多是文盲，即使读过小学的少数艺人，也既无影卷可读，也不抄录剧本，更不以文字形式进行传承。几乎所有的皮影戏艺人以极大的兴趣和毅力连年跟随影班耳听心记，逐渐内化，且一旦得以表演而被认可后才正式成为"影子匠"。一般来说，一个成熟的艺人能表演 30—50 部戏，且与乐手们配合默契，能圆满成功地演出。不仅如此，他们还能即兴创作，滴水不漏地表演大部头戏剧。有这样一个传说：有一天演出结束时，一个女人问："晚上唱（即演出）啥？"艺人随口回答："棒槌（指男性生殖器）！"村民认为是欺辱本村妇女，大为不满，随即警告艺人：晚上如不演《棒槌》，便砸毁他的影箱！结果这个艺人利用休息时间略作构思，果然在晚上演出了一场名为《棒槌》的戏，连演3天3夜才告"大团圆"。整个故事梗概是：王母娘娘洗衣服的棒槌下凡为妖抢少女，和尚、道士均无力制服，孙悟空也与之多次斗智斗勇，最后探知其来历，请来王母娘娘一举收服。演出紧锣密鼓，起伏迭宕，环环相加，引人入胜，获得极大成功。那么如此复杂庞大的故事情节是如何即兴创作出来的，而表演艺人如何与其他三四个乐手们未经商量排练就能那样地配合默契？而几十部的戏剧细节又如何能完整地记忆下来的呢？难道这些艺人真是天才吗？这是民间文艺学值得研究回答的问题。

与这位河湟皮影戏艺人相比，世界上拥有极大声誉的艺人是荷马。稍有文化知识者无不知他创作了《伊利亚特》和《奥德赛》史诗。可是敏锐的学者们早就提出疑问：荷马究竟是什么人？他怎么会"创作"出规模宏大的《荷马史诗》？口头程式理论终于从田野作业中给出了全新的回答：《荷马史诗》其实是民间口头传承的文化传统，而荷马只不过是许许多多创作演唱史诗的艺人中的一个，并且出生晚、文化资历浅却名声很大。《荷马史诗》的"荷马"实际是一个集体符号。民间歌手创作演唱史诗的要害在于对尺度大小不同的程式化的"词"（叙事单元）记忆和组装。这种程式化的"词"是民众文化话语的明显标志。

河湟皮影戏的价值与影响虽远远不及《荷马史诗》，皮影戏艺人也不能与"荷马"相提并论，但在口头程式化创作和传承上，却异曲同工，有惊人的共同性。从文本来看，虽然一是早已定型的书面作品，一是尚为活态的口头形式，但从其创作传承的本质讲，二者之间没有书面传承与口头传承的区别。为便于叙述，这里借用台湾学者李亦园先生等所译的"展演（perfomance）"一词来指河湟皮影戏艺人的创作演出，而用口头程式理论的"词"来指代河湟皮影戏中的各类程式。

二

根据当代美国口头程式理论的代表人物弗里对口头程式理论的评价，[①] 笔者曾把口头理论的"词"理解为3个大小不等的层次。第一个层次是尺度最小的语言层面上的"词"，也就是程式化的诗法或句法。帕里把它定义为"一组在相同的韵律条件下被经常使用以表达一个特定的基本观念的词汇。"河湟皮影在发展中就形成了这样一批具有固定形态的涵义的"词"，艺人在展演中对这些

---

① ［美］约翰·迈尔斯·弗里：《口头程式理论：口头传统研究概述》，朝戈金译，《民族文学研究》1997年第1期。

"词"的运用犹如操纵影人一样自如。

从形态说，其唱词基本上是七字句和十字句两种，很少用长短不齐的句式。"二二三"句式的七字句是中国歌和戏曲中最普遍的句式，作为中国影戏品种之一的河湟皮影自然也不例外。十字句的句式结构是"三三四"，与当地流行的曲艺平弦主唱腔"赋子"完全相同（曲调却迥然不同）。如皮影戏《火焰山》中的牛魔王唱词：

> 出世来号大力谁人不晓，炼金丹补元功修身古道。修就了大罗仙金体不老，有婚配和爱妾任尔逍遥。……

平弦《孔子拜师》"赋子"：

> 他家住山东地鲁国地面，曲阜县阙里村有他家园。作春秋定礼乐列国游转，道不兴返鲁国设教杏坛。……

此类句式在河湟曲艺越弦、道情中也颇多使用，可见其相互间的影响与小传统文化特征。皮影戏这类句式的固定性还表现在与音乐曲式结构的搭配上，唱词与其独一无二的唱腔相互依赖和相互作用。正是这种普遍性的固定性的口头程式句法，使艺人们易于记忆和演唱，也使观众熟悉地心领神会。

从语言风格看，河湟皮影戏既为大型艺术，又是地方文化，故既有典雅的大文化的一面，又有通俗的方言化的特点。如《红罗转灯》中吴来儿的韵白："哎！来了。妈叫我就像狼呱哇，一听心上毛啦啦。上前扑通忙跪倒，捉住跳蚤打蚂蚱。"虽为有韵句子，但已是地方化的表达方式。"狼呱哇"、"毛啦啦"均是河湟方言，前者指乌鸦，后者形容顿时心里发怵，犹如头皮发麻之类。这类词语以及构成的惯用语就是河湟皮影戏中经常出现的具有特定观念的亚文化小话语。即使表演宫廷贵族生活，也往往离不开这类词语和程式。因为对艺人和观众说来，他们并未见过和了解真正的上层生活，故只能以自己的生活和戏剧舞台上的表演去想象和展演上层生活，所以皮影戏中的上层场景常常是世俗化、平民化了的。而真正反映上层贵族生活的《红楼梦》之类对他们来说，完全是无法明白的另一种话语，因此在皮影戏以及真正的民间文艺中不见踪影。

在河湟皮影戏中还有一系列经常使用的具有音乐性质的程式化极强的"词"，就是各类唱腔的开头"叫板"。分3种，即唱词叫板、念词叫板、手势叫板。不论何种叫板，皆有非常固定的程式，艺人和乐手们对此形成了约定俗成的一致认同。作为一种内部话语，他们早就司空见惯。如手势叫板时艺人用食指在眼前一划表示擦眼泪，乐手们就明白要演奏悲伤的阴腔曲调。念词叫板时不仅有引起唱腔的固定句子，而且以提高最后3个字的声调做暗示，乐手听其口气便知演奏何种曲调。唱词叫板用于阳、阴腔之前，如"3/3/3/3/3"或"3/5/3/3/3/5"等几个简单的音符和词便是阳腔的叫板。而书"5/5/5/5/5"则是阴腔的叫板，其要害是阳腔叫板落音于"3"，阴腔叫板落音在"5"。不管艺人的叫板话是"走啊"还是"好气啊"，乐手们根据其落音是"3"还是"5"便能准确地演奏阳腔或阴腔。

这些词语和音乐的"词"，是基础最小的程式，是民间艺人创作传承中不可或缺的"小构件"，在河湟皮影戏的展演中起着极为重要的作用。其意义在于帮助艺人"在不用书写的情况下流畅地进行史诗叙事"①。

三

河湟皮影戏展演中最具有地方化且程式化的"词"，是典型场景描写层面上的场景和行为。即所谓的"话题或典型场景"，是"成组的观念群，往往被用来以传统诗歌的程式风格讲述一个故事"。河湟皮影戏这一层面的"词"可分为两类。

第一类是极其程式化的2行、4行以及10行以上的韵白和唱词，即相当于弗里所说的通常呈现为一通讲话（可长达若干行）的"较大的词"。河湟艺人把这种唱词称为"官板乱弹"，把两句韵白叫作"对子"，四句韵白则称"诗"，八句以上韵白为"篇"。他们谙熟这类"词"，并通晓其妙用。在展演中运用起来如同机械师熟练地利用零部件装配机器一样有条不紊，以有限的零部件构造出无数精美的艺术品。对此，一些民间文艺工作者也早已洞悉无遗。青海省群艺馆的退休干部石永先生曾说："以前多数灯影演员文化很低，甚至有的名演员是文盲，为什么他们能开传唱连台戏呢？原来他们有一件'法宝'，只要掌握了这件'法宝'，开大传或临时编演一本新戏就不困难了。这件'法宝'就是传统的唱词和诗篇。"②他还搜集编辑了《青海灯影戏传统唱词诗篇选集》，把长期流传于艺人口头的"零部件"集中为书面的"影箱"，蔚为大观。

此类"词"又可分为两种。一是传统剧目中主要角色的专用韵白和唱词，

---

① ［美］约翰·迈尔斯·弗里：《口头程式理论：口头传统研究概述》，朝戈金译，《民族文学研究》1997年第1期。

② 石永：《青海灯影戏传统唱词诗篇选集》（前言），青海省群众艺术馆文艺集成办公室1989年内部油印本。

如玉皇大帝、王母娘娘、孙悟空、诸葛亮、关公、包公、杨六郎、杨宗保等角色在皮影戏中经常出现,家喻户晓,所以其道白唱词专人专用,一般不得移用到其他角色身上。但不论在哪一出戏,只要这些人物出现就可演唱。

如赵子龙专用出场韵白不外乎3段:

(1) 白盔白甲银连环,雪花战袍身上穿。跨下银鬃如闪电,追魂银枪手中玩。

(2) 长坂坡前血未干,十万英雄心胆寒。没有顶天立地胆,焉敢保主过江南。

(3) 长坂坡前一恶战,七进七出无阻拦。从此我的威名显,跟随大哥去蜀川。

凡赵云出现的三国戏中,赵云出场时视上下文而说唱以表明身份。二是各类人物通用唱词韵白,皇帝、文臣、武将、元帅、状元、县官、夫人、衙役、员外、公子、姐、老仆人、家童、道士、和尚、奸臣、恶霸、强盗、刁婆、番王、番将、丑旦、叫花子等等,均有各自成套的长篇韵白和唱词,出场时根据脸谱对号入座,依此说唱。韵白和唱词高度类型化、脸谱化适合于一切同类角色。

如奸臣自白:"口似砂糖舌似刀,心如老虎不长毛。何日身尊九龙口,皇天的儿子就是我。"不论哪一部戏中的奸臣,都是这一套,口蜜腹剑、阴谋篡逆之形象由角色自己道出,再加之脸谱影像,观众一目了然。艺人在传承中只不过在记住故事梗概的同时只记忆单篇的"词"而已,而在展演中按需记取并配置上去。

第二类"词"表现典型场景的音乐,往往以一曲具有特定涵义的乐曲表述某一场面或情节。河湟皮影戏的展演中特别讲究以程式化的唢呐曲牌来表现话题,如《紧叩头》用于一切叩拜或致敬等情节,《三元帽》多用于悲伤地诉说往事等情节。演奏时艺人并无唱词,而熟悉这种音乐程式的观众无需别人解释,便可领会某场景涵义。在实际展演中,还有一整套的套曲程式,各类曲调有机结合为一个复杂的场景描写,如《满园春》中皇帝登殿的场景,由曲牌《点将》、《一句腔》、《交天翅》、《长调》、《香炉牙子》、《酒令》和唱腔《阳腔》、《二倒板》等组成①,把皇帝上殿的庄严景象表现得绘声绘色、淋漓尽致。这类繁多的"词"看似庞杂,实有约定俗成的程式,艺人们都很熟练,不必提前排练,乐手们便能心照不宣地按演员的暗示按部就班地演奏。

---

① 《中国戏曲音乐集成·青海卷》编辑部:《中国戏曲音乐集成·青海卷·灯影戏音乐分卷》,1987年手抄本,第91页。

这些尺度居中的"词"在河湟皮影戏展演中起着非同寻常的作用。凭借着它提供给艺人以现成的和有一定规模的典型描绘，略加润饰便会适用于某一特定故事中的特定场合，因而它有助于艺人的即席创作。皮影戏艺人正是靠着这些"词"在展演中进行典型场景的细节描写，塑造着既类型化又生动丰满的人物形象，表现着似曾相识而不尽相同的场景。

四

整个故事类型或形式被口头程式理论学者按照前南斯拉夫民间诗人的观念理解为最大尺度的"词"，即一个故事"依照既存的可预知的一系列动作的顺序，从始至终支撑着全部叙事的结构形式"，是程式化的叙事形式或叙事线索。而这种故事类型是世界民间文学研究者百年来一直强烈关注的问题，也是百年来最具有水平的成就之一。

具体到河湟皮影戏，却有明显的小传统文化程式。由于种种原因，河湟皮影戏到底有多少剧目？没有准确统计。根据河湟地区各市县志的点滴记载和有关文章的叙述，其剧目大概在150部左右。艺人们把河湟皮影戏分为"大传戏"和"单本戏"两种，前者是指根据"传书"（即古典长篇小说）改编的戏，大多数为连台戏，演出此种戏称"开大传"。后者指不是改编自"传书"的戏，大多是根据其他剧种的剧目和当地口头流传的故事移植或改编而成的，其中有些是独有的剧目，也叫"窝窝戏"。不论哪一种戏，都具有模式化的程式，不少故事情节雷同，口头性极强。即使从"传书"改编来的戏，也与书面大相径庭，演化为口头程式作品，对艺人来说，仍然没有完全的或者根本就没有演出脚本。

作为地方化的河湟皮影戏，在文化选择上既保留了汉族共有的话语模式，又形成了自己特有的话语系统。整个故事所表现的是汉民族的文化观念，而不是其他。如故事内容和人物角色的性质概念上，不外乎三大类。在《劈山救母》、《火焰山》、《战黄袍》等神魔故事中，是正义的神仙与邪恶的妖魔之间的对立（善良的人类始终依赖在正义的一边）。《佘太君表功》、《金沙滩》、《忠烈会》等朝廷故事中，是忠臣与奸臣水火不相容（夹杂着对侵略者的抗击与投降）。而《秦香莲》、《窦娥冤》、《审石头》等生活故事中，是好人与坏人永远不能和睦相处（主要是坏人不能容忍好人）。而且故事的结尾总是正义的神仙镇压妖魔、奸臣遭到严惩忠臣得到公评、好人得好报而坏人遭到报应。在这高度概括化了的道德话语和结构话语下面，又有各自的具体的故事模式。皮影戏艺人的展演总的来说离不开这些最大尺度的而又是具体完整的"词"，因为这已是人人皆知的模式，如果"离谱"就会被斥责为胡编乱造，而这不容许艺人篡改的模式既规范着艺人的展演，也为艺人的即兴创作带来了轻车熟路、按谱组装的方便。

河湟皮影戏中还有一些在正式剧目演完后加演的"折稍子"戏，在长期的创作演出中也形了较为固定的模式，故事情节简单，重在说唱的诙谐幽默。除《招亲》、《降妖》、《老换少》、《拔羊毛》等常见戏外，还有不少即兴创作的段子。此类小戏中相当一部分具有性描绘倾向，故被认为"是为了迎合某些人的低级趣味"而编的"不健康剧目"①。且不论此类"荤戏"的民俗文化意义，单就其创作模式而论，不外乎以性无知和性禁忌为主题，借伦理为挡箭牌展演"荤故事"，貌似丰富多彩，实在如出一辙，口头程式特征更为明显。

五

以上分别探讨了河湟皮影戏展演中 3 个不同层面上的"词"，需要进一步指出的是，在艺人的创作中它们并非是孤立运用，而是一个相互依存的有机的整体话语。口头程式理论认为："对一位歌手而言，'词'可以意味着全部演唱，或是其中任何有意味的部分。从单行的诗行，经各种较大尺度的单元，直到整个故事模式。"② 对河湟皮影戏艺人而言，同样如此。

河湟皮影戏作为民间文艺之一种，是具有集体性和口头性的民俗文化事象，高度口头程式化，"它们一般缺少个性，而表现为一种类型、模式"③。这种类型或模式在表面看来是一些"雷同"和"陈词滥调"的程式，而民间文艺正是靠着这些程式化的话语才得以永无休止地传承和在一定区域内扩布。对根本不靠书面传承的河湟皮影戏艺人来说，其每一次展演既是一次对固定式的故事的复述和传承，又是一次全新的即兴创作。他们对大大小小各种各样的"词"和展演传统熟悉至极，且经过长期的积累沉淀，已经内化为自觉或不自觉的展演思维。从这个角度说，艺人展演皮影戏的过程中始终不渝地进行着程式记忆，再现着传统常规的观念和形式。他们只不过是把习惯的话语用传统的方式表现出来。唯其如此，皮影戏才被人们所不断接受、解释、复制、传递和保存。

但是作为口头程式化表演的艺术，不同艺人对同一出戏的展演结果是大不一样的，这从青海省群众艺术馆记录整理的皮影戏资料中看得清清楚楚。即使同一个艺人对同一出戏的两次展演也绝不会完全相同，而是有很多差异，因为

---

① 《中国戏曲音乐集成·青海卷》编辑部：《中国戏曲音乐集成·青海卷·灯影戏音乐分卷》，1987 年手抄本，第 11 页。

② ［美］约翰·迈尔斯·弗里：《口头程式理论：口头传统研究概述》，朝戈金译，《民族文学研究》1997 年第 1 期。

③ 钟敬文：《民俗文化学发凡》，《民俗文化学：梗概与兴起》，北京：中华书局，1996 年，第 11 页。

口头性使艺人在许多细节的表演上伴随着即兴创作。何况大量的折子戏乃至新戏的编演，更充满艺人的创新。

正如上文所述，民间艺人的创作实际是在再现程式的同时，对传统模式中的大"词"进行分解，建构新的叙事框架，然后把尺度大小不等的叙事单元——"词"作为构件，按照其道德观、审美观和一定的方式，依照叙事需要进行组装和配置，形成新的作品。这正是民间艺人创作传承的秘诀所在。艺人们靠着这些固定的叙事程式及各类构件，创作或展演着那些结构复杂而完整、辞藻规范而华美、符合民众道德观和审美观的作品。

应当指出，民间艺人对"词"的记忆并不是机械性的重复，传统的"词"对他们来说不过是一种"原型"而已。同样，民间艺人对传统文化构件的组装和配置也不是简单的生搬硬套，而是一种创造性的传承和再生机制，关键在于创造性的配置。尤其是具有艺术才华的艺人，其组装和配置就是一个艺术化的过程。比较而言，这种艺术化过程在散文作品和部分短小的韵文作品的创作中稍微简单一些，所以即兴创作并讲述或演唱短故事、歌谣的人较多。而在散韵合璧、说唱结合、具有表演性作品的创作中就显得复杂多了，因为它不是一个种类模式构件的装配，而是多种类构件的多重性装配，所以一般由专门的艺人来完成组装和配置并展演其装配结果。河湟皮影戏正是后一种民间文学艺术形式，在展演中既要以手操作影人在舞台（影亮）上表演，又要记忆程式和分解、装配各类"词"，同时与乐手们紧密配合，做到心动、嘴动、耳动、手动以及脚动（某些战杀、碰撞的音响效果由艺人用脚踢箱板完成），而且要有心灵手巧、能说能唱的素质。因此河湟皮影戏艺人一般都是专门的行家，是被观众公认的"影子匠"，似乎只有他们才充当着严格意义上的皮影戏传承人。因此，在认识民间艺人在皮影戏展演中的程式化传承时，还应看到民间艺人的个人创作才华。

根据1960年统计，河湟皮影艺人在当时有300余人[①]，著名艺人也不过10余人，其中杰出者只有两三人，其区别点就在于展演水平的高低与社会影响的大小。这也正说明了艺人在传承民间文艺中所起的大小不等的作用，其个人的创作因素在皮影戏的传承中非常积极活跃。一个具有创造天才的艺人就是一位艺术家！

六

河湟皮影戏艺人都是专门人才（尽管农忙时又是体力劳动者），而且展演皮

[①] 刘文泰：《青海灯影戏介绍》，载《河湟民间文学集》（第2集），西宁市文学艺术界联合会1981年内部铅印本，第225页。

影戏时隐藏在"影亮"后面表演,而不是直接面对观众,这使观众与艺人之间在表面上隔离了开来,观众也似乎只是在欣赏中传承,而不能参与创作生成。实际上观众在皮影戏展演中并非可有可无,也不是一味地被动接受。因此在肯定艺人个人在民间文艺传承中的积极因素时,不能不强调"作为能动参与者的听众的作用"①。

　　河湟皮影戏作为一种小传统文化,是该地区汉族民众以及部分少数民族群众共同拥有的艺术。其程式化的叙事形式和各叙事单元,大家已经熟知并认同,成为了约定俗成的共同话语。在实际展演中人们习惯性地运用这些程式化的"词"交流信息和情感,如同日常生活中表述事件和表达感情那样流畅自如。对艺人和观众为什么如此表达?这种习惯的"词"是怎么演变来的?都不必要追究,更无力真正还原。对其"文化还原"是学者的任务。观众只认定"从来如此",是"老规矩",关键在于展演中艺人是否自觉地遵循了。而艺人也罢,观众也罢,对这一系列的程式不需要还原就能迅速而准确记忆和把握。观众一眼就能看出哪些是符合话语规范的,哪些是"胡编乱造"的。所以艺人用程式化的形式进行展演,而观众也用习惯的程式审视着艺人。没有观众的展演是不存在的,没有程式的规范也就没有皮影戏。观众通过"影亮"上的舞台场景以及艺人们的说唱音乐,与艺人进行程式交流,相互作用。艺人的展演精彩与否,台下的观众会马上以内部话语形式予以评价并反馈给台后的艺人,而精彩的标准就是是否合乎各种程式(如道德的、形式的、审美的等等)。

　　根据我们见到的剧目,河湟皮影戏中最多且最受观众欢迎的首先是神魔戏。因为皮影戏是艺人操纵影人在"影亮"上表演的艺术,最适宜于演出此类戏,另外河湟地处边疆多民族地区,多元民族文化影响下的民间信仰氛围浓郁,神魔戏符合民俗信仰实际。其次最受欢迎的戏是"大传戏"(其中有的与神魔戏交叉),特别受稍有文史知识的男性观众的青睐。其实他们对这些"大传历史"颇为熟悉,但百看不厌,还不能容忍艺人表演错误。此类戏以讲述表演朝廷忠奸斗争和抗击侵略者为主,对移居边疆地区的汉族民众来说,每次展演是民族文化原型或集体无意识的再现,从而亲切地认知民族文化中心,强烈地实现民族自尊心,从而极大地引起共鸣。至于诸多生活戏,最贴近民众的实际生活,观众通过剧情认识社会和自身,甚至暂时地快乐地得以"圆梦"。观众看皮影戏展演既是欣赏符合自己传统的艺术,又是接受道德观念与人生经验的教化与规范。

---

　　① [美]约翰·迈尔斯·弗里:《口头程式理论:口头传统研究概述》,朝戈金译,《民族文学研究》1997年第1期。

由此可见，皮影戏艺人创作程式既是文化传统，又是以观众的文化选择而程式化地装配并展演。

一些所谓"迎合某些人的低级趣味"的"荤戏"段子，证明了观众对艺人创作展演的程式影响。如表现出门人私情的折子戏《拔羊毛》，因为性渲染多，一般是在晚上正式演出结束，老人、妇女及辈分大小不同者离去后，专门给青壮年男性展演的。这些特殊的观众以特殊的情绪欣赏演出，放肆的笑声鼓励艺人更加大胆地即兴创作，而浓烈的诙谐使观众兴致益高。在此气氛中，艺人们往往演唱从青海情歌"花儿"移植过来的"花调"，以引起观众在情爱方面的心理共鸣。其音乐曲调与花儿曲调差异不大，而唱词的格式与花儿完全一致，如："丹噶尔城上拉羊毛，扎麻隆的桥儿上缓（意为休息）了。远路上碰上着放脸脑（意为非常冷淡），嫑（不要）怪我离你的庄子远了。"此类唱词唱腔在正式剧目中不可能出现，因为按民俗规则，花儿只能在山坡田野放歌而绝不许在村庄里唱。显然，"花腔"是特殊展演中的话语程式。而此特别的话语程式则又是特殊观众允许或纵容下从其他地方文化中引进的，并在艺人与观众的共同参与下形成的。此一话语程式"保持了社区共同意识。保持了群体信息，从而维护了他们自己的观念"①。

综上所述，河湟皮影戏艺人的创作展演始终是程式化的文化传承，艺人们利用叙事模式以及各类尺度大小不一的"词"，加以巧妙地装配，形成许许多多皮影戏作品。而在展演中观众的积极参与是不可或缺的。因此，一个河湟皮影戏艺人凭什么略加构思后，便能和乐手们一起成功地展演出一台《棒槌》戏的问题，笔者以为大致上解释清楚了。

---

① 董晓萍、[美]欧达伟：《华北民间文化》，石家庄：河北教育出版社，1995年，第133页。

西北花儿的研究保护与学界的学术责任

赵宗福

我国的非物质文化遗产保护，以其规模宏大的政府行为引起了全社会的关注。尤其是与民间文化相关的诸学科似乎因势得宠，一大批学者自觉或不自觉地参与到了非物质文化遗产保护的时代潮流中，成千上万的专业学者兴致勃勃地高谈阔论遗产保护。诚然，大批专业学者在非物质文化遗产保护方面的参与是功不可没的，也是非常必要的。因为没有他们的参与策划、论证乃至主持把握，这项伟大的事业十有八九会搞得不伦不类，非但不能得到有效的抢救保护，反而有可能因非专业的行为使文化遗产的处境更加恶化。但是，相关学科的专业人员一窝蜂地都去做"宏观指导上的伟人"，靠着手头已有的资料，谈理念、做规划、发号召令、做指挥官，也未必是一件好事。在笔者看来，在非物质文化遗产的保护中，我们既需要高层次、大手笔的指挥者，更需要大量的、有专业素养的具体工作者。也就是说，更多的专业学者需要在具体的非物质文化事项上深入实际，做一些扎扎实实的田野工作和理论研究。唯其如此，才能真正实现非物质文化遗产抢救保护的战略目标。基于如上思考，本文将以花儿目前的存活状态和与之相关的学术缺憾为个案，讨论非物质文化遗产的抢救保护与专业学者的学术责任问题，以求表达本人对非物质文化遗产保护的一些观念。

一、"非物质文化遗产保护"形势下的花儿研究

在我国非物质文化遗产抢救保护的大背景下，对花儿及其花儿会的调查研究也呈现出了很好的形势，不仅花儿流行的青海、甘肃、宁夏、新疆等地区的学者特别关注花儿的田野调查、编纂与研究，而且东部地区的学者也十分热衷花儿的田野调查和文本研究，甚至美国、日本等国外的学者也来到西北研究花儿。半个世纪以来，还形成了花儿研究的3次高潮，即20世纪50年代末60年代初对花儿源流的讨论，改革开放后对花儿的全面研究，近年来用新理论、新方法提升花儿的学术研究层次。值得注意的是，近年来一批博士生、硕士生参与到花儿田野研究的队伍中，因其独特的专业性和崭新的理论视角，其成果更

显得卓尔不群[①]。与此同时，一批对花儿素有研究的专家学者参加了非物质文化遗产的抢救保护工程。这是可喜可贺的。花儿为何在众多民歌中受到如此重视？因为花儿作为多民族共享的非物质文化遗产，在西部民歌乃至中国民歌中属于标志性的口承文艺，是最富有艺术欣赏价值、学术研究价值的民歌。关于其价值，可以从以下几方面来看。

（1）多民族共同用汉语演唱花儿，体现出民族亲和、兼容共存的精神。花儿流行于中国西部6省区和9个民族中间，地域之广，民族之多，在中外民歌中是极为罕见的。特别是这9个民族中，既有信仰儒、释、道的汉族，又有信仰藏传佛教的藏族、土族、蒙古族、裕固族，还有信仰伊斯兰教的回族、撒拉族、东乡族、保安族。大部分民族有自己的民族语言，其中藏族、蒙古族还有自己的文字。这些民族语言不同，宗教信仰不同，风俗习惯也不相同，但是他们都共同用汉语演唱花儿，体现出了一种民族亲和、兼容共存的内在精神。这种内在精神在甘青地区体现得尤为突出。世界上没有任何一种民歌像花儿这样被如此广阔的土地上的9个民族所共同拥有，所共同喜爱。例如信天游主要流行于陕北地区的汉族中间，即使把它和蒙汉调视为一种民歌的不同流派，也只是流行在陕北、山西和内蒙古南部的汉族和蒙古族中间。至于许多少数民族中的民歌往往只在本民族中流行。

（2）独特的民歌形式表现出民间口承文化具有无穷魅力。花儿，特别是流行于青海地区的河湟花儿，不但从歌词的结构、韵律等方面体现出极强的口头程式，而且形成了在中外民歌中罕见的独特的表现形式。如歌词的整体结构是典型的"扇面对"（即使歌词句子拓展到十几句，也概莫能外），单双句遥遥相对应；单句单字节奏结尾，双句双字节奏结尾；押韵形式上除一般民歌采用的通韵方式外，经常采用交叉押韵的方式，而且单句押平声，双句押仄声；同时不论单句还是双句，都常常押重韵。这些奇特的格式韵律除了在《诗经·国风》中见到外，在世界上任何民歌中都找不出可以相媲美的。这使花儿具有了独特的艺术魅力，也显示出了其在中外民间文化史上无可替代的艺术价值和学术价值。

（3）丰富的音乐曲调表现出多民族音乐交融却又保持各自特色的民间艺术价值。花儿的曲调丰富多彩，20世纪90年代搜集到的有100余种，目前已经丰

---

① 这方面的研究有：兰州大学博士生李雄飞的《河州"花儿"与陕北"信天游"文化内涵的比较研究》（北京：民族出版社，2003年）、西北民族大学博士生闫国芳的《乡土社会视阈下的花儿研究》（博士学位论文，西北民族大学，2007年）、青海师范大学硕士生李言统的《中国民歌的口头传统研究——以"花儿"和〈诗经〉的程式化比较为例》（硕士学位论文，青海师范大学，2006年）、青海民族学院硕士生阿进录的《一种地方文化的人类学解读：河湟花儿艺术论》。

富到 200 个曲令。它们虽然以高亢悠扬为主,但也不乏轻松愉快或委婉细腻的曲令。根据专家研究,这些曲调有些是直接继承了中原宋元文化,有些则是在河湟地区多民族音乐文化的土壤上新生的。所以,这些曲调都有着自己的旋律特点和音乐特色,但是由不同的民族歌手唱出来则又有其本民族的特色,同时不同的民族往往擅长于某些曲调,如土族的《梁梁上浪来令》、《绿绿儿山令》、《杨柳姐令》,撒拉族的《撒拉令》、《清水令》、《孟达令》,回族的《马营令》、《河州令》、《川口令》,汉族的则如《尕马儿令》、《水红花令》、《白牡丹令》,等等。这些具有异质文化意味的音乐现象,对研究多民族民间音乐的相互交融和衍生、再生状况有重要的学术价值,也对大力发展民族民间音乐文化有着重要的借鉴意义。

(4) 包罗万象的内容表现出丰富的文化蕴藏及其研究价值。花儿来自各民族活态的日常生活生产,多民族丰富的生活现实决定了花儿内容的丰富性。花儿以情歌为主,生动地表达了不同民族不同群体乃至不同个体的复杂情感,对研究民族社会心理、民众情感模式有直接的参考价值。花儿的比兴句涉及的民众知识更是无所不包,据有的学者概括,大致上可分为 60 个方面,"地方性知识的百科全书"的称号是当之无愧的。另外,花儿作为一种区域性的民歌,语言上主要使用河湟方言,同时也夹杂了大量的藏语、土语、撒拉语等民族语言词汇。当地民众把这种使用多民族语言的花儿叫作"风搅雪花儿"。这些对研究方言和民族语言以及民族文化间的相互交融也是难得的材料。

(5) 众多庞大的花儿会表现出的民俗旅游资源和民俗文化价值。青海东部以及甘肃的一些地方有数十场具有悠久传承历史的花儿会,一般都有数万人参加,多的可达到二三十万人。参加者包括各地各民族群众,届时云集一处,对歌数日。如果把各地的花儿会联结起来,足足有 5 个月时间,被一些学者称之为"诗与歌的狂欢节"①。这样庞大的文化空间在世界上也是不多见的。它的民俗文化学学术价值以及文化旅游价值不说自明。正是这些无可替代的独特价值,确定了花儿是西部民歌的标志性口头文艺精品。当然,从实际影响看,陕北信天游在国内外的影响要比花儿大一些,特别是在官方演出文艺中,信天游简直就是中国民歌的代表,这与陕北是革命圣地和文艺的政治化需要有着直接的关系。从纯学术的角度比较,两种民歌各有千秋,而花儿的实际内涵更为丰富。但是,如此美妙瑰丽的非物质文化遗产在知识经济全球化的大势下,却处在濒危的状态。花儿是"张口就来,闭口即无"的口头文艺,而花儿会则是民间自

---

① 柯杨:《花儿会——甘肃民间诗与歌的狂欢节》,《中国典籍与文化》1997 年第 3 期。

发进行的以演唱花儿为主的歌节。在现代文化的冲击下，其脆弱的生态环境遭遇了无法回避的空前困境。部分古老的花儿由于抢救不及而消失，有影响的歌手大多年事已高，年轻人又忙于外出打工挣钱，倾心新潮文化，不再热心花儿的系统传承，民间文艺后继乏人，传承链条已残缺不全。花儿会的空间日趋狭小，规模也日趋式微。尤其是一些历史悠久、影响面大的花儿会有逐渐冷落甚至停顿的趋向。而一些走了样的"洋"花儿正在以其强势的传媒手段逐渐成为主流，由城镇向乡村浸染，大有取代传统的原生态花儿的趋势。固然，花儿以再生态甚至新生态的形式适应社会发展形势，得到年轻人们的认同，并非完全是坏事，但也绝不完全是好事，长此以往，传统的花儿及其花儿会将不复存在，我们再也听不到原汁原味的花儿，看不到民俗意义上的花儿会。

花儿的这种存活状态，引起了民间文化工作者和政府的重视。在2005年申报首批国家级非物质文化遗产代表作的过程中，甘肃省康乐县的莲花山花儿会、岷县二郎山花儿会，青海省大通县老爷山花儿会、互助县丹麻土族花儿会、民和县七里寺花儿会、乐都县瞿坛寺花儿会以及宁夏回族山花儿会等一批花儿会就获得了文化部的推荐。花儿得到这样高规格的政府荣誉和强有力的保护措施，无疑是一次千载难逢的抢救保护机遇。

二、蒙古族不演唱花儿吗？

然而在美好机遇到来、我们兴奋地要进行抢救保护的时候，作为一个专业学者，我不禁发出这样的疑问：我们对花儿的基本情况已经掌握了吗？如果连基本的家底都还不清楚的话，又怎样进行有效的抢救保护呢？

对这样的疑问，有人会认为：近一个世纪的花儿研究历史，那么多的学者出版、发表了许许多多鸿篇巨制的论著，难道连基本情况还不清晰？而不幸的是事实偏偏如此。比如花儿流行的民族，习惯的说法是8个，而这8个民族中并没有蒙古族。笔者也曾这样认为过，在1989年版的《花儿通论》中曾对花儿作过这样一个定义："花儿是产生和流行于甘肃、青海、宁夏以及新疆等四省区部分地区的一种以情歌为主的山歌，是这些地区的汉、回、土、撒拉、东乡、保安等民族以及部分裕固族和藏族群众用汉语歌唱的一种口头文学艺术形式。"[①]

对这一概括，20世纪90年代以来出版的图书和网络文章屡屡袭用，即普遍地说：花儿流行于甘、青、宁、新4省区8个民族中间。这似乎已经是一个不易的定论。当笔者在一些场合建议花儿流行的民族中加上蒙古族时，很多人并

---

① 赵宗福：《花儿通论》，西宁：青海人民出版社，1989年，第24页。

不认同，有人甚至坚定地说：蒙古族不唱花儿!

蒙古族真的就不演唱花儿吗？否。

根据笔者在河湟地区的田野调查和历史研究发现，花儿还较广泛地流行于青海东部的蒙古族中间，歌唱的人口大约有两三万人之多，而且传承的历史还很悠久。这部分蒙古人大致上分为两大部分3支。第一部分是平安、乐都等县的东、西两个祁土司的后裔。他们的祖先在宋末元初时从蒙古草原随成吉思汗大军进入青海，明代初年投诚明王朝，其首领被分别封为土官土司，成为地道的青海世居民族，其子孙繁衍生息，大多汉化。

其中，东祁土司始祖多尔只失结，原是蒙古西宁王宗亲，洪武四年（1371）归附明朝，以战功封为西宁卫指挥佥事，其子孙世代忠于明、清王朝，历代土司中出过不少高级将领，如祁秉忠曾任提督蓟辽左都督，与努尔哈赤大军鏖战于东北战场，以身殉国，明、清两朝皇帝均敕封谥号，《明史》有小传。祁秉忠的孙子祁伯豸、祁仲豸兄弟在平定三藩之乱中屡建战功，颇受清廷赏识。民国时期该家族已有3000人之众。

西祁土司始祖祁贡哥星吉，是蒙古族的另一地方势力首领，洪武元年（1368）归附明朝，封为土官，后世历代土司忠于明、清王朝，官至总兵、副总兵的代不乏人。清末时该家族已有800余户6000多人。

这两个蒙古族的祁土司家族，从明代中期开始就逐渐汉化，到清末时已经完全汉化，其庄园（土司衙门）的建筑装潢、家族谱牒、祭祀仪式以及追求功名的方式，与当地汉族家族毫无二致。因此，他们长期与当地汉、土、回、藏各民族和睦相处，花儿是该蒙古民众生活中不可缺少的，我们多次聆听过他们美妙的演唱。

青海东部还有一部分蒙古族，就是靠近海北州牧区的湟源县巴燕一带的蒙古族。这部分蒙古族是明末从新疆进入青海的和硕特蒙古后裔。其始祖是固始汗的孙子札萨克辅国公，属于青海蒙古29旗中的南左后旗，游牧于海北州的海晏县南部和湟源县西南一带。民国时期约有150户，后来逐渐农业化，与当地汉藏民族杂居，生活上颇受汉文化影响。目前人口在万人左右，花儿是他们最喜爱的民歌。我曾经访问过当地居民，他们对花儿的热衷坦言不讳，一些中青年几乎都能随口唱上几句。

如此众多的蒙古人几百年来歌唱花儿，却被花儿研究者们长期以来视而不见，论述花儿流行的民族时忽略不计，这实在是令人拍案叫冤的憾事。

其主要原因是：首先，人们一说起青海蒙古族，自然而然地想到的是海西蒙古族藏族自治州的蒙古族。因为这部分蒙古族人口将近8万人，占我国蒙古族总人口的1.45%。他们具有相对独立的聚居地，有自己传统的民族口传文化，与青海东部民族在地理上不接壤，日常交往也不多，因此的确不唱花儿。但是海西蒙古族又是青海蒙古族的主体，于是人们因为容易重视主流而忽视非主流的思维惯性，就习惯性地以海西蒙古族替代了青海蒙古族，把青海东部农业化的这部分蒙古族"弃之不顾"了。

其次，青海东部的蒙古族由于汉化较早，20世纪开始在生活文化形态上与当地汉族没有多大区别。在对他们进行民族认定时，许多蒙古族后裔被认为是汉族，久而久之，连他们本身也往往自以为是汉族。直到近些年才陆续恢复为蒙古族。

因此，许多介绍青海蒙古族的文章、著作乃至于地方志，往往一字不提青海东部的蒙古族。这样的社会现实和学术背景，导致花儿的研究者们也就记不起蒙古族了。

当然，花儿研究上出现这样的低级错误，不能统统归罪于其他领域的学者，更应该检讨我们自身学术修养的不足与田野调研的不够。如果大家不仅仅坐在安乐椅上著书立说，而是真正深入到花儿存活的民间现实中去，就不会出现这样的大疏漏。

因此在今天，我们对花儿的基本概念不得不做出修正：花儿是流行于西北甘、青、宁、新4省区，汉族、回族、土族、撒拉族、东乡族、保安族以及部分藏族、蒙古族和裕固族等9个民族的民众用汉语歌唱的一种民歌。

由此也可见，尽管已经出版了几十部花儿选本和研究花儿的著作，发表了上千篇有关花儿的论文，涌现了一批"花儿研究家"，有的学者甚至提出了建立"花儿学"的学术构想。但是，我们连有哪些民族在唱花儿还没搞清，如何能真正把握花儿的民族属性呢？又如何能去抢救保护多民族共享的花儿遗产呢？作为专业学者，在呼吁和参与非物质文化遗产保护的同时，更应该发挥自己的专业优势，深入田野，首先要真正全面地掌握花儿的基本情况，准确把握花儿的民间存活状态。

三、各地花儿会的文化个性都是一样的吗？

清楚了花儿存活的民族基本状况之后，是否就算全面把握了花儿呢？问题是花儿流行于如此广大的土地上、如此众多的民族中，尽管都是花儿或花儿会，但各地区各民族的花儿不尽相同。如果忽略了它们的文化个性，用泛化的理论框框总结花儿或花儿会，同样会漏洞百出，或不得要领。多年来的花儿研究，基本就是如此。以这样的学术认识去指导或主持抢救保护花儿和花儿会的工作，其结果是令人担忧的。显然,这样的责任不在其他人,而恰恰是我们这些专业工作者。

为了说明这一问题,下面以青海互助县丹麻花儿会、大通县老爷山花儿会、乐都县瞿昙寺花儿会、民和县七里寺花儿会为例来看。这4个花儿会都是在河湟地区影响很大的花儿会,都进入了国家推荐的首批国家非物质文化遗产代表作名录。但是在"申遗"初期,对4个花儿会的文化个性却不甚明了。它们都是河湟地区有名的花儿会,从普遍的活动表现形态和社会功能看,都是多民族参加的民俗盛会,都是集花儿演唱、文化交融、商贸交流于一体的集会,同时又都面临着即将衰微消亡的危险。如果说4个花儿会是一样的,那只能从中产生"一个代表作";而取一舍三,则又深感遗憾,因为似乎"一个也不能少"。相关人员都觉得这4个花儿会各有不可替代的文化个性,但就是难以说明具体理由,因为以往学者们的论著中,所有花儿会的特点似乎都是一样的,难怪难住了申遗文本的制作者。

其实把4个花儿会放到一起稍加比较,不可否认的是,作为花儿会,其社会功能价值是基本一样的,在当地社会中发挥着青年男女社交、民族文化交流、民间物资交流、丰富民众生活、构建和谐社会等多重功能。但从深层次分析,就可以发现各花儿会迥异于其他花儿会的文化个性。试分别举其要者。

(一)互助县丹麻花儿会

丹麻在互助土族自治县丹麻镇政府所在地,是土族聚居的山区。每年的农历六月十三在这里举行花儿会,历时5天,是互助县规模宏大、影响很大的一项民族歌节活动。其文化个性有以下几点。

1. 独特民族的花儿会

土族是青海省独有的少数民族,主要聚居在互助土族自治县,此外在民和县、大通县、同仁县等地也有聚居。但以土族为主的花儿会主要集中在互助县,而丹麻花儿会是土族花儿会中规模和影响最大的花儿会,因此丹麻土族花儿会是花儿会中独具土族民族特色的花儿会。

2. 独有的花儿曲令

丹麻花儿会上演唱的花儿曲令大多是土族独有的,如《绿绿儿的山》、《梁梁上浪来》、《阿柔洛》、《兴加洛》等。与汉族和回族花儿相比,更加古朴悠长,民族韵味浓郁。因此就其音乐来讲,丹麻花儿会在花儿会中也是独树一帜。

3. 多民族文化交融的盛会

丹麻花儿会的主要参与者是土族，但周边乡村的汉族、藏族、回族等民族也会届时赶来参加，和土族群众一起载歌载舞，你唱我和，呈现出一派民族友好、其乐融融的氛围。正是由于如此的民族友好盛会，使得该地区的民族和睦相处，共同发展，在构建和谐社会方面发挥着良好的功能。

（二）大通县老爷山花儿会

老爷山在青海省大通县城所在地，是青海东部地区著名的风景区。每年农历六月初三到初八在山上举行的花儿会，是河湟地区最具规模、最有影响的大型花儿会。由于该花儿会是在当地民间信仰仪式"朝山会"的基础上形成的、多民族参与的民俗文化盛会，其文化个性和文化价值十分突出。

1. 道教信仰与民间信仰、民间文艺共存

老爷山最早由于道教建筑而著名，于是出现了道教与"准道教"信仰的民众积极参与的大型信仰仪式"朝山会"，接着由于世俗化又出现了"花儿会"，迄今还保留着这样的二者共存状态，使得老爷山花儿会具有了浓郁的道教信仰和民间信仰色彩，这是与河湟地区其他花儿会迥然有别的，从而使老爷山花儿会具有了民间信仰与民间文艺密切相连的文化学价值，值得学界关注。

2. 青海东部最大的花儿会

青海东部农业区每年有十几场较大影响的花儿会，而老爷山花儿会则是其中规模最大的盛会。历时5天，有20万左右的群众参与。这些群众除了当地的外，还有方圆百余里的城乡歌手和游客；除本县的参加者外，还有如西宁市、湟中县、互助县、湟源县的歌手和游客。而在其周边地区还形成了一批"卫星"式的小型花儿会。如此规模，在众多花儿会中显得十分突出。

3. 多民族共同参与的文化交融

老爷山花儿会规模大、参与人数多的原因之一，就是众多民族的共同参与。参加老爷山花儿会的民族主要有汉族、土族、藏族、蒙古族、回族等，包罗了青海6个世居民族中的5个，此外还有为数不少的其他少数民族群众。这些民族语言不通，信仰不同，但在老爷山花儿会上都用汉语歌唱花儿，相互交流，共同提高。其多元文化交融互存的价值就不言自明了。

4. 独特而丰富的花儿曲调

据初步统计，在老爷山花儿会上演唱的花儿曲调将近100种，其中相当一部分是当地独有的曲令，如《老爷山令》、《东峡令》、《长寿令》、《梦令》等，而且就这些曲令的来源还都有着美丽悠婉的民间传说，使得老爷山花儿会更加具有了文化意蕴，在民族音乐研究方面有重要的价值。

（三）乐都县瞿昙寺花儿会

这是河湟地区花儿会中有较大影响的大型民俗活动。花儿会以名刹瞿昙寺为中心，每年农历六月中旬进行，参与者以当地藏族和汉族群众为主。花儿会以其悠久的历史文化和独特的民族民俗风情，形成了自己的文化个性。

1. 佛教民俗信仰与民间文艺的共存性

瞿昙寺是明朝皇帝为藏族僧俗赐建的寺院，仿照故宫建筑，当地有"去了瞿昙寺，北京再要去"的谚语。但是僧人多为藏族，是汉藏文化合璧之典型。因此当地群众以此为信仰中心，逐渐形成了聚会性的佛教信仰活动，演化成了大型花儿会。瞿昙寺花儿会始终与这种汉藏合璧式的佛教信仰共存，使得花儿会具有了浓郁的佛教信仰和民间信仰色彩，这是与河湟地区其他花儿会最大的区别点，值得从宗教社会学和宗教文艺学的角度予以研究。

2. 深厚的民族民间文化底蕴与花儿会的生成关系方面的独特性

乐都县是河湟地区有名的"文化县"，而瞿昙镇是被文化部命名的"中国民间艺术（花儿）之乡"、青海省文化厅命名的"特色文化乡"，瞿昙寺花儿会正是在这样的土壤上生成并传承的。因此，研究大型民俗活动与地方文化系统的关系，瞿昙寺花儿会无疑是最好的典型个案。

3. 独特的花儿音乐曲调

瞿昙寺花儿会是当地独有的文化土壤上生成传承的非物质文化，与其他地方不同的历史文化、民族欣赏习惯，造就了一批本地独有的花儿音乐曲令。如《碾伯令》就是以当地碾伯镇命名的花儿曲令，此外如《水红花令》、《尕马令》、《沙雁儿绕令》、《马营令》等等，都是瞿昙寺花儿会上最为流行的曲令。

（四）民和县七里寺花儿会

民和回族土族自治县古鄯镇境内的七里寺峡，以其原先有七里寺而得名。每年农历六月六日，汉、回、藏、土族等民族的六七万群众，聚集一处，载歌载舞，漫唱花儿，其乐融融。该花儿会由于独特的人文地理环境和民俗活动形式，个性非常鲜明。

1. 民间歌手的非物质文化摇篮

这里先后涌现出了一大批驰名西北乃至全国的花儿歌手，如马俊、索南孙斌、张存秀、吕晓明、李永盛等，他们均在全省乃至全国文艺调研或民歌大赛中屡获大奖，在民间享有很高的声誉，有的被称为"花儿王子"，有的被称为"花儿公主"。如此集中地涌现著名歌手的花儿会，在河湟地区还不多见，因此七里寺花儿会与民间著名歌手的关系，是值得深入研究的。

2. 山水名胜与民俗空间的谐调

七里寺早已名存实亡，而其地则以风景秀丽著名，尤其是药水泉更是以具有多种医疗功能而被民间信奉。平日慕名而来饮取泉水的人就络绎不绝，花儿会时参加歌会和饮取泉水的群众就更多，从而使花儿会与药水泉之间产生了一种相互依赖的关系，山水名胜为歌会提供了民俗活动的特别空间。

3. 民间思想史的演化史语境

七里寺虽然不复存在，但由民间信仰演化出的花儿会依然红火，对一些与会的群众来说，至今也不乏有信仰的因素（包括对药水泉的崇拜）。这就为我们研究西北民间思想史提供了理想的田野个案。

4. 独特的民俗文化圈

七里寺花儿会虽然以当地群众参加为主，但由于其特殊的功能价值，在周边地区也很有影响。届时，民和、乐都县以及甘肃一些市县的群众也来参加。由此可以研究民俗文化影响圈的形成及其多重关系。

通过对不同花儿会文化个性的分析，我们可以初步认识到这 4 个花儿会不同的文化价值意义，进而明确抢救保护应该抓住问题的核心，遵循民俗文化个性，抢救保护措施要有针对性。也只有这样，方能真正保护好我们的非物质文化遗产。而研究同一类型的非物质文化遗产时，必须放弃那种不分对象大而空的笼统概括，而要做大量艰苦细致的工作，重在把握其文化个性。这一非常吃力的苦活，恰恰就是专业学者的学术任务。

四、花儿的口头传统与抢救保护

花儿作为典型的非物质文化遗产，我们也就不能不特别地关注其口头传统的学术研究，但可惜的是，到目前为止，从口头程式理论以及表演理论角度研究的成果微乎其微。这样的学术研究取向，不利于科学的抢救保护工作，因此也就需要对此做出特别的强调。

花儿在几百年来的传承过程中，基本上是依靠口头传承，形成了一套内在的创造演唱机制。正是凭借着这种口头传承机制，使这种非物质文化及其知识体系和价值观念得以继承和发扬。进而言之，花儿的这种口头传统还不是孤立存活或空穴来风，而是在中国民歌口头大传统影响下生成发展的，也就是说有着更为深远的历史传统。

程式化的创编和表达方式，是我国民歌乃至世界民歌的一大传统。比如相近甚至相同的句子、相同结构的句式、比兴稳定的意象，在同一种民歌的不同诗篇中反复出现，这是因为民间歌手们在口头文化的传统熏染下，对这些祖辈相传的句子、句式和特指的比兴意象不但非常熟悉，而且运用自如，在现实的创作演唱中根据需要即兴记忆和拼装，生成出新的作品。歌手们编唱的成功的新作品，似新似旧，自然地继承了自己的文化传统，传递了固有的思想观念和审美取向，同时又有使人耳目一新的表达意境，受到听众的欢迎和传播。

花儿的口头传统就是如此。这里仅仅从花儿歌词的扇面对结构来看看花儿的结构程式传统。一首花儿分为两半部分，前两（三）句和后两（三）句相对称，形成了一种较为少见的"扇面对"结构，尽管这种扇面对还相对宽松，与文人诗词的扇面对有一定差距，但也使得花儿在形式上显得非常整齐协调。当然，形成这种结构的主要原因是受花儿音乐结构的限制，因为花儿曲式在结构上是上下两句式，即两个乐句组成一个乐段，一个乐段只能演唱一首花儿的一半。因此在花儿的实际演唱中，用一个完整的乐段唱完歌词的前半部分后，再重复一次乐段，唱完后半部分歌词。这种音乐结构使得花儿歌词不得不严格地分为前后两半，并且前后要相互对称，从而使花儿歌词呈现为奇妙的扇面对形式。

当然，用一个乐段演唱若干段歌词的民歌并不罕见，如藏族民歌"拉伊"往往是3段式，即用一个乐段演唱3次才完整地唱完一首"拉伊"；而人们熟知的信天游则可能用一个乐段演唱多次方能表达一段相对完整的意思。如："一道道山来一道道水，背起个那干粮看我的小妹妹……"但是为什么拉伊也好，信天游也好，扇面对结构都没有花儿这样明显呢？从句子的节奏和押韵形式来考察，就会看出它的奥妙。

首先从句子节奏说，初看，四句（六句是一种延伸形式，暂不论）花儿歌词似乎也是民歌中常见的七字句式，一般分为3顿，如"尕马儿/拉到/柳林里，柳林里/有什么/好哩？""两朵/牡丹/一条根，绿叶子衬红花儿/红着个/破哩。"但是，它的句子节奏与一般民歌不同的要害在于，单句的最后一顿是单字结尾，双句的最后一顿是双字结尾。在一首花儿中，单字尾、双字尾交叉出现，从而使它的歌词韵律大大不同于一般民歌,前两(三)句和后两(三)句一呼一应,一张一弛,既对仗又工稳,强化了扇面对的表现形式。

其次从押韵形式说,花儿的扇面对还在韵脚上表现得淋漓尽致,出神入化。花儿的押韵方式中最典型的是通韵、间韵、交韵3种,其中最典型的是交韵。以四句式花儿为例,一三句押一个韵、二四句押一个韵,遥相呼应,音乐感极强。如:

> 日头儿落到石峡里,包冰糖,要两张粉红的纸哩;
> 哭下的眼泪熬茶哩,好心肠,为我的花儿着死哩。

如此交韵方式在各民族民歌中十分罕见。此外,还有两个在其他民歌中不多见的押韵特点。一是复韵:一般来说,双句(六句式则是三六句)的押韵往往不在最后一个字上,而是押在倒数第二个字上,甚至可能押在更往前的字上,如:

> 蜘蛛儿拉下的八卦网,苍蝇儿孽障,碰死者嘴边里了;
> 尕妹是凉水着喝不上,阿哥们孽障,渴死者水边里了。

二是平仄相间:花儿如果使用交韵,那么单句一般就会押平声韵,双句则会押仄声韵。这样的韵律加上悠扬婉转的两句式曲令,花儿那美妙回环的音乐真是尽善尽美了。而在这样的整体结构中的许多句子也是程式化的。如经常用"山里的"、"大河沿上"、"石崖头上的"等开头组建句子,形成了一群雷同的句丛。如根据有人统计"山里的"句式,"山里的"3字后边往往就是这些词组"麦子秆秆短"、"荞麦一片红"、"麦子种八石"、"豆儿正开花"、"老虎把山下"、"松柏冬夏青"、"松柏长得高"、"万花儿开红了"、"麻雀儿山里飞"、"野牛到处跑"、"野马红鬃项"、"树木万样花"、"万样景看不完"、"枇杷雀儿架"①等等。在歌手的实际编唱中,常常先用"山里的"开头,紧接着根据眼前的情景再把后边的相应词组接上去,便形成了一个完整的句子。依此类推,一首完整的花儿就被编唱出来了。但是根据民间讲述的"自证律",故事讲述者、歌手的表达表演还时刻受到听众的监控,使他们的表达完全符合叙事的传统。由此看来,花儿的口头程式不仅仅是歌手自觉的规律,而且是文化群体制约下的必由之路。鲍曼在其代表作《作为表演的语言艺术》中说过:"表演是一种说话的模式",是"一种交流的方式"。他把民间叙事当作一个特定语境中表演的动态过程,是一个实

---

① 李言统:《中国民歌的口头传统研究:以"花儿"和〈诗经〉的程式化比较为例》,硕士学位论文,青海师范大学,2006年。

际的交流的过程,尤关注民间文学文本在特定语境中的动态形成过程和形式的实际应用。他还具体地指出了研究中应关注的问题:一是特定语境中的民俗表演事件;二是交流的实际发生过程和文本的动态而复杂的形成过程;三是讲述人、听众和参与者之间的互动交流;四是表演的即时性和创造性;五是表演的民族志考察①。而这些问题又恰恰是花儿口头传统的根本所在,但被学界长期以来所忽视,由此导致了花儿的田野调查和学术研究仅仅注重歌手演唱书面文本,忽略了文化语境对花儿编唱和传承的重要价值,使生灵活现的花儿变成了"书中干蝴蝶",研究成果往往是脱离文化语境实际的臆想创作,乃至成了应景媚势的文字游戏②。在这样的研究成果引导下进行的遗产抢救保护,其非科学性结果也就难免了。

综上所述,如何保护非物质文化遗产中那些带有表演性质的程式化的遗产,如花儿的保护,是学术界值得深思的问题,而其中最主要的还是学界自身的学术责任问题。在大谈如何保护非物质文化遗产理论和意义的同时,关键是更多的学者如何学习和运用科学理论与方法,更新学术观念,深入花儿存活的文化传统实际,既解密花儿口头传承的普遍的内在机制,又挖掘出各地区各民族花儿口头传承的个性价值,从宏观和微观上全面准确地理解和把握花儿,进而在非物质文化遗产的保护中真正发挥学者应有的参与层次和学术功能。

---

① 杨利慧、安德明:《美国当代民俗学的主要理论和方法》,周星主编:《民俗学的历史、理论与方法》,北京:商务印书馆,2006年,第600—601页。

② 我们也欣喜地看到个别学者已经关注到这一问题,并开始把花儿放在文化传统的语境中进行考察,其中郝苏民先生的《文化场域与仪式里的"花儿"——从人类学视野谈非物质文化遗产保护》(《民族文学研究》2005年第4期)是值得注目的。

民歌花儿的民间指涉和文本使用

李言统

俗言道："花儿没本本，露水没种种。"即作为口头演唱的民歌艺术花儿，在自己的传统内部，是不依赖书面文本而独立存在的。可时下，有关花儿的书面文本不断涌现，而且内容不一，式样繁多。这些文本，从民间文艺学的角度来看，是指以语言的符号形式呈现出来的民间文艺作品。它既有相对稳定的组合形式，也有在创作者看来是明确的内涵，但其意义的生成常常依赖于符号发送者与接收者的互动。这些一经写成、固化了的书面文本，为从事花儿研究的学者提供了快捷、便利的资料范本，也为处于花儿演唱传统之外的他者提供了了解、认知该歌种的便利途径。但与此同时，这种浮游于民间场域之外的花儿文本拉开了研究者和该传统享用者之间的距离。因此，了解花儿的民间指涉以及文本的生成过程，并依循它自身的特质和规律，去正确、合理地看待和使用这种文本是备受关注的问题。花儿文本呈现出来的集体性而非个人性的创作特性以及文本异文的众多，也是这种文本不同于普通文本的个性所在。

一、民间场域的花儿演唱

在中国西北的绝大部分地区，都有演唱花儿的习俗。从三四月草木泛青开始，山间野洼、溪水沟畔、青苗地里或花儿会上，随处都有唱花儿的现象。人们采用独唱或对唱的方式完成自己情感的释放和交流。在这里，人虽然是花儿的主体，但特定的演唱环境、时令、歌者、听众等因素不可或缺，共同构成了花儿演唱的民间场域。这种在外人看似散漫、无序、随意的演唱活动，实际上是在遵循一定的规程进行的，因为这些活动是在熟悉和理解这种演唱传统的环境内部举行，大家都能做到一种心照不宣的彼此默合，从而实现花儿演唱的文化价值和社会功能。处于这种场域的演唱活动，可以看作是集表演、创作、传递、扩布为一体的内容实现状态，是在同一语境下不同群体之间身临其境的互动结果。农历的三四月间，经常碰到这样的情景：青苗地里是除草的妇女，另一边是附近草地上的放牧者，这时就唱上了：

清水打着尕磨儿转，尕磨上磨了个豆面；
青苗地里的白牡丹，给阿哥漫上个少年。

那妇女也就接上了：

> 大路上过来的光棍汉，手拿了五尺的鞭杆；
> 你我哈当人者擦一把汗，我给你漫上个少年。

  两人通过演唱花儿的方式迅速达成一种情感上的默契，完成了花儿的表达和双方的情感交流。这种交流是在和煦的春风沐浴下，牧者和锄者在晴天碧草中意外相遇，然后借花儿来实现一种彼此悠闲而又略显孤寂的心灵的情感慰藉。花儿又是他们之间相互熟知、理解、认同的一种表达方式，是没有任何功利目的和暂时摆脱伦理束缚的情感迸放。所以，这一次的花儿演唱经历是在两个人的世界里，相互拥有的文化传统在同一情境之下的一次表演。如果说这其中的人物、地点或情境等任何一个因素发生变化的时候，花儿这一表演的文本也会随之发生变化。因此说，每一次在实际场合中的演唱经历都是一次花儿完整的文本实现，它不仅是"这一次"的文本，也是永远的文本，因为这一次的演唱经历永远无法复制和重现。所以，处于实际演唱情境下的花儿的文本具有唯一性，同时也具有永久性的特征。

  对于处于演唱环境中的歌手来说，它不仅要熟知花儿演唱的各种禁忌、演唱的程式等各种地方性知识，而且即兴编创的能力是一个歌手最起码的素质。因为花儿大多是在互相对唱的情景下展开的，现编现唱，即兴发挥。在演唱的那一刻，文本是不存在的，也不存在依赖的文学底本，人们看重的只是演唱形式和演唱内容在当下情境的一次表演活动。一方若不能及时地对答或在对唱内容上不能很好地对接，就会遭到对方歌声奚落和听众的起哄，这不仅点缀了花儿的演唱气氛，更重要的是，它是历练一个歌手，将花儿推向一种更纯、更高境界的一个平台。如有的学者在田野调查中记录下来的，歌手答非所问，文不对题时，一方就嘲笑道：

> 我说方来你说圆，方圆相差几十万；
> 你的"花儿"能值几个钱，他比一碗水还淡。

如果对方接唱不下去时，一方又会挖苦道：

> 你唱了一声的不唱了，好像口里含上面酱了，显出"花儿"的蓇葖了。
> 你唱了一声停下了，好像洋蜡庆下了，大概是编不上花儿的病发了。①

---

① 郗慧民：《西北花儿学》，兰州：兰州大学出版社，1989年，第101页。

从这里我们可以看出，花儿不仅具有即时性的特点，而且是歌手在传统许可的范围内，遵照编撰原则和规矩进行的一次创造性的活动；也是花儿依赖的当下的表演情境、表演者的个性、听众的特点等因素共同促成的一次交流的表演事件。

二、花儿书面文本的形成

我国对民间文艺的文本搜集、整理与出版有3次。1918年《歌谣周刊》创刊后是第一次高潮。新中国成立前的抗日根据地和解放区以及新中国成立初期是第二次，这个时期除了收集大量的民歌、民间故事及民间文艺学作品外，还在少数民族民间文学的采集和研究方面取得了重要成果。而真正有组织、有规模的全国性民间文学收集、整理和出版是编纂中国民间文学三套集成，这是第三次高潮。民间文学三套集成，是中国民间文学史上一项集体进行的大规模学术活动，也是我国文化史上史无前例的、规模最大、参加人数最多、成果最显著的一项伟大工程。

伴随着这些活动，花儿的搜集、整理工作很早就引起了人们的注意。据赵宗福先生在《花儿通论》一书中的介绍：最早搜集整理花儿的当属清末河州秀才邓华堂，他用蝇头小楷抄录数十册花儿，然后分门别类，编著成卷，其中一卷是《花儿集抄》，是各类花儿总集，但未能出版就全部遗失了。① 报纸公开登载花儿则是在1925年，地质学家袁复礼教授在甘肃等地利用工作之便，向当地群众搜集了一些花儿，后来在《歌谣周刊》上发表。1940年，甘肃榆中人张亚雄编著了我国第一本花儿选集和学术研究专著《花儿集》，全书分上下两编，其中下编就是花儿歌词精选，凡650首，这些是从3000余首花儿中反复筛选出来的精华。新中国成立以后，许多民间文艺工作者都非常重视花儿歌词的搜集整理，出版了一大批有价值的花儿选集。如唐剑虹选编的《西北回族民歌选》，朱仲禄编《花儿选》，还有兰州大学中文系民间文学小组的同学们记录选编、甘肃人民出版社出版的《青海山歌》，王歌行、刘文泰选编的《花儿与少年》，达玉川等选编的《青海花儿选》，诗人李季、闻捷主编的《花儿万朵》，向青海海东地区群众征集稿件选编而成的《青海花儿选》，郗慧民选编的《花儿》，雪犁、柯杨选编的《花儿选集》，朱刚选编的《传统花儿二百首》，《博格达》编辑部编的《天山下的花儿》，雪犁编的《莲花山情歌》，青海省民研会编印的内部资料本《传统花儿专集》，谢承华编辑的《花儿集》，甘肃省康乐县文化馆编印

---

① 赵宗福：《花儿通论》，西宁：青海人民出版社，1989年，第280—289页。

的《莲花山花儿选》，郗慧民编的《西北花儿》，雪犁、柯杨选编的《西北花儿精选》，临夏回族自治州编印的《临夏花儿选》。除了以上这些选本外，近些年来出版的有张吉庆选编的《花儿五千首》，董克义编著的《积石山爱情花儿两千首》，鲁剑编的《西北民歌与花儿集》，郭正清著的集花儿研究和花儿编选为一体的《河州花儿》等。可以看出，花儿在受文化人的关注之后，不同时期出现了一大批经文人之手搜集、整理的书面文本，这为花儿学的研究提供了内容丰赡、翔实的资料。但是这些花儿资料从口头文本向书面文本形成的过程中，也留下了很多的后遗症。20世纪80代，赵宗福先生就已经在他的《花儿通论》一书中指出：出版发行的这么多花儿选集中，大多经过了这样那样的修改，许多作品显然失去了民间的原貌，而且都是后者抄前者，重复甚多，除了最早出现的一两本外，后面出的几乎没有一本在内容上是全新的。更令人失望的是，至今还没有出现一本完整齐全的"花儿全集"或"花儿大观"之类的总集。花儿到底有多少，谁也说不上，这不能不说是我们搜集整理上的一大缺陷。①显然，作者已经发现了花儿书面化这一过程中文人的窜改、加工等现象，而且经过这些程序形成的文本大多有悖于民间文学的原貌，并存在着重复制作、抄袭等现象，无法获得花儿的整体映像。

当然，这些花儿书面文本的形成并非偶然，它是伴随着20世纪歌谣学运动的兴起而出现的一种必然。《歌谣周刊》的《发刊词》里这样说明搜集歌谣的目的：本会搜集歌谣的目的共有两种：一是学术的，一是文艺的。……歌谣是民俗学上的一种重要资料，我们把它辑录起来，以备专门的研究，这是第一个目的。因此我们希望投稿者不必自己先加甄别，尽量地录寄，因为在学术上是无所谓卑猥或粗鄙的。从这学术的资料之中，再用文艺批评的眼光加以选择，编成一部国民心声的选集。②"总之，我们从当时主持者和参与者的思想实践看，足以证明当时歌谣学建立的目的，正像《发刊词》上所说明；而这种目的的提出和达到，那实质就是摧毁封建的旧文艺、旧学术，建立他们所信奉的新文艺、新学术。它直接、间接地为新民主主义时期的新政治服务。"③看来，这时期出现的花儿选本，如张亚雄从3000余首中选出600余首的《花儿集》，也是这一时期的政治要求下，作者从文艺学的角度遴选、编辑的一部能够表达民众心声的花儿选集。进入20世纪40年代后，迎合着毛泽东同志《在延安文艺座谈会

---

① 赵宗福：《花儿通论》，西宁：青海人民出版社，1989年，第284页。
② 钟敬文：《钟敬文文集·民间文艺学卷》，合肥：安徽教育出版社，2002年，第358页。
③ 钟敬文：《钟敬文文集·民间文艺学卷》，合肥：安徽教育出版社，2002年，第360页。

上的讲话》精神，出现一大批花儿选本，这是响应讲话精神，学习民歌，以利新文艺创作的结果。进入20世纪80年代以后，花儿收集、出版的作品也比较多。选编这些作品的人，大都根据自己所处的时代特征、自己的文化阅历和个人嗜好等出发，编出了不同风格的花儿文本。花儿研究者郗慧民在他编的《西北花儿》一书的前言中写道：这是一本希望能够反映花儿基本面貌的花儿选本。……这个选本就是在原《花儿》的基础上，经过删削、补充、调整重新编成的……对内容上显然不适当或经过不妥的文字加工的作品做了删除和恢复；补充了近年来花儿的搜集新成果。同时，又用生活、思想内容和艺术表现结合的要求对所选作品重新进行鉴别，尽力使入选作品都具有一定艺术质量和保留价值，最后共得花儿916首。新补充的作品主要选自《临夏文艺》、《甘肃日报》、《新疆民族文学》、《民间文学》及部分花儿研究者、爱好者所提供的资料。① 从这里不难看出，这一时期的作品也是经过大量删伐、改编的文艺作品，其来源并非来自真正的民间，而是经过了几度过滤，是从文艺到文艺的选本。21世纪以来，出现的花儿选本中，朱仲禄编的《爱情花儿》也是比较典型的一本，朱仲禄是集歌手和学者为一身的人物，他在这本书的前言中如是写道：《爱情花儿》是编者依靠丰富的生活经历和深厚的演唱实践，……在继承、发扬、创新的基础上，编著成集。编写此书已逾二十载，在反复修改过程中，吾友罗伟先生在歌词的语言修辞方面，提出了宝贵意见并做了此书的抄写工作。② 可见，"花儿王"在编写此书过程中，难脱窠臼，在继承发扬创新的基础上，注重语言修辞，反复修改，成为具有很大时间跨度的花儿演唱歌词的零散汇编。

由此看来，我们今天所看到的大量花儿选本，并非是在一时一地的同一种演唱情境下，围绕同一主题的书面记录，而是歌词搜集整理者将不同的演唱者在不同演唱时间、不同地点和不同情境下的演唱歌词进行加工、篡改、创编形成的零散花儿集合。

三、花儿研究中文本使用

针对这些整理文本基础之上的研究工作，从20世纪初邓华堂的《花儿探索》，20世纪40年代张亚雄的《花儿集》开始，时至今日，出现了大量的花儿研究的专著和论文。同时，花儿学研究也成为了中国民歌研究领域的一门显学。欣喜之余，我们也对花儿研究所采用的文本资料，即经过文人学者搜集、整理、

---

① 郗慧民编：《西北花儿》（前言），西北民族学院研究所1984年编内部铅印本。
② 朱仲禄：《爱情花儿·编者后语》，兰州：敦煌文艺出版社，2002年。

编选、出版的各种花儿选集或所谓的花儿全集提出了质疑。因为只有歌词，而缺少诸如演唱人、演唱时间、地点、情境、演唱细节等文化要素的记录文本，无论它多么精巧，只是一些剥离了真实内容的文字堆砌而已；再加上一部分文人改编、仿作、创作的花儿，变得离真实的花儿存活的文化生态环境越来越遥远。这些文本记载，与其说是学术研究的资料来源，不如看成是在不同时期的文化背景下、遵循着艺术创制的规律进行选编的"文学读本"而已。也就是说，如此出版的"文学读物"，已经损失了那些生成于口头语境中的大量的民俗传统要素。尽管也有人提出了一些看法，认为有的文本渗透着整理者强烈的主观色彩，文人化、文学化色彩很浓，但这种不乏真知灼见的声音依旧是在文学批评的话语内部产生，而没有上升到科学研究的水平上作整体观照。

　　安德明博士在《家乡民俗学：从学术实践到理论反思》一文中也提到：早年知识分子所做的搜集工作（主要集中在民间文学作品上），并不是严格意义上的田野作业，而只是对文本所做的采录。其主要目的是为文学而不是为"科学"，他们工作的重点主要是放在对民间文学作品的记录而不是整体生活文化的研究上。因此，搜集材料的过程——也即与人打交道的过程，并不是最为重要的问题，作为那些文学作品的主体的人，往往只是充当着文本材料的提供者，可以被忽略不计，或被掩盖在了丰富的民间文学作品之后。这实际上也是现代知识分子身上所具有的根深蒂固的优越感的一种表现。[①]

　　对民间文学文本的使用，始自于19世纪的欧洲，知识精英们利用民众诗歌材料作为民族认同的材料。后来芬兰的历史—地理学派倾向于文本研究，他们通过故事写本的比较发现异文，由此而寻觅历史原型。美国人类学家鲍亚士、萨丕尔和英国的马林诺夫斯基为代表的人类学家，他们将文化对象化为文本，称作"民族语言学模式"的文本。20世纪六七十年代，以理查德·鲍曼为代表的民俗学者，提出文本就是以表演为中心的一种说话的模式，一种交流的方式。与以往口传文学研究以文本为中心的视角不同，他关注的是口头——书面文本在特定语境中的动态形成过程和其形式的实际应用。如果这是表演理论的主要观点的话，后来的民族志诗学，则侧重于声音的再发现和形式的再发现，强调从内部复原诗歌的语言传达特征，如停顿、音调、音量控制的交错运用等，从诗行、诗句、诗节、场景等结构要素去关注，这时候人们注意到口头表演与印刷文本大相径庭。我国学者对文本自身的反思和批判开始于20世纪末，当人们还沉浸在3套集成的巨大成果的时候，有些学者已经发现文本制作形成过程中

---

① 安德明：《家乡民俗学：从学术实践到理论反思》，《民间文化论坛》2005年第4期。

的个人创作问题。巴莫曲布嫫将这一现象称为是"民间叙事传统的格式化"①，即某一口头传统事象在被文本化的过程中，经过搜集、整理、移译、出版的一系列工作流程，出现了参与者主观价值评判和解析关照倾向的文本制作格式。这一行为的结果表现为：搜集整理者取代了"传承人身份"进行了二度创造，真实的表演情景被消弭了，整理出的文本成为面向传统之外的人们的印刷"读物"。因为表演本身不具有重复性，每一次的文本都是"这一次"的特定情境下的表演而已，再说场景也是瞬息发生变化了的。另外，很多学者从语言学、民俗学、文艺学、民族学等不同的角度对文本产生了这样的看法，这不仅是国际学术相互交流的产物，也是学科内部反思的结果。

四、结　语

花儿的文本是与表演并列的，并在表演过程中完成创作的，固定文本实际上是不存在的。我们所记录的只是"这一次"的表演而已。而我们通常所见的文本也就是对"这一次"表演的加工和整理而已。花儿文本提供给我们的是一个学科最基本的资料，而资料的正误将会影响整个学科的建设和发展，有时文本制作的不正确态度将会形成对这一民歌样式的曲解和误读。所以，对花儿文本回溯式观照，既能发现对固有文本进行文艺学和科学研究的谬误，又能进一步指导文本的搜集、整理工作，为以后多学科的研究和发展提供完善、翔实、科学的资料。

---

① 巴莫曲布嫫：《叙事语境与演述场域》，《文学评论》2004 年第 1 期。

村落土地利用与空间观同心圆结构关系探讨
——以青海土族村落为例

文忠祥

英国当代社会学家安东尼·吉登斯强烈批评西方社会理论对时空问题的忽视。他认为,大多数社会分析学者仅仅将时间和空间看作行动的环境,并不假思索地接受了把时间看作一种可以测量的钟表时间的观念。在他看来,社会系统的时空构成恰恰是社会理论的核心,社会科学家只有围绕社会系统在时空延伸方面的构成方式才能建构合理的社会思想,才能理解和把握社会学从一开始就致力研究的社会"秩序问题"。美国当代社会理论家伊曼纽尔·沃勒斯坦认为,在以往的社会理论中,时空被看作一种自然的常态、一种外生变量,而并非连续性的社会创造。然而,事实上,"时空"不仅是纯内生变量而且还是我们理解社会结构和历史变迁的关键所在[①]。而且,以往研究认为,空间是一种社会建构,同时,社会关系也在空间中进行建构。因此,对于民间社会关于时空观念给予积极关注,并结合地方性进行具体的研究无疑具有很大的研究价值和意义。

本文以青海土族村落为研究对象,就村落空间观念与土地利用方式之间的关联性展开研究。通过小尺度的研究,意在描述和解释空间与人类结合的方式,了解将土地和民众民俗生活黏合在一起的各种自然力量和文化力量,为理解民众生活提供新的视角。

一、土族村落实在的土地利用方式与不可见的空间观的吻合

土族村落在空间结构上,不仅在土地利用方式上呈现出明显的同心圆结构,而且,在民间信仰的内容和方式及其深层的空间观上都存在与之对应的同心圆结构,土地利用方式与民间信仰层面的空间观之间存在较好的吻合。

(一)三层同心圆结构:实在的土地利用方式结构

日本民俗学家福田亚细男在《村落领域论》中写道:"被称为'村'的'一个民居的集团即宅地所有的部分'位于中央,其周围广布着'村民耕作的水田

---

① 景天魁、朱红文主编:《时空社会学译丛·总序》,北京:北京师范大学出版社,2011年,第1页。

旱地'，再往外侧，便是'其利用的山林原野'，呈现出三重的同心圆结构。位于中央的'村'乃是聚落，是作为定居点的领域。与此相对，其外侧是耕地，是作为生产地带的领域。"①指出了村落存在三重同心圆结构。其实，地处青藏高原东北缘的土族村落同样存在这样的情形。在田野中，假若你和一个当地民众从一个村落向另一个村落走去时，虽然已经进入了该村最外层的村界，但还未进入宅地所在的定居点，这时他们会说某村怎么还没有到，到某村还有多远，心理上认为只有进入该村的定居点才算到了该村。土族民众在心理上进行这样的划分。宅居点，成为同心圆结构之第一层，亦即核心层。土族村落中，各个庄廓大多聚居相连，成为一个村落的中心。不过，有些村落，存在多个聚居的宅居中心。土地领域是严格划分的，各个家庭拥有的地块界限是明确的。

宅居点外，土族村落一般可划分为耕作层，居于第一层之外，成为第二层。该层又可根据利用方式的差异，细分为内层的菜园式的精耕细作层，外层的大田式的相对粗放经营层。内层与宅居点紧紧相连，具体到村落中，分布在各家庄廓周围，多为菜地、果园，虽然面积不大，但投入较多的精力进行生产，基本解决日常生活的水果蔬菜需要。外层的大田，与庄廓距离相对增加，各家大田连片分布，围绕在村落占据点外围，主要经营小麦、玉米等粮食作物和胡麻、油菜等油料，主要解决一家一年的口粮。作为农耕的主要对象，面积较大，但经营相对于菜园要粗放一些。耕作层的土地归属界限十分明确，分属不同的家庭单位。耕地是严格划分的，各自耕作自家耕地，但道路、水渠、耕地之间的荒地、空闲地是公用的。

耕作层之外，是放牧用地，离宅居点最远，处于最外层，是第三层。这层空间，多为村落集体所有，没有明确的个人归属。主要用来放牧牛羊。由于其公共地的特性，处于自然状态，几乎没有人为的管护。

在整个土地利用的三重同心圆结构中，人们对于各圈层的使用权利、所有权利也是有区别的。村落里对于耕地的处理方式也是有限制的。土地转让只能在本村范围内进行，一般不准向外村人员转让。即使转让成功，本村的人员处处给予限制、刁难而难以顺利耕作。故此，外村人一般也不会接手。把土地视为村落的公共财产，具有村里的土地只能由本村人来耕作的观念。

（二）三层同心圆结构：基于信仰的不可见的空间观结构设置

与土地利用方式相对应，土族村落在信仰层面上同样存在一个三层同心圆结构。

---

① [日]福田亚细男：《村落领域论》，周星译，《民间文化论坛》2005年第1期。

第一层同样为核心层——宅居层。这一层作为民众日常生活的核心区域，在空间设置上费力最多。家宅，是每个土族民众最为关注的地方。对于家宅的防护设置，是最严格和最多的。门口有照壁，周围设置了以家庭为单位设立的类似于雷台的"煞桩"，庄廓墙四角放置白石以辟邪镇宅。而家宅内部更是采取了众多的防护措施，佛堂供奉神佛就是祈求神佛保佑家宅平安，庭院中"达日加克"（嘛呢杆），上挂经幡（嘛呢旗），台上设有小煨桑炉（百香炉），也是时刻祈求神灵的，而像三川土族非常讲究的"中宫"，就是家宅平安而设①。在整个宅居点与耕作层之间，村落集体进行防护性的空间设置。比如雷台，大多安排在村落宅居点周围关键地点、进入宅居点的岔路口等位置。其用意就是宅居点安全的保障，被动性地防止凶神恶煞进入宅居点。一般在禳除仪式上，将恶灵等驱逐出宅居点之外就意味着驱逐出村了。比如正月十五跳火把，大多都将火把集中燃烧的地点选择在宅居点外的边界处。

地方神被认为能够保护村落的所有生产与生活。而且土族人认为他们的地方神威力是超越村境的，而且关照到本村村民所到达的地域，外出的村民仍然可以时时得到地方神的保护。每个村的村庙对于村落而言具有重要意义②。地方神的住所即村庙修建在村落定居点附近比较高的位置，但又介于宅居点与耕作带之间，意在让地方神能够关照本村所有村民安全，生产生活安全。在村民心目中，定居点作为居住的核心地带，是相对洁净和安全的，是鬼灵等邪恶力量被严禁进入的地方。

农田作为村落第二层，其洁净程度介于定居点和山林之间。田神信仰，目前也已经大为淡化，但是仍然保留有其遗迹。在开种时祭祀田神，在收获时也感谢田神。在每年腊月初八还有祭果树、田地的活动，也有祭祀田神的信仰成分。

作为村落的最外层，山林被认为是最不安全、不洁净的区域，大量的鬼灵游荡于此，伺机危害生人，并换取生人对他们的施舍。所以，人们在夜晚是很少去山林的，而且不得已去了以后感到有所不适被认为是鬼灵作祟。虽然有山神信仰，但对于山神的重视程度已大为减弱，只有腊月由牧童在山上进行简单的祭祀活动。这与土族的生计方式转化为农耕，畜牧经济成分在生活中比重下降有直接的关系。"如上所述，对应于村落三种领域，人们分别祭祀和信仰地方

---

① 文忠祥：《土族村落的空间结构及土族的空间观》，《青海民族研究》2007年第1期。
② 文忠祥：《村庙在土族村落社会中的文化意义——以民和土族为例》，《青海民族大学学报》（社会科学版）2012年第4期。

神、田神和山神。相对于地方神,守护领域不同的田神、山神是一种相对独立的存在。但就现在各地所能看到的情形而言,地方神是广泛存在且享受隆重的祭祀,田神及山神只是略受祭祀而已。特别是田神无祠,各地仅有一些仪式。这与地方神信仰的逐渐强大以及伴随着这一过程,地方神兼有了田神的功能,而山神信仰随着土族农耕的逐渐加强而萎缩的结果"①。"村落的空间结构体现着祖先崇拜、神明崇拜、经济交往是传统村落社会组织的三大动力"②。村落信仰的同心圆结构,也对应地表现为,核心区域即家宅在绝大多数时间是安全和洁净的,而第二层耕地相对来说也是较为安全的,第三层山林、牧地、墓地中一些特定区域就是比较不洁的地方,比如火葬的地点、坟墓等,多有鬼魂、精怪出没,如果去过这样的地方就有可能致病,尤其是夜晚独身经过。一个村落的村民对于本村的村境是熟悉和了解的,知晓本村各方位的功能,即什么位置是坟地,什么位置是火葬的地方,什么地方是放牧用的,也明白什么地方干净什么地方不干净。

二、土地利用方式结构与空间观结构吻合的发展与演进

村落的土地利用方式的同心圆结构,与村落信仰层面的同心圆结构之间存在一种内在的关联。同心圆式结构"这些领域,不只是基于土地利用的差异而进行的分类和区分,还应考虑到各自空间的实质性差异。村落不只是指作为定居点的领域,也不只是为了使其成为安全及和平空间而设定的物理性装置与设施,而是一个象征性观念,它根基于村民们的世界观。至于作为生产地带之领域的'田地'、作为采集地之领域的'山林',也可作同样理解。可以说,三种领域的此种同心圆式构成乃是传统的日本村落社会世界观的表现"③。"如此,我们就应考虑到在村落领域的构成和村落信仰之间当存在着更为深切的关联"④。不仅如此,二者之间的关联性随着社会发展水平的变化而出现变迁。

土族村落的山神信仰,过去在山林处设立简单的山神庙,供村民祭祀。在土族先民时期,以游牧为主要生计方式,对于山神的信仰恰如现在的藏族等游牧民族一样,极为重视。但自从土族的生计方式有游牧转向农耕以来,对于山神的重视程度已大为减弱,只在腊月由牧童在山上进行简单的祭祀活动。"对应于村落的三种领域,被人们分别祭祀有守护神及氏神、野神(田神)和山神。

---

① 文忠祥:《土族村落的空间结构及土族的空间观》,《青海民族研究》2007年第1期。
② 文忠祥:《土族村落的空间结构及土族的空间观》,《青海民族研究》2007年第1期。
③ [日]福田亚细男:《村落领域论》,周星译,《民间文化论坛》2005年第1期。
④ [日]福田亚细男:《村落领域论》,周星译,《民间文化论坛》2005年第1期。

相对于守护神和氏神而言，守护领域不同的野神、山神乃是相对独立的存在。但就现在各地所能看到的情形而言，守护神及氏神乃是庞大的存在，野神及山神只不过略受祭祀而已。特别是田神无祠，各地都仅有一些仪式。这大概正是守护神、氏神的强大以及伴随着这一过程的野神（田神）和山神信仰凋零的结果。可以推测，此种变化当是来自经由近世初年的'检地'普查、田地和宅基一起被登录于检地账目使作为统治单位的村落与田地宅基出现了合而为一的趋势。由于村落包括了田地在内，村落守护神及氏神的灵力也就扩及田地，使野神和田神的存在价值受到了影响，并进而成为从属于守护神及氏神的无力之神。山神大概也步野神、田神之后尘，随后经历了同样的过程"①。虽然这种情形没有在土族村落发生，但是转向农耕的生产生活，农业提供足够的生产生活资料，无疑使得农业神灵的地位大大提高。

"村落的守护神及氏神向来都被视为一种万能之神而赋予其地位。正如人们祈求或感谢五谷丰登时所常识性地考虑的那样，守护神及氏神被认为能够保护村落的所有生产与生活。但'村'这一用语如果只被用来指称以村境划定的作为定居点之内的领域，则可设想坐镇于其内部的守护神及氏神也就是只守护聚落部分的神。守护神及氏神是在村内守护着村民们的。其信仰者一旦离开村落到外面也就得不到神的保护了"②。但是，土族对于村落的地方神的信仰还是有区别的。土族人认为他们的地方神威力是超越村境的，而且扩大到本村村民所到达的地域，外出的村民仍然可以得到地方神的保护。因此，随着以农业文化为基础的村落地方神的保护能力的扩大，波及对村落内部家宅、农田乃至于山林的保护。因此，对于山神的信仰在一定程度上受到削弱。

近现代以来，以农耕生活为主要生计方式的土族村落，实际上都由供人们居住的宅居点、围绕宅居点的民众赖以生存的耕作带及其最外围的山林等构成同心圆结构。土地围绕着宅居点这个核心分布，相关的耕地及山林等处在村落的边缘，组成了村落的外缘空间。村落空间成为民众为了自己的生存而努力的物质基础，处于核心的内空间是民众的生活空间，在这个空间中民众要处理各种人际、人神之间的关系；在外缘空间的努力是为了保证内核空间的正常秩序和世代延续。而内核空间形成的各种关系使人们在外缘空间的合作得以顺利进行。内核空间的生活和社会关系是民众生活的意义所在。两个空间相互支持，

---

① ［日］福田亚细男：《村落领域论》，周星译，《民间文化论坛》2005年第1期。
② ［日］福田亚细男：《村落领域论》，周星译，《民间文化论坛》2005年第1期。

这些社会关系通过各种仪式和组织不断展演和强化①。这样在村落空间中，对应各圈层，根据农事、农时以及临时的生产生活需要，民众通过各种仪式和组织建立和强化自己的社会关系，形成多层次、相互交叉的社会网络，在这个网络的各个结点是每一个家庭，人们通过这张网络相互支持，使各个家庭的生活资料生产和人口再生产能够顺利进行。

目前，随着全球化浪潮的席卷，发展经济的观念深入人心，民众抛开过去重农意识，大量劳力外出务工。随着对于土地的眷恋的减弱，村落土地的圈层结构的分化也在弱化。山林——过去的牧地和墓地，由于现在很少有家庭到山林放牧，只是作为墓地而存在。因此，除了年节祭扫先祖外，民众很少来到这里。而对于耕地的利用方式的改变与技术发展相伴随，发生了较大的改变。

三、对于村落空间双重同心圆结构的不同认知

对于村落土地利用方式的同心圆结构，以及与之相对应的信仰层面的同心圆结构，虽然在历史演进过程中逐渐得以定型，对于村落内部的民众个体而言，它是外在的社会生活空间，但是民众对于村落空间的结构具有不同的认知。

第一，具体的每一个村落的空间结构以及空间概念体系，是个体化的、局限的。"地方知识系统"将对于村落空间的知识的界限限定在地方传统上。对于村落民众而言，对于村落的知识，同时构成村落的社会实践。对于民众个体，随着他在村落空间内部的不断习俗化，其社会实践范围逐渐从"家"这一熟悉的空间环境，逐步拓展、延伸到整个村落，以至于跨越相邻村落。随着其认识范围的不断拓宽，其关于本村落及相邻村落的知识谱系得到有效的扩大。但是，需要明确的是，其认识范围在达到一定界线后，其认知水平开始下降，对于空间结构的认识开始变得不完整。一般而言，本村民众对于自己的村落的空间结构认识最为完整，而他村民众对于村落空间结构的认识随着空间距离的增加而衰减，而且随着距离达到一定数值后，对于某村落的认知日益模糊，最终表现为概念化的东西。比如，长期成长于川水地区的民众，由于极少与周边山区的民众打交道，没有去过山区的经历，因此对于山区的认知因空间区隔而只有"山区"这样概念化的东西，而并无具体的认识内容。

第二，村落景观作为一个过程，是村落社会关系和自然世界在可见的具有边界的空间中相互建构的历程。村落的"设计"，反映村落民众集体意识的实际需要，包括实际生产需要和精神需要。相比于国家是想象的共同体，面积狭小

---

① 文忠祥：《论时间制度——以青海民和土族为例》，《青海民族研究》2010年第1期。

的村落对于村民而言是一个实实在在的共同体。他们对于村落的每一块土地都有着密切的关注和认识。

第三，土地利用方式与信仰层面的双重同心圆结构的吻合关系，并非偶然。它说明民间信仰并非凭空建构，而是基于实实在在的生产生活，但又是为了更好地保证生产生活的顺利、安全而采取的民间措施。"如果自然被看做物理过程领域，经济被看成工具—技术实践领域，文化被看成符号互动领域，那么，它们值得且非常适合在相对孤立中而非在任何试图把握其相互作用之中加以理论化"。但是，文化是不同行者与特定经济—环境相互作用并发出声音和抗争的关键场地。文化、自然和经济几乎融合在彼此之中；虽然具有本体论上的差别，它们在实践上还是混合在一起[①]。这种关联，应该是文化—自然—经济关系互相影响、互为依存关系的曲折反映。如何细致地刻画文化—自然—经济关系，显然不是本文所能够做到的，但是这一线索值得关注并逐步深入研究。

第四，不同个体的成长状态或心智水平决定对于村落空间的认知。例如，村落中的小孩，由于其认知水平限制，对于村落空间结构的认知处于不全面状态，而且认知范围狭小。而正常的成年人其认知处于完整水平。不过，有些成年人由于心智发育影响，难免影响到对于村落空间结构的全面认知。

第五，技术影响空间认知。技术定义了文明[②]。每一种文化都有加强与保证其连续存在的技术工具。从各种实践最基本的手工器具，包括种植、采集、打猎和对于本民族文化的记录与保护，技术与每种文化的基础不相分离。"技术汇聚在一起并将人类实践聚焦于技术应用，搅乱了前技术的实践。"[③] 技术对人类社会政治、经济、文化等具有全方位的影响，同时社会系统对技术这个子系统具有控制作用。随着各种新的技术的接受和引入，技术影响着对于村落空间的认识和利用。历史上，土族先民最初从事游牧业，后来逐渐接受农耕技术，并逐渐转向农耕生产。转型期间，村落山林的地位逐渐下降，农田地位相对凸显，与之对应的山神崇拜削弱，而农神崇拜逐渐强化。在传统社会中，技术的影响力日益凸显，而传统社会对于技术的控制却微乎其微。因此，土族村落在新近时段，大量应用现代技术享受其成果的同时，还未意识到技术带来了大量的副

---

① [英]凯·安德森等主编：《文化地理学手册》，李蕾蕾、张景秋译，北京：商务印书馆，2009年，第221—230页。

② [英]凯·安德森等主编：《文化地理学手册》，李蕾蕾、张景秋译，北京：商务印书馆，2009年，第829页。

③ [英]凯·安德森等主编：《文化地理学手册》，李蕾蕾、张景秋译，北京：商务印书馆，2009年，第832页。

作用，技术的"双刃剑"特性已经显露。比如，大量使用化肥而放弃农家肥，使得水质污染、土壤退化日益严重；灭虫剂、杂草药的大量使用，对生态破坏显露无遗；而且耕作技术中机械化程度的提高，商业经济的突飞猛进，使原来视土地为命根子的民众开始转变对土地的态度。过去常年在有限土地上繁复耕作的民众，现在有些常年在外务工，有些从事商业活动，而很少在土地上显身。因此，对于土地，对于村落空间的感知开始变得粗线条。

总之，村落空间的同心圆结构是自然空间在村落边界内部通过文化建构而实现的"地方化"。虽然每一个村落的建构模式极为类似，但是每一个村落经历"地方化"以后，又独具个性。自然空间提供了各种社会关系得以展演的平台，使各种社会关系的展演空间化，而各种社会关系及其文化又反过来刻画自然空间，使之具有人文意义而变成了各个村落民众独有的"地方"。

论河湟地区时空设置

文忠祥

世代居住在河湟地区的汉族、藏族、回族、撒拉族、土族、蒙古族等诸多兄弟民族，在保持自身民族文化传统基础上，共享区域文化，各民族聚族而居，形成了和谐共处的多民族村落分布格局，各族村落具有河湟特色的时空设置。本文以河湟各民族村落为视点，讨论时空设置，敬祈方家指正。

一、引　言

"村落是指长期生活在一定农业地域的人群所拥有的生活聚居场所，也是一个由世代生活、居住、繁衍在一个边缘清楚的固定地点的农业人群所组成的空间单元。中国的历史文化村落，无论在居住形态、景观特点，还是在文化构成等方面，都有着丰富的特性和内涵。然而，迄今为止，学术界对历史文化村落的关注远远不够。历史学者不太注意村落的文化特色；文化学者很少关心村落的地域构成；地理学者对聚落的研究多侧重于城市；已有的历史聚落地理的研究只对村落的'物质空间'（地域特点、村落形态等）作过一定的研究，而对历史文化村落的'心理生活空间'即'精神空间'的研究尚未开展"[1]。村落的时空变化，实际上反映着居住者的精神世界，时空观是对此类精神世界的总结。村落作为一个客观存在包含在文化景观之中，既有其自然意义，又有其文化意义。

那么，如何来理解村落的文化意义呢？引入"时空设置"或许是个比较理想的办法。"时空设置是一种社会文化关于时间和空间的划分、标志和安排。时空设置是生活世界的基本结构。生活世界是日常活动的经验世界，是可以直接了解和观察的世界，而时空设置是其中的时间设定和空间布置"[2]。河湟地区，不仅自然—生态条件大体相同，而且长期的历史发展又使该区域内部社会经济联系紧密，经济水平接近。河湟世居各民族的传统村落形态多是自发形成，聚居方式反映着他们在适应地方自然基础上，将自己的传统文化叠加在自然上而逐

---

[1] 刘沛林：《论中国历史文化村落的"精神空间"》，《北京大学学报》（哲学社会科学版）1996年第1期。
[2] 高丙中：《现代化与时空观念及其设置的转型——以土族为例》，乔健、潘乃谷主编：《中国人的观念与行为》，天津：天津人民出版社，1995年，第96—97页。

步形成有其自身特色的村落的发展历程。村落景观是文化观念的物化表现,它受到自然环境以及社会经济发展水平的制约。河湟各族村落民居,在依托自然基础上,是各民族长期接触,民族文化多元共存,外来文化与本地文化融合发展的结果。就如庄廓建筑四四方方,与北方的四合院一脉相承,受汉族建筑派系的影响特别深。各民族村落具有独具河湟区域特色的空间设置和时间制度。

二、河湟村落的空间设置

空间结构,是指对地面各种活动与现象的位置、相互关系及意义的描述,是"空间经由自然或社会过程的运作,而被组织起来的方式"。即空间与空间之间的关系以及这些不同空间是如何被结构起来的,强调各个空间的相互关系、组织空间的方式,以及组织空间的过程与背后的力量[①]。具体到河湟地区,空间主要指与各民族传统村落社会生活密切相关的重要"空间",如村落的民居、寺庙、祖坟等的组合关系。村落的空间结构实际上是当地居民生活方式与文化背景的具体展现,亦即空间结构与文化、生活方式相互呼应的外在表现。村落空间结构存在的一定意象可以让我们用与其相对应的"语言"来进行解读。因此,通过对村落不同层次的考察,可以从中摄取"语言"来破译当地居民社会结构、社会生活及社会意识的密码。本文将村落空间结构分村落与村落之间、村落内部、庄廓及其内部等3个层次。

(一)村落与村落之间——村落的边界及其文化意义

杜赞奇强调村落共同体的内聚性本质,这种内聚性包括具有明确而稳定的边界,具有很强的封闭性,存在明显的"排外"现象,本村人与外村人具有明显的身份差别,获得村民身份具有比较严格的条件[②]。河湟的每个村落同样具有各自明确而稳定的边界。边界的文化意义可分为两类,一类是因为边界而导致内聚,一类是因为内聚而产生边界。第一类包括村落、基层市场和行政区划,第二类包括宗族、宗教、通婚圈、水利协作和武装自卫。

宗族始终是传统社会一个非常重要的基层行动单位。"在华北传统的社会村落里面,如果抽掉了宗族这一联系纽带,村落作为一个共同体的特征是很值得怀疑的"[③]。在河湟各民族村落也是如此。"家族不仅需要聚集共同的力量来获取

---

① 刘大可:《传统客家村落的空间结构初探——以闽西武平县北部村落为例》,《福建论坛》(文史哲版)2000年第5期。
② [美]杜赞奇:《文化、权力与国家——1900—1942年的华北农村》,王福明译,南京:江苏人民出版社,2003年,第148—153页。
③ 刘玉照:《村落共同体、基层市场共同体与基层生产共同体》,《社会科学战线》2002年第5期。

更多的资源,拓展最大的生存空间,而且需要利用血缘的凝聚力集中一定的资源,增强家族的政治、经济实力。集体占有一定的土地、山林、水源,既可以提供家族一定的进一步发展的物质保证,又将现有的资源置于家族的保护之下,不至于为外族所鲸吞。在低水平社会生产力和恶劣的自然的逼迫下,只有采取较简单的社会组织形式才能生存"①。但是,不同宗族、不同村落的人们通过共同祭祀同一个神明和共同的经济生活交往而相互联系在一起,从而形成跨宗族、跨村落的地域组织和地域团体。"村落在具体的时空条件下创造着自己的祭祀制度,同时也借助仪式的象征意蕴,以神或祭祀作为超越宗族的地域认同的核心,使仪式具有超村落的意义"②。如土族社会中,村落之间的跨宗族、跨村落的地域组织和地域团体基于这样的道理而形成"联村组织"。"在传统社会里,出于地方治安、兴修水利、崇拜某个地方保护神,或是械斗的特殊需要,若干个自然村落自动联合起来,结成联盟,这就是通常所说的联村组织"③。但是需要明确的是,村落之间的合作具有明确的实际界限和心理界限,在合作中存在竞争,在竞争中完成合作。

村落的内向封闭性,并不意味着村落间的绝对分离。一个最基本的事实是,为了种的繁衍、私有资产的继承、血脉的延续,婚姻成为基本手段。由于村民的社会经济活动范围有限,婚姻关系的范围也相当有限。过去,多以周围同族村落为联姻对象。

同一神灵的信仰,各村落的居民在感觉上有较密切的关系,容易有村落与村落之间的合作。这可能地理位置相邻的关系,也可能是宗族的关系,即两个或三四个相邻的村落,其中主要居民在若干世代以前是由同一个宗族分化而来。"一旦一个神灵在一个村落安身立命,它就成为该村落最为重要的象征符号之一,与该村落个性和村民的日常生活密切相关,是村民生活空间的重要组成部分。因此,对村落神灵的侵犯就是对该村的侵犯。围绕神灵、庙宇、庙会等象征资源而起的村落之间的斗争也在此类传说中得以展现"④。有的虽然距离较远,但因历史上是同一宗族、信仰同样神灵而一直保持密切的联系。

(二)村落内部——封闭内向的生活样式

封闭内向型的村落组织结构反映了河湟村落的一个重要社会生态特征。村

---

① 刘晓春:《仪式与象征的秩序》,北京:商务印书馆,2003年,第18—19页。
② 刘晓春:《仪式与象征的秩序》,北京:商务印书馆,2003年,第25—26页。
③ 顾希佳:《社会民俗学》,哈尔滨:黑龙江人民出版社,2003年,第91页。
④ 岳永逸:《乡村庙会传说与村落生活》,《宁夏社会科学》2003年第4期。

落之间的地理界限、人际关系分明,每个村落形成相对独立的封闭性社区。"乡中农忙时皆通力合作,插莳收割皆妇功为之。惟聚族而居,故无畛域之见,有友助之美。无事则各爨,有事则合食。征召于临时,不必养之于平时;屯聚于平日,不致失之于临时"①。礼俗社会具有强烈的内聚性,人们彼此关心,团结一致,亲密无间。这种关系为共同的语言和传统所维系,其基础是共同的利益、目标、价值和规范,亲属关系、邻里关系和朋友关系是它的基本形式,它们支配了礼俗社会的一切②。采取内向封闭的聚落形式可能与生产、自卫、心理安全需要密切相关。河湟村落内部的空间结构,表现明显的是村落格局,以及民居、寺庙、祖坟之间等的组合布局关系。

村落的空间结构体现着的祖先崇拜、神明崇拜、经济交往,是传统村落社会组织的三大动力。村落格局,多建于山脚向阳缓坡或阶地过渡地带,利于日照、避风、排水等。除了信仰伊斯兰教的穆斯林村落,其他民族村落四周山头多建有"鄂博",村内有"崩康",村周围立有"插牌",村口及庄廓门口有"雷台"。村庙一般建在村落周围的山头或边缘,极少的建在村落中间。祖坟多选择在高地上,位置较高,多与村落中心较远。这样,村落的住宅、寺庙、祖坟之间构成各自的分布区域,构架成为村民日常生活尤其是精神生活的活动框架。祖坟是一个宗族、房支的维系标志,也是宗族、房支精神文化的象征。在祖坟的地点选择上颇为讲究风水观念。限于传统社会对自然界的认识水平,风水被披上了神秘的外衣,把祖坟地点的优劣与人的祸福以至子孙后代的兴亡相联系。村庙是村民的精神庇护所,因为人们将民间宗教中的神灵赋予了一定的超自然的防御意义,因此,源自宗教意识的心理空间成为村民寄托希望与平安的象征。按照文化学家的观点,人类都具有向心感,人群存在趋同的心理归属,并由此形成秩序中心和群体意识。没有中心,社会内部就是混乱的。中心由人类根据自己特有的目的而设计创造。无论村落大小,中心的存在,对民众的心理认知、秩序建立都有重要意义,也控制着村落在一定领域内的生长发展。由于传统村落自给自足的经济状况,相对自由的宗教信仰和人与人交往的平等关系使村落中呈现出多中心的结构。同其他地区一样,河湟村落中心亦可分为"礼神中心"和"世俗中心"两大类。如上所述,祖坟、村庙或寺院成为人们的礼神中心,而目前随市场经济发展而逐渐兴起的个体商业点、道路中心或村庄中心的麦场等成为了世俗中心。

---

① 刘晓春:《仪式与象征的秩序》,北京:商务印书馆,2003 年,第 19 页。
② 郑杭生:《社会学概论新修》(第三版),北京:中国人民大学出版社,2003 年,第 310 页。

村落的空间结构在一定程度上还反映了村落、宗族发展的历程和宗族力量的对比。聚族而居决定了不同宗族或房支之间的地理界限。聚族而居是同宗族或房支生活在特定的地域之内,在特定的地域之内形成特定的地缘关系。这种地缘关系成为一个宗族或房支生存发展的基础,宗族或房支一旦离开了这个基础,它的存在就会改变形式。一般而言,这些宗族的开基祖最先居住在当地村落的边缘或依附于当地村落的先民,接着在肇基地开始建有房屋。后来随着宗族人口的增长和经济的发展,遂成聚落。随着宗族的发展,宗族产生裂变,开始分房。一部分房支留居原地,另一部分则迁居有较大发展空间之地。伴随着宗族的进一步发展,房支下又分支,又另择他处,甚至在单独的新的自然村建立脱离原来宗族的村落。这样他们之间仍然保持血缘上的联系。沿着这一规律,村落宗族形成自己的特定聚居区。

不仅如此,村落的空间结构还明显地透露出当地村落宗族力量的对比。小姓弱族居住在村落边缘,其中原因与他们在当地村落所处的社会地位密切相关。在姓氏斗争中,小姓弱族自然处于劣势。一方面,如果小姓弱族在历史上曾经居住在村落的中心,伴随着强宗大姓的兴起或自身的衰弱,它必然遭到排挤,逐渐退居到村落的边缘;另一方面,如果小姓弱族本来就居住在村落边缘或外迁而来,那么,在巨姓大族面前它更无法抢占富于发展空间的有利地形[①]。

河湟村落具有典型的同心圆结构,即定居点(核心)—耕地(第二层)—山林、牧地等(第三层)。第一层的土地领域是严格划分的,各个家庭拥有的地块界限是十分明确的。第二层,耕地是严格划分的,各自耕作自家耕地,但道路、水渠、耕地之间的荒地、空闲地是公用的。第三层除了坟地、林地有明确归属外,基本上是全村公用的,就是林地也是可以自由进入和牧羊。按照同心圆结构,人们对于各圈层的使用权利、所有权利也是有区别的。同心圆结构,与土壤利用类型的同心圆结构基本重合,符合不同的土地利用方式而形成。但是,从民族学角度上看待的话,同心圆式结构"这些领域,不只是基于土地利用的差异而进行的分类和区分,还应考虑到各自空间的实质性差异。村落不只是指作为定居点的领域,也不只是为了使其成为安全及和平空间而设定的物理性装置与设施,而是一个象征性观念,它根基于村民们的世界观。至于作为生产地带之领域的'田地'、作为采集地之领域的'山林',也可作同样理解"[②]。可

---

① 刘大可:《传统客家村落的空间结构初探——以闽西武平县北部村落为例》,《福建论坛》(文史哲版) 2000年第5期。

② [日]福田亚细男:《村落领域论》,周星译,《民间文化论坛》2005年第1期。

以说，此种同心圆式构成是传统村落社会世界观的具体表现，也是世界观的一种外化或物质化形式。在村民心目中，定居点作为居住的核心地带，通过层层护卫，是相对洁净和安全的，是鬼灵等邪恶力量被严禁进入的地方。作为村落的最外层，山林被认为是最不安全、不洁净的区域，大量的鬼灵游荡于此，伺机危害生人，并换取生人对他们的施舍。田神信仰，目前也已经大为淡化。农田作为村落第二层，其洁净程度介于定居点和山林之间。

（三）庄廓及其内部——私有空间的文化因素

在统一和谐的中国传统宗法思想影响下，围合的院落式住宅为大部分地区所接受。这样，中国传统民居在平面布局上就处于一种基本控制状态。中国传统建筑多为土木建筑，建筑材料自身的物理性质在一定程度上限制了建筑向高处发展。院落式的基本布局形式和高度不大的外观使传统民居很容易与大自然融为一体。传统民居的主人们在当时的条件下不可能大规模地改造自然环境，他们的选择只能是寻找一块满意的房基地。选择宅基地多讲究风水，"藏族重堪舆，凡修建居宅，都以山水方向主言吉凶，趋生旺而避衰败"[①]。一旦选定，就只能尊重自然环境，努力使住宅建筑去适应它。适应地区气候和地形的建筑，保证了统一风格的形成。河湟各族村落的民居建筑随地形变化而随高就低，与自然环境巧妙结合。同一地域的民居由于都大量使用本地的天然建筑材料，建房的结构方法也基本相同，这就不仅使建筑物的形式、色彩和质感保持统一的风格，也使民居建筑物与自然环境十分和谐。在长期的积淀中，逐渐形成了一定区域内民居建筑风格接近的模式。

作为河湟各民族共同享用的居住形式的庄廓，为了适应当地的自然环境，其平面布局大多采用比北方四合院更为封闭的形式，一般都有一定的规格要求，占地多在半亩左右，方形，围墙以土夯筑而成，高度4米上下。庄廓内部布局，一般在北方建大房（正房），是最好的房屋，具体依个人条件而有差异。东西两边为厢房，规格低于大房，东北角多建厨房，西北角多为仓库，而西南角、东南角多为畜圈、厕所等。为了强调正房的地位，正房要高于其他房，将门窗做的大而精致，两侧的厢房的门窗要逊于正房，而南房等门窗是简易、粗陋。"庄窠"均以"群"布置，用高墙来强调私有空间的范围，用周边的房屋突出"空"的院落。其内部空间以明空间处理为主，空间序列先抑后扬，以曲求伸，先由小的入口和回转的门廊压缩空间，然后进入小中见大的院落并结束于正堂，形

---

① 赵宗福、马成俊主编：《青海民俗》，兰州：甘肃人民出版社，2003年，第100页。

成一种水平回转、以院落为中心的空间布局①。"庄窠大门向外以正对神山、神树为吉祥，忌正对墙角、空物。因此，大门常与所在墙面成一小角度斜设于庄窠一角。进门后穿过一处角房才进入内院，从而较好地避免了风沙和视线对家庭内部活动的直接干扰，并针对外土内木、外粗内精的建筑形式起到欲扬先抑的作用，达到有收有放的空间效果"②。有些还在门前修有照壁。藏族、土族、蒙古族民居在院中或门房上立一根嘛呢杆，院中有煨桑台。三川土族和汉族一样，非常讲究"中宫"，在庭院正中位置约请喇嘛或阴阳先生埋设"崩巴"（宝瓶一类）以镇家宅。庄廓墙头四角放置白色卵石用以辟邪。撒拉族同样"特别注意选择照山，大门必须对准正前方那最高大、最雄伟、最完整的山。若没有此种理想之山，则须立照壁，亦为屏蔽。……由于受到藏族影响，在庄窠围墙的4个转角处放置4块圆形白石头，传说能镇邪驱鬼"③。

庄廓内的正房的建造，同样处于良好愿望进行空间设置。撒拉族"上梁时用一块红布包上粮食、钱以及《古兰经》文缠在梁中，意为五谷丰登、财源茂盛，并且祈求真主保佑主人家人畜平安。"④回族"上大梁时，请阿訇在纸或布上书写一段经文，用红布包到大梁中段，借以镇压'伊比利斯'（魔鬼），祈求平安"。而土族、汉族更是重视上梁。正房建成，三间开的中间一间大多成为神圣空间，汉族、土族等供奉神灵、祖先牌位。而信仰伊斯兰教的撒拉族堂屋正中一间是家中最神圣的地方，多数人家挂有用阿拉伯文书写的中堂⑤。

与民居形成鲜明对照的是，雄伟、高大的具有宗教标志意义的村庙或者清真寺建筑。

三、河湟村落的时间制度

所谓时间制度，就是从时间安排的视阈研究民族文化表现，主要是研究特定区域中特定人群的时间安排，研究他们的各种仪式、日常活动随时间变化的状况，对时间安排的发生、发展、变迁过程及其相关因素进行分析。布迪厄尔（Pierre Bourdieu）认为，在现代化以前，农业村落的时间不仅是一种抽象的认识论体系，还包括了不同的社会文化体系，通过研究农村的时间观念，可以看

---

① 王绍周总主编：《中国民族建筑》（第二卷青海编），南京：江苏科学技术出版社，1998年，第219页。
② 王绍周总主编：《中国民族建筑》（第二卷青海编），南京：江苏科学技术出版社，1998年，第221—222页。
③ 赵宗福、马成俊主编：《青海民俗》，兰州：甘肃人民出版社，2003年，第102页。
④ 赵宗福、马成俊主编：《青海民俗》，兰州：甘肃人民出版社，2003年，第102页。
⑤ 赵宗福、马成俊主编：《青海民俗》，兰州：甘肃人民出版社，2003年，第95页。

出文化不仅是象征体系,还是社会经济的体系,是象征与实践结合的产物①。也就是说,乡土社会的时间制度是与其生产制度的年度周期及仪式周期密切相关的。时间上的共同的概念或者制度,为集体的共同的社会行为模式提供了基础。共同的时间制度是在历史进程中逐步形成的合作的产物。时间制度具有集体性、普同性。社会中事物按时间排列所需要的基准点都来自于社会生活。河湟各民族的时间制度具有区域特点和各民族社会集体活动的节奏。人们在自然的时间框架中,赋予了自身的时间文化意识。按照不同视角,时间制度可划分出不同的各有侧重的时间制度类型。一般可分为农事时间制度、村落仪式时间制度、个体时间制度等类型。另外,从时间尺度大小,可分为年度、天、一生。区分各有侧重,实际民俗生活中互相交叉,互相渗透,共同构成一个区域、一个民族的时间制度。

(一)年度农事时间制度

农事时间制度,基于农业生产需要对于时间的安排,一般相对复杂,更为体系化。本文以民和土族为例说明。民和土族的生计方式由游牧转向农业以后,逐步借鉴汉族的历法,并结合当地的气候条件,形成了具有自身特色的农时体系,其中就自然时间赋予了相当浓厚的文化意义,从自然时间转化为社会时间,形成了土族农业生产的时间制度。在春天将要播种时举行开种仪式,祭祀田神;之后举行堂运/罚香仪式,即宣告各项农事时间制度的正式启动,要大家注意管护青苗;浪青苗仪式,是在明确本村地界,让地方神巡游以后更加加力保护本村生产安全;二郎神装脏仪式,是更新神力的方式;立插牌、答俄博,在村落周围一些制高点上设置插牌(树立用祭祀神灵的山羊皮扎成类似的十字架)、俄博(即敖包),是制止雷暴、冰雹袭击庄稼的巫术措施;夏至嘛呢(在夏至期间全村念诵民间类似于宝卷的经文),更是人们齐心合力来祈祷神灵保佑庄稼丰收的活动;纳顿活动,是主要农作物获得丰收以后举行的庆祝活动,酬谢神灵保佑之功;"九月九"祭祀活动是在庄稼收获结束以后,不再需要神灵保佑时请神灵安心歇息的活动②。

此时间制度如同一个时间链条,在一个生产年(应该短于一年,基本上是播种起至庄稼完全收获为止,一般是春节过后到农历十月)内按部就班地展开,相应地举行相关的仪式活动。农时、农事、仪式三者之间相互作用,共同塑造

---

① Pierre Bourdieu:《Ourline of a Theory of Practice》,Cambridge:Cambridge University Press,1997,P P97—108.

② 文忠祥:《民和三川土族"纳顿"体系的农事色彩》,《青海民族学院学报》(社会科学版)2005年第4期.

村落的年度周期，表现出明显的时间制度性。三者之间，以农事为主线，农事的需要主导仪式活动的安排，即仪式活动的执行目的归根结底是为农业生产服务，而农时决定仪式活动的具体举行时间，即农时决定祭祀系列的时间制度。他们在构建系列活动的同时，也建立了系列仪式的象征符号，并由此构筑了他们的象征性的生活世界和共同确认的社会秩序观念。而这些与他们的日常生活实践之间存在着密切的特定关联。按照他们生活需要、精神需要的建构，一系列的活动整合成为农事祭祀系列，并随着时间空间而转换。

土族年度农事时间制度的形成是不断发展演变而定型。自从土族先民的生产方式由游牧开始转向农耕以后，他们借鉴汉族历法，并按照本地气候变化，主题围绕农耕这一核心，总结实践经验，把重要的生产节气确定下来，产生了具有自身特色的农事活动链环，并与农事祭祀相结合，逐步修正完善而形成了链环式的农事祭祀体系。

如同其他农业社会一样，农耕生产周期以及四时节庆在河湟各民族社会里变成了决定时间观念的主要来源。农事时间制度的确立，在结合本地物候基础上主要基于阴历和24节气。河湟各民族，尤其是汉、藏等民族以及互助土族，同样具有与民和土族农事时间制度性质一样的时间设置，本着期望农业丰收的美好愿望进行了一系列的时间设置。

（二）河湟各民族日常生活的时间设置

1. 年历的时间设置

一年的时间设置，多以节庆活动为主线，分为节和会两个系列。

河湟各民族中，除了穆斯林，在一年中"快腊月，慢正月"，慢慢开始准备过年。腊月初八，各村的牧羊人，在村内各家收取一些清油、面，带上锅等用具，到山里炸油饼，祭祀山神。而在这天，村民们制作麦仁饭，到自家各田块点火，抛洒麦仁饭给田块，给树木举行喂麦仁的活动，意在除虫害。腊月二十三或二十四，送灶神，腊月三十晚上接灶神回宫。正月初一至十五属于春节、元宵节。

"二月二，龙抬头，家家户户炒麻麦"。河湟各民族多有在二月二日炒食各种粮食（小麦、豌豆、蚕豆、玉米等）的习俗。"寒食"、清明节，属于民众祭祖的节日。端午节，吃韭饼、韭菜包子。这与内地吃粽子、月饼相关联，而又发生了地域性的变异。"六月六，喝药水"。过去，"六月六，浆衣裳"，在这天浆洗衣裳。河湟多地在端午节、"六月六"期间举行"花儿会"。有六月六的老爷山花儿会、瞿昙寺花儿会、七里寺花儿会，六月初八的佑宁寺观经会和花儿会，六月八日至十一日的东山花儿会，六月十一日至十五日的丹麻花儿会等。民和土族七月十二日起到九月十五日各村断断续续地举行纳顿会，庆祝丰收，酬谢神灵。八月过中秋节，祭拜月亮，但部分土族不过中秋节，在八月十五这天，从灶堂抓一把灰向月亮撒去。这源自"八月十五杀元兵"的传说，他们把自己的祖先与蒙古人、元兵联系在一起。九月九登高，十月一送寒衣。

穆斯林在一年的时间设置中，影响最为重大的，一是开斋节和古尔邦节，一是封斋的斋月，而每周五的"主麻"日也是每个穆斯林颇为重视的宗教时间。

"在中国，我们还可以看到国家时间体系和民间时间体系之间的竞争，国家承认的时间体系是西洋引进的阳历和钟表计时体系，而民间沿用的时间体系是中国传统的农历，一方面国家推行阳历时间体系，用阳历体系作为社会历史事件的坐标，革命节日、政府计划、新闻出版、对外交流、社会性活动等都按照阳历体系进行，另一方面又要兼顾民间习惯，如春节放假等。对每一个中国人来说，阳历只是一种外在的东西，而农历才是具有浓厚的生活意义，不同的节日代表不同达到寓意"①。而对于河湟各民族传统社会而言，国家规定的节假日和公休日几乎没有任何意义，仅有的一些影响，表现在电视时间、学校时间。民众仍然习惯于采用农历。

2. 一生的时间设置

各民族人对于一生的时间设置，从出生起至死亡为止大致可以划分出诞生仪式、婚姻仪式、贺寿仪式、丧葬仪式等。人生礼俗设计，表现出各民族之间的广泛交流，但不同地区、不同民族的侧重点不同。

孩子一出生，就要向舅家报喜，舅家派人探视。等到满月，摆满月，认阿舅。到1岁时，进行抓周仪式，来判断孩子以后的志向。

到婚姻年龄，进行订婚、结婚仪式。河湟各民族过去均存在早婚习俗，而且在很小的时候就订婚。汉族、土族等请阴阳先生合八字。结婚仪式包括会东、娶亲、改发、上马、下马、拜天地、待客、回门等内容。

进入老人行列后，汉族、土族、藏族等要参加嘛呢会，初一、十五或者一些特定时间到村庙念嘛呢经。

贺寿，一般在60花甲时过60大寿。之后，一般每年的生日都要过，但是规模较小，到70岁过70大寿，也以73岁、84岁为过大寿的时间。

人生最后一站，送葬。不同民族的葬法不一，有土葬、火葬、水葬、天葬等多种形式。

---

① 汪天文：《社会时间研究》，北京：中国社会科学出版社，2004年，第192页。

3. 一天的时间设置

"人的行为模式并不是一个简单的日常现象的重复：以人们在社会生活中的最基本的日常生活安排作为研究的起点和基点，便可使那些看来琐碎零散的材料体现出其充分的价值"。以"天"为周期对人的日常生活安排进行考察便是对应了这种研究的角度。在通常情况下，代表一个人的"生活节奏"的便是他在一天内的作息时间排布，有着相同"生活节奏"的群体往往能反映出其一定的文化背景及社会定位；反之，处于不同文化背景下的人对一天中的各项事宜在时间上的安排就会有一些差异。从这个意义上来说，以"天"为周期的考察方法便可以把一般生活中的"人"解放成为独立的主体，让他们每天的所作所为说话①。

信仰佛教的汉、藏、土、蒙古等民族老人们的安排，每日早晨，第一件事就是煨桑敬神。待洗完脸，要在煨桑台上煨桑，点香，口念六字真言，叩首祭拜。而在初一、十五、三十等日子，还要点上油灯。附近有寺院的要到寺院叩头，转"斯果拉"（围绕寺院或者经堂等顺时针步行转圈的活动）。信仰伊斯兰教的回族、撒拉族一天中按时辰做5次礼拜，每周五"主麻"日，到清真寺做"聚礼"。

河湟地区，有些老人早晨起来饲喂家里的牛羊或者到外面牧地放牧，或者干一些家务事。一般没有严格的时间观念，视工作进程决定休息时间。比如牧羊要到早餐时间（9:00—10:00）或后一些才回家。早餐后，参加一些家务活如饲喂牲口，或者休息，或者带孙子孙女。到午后又去牧羊到黄昏回家。他们一般负责家里牲口等的日常饲喂，有些大牲畜要早晚按时饲喂。在晚饭后，或者闲暇时间，藏、土族老人手捻嘛呢（念珠），口念六字真言。

年轻人一天的时间安排，早晨起床先要干一段时间的活，等到了早餐时间用餐。后继续做农活，到中午（14:00左右）用午餐。下午到黄昏用晚餐、休息。

学龄儿童的时间安排依学校时间为准绳，严格执照学校的安排进行，这也是国家的时间在土族乡村贯彻得最为彻底和严格的一个时间。

河湟社会一天的时间安排，没有严格的时间观念，仍是"日出而作，日落而息"的典型农村生活。他们决定出工时间是以太阳的高度为准，在阴天猜测太阳的高度。

河湟各民族中，"土族的形成历史相对来说比较晚，它的文化又是一种开放

---

① 司佳：《从岁时到天时：明清移民以后土著苗民在日常生活上的安排——以黔中、黔西南地区为例》，《中国历史地理论丛》2000年第4期。

（特别是向汉藏文化开放）的环境中丰富起来的，因此，其时空设置在来源上的多元性更加突出。土族处于汉族和藏族的连接地带，其文化是一种典型的连接地带文化。土族人置身于汉藏之间，他们在文化发展道路上也走了一条中间路线。土族时空设置是一种典型的兼收并蓄的产物，这是土族先民从畜牧转向农耕的过程的特殊结果。他们的农耕转向提供了时空设置重构的时机，以农业为基础的汉藏时空设置是他们所能企及的最便利的文化资源，它们在土族社会落地生根可以说是恰逢其时。土族时空设置的特点主要表现在对汉族和藏族文化的组合与熔铸，并且，在不同地区和不同时期，构成因素的来源、组合方式以及融合程度也各不相同。……土族时空设置大致有两种类型。其一，汉藏因素二元并列……其二，汉藏因素一主一辅"①。其实，河湟其他民族在河湟地区的长期发展历程中，其时间制度在历史传统的基础上，参照周围兄弟民族的时间制度，都或多或少进行了修正。

河湟各民族把一部分时间都用于协调个人与神的关系。"土民虽然把大部分时间用于农业生产，但是，他们的心思主要用于协调自己与神佛的关系。在他们对人生和岁月、时辰的时间设置所体现的程序中，处理好与神佛的关系是一切活动的前提，并且，处理这一关系的仪式在各种重要活动中占据中心位置"②。汉族、藏族、土族等的时间设置，是把一年庄稼的收成好坏寄希望于上天神佛的保佑，把自己以及家庭幸福平安同样寄希望于神佛的保佑。而穆斯林的每日礼拜等同样将一部分时间花在宗教生活上。

"在一种文化中没有什么东西比计算时间的方法更能清楚地表达这种文化的基本性质了，因为计算时间的方法对人们的行为方式、思维方式、生活节奏以及人与周围事物的关系有着决定性的影响"③。由于人们生活和接触的自然环境、社会环境的差异，他们长期生活的自然地理环境和传统文化成为他们日常生活的内在逻辑，并由此逐渐地发展形成了自己的时间观念。村落时间制度与城市时间制度的最大不同是对时间划分的精确度不同和时间的敏感度不同。时间制度的模糊性决定了各族社会历史记忆的模糊性。只有公共性活动才会使得人们去关注一下钟表时间，除此以外，按照精确时间行动是不必要的。有学者认为

---

① 高丙中：《时空设置的构造与重构：以土族为例》，王铭铭、潘忠党主编：《象征与社会：中国民间文化的探讨》，天津：天津人民出版社，1997年，第242—243页。

② 高丙中：《时空设置的构造与重构：以土族为例》，王铭铭、潘忠党主编：《象征与社会：中国民间文化的探讨》，天津：天津人民出版社，1997年，第242—243页。

③ 转引自高丙中：《时空设置的构造与重构：以土族为例》，王铭铭、潘忠党主编：《象征与社会：中国民间文化的探讨》，天津：天津人民出版社，1997年，第217页。

这是因为现代社会的大规模的社会协调行动需要定点准时,而农村社区人们的共同行动较少,日常生活的相互依赖及互动的程度较低,因此守时观念淡漠。

不同社会有着不同的时间观念,而更重要的,是不同的时间感知方式。人类的时间有两种基本而不同性质的普遍性类别:一类是建立在实际日常生活及自然界的韵律与节奏上,它提供了所有人类社会的共有时间之基础。另一类则建立在个别社会文化的独特仪式活动上,它往往塑造了独特的社会文化时间。这两类时间不只分别与社会组织及社会结构有关,背后更涉及不同的认知体系。前者是建立在实际的活动与非仪式性沟通上,其发展出的分类概念往往属于认知上的普同概念。反之,后者则建立在个别独特的仪式活动与仪式性沟通上,它的分类概念往往是在突显异文化的奇特性[①]。

传统社会由于其社会生活的散漫,导致对时间的划分也是粗略的,人们的日常生活的重复事件没有被赋予严格的次序性,人们的日常生活还没有被精确的时间定点所固定。而对于日常生活时间制度松散的传统社会来说,仪式更是造成了一个特殊的时空。在这个时空中,时间真正取得了对人们生活的精确控制和规范,仪式的时间是绝对不能轻易变动的,仪式的时间制度可以说是约定俗成的,也是神圣的。因为人们相信如果违背了此时间制度,就会遭受厄运。仪式的时间制度成为一种禁忌制度。这里,时间制度就具有社会性,是社会成员做出共同理解的"集体意识"的产物。节日与日常原本在自然时间流中是连续的,人们因文化的需要将节日从这一连续体中抽出来,赋予其意义,作为人们完成各种转变,实现各种愿望的中介。

他们的社会实践活动中,社会时间节律同样表现为比较典型的乡土性质。基于自然节律的农业生计形式,大部分生活节律是与自然节律相适应的,表现为强烈的自然节律。土族社会中,社会成员之间的交流、合作都是基于人的自然属性来进行,例如根据年龄、性别、体力的不同,进行群体的分工合作。而农耕活动的安排也是以自然节气的变化为基础,在同样的自然节气面前,造就了大致一样的生活节奏,呈现出一种一致的整体节律。作为农耕社会的整体活动现象,时间制度自然就成为一种社会秩序,维持、规范、制约和引导着土族社会民众的生活方式的选择。河湟各民族民众眼中的时间并不像自然时间那样是均质的、同向的,而是有好有坏。不同的时间适合做什么事情是有区别的,他们出行是要选择时间的,如果不适合出行,他们是不会出行的。有些事情还要选择具体时辰,如殡葬、婚礼上的一些具体时间。传统文化中,把时间看成

---

① 黄应贵主编:《时间、历史与记忆》,台北:"中央研究院"民族学研究所,1999年,第24页。

是一种神秘的力量，不同阶段的时间具有不同的价值。时间也成为一种规范民众生活行为的秩序力量。

综上所述，时间制度是人们对自然时间赋予文化内涵而形成的一种文化现象，对时间的感知能力并非是人的一种自然本能，而是人的社会性和文化发展的直接结果，反映着特定群体对于时间的观念、感知方式以及行事方式。拥有不同文化的群体，具有不同的时间制度。在社会和文化对时间制度的建构过程中，仪式对年度时间的分割、确定具有标识作用，通过仪式，相应的时间就具有了一定的文化意义，为人们的生产、生活提供了规范要求。传统时间制度在乡土社会中的作用仍然不容忽视。

四、结　论

通过河湟村落的时空设置的考察，我们可以发现，各族民众如何给自然物（包括时间和空间）赋予文化意义。他们首先设定自然物具有神秘的性质，赋予时间和空间神秘的力量，造就了生活环境中的信仰空间和信仰时间。进一步，对于信仰的时空进行禁忌化、民族化、象征化，形成了支撑各民族时空设置的相应的时空观。

青海多元民俗文化和谐共生的文化建构模式探析

贺喜焱

自古以来青海就不乏人类文明的足迹，从西汉至元明之际，多个民族逐渐迁徙至此并繁衍生息，形成了6个世居民族的格局，不同民族的文化在这里交流、碰撞，逐渐形成了青海浓厚的多元文化氛围，并由此构筑了当今青海多元民俗文化和谐共生的文化发展模式。民俗文化作为国家或民族传统文化的重要组成部分，也是区域文化最具地方特色的文化代表之一，民俗文化既与历史传统密不可分，又与现代生活息息相关，因此，关注民俗文化发展对于研究地方区域文化具有十分重要的意义。在世界经济一体化的大背景下，青海多元文化共生共存的客观现实引起学者的关注，他们主要针对青海多元文化进行整体性研究，如王昱[1]、班班多杰[2]、张科[3]等学者的研究论文都主要从区域文化的宏观角度切入，或者探讨青海多元文化的历史形成，或者探讨多元文化"和而不同"的相处原则。这些研究对于管窥中国多元文化发展具有积极意义。在前人研究的基础上，本文试图从各民族文化生活最为贴近的民俗文化入手，探讨不同的民俗文化在日常生活的交流中以何种方式和谐共生，并总结其和谐共生的文化建构模式，以此促进整个青海区域文化的和谐建构，以期以青海经验作为典型个案来探寻中国多元文化和谐共生的发展模式。

一、多元民俗文化和谐共生的背景与原则

（一）背　景

青海多元民俗文化的形成与当地多元的自然生态环境和人文环境密切相关，也是各民族长期进行文化交流与磨合的历史积淀的结果。首先，从自然生态方面来看。青海与西藏、新疆、甘肃、四川4省区接壤，境内地形与气候复杂，可分为祁连山地、柴达木盆地和青南高原3个自然区域，青海省气候属典型的高原大陆性气候，干寒、少雨、多风、缺氧，东部地区雨水较多，西部、南部

---

[1] 王昱：《论青海历史上区域文化的多元性》，《青海社会科学》1999年第6期。
[2] 班班多杰：《和而不同：青海多民族文化和睦相处经验考察》，《中国社会科学》2007年第6期。
[3] 张科：《和而不同：论青海多民族文化的鼎力与互动》，《青海民族研究》2007年第4期。

地区干燥多风。地貌多样、多山多水,全省广布冰川,山脉之间,镶嵌着高原、盆地和谷地。山脉、河流与湖泊众多,并且拥有丰富的矿产、盐湖、动植物等资源,为这里发展农业、牧业和商业奠定了基础。人文环境方面,自元明之际形成并延续至今的6个世居民族不仅拥有自己的文化传统,而且在长期历史文化交流中形成了以汉族为主的儒家文化体系,以藏族、土族、蒙古族为主的藏传佛教文化体系,以回族、撒拉族为主的伊斯兰教文化体系。正是这里多元的自然生态以及多民族、多文化体系共存的人文特色,使得青海不仅具有雄浑磅礴的壮丽之美,更有繁荣富庶、江南水乡般的旖旎多姿。雄浑壮美与旖旎多姿共同构成了青海的大美之势,更是青海民俗文化生成的基础。

(二) 原 则

青海民俗文化的多元性既为自然与历史人文使然,多元便意味着多样而不同,不同的文化如何在同一区域和谐相处、繁荣共进,这是生活在青海的每一个民族必须解决的问题。社会人类学家费孝通提出"文化自觉"理论,以此来解决正确处理自己的文化与其他民族文化之间的关系问题,他认为:"在中华文化的发展过程中,多元的文化形态在相互接触中相互影响、相互吸收、相互融合,共同形成中华民族'和而不同'的传统文化。"①并用"各美其美,美人之美,美美与共,天下大同"②四句话高度地概括了文化自觉的本质内涵,提出了在多元背景下,不同类型的文化只有相互沟通、理解、尊重,并取长补短、共生共荣才能和平共处。虽然青海的各族民众并未从理论上总结出"和而不同"的相处之道,却在日常生活实践中以"文化自觉"的方式处理不同文化的交流与碰撞,形成了青海区域多元民俗文化和谐共生的良好势态。正如有学者总结:"这里多种文化同住共存,互相采借,求同存异,生动体现了多民族文化'和而不同'的相处原则。'和而不同'中的'不同',指各民族对于自己族属及其重要文化特征稳定的认同以及这种认同受到充分的尊重;'和'体现的则是文化宽容与文化共享的情怀,它包括不同的信仰体系和文化传统在同一社会空间和平共处;各族人民具有多重的认同;有理性解决矛盾的机制等。"③青海多元民俗能够和谐共生也正是采借了中国传统文化"和而不同"的智慧,以此为相处原则,互为尊重、互补长短、求同存异、繁荣共进。

---

① 费孝通:《费孝通文集》第14卷,北京:群言出版社,1999年,第407—408页。
② 费孝通:《费孝通文集》第14卷,北京:群言出版社,1999年,第196页。
③ 班班多杰:《和而不同:青海多民族文化和睦相处经验考察》,《中国社会科学》2007年第6期。

二、多元民俗文化和谐共生的构建模式

正如前文所述，"和而不同"是青海多元民俗文化的相处原则，多元民俗文化能够和谐共生、繁荣共进是青海区域文化能够自立自强的根本。青海各族民众的物质民俗、精神民俗、社会民俗、语言民俗在日常生活中都应用了怎样的方式方法进行交流与互动，青海多元民俗文化和谐共生的发展局面是以何种途径和方式构建出来，从这些问题中总结出构建规律和发展模式是本文探讨的重点。

（一）互敬式

所谓互敬式就是指不同文化交流与互动采用一种既保持自我文化个性，又不相互排斥，尊重彼此的建构模式。互敬式是青海区域多元民俗文化交流互动的基础，首先需要每个民族有坚定的文化独立性，多元文化才能存在，彼此尊重则是多元民俗文化和谐共生的前提。在青海，由于各民族历史传统不同，3个文化体系之间有差异，多元民俗文化和谐共生的最基本的文化建构模式就是彼此间相互尊重，求同存异。

互敬式是不同民族间民俗文化能够共生共荣的最为广泛应用的方式，尤其突出表现在信仰民俗中，因为3种文化体系的精神内核主要以不同宗教信仰为主，6个世居民族在精神信仰方面并不完全一致，儒释道、藏传佛教、伊斯兰教这3种信仰在文化本质、教义规定、价值观念等方面各有特色，对各自信众日常生活习俗的影响也是广泛而深远。如此一来，青海各族民众日常生活中的衣食住行、婚丧嫁娶和节日庆典都各有特色。在民族间交流中，唯以彼此尊敬、相互理解，3种信仰才能在青海并行不悖、和谐共荣。一方面，体现在日常交流互动上。伊斯兰文化是回族文化观念的核心，这体现在回族日常生活的方方面面，尤其是在饮食上有很多禁忌，"禁食猪、驴、骡、马、狗等动物的肉；禁吃自死动物的肉；禁饮动物的血液；禁吸烟、禁喝酒"。"凡宰食牲畜、家禽时，必须由阿訇或懂得屠宰规矩的穆斯林信徒动刀，否则会被认为为不洁而不能食用"①。这样就形成了风格独特的清真饮食，以及相应的用餐礼仪。因回族善于经商，再加之清真饮食的特色，在青海城镇有很多回族开设的清真饭馆，饭馆作为不同民族较为容易相遇互动的公共场域，非穆斯林民族在这里用餐时一般都会自觉地遵从清真餐馆的用餐礼仪，不吸烟、喝酒，更不会把非清真食品带入餐馆，充分显示不同民族之间和而不同、和谐相处的互敬式交流方式。另一方面，体现在一些非日常的交流互动上。"西宁东关清真大寺的大殿脊顶中心，竖

---

① 赵宗福、马成俊主编：《中国民俗大系·青海民俗》，兰州：甘肃人民出版社，2004年，第134页。

立着3尊鎏金金筒。据说,这3尊金筒是当年由甘肃夏河拉卜楞寺院的嘉木样活佛派众僧人用托牛驮运到西宁,作为赠送给大寺落成的礼品。不仅如此,在该清真大寺的'唤醒阁'(宣礼塔)落成时,塔尔寺的主持和僧众还持珍贵礼物前来参加落成典礼,表示祝贺。这是藏传佛教尊重伊斯兰教的生动例子"①。

(二)互补式

所谓互补式就是指不同文化交流与互动采用一种互为补充、互通有无的建构模式。拥有不同文化传统的民族在一些文化形式上进行沟通协作、多元互补以求本民族的生存和发展,这是互补式模式存在的主要原因,也是多元民俗文化和谐共生必有的一种建构模式。由于历史文化传统的差异,不同民族民俗文化也多有不同、各有所长,在同一区域进行生产生活,为了本民族能够顺利地生存与发展,除了调适自己的民族文化以适应该地区的自然与人文环境,还有一种方式就是与其他民族的民俗文化进行互补,以他人之长来补己之短,形成一种共同协作、互为依赖的互补式文化建构模式。如此一来,既使本民族得以发展繁荣,又形成了青海区域的多元文化和谐共生的双赢局面。

互补式比较突出地体现在不同民族物质生产民俗文化上的交流与互动,物质生产民俗是其他民俗文化的基础和保障,由此也促使了互补式建构模式成为联结青海不同民族相互依赖、协作、共存的必然性。因为各个民族居住环境和历史传统的原因,汉族、土族主要从事农业,藏族、蒙古族从事游牧业,回族、撒拉族从事商业、农业。3种不同的物质生产类型互通有无、和谐共处,成为各民族其他民俗生活的生存保证。以回族经商为例,一方面这与伊斯兰教密不可分,"伊斯兰教鼓励穆斯林经商,穆斯林商业经济又促进了伊斯兰教的发展,二者相辅相成,互为条件,构成了伊斯兰教在中国独特发展的历史"②。另外一方面,回族善于经商特质的发挥也得益于与周边民族的互动往来,从事农业和牧业的民族并不能完全满足自己日常生活所需,必然要求有商贸往来,这样就有了商业的需要,而青海地域闭塞、物资匮乏,回族经商恰恰满足了这里贸易往来的需求。经学者调查研究,1870年前的黄南藏族自治州同仁县隆务镇交通闭塞,与外境基本没有贸易往来,经济匮乏、物资短缺。因此,隆务寺第六世活佛夏日仓·罗桑丹贝嘉措与三大扎仓的主要僧官商议,决定在隆务寺河西岸灌木地建一座供商人居住的土城。这里陆续安置客商800户,其中多半来自穆斯

---

① 班班多杰:《和而不同:青海多民族文化和睦相处经验考察》,《中国社会科学》2007年第6期。
② 马文慧:《宗教文化与青海地区信教群众的社会生活》,《青海民族学院学报》(社会科学版)2001年第1期。

林群体,这部分人从以往的客居变成了定居,并携亲带友来此定居,形成隆务镇今天的回族成分,从此改变了当地的民族构成①。此个案非常典型地反映了回族与藏族互动交流的互补式建构模式,体现了青海区域内不同民族文化多元互补的生存智慧。

(三) 借鉴式

所谓借鉴式就是指不同文化交流与互动采用一种相互吸收、采纳的建构模式。不同文化的交流互动中总会有一些文化特质因为满足彼此的需要而被认同或接受,进而发生文化特质的采借,这是文化交流互动十分常见的一种方式。

借鉴式比较突出地体现在青海各民族交往比较密集的民俗文化内容上,尤其是其中的语言民俗文化。在日常生活中,最直接的交流便是使用语言,由于青海世居少数民族中除了回族之外,其余民族都有民族语言,为了方便交流,汉语成为青海各民族间通用的主要交际语言,但不同民族使用语言作为交流符号的习俗不同,民族语言和汉语之间互动、采借,逐渐形成了青海区域独有的语言民俗。一方面,各民族对汉语的使用逐渐形成了青海汉语方言的特色。青海汉语方言虽属于北方方言体系,但它吸收了许多其他民族的语言特色,有学者研究发现,语音方面,青海境内汉语方言的声调系统单字调以3个为主要特征,这与其境内的阿尔泰语系语言的蒙古语、撒拉语、土语中只有重音、没有声调的影响不无关系。词汇方面,青海汉语方言借鉴许多少数民族语言词汇,如"一挂"(全部),"干散"(精干)来自土语,"朵罗"(头)来自蒙古语,"卡码"(合适)、"阿拉巴拉"(凑凑合合)来自藏语。语法方面,青海汉语方言在语序上常用 SOV 式(主语+宾语+谓语),不同于汉语普通话的形式,这是少数民族语言通过母语的表达习惯对青海汉语有规则有系统的干扰和渗透②。另一方面,不同民族的语言词汇中吸收、借用了大量汉语词汇。例如土族吸收的外来词汇中,汉语借词占到了 18.5%,据清格尔泰先生对土语 5000 多条词分析,藏语借词有 5.6%,突厥语借词有 0.5%,在近 40% 的土语借词中,汉语的借词比例最大。由于土族没有书面语言,随着社会发展,很多新名词术语的不断涌现,这些词汇都被土族民众从汉语中原原本本地借鉴过来③。

---

① 马海寿:《隆务镇回族文化变迁的人类学思考》,《青海民族研究》2005年第3期。
② 马梦玲:《青海多元文化交融下的语言接触现象》,《青海师范大学学报》(哲学社会科学版)2007年第6期。
③ 郝苏民主编:《甘青特有民族文化形态研究》,北京:民族出版社,1999年,第90—91页。

（四）整合式

所谓整合式就是指两个不同文化的交流与互动时，其文化特质融合在一个模式中，成为一种新文化整合体的建构模式。这种新文化整合体虽不完全相同于原来的任何一个文化系统，但它源于前两个系统，并自成一格。整合式主要出现在两个文化系统同在一个区域内，日常往来较为密切，经过文化间的整合式互动，逐渐形成自己的文化特色，其结果主要体现在一些较为特殊的族群上。

在青海，由于儒家、藏传佛教、伊斯兰教 3 种文化体系的精神内核的差异造成日常生活习俗也多有不同，这些不同文化体系内部的民族之间在某个区域长期生活与交流，就会形成一种与原有母体民族既有关联又有不同的族群，如青海"家西番"、"托茂家"、"卡力岗人"等族群的民俗文化就充分显示了整合式的特点。这些族群独特的民俗文化的形成是由文化差异较大的汉族与藏族、蒙古族与回族、回族与藏族之间长久密集在某一地区交往的结果。现以"卡力岗人"为例，其族群文化的形成便非常典型地显示了藏回文化的整合模式。"卡力岗人"主要居住于化隆回族自治县的德恒隆乡、阿什乡、沙边堡乡等地，作为藏族和回族文化交融的整合体，其形成比较复杂，"他们的祖先有的是藏族，有的是回族，此外还有撒拉族和汉族"①。20 世纪 80 年代前，"卡力岗人"着藏服说藏话，居住风格是藏式建筑，并保留有藏族骑马射箭的习俗；同时，他们信仰伊斯兰教，宗教生活和饮食上完全遵循伊斯兰教的仪轨与禁忌。这种文化的交流与互动仍然在继续，并有了新的发展，据学者调查，20 世纪 80 年代以后，虽然语言仍然使用藏语，并保留着烧干牛粪和用藏语唱藏族情歌拉伊等生活细节的习惯，但在日常生活样式上与回族文化交融的现象更多一些，服饰、饮食、居住、节庆、丧葬都与回族基本一致，并与周边的藏族保持着严格的婚姻疆界，两族间没有通婚现象。充分体现了宗教对于"卡力岗人"的文化选择起到了决定性作用②。

（五）共享式

所谓共享式是指不同文化在交流与互动时逐渐构建出一种共同拥有并分享的文化表达形式，它不属于任何单个民族或族群，而是特定区域不同群体的共享文化资源。共享式应和了不同民族在同一区域的生存需要，虽然不同民族有着自己发展的生存智慧，但是在不违背民族传统意识形态和价值观念的前提下，

---

① 班班多杰：《和而不同：青海多民族文化和睦相处经验考察》，《中国社会科学》2007 年第 6 期。
② 班班多杰：《和而不同：青海多民族文化和睦相处经验考察》，《中国社会科学》2007 年第 6 期。

面对同样的生存环境,为了本民族的发展、民族间能够顺利地交流与合作,一些共有的民俗文化样式被创建并传承下来。

在青海,不同民族面对同一生存环境,以共享式模式构建了许多共有的民俗文化,这些民俗文化既表现在日常生活习俗中,也表现在一些非日常的节庆礼俗当中,使得看似不同、分散的多元民族文化又具有了青海区域文化的统一性、一体性。一方面,共享式构建模式突出体现在衣、食、住、行等最为常见的习俗中。衣、食、住、行等日常生活习俗在使用原料、制作方法、具体分类上具有一定的相似性和共享性,并总体呈现农业区、牧业区两种格局。如青海各民族的饮食习俗虽各有特色,但由于地理环境和气候物产的制约,青海的各族民众最普遍的饮食行为就是靠就地取材来完成,形成了其饮食民俗在用料、加工方法、口味及品目上别具一格的地域特色。农业区名目繁多的面食、以牛羊肉为主的各种菜肴;牧业区的青稞炒面(糌粑)、水煮羊肉(手抓羊肉)、风干肉、奶茶等。青海各族的饮食民俗基本以青稞、小麦、肉、奶、茶等为基本食材,在某些食品的种类、制作方法上都有很多共性,饮食结构总体上具有一致性、共享性。①另一方面,共享式建构模式突出地体现在非日常的节庆礼俗中。青海流传最广、普及最高的民众集体节会应属花儿会,花儿是西北流传最为广泛的民歌,在青海各族民众中广为传唱。花儿会中,不同民众彼此用歌声相互熟识、交流感情,花儿成为传情达意的最好媒介。青海各地的不同民族都要举办花儿会,各地的会期有不同、有重叠,如农历二月二日的互助县威远镇的擂台会;农历四月初八,西宁凤凰山花儿会、乐都县王家庄老爷山的花儿会;农历六月,大通县老爷山花儿会、民和县七里寺花儿会、互助县五峰寺花儿会、乐都县瞿昙寺花儿会、互助县丹麻花儿会,等等。花儿跨越了民族的界限,在汉族、藏族、土族、回族、撒拉族等多民族中广为传唱,并且多以汉语的方式演唱,正因为有了这样的文化共性,各地不同的花儿会为不同民族人们之间的情感交流和民族文化交流都提供了最好的场所和桥梁,成为青海多元民俗文化共享式构建的最好例证。

三、结 论

青海多元民俗文化是民族多元、信仰多元、文化传统多元整合的结果,各族民众以"和而不同"的相处原则来进行民俗文化的交流与互动。多元不同是民俗文化交流与互动的基础;物质民俗、社会民俗和语言民俗、精神民俗是交

---

① 贺喜焱:《青海饮食文化的区位研究》,《青海师范大学学报》(哲学社会科学版)2008年第1期。

流与互动的内容；多元民俗文化和谐共生是交流与互动的结果；使这一切能够整合在一起的关键则是交流与互动的方式。针对青海多元文化特色，我们得出互敬、互补、借鉴、整合、共享等几种方式是和青海多元民俗文化和谐共生的最基本构建模式，这几种构建模式并不是完全独立或相互排斥的，在文化交流互动中它们有时具有共存、互渗的特性，甚至在同一文化内容的交流互动上有可能是这几种模式共同作用的结果，但是总会有一个模式会起到较为突出的作用。

非物质文化视野下对民间文学文本的传承与尊重
——以青藏地区民间文学文本为例

米海萍

一、引　言

在民间文学的话语中，所谓的"文本"是指见于古代各种文献记录的民间文学作品、现当代搜集记录和整理而转换成文字的各种民间文学作品，既有在大的语境下的鸿篇巨制，如民族史诗、叙事诗，也包括简短的一两句话，如谚语、俗语或歇后语。在当代以叙事类民间故事（指广义的民间故事）文本化而言，青藏地区至今积累的文本可谓连版累牍。仅以"三套集成"为例，青海省"三套集成"文本化工程开始于1984年，采集编印6州、8县、1市《民间故事集成》资料16卷本。"三套集成"之《青海卷》公开出版于2007年。西藏"三套集成"文本化工程开始于1987年，搜集有6地1市、77县《故事集成》资料35卷本，"三套集成"之《西藏卷》公开出版于2001年。这项旨在抢救性搜集整理的工作，既是"在普查、采录、甄选、编定等每一个环节上都凝聚着许多人的心血，这项工作确实是我国民间文学事业上一项空前浩大的系统工程"。又是在中国文化史上"对我国社会主义精神文明建设有所贡献，同时也为世界文化宝库增添新的异彩"的利于当代、功在千秋的壮举[1]。

在2006—2011年由文化部确定并公布的3批非物质文化遗产名录中，独特的中国民间文学被纳入其保护范畴。在第一批名录中，青藏地区的有藏族和蒙古族的英雄史诗《格萨（斯）尔》、土族的民间叙事诗《拉仁布与吉门索》；在第二批名录中，有蒙古族的英雄史诗《汗青格勒》、藏族的叙事歌《婚宴十八说》和康巴拉伊民歌；在第三批名录中，有珞巴族神话《珞巴族始祖传说》、嘉黎县藏族的《嘉黎民间故事》和果洛藏族自治州藏族的《阿尼玛卿雪山传说》等。尽管似乎与青藏地区流行的故事群、传说圈的实际情况和已经有千万言、数万篇文本化的实际，难成比例。但这是经过层层遴选而最终获准的保护项目，是在贯彻"保护为主、抢救第一、合理利用、传承发展"方针下推选的，尤其

---

[1] 载于"三套集成"各省卷中国民间文学集成全国编辑委员会写的《总序》。

是藏族英雄史诗《格萨尔（斯）》备受世界性关注并被列入国家非物质文化遗产保护名录，对于青海、西藏而言，是值得庆幸的文化大事件。当下民间文学进入了非物质文化遗产保护时期，也就是诚如刘锡诚先生所言，"三套集成大量工作的完成，意味着全国民间文学界已经进入了一个'后集成时期'"①。针对后集成时代民间文学的现状和搜集整理与保护工作，倘若再度"回访"或继续搜集整理民间仍旧存活的民间文学，并对其作文本化处理时，长期以来所积淀的一些民间文学文本化的经验教训值得借鉴和深思。

二、民间文学形成"本真性"的文本继而典籍化的传统应继续传承

在搜集整理民间文学中"忠实记录"和"慎重整理"指导方针的强调，一直成为保证民间文学本真原貌的原则，这一原则在很大程度上保证了民间文学在文本流传中的原初状态和"本真性"面貌。纵览记载有关青藏地区的古典文献，保持来自民间作品的"本真性"传统是存在的，而且"本真性"文本传承的传统，一直持续不断地保存在古代撰写的各类典籍中。

在各类藏文典籍中，本真性的民间文学文本大量存在。一是保留在敦煌古藏文写本中有关吐蕃11世纪早期的谚语、卜辞和民间故事文本，1957年由英国人F.W.托玛斯考释编著了《东北藏古代民间文学》一书②，包括5篇民间故事作品，一篇格言（谚语）集，一篇占卜辞。从整体来看，散文式的民间故事其叙述深受印度故事讲述模式影响，歌谣和占卜辞当是藏族最古老的文学形式。从典籍化文本视角看，是研究藏族古代文学、宗教、民俗、语言和历史文化的宝贵资料。而以藏文文本方式流传的民间故事《相托孔子相问书》，早在唐代就翻译为藏文，深得藏族民众喜爱，该故事的古藏文本亦保存于敦煌文献中。二是保存于各类藏文典籍中的民间文学文本，除了专门的文本故事集《喻法宝聚》、《萨迦格言注释》等以外，在诗歌类的《米拉日巴道歌》、《仓央嘉措情歌》，格言类的《萨迦格言》、《噶丹格言》、《水树格言》，传记类的《米拉日巴传》、《玛尔巴传》、《日琼巴传》、《唐东杰布传》、《颇罗鼐传》，历史类的《巴协》、《西藏王统记》、《西藏王臣史》、《贤者喜宴》、《红史》、《青史》等各类著作中，都有比较完整的民间文学文本保存，或用于人伦道德的说教，或借以进行深奥佛教

---

① 刘锡诚：《对"后集成时代"民间文学的思考》，《民间文学：理论与方法》，北京：中国文联出版社，2010年，第432页。

② ［英］F.W.托玛斯：《东北藏古代民间文学》，李有义、王青山译，成都：四川民族出版社，1986年。东北藏是指今青海、甘肃藏区及部分四川藏区，东北藏古代民间文学指这一地区流传的藏族古代民间文学。

教义的通俗化表达，或作为史料用以丰富历史内容。其中 14 世纪后期的著名历史学家萨迦·索南坚赞的《西藏王统记》是一部系统叙述吐蕃史著作，最为后人所推崇①。此著第十三章"迎娶甲木萨汉公主"长达万余字，围绕"迎娶文成公主"史实，以时间为顺序，采用民间文学"三段式"方法，作了融民间传说于史实的历史叙述。若以民间文学视之，是一篇保持"本真性"的精彩民间故事文本。由于该书在青藏地区影响很大，广泛流传于藏区民众之间，在唐蕃古道上形成了众多文成公主传说圈、禄东赞传说圈，并在明中叶蒙古族迁徙青海湖畔后，衍生出了蒙古族机智人物辉特·美日根·特木尼与青海湖形成、迎娶文成公主等系列故事圈②。这些反映汉、蒙古、藏民族历史佳话的民间文学，除了像萨迦·索南坚赞完整地写进历史著作外，还被编成著名藏戏、画成艳丽的壁画、塑成神奇的酥油花人物，制成栩栩如生的排灯画廊，久久流传在广袤的青藏大地。究其原因，不能不与"本真性"记录民间文学文本并能广泛传承和扩布影响有密切关系。三是文本化的民间故事集《尸语故事》广为流传。这是一部受印度《僵尸鬼故事二十五则》影响而由藏族民众创作的连串插入式民间故事文本集，该故事集曾引起了世界性关注。从 19 世纪初至 20 世纪 60 年代中，有俄国的贝尔格曼收集到了蒙文本 13 章本、德国的弗兰格在拉达克收集的藏文本 25 章本，英国的大卫·麦克唐纳发表 13 章本、法国的石泰安收藏的 13 章本，日本人星实千代记录有《尸语故事》等。在国内流传的手抄本、木刻藏文本很多，有浪卡子手抄本《尸语故事》、四川德格木刻本《具神通的故事》、安多缮本《具神通的人尸故事》、甘肃拉卜楞寺木刻本《人尸变金的故事》、西藏手抄本《起尸变金的佛法故事》、《尧西·朗顿珍藏缮本》等。公开出版的藏文本有：山木旦等整理的《说不完的故事》（青海民族出版，1963 年、1994 年）；王晓松、和建华译注的《尸语故事》汉藏对照本（云南民族出版社，1999 年）。公开出版的汉译本有：远生译《西藏民间故事集》（世界书局，1931 年），王尧编译《说不完的故事》等，青海省民间文学研究会编的《青海民族民间文学资料·说不完的故事》③，李朝群译《尸语故事》（西藏人民出版社，1983 年）、田海燕选编的《金玉凤凰》（上海少年儿童出版社，1961 年）等十几种。2004 年青海省海南藏族自治州同德县唐干乡东嘎村之村民列措讲述、由李连荣博士和诺日尖措搜集的《莫拉塞尔雍鸟的故事——安多口承本〈尸语故事〉》，在 2006 年翻译注

---

① （明）萨迦·索南坚赞：《西藏王统记》，刘立千译，拉萨：西藏人民出版社，1987 年，第 60—77 页。
② 青海省民协编：《青海湖民间故事集》，北京：中国文艺出版社，2009 年，第 275—299 页。
③ 李朝群译：《尸语故事·译后记》，拉萨：西藏人民出版社，1983 年，第 165—166 页。

释成汉文①,《中国民间故事集成·西藏卷》收录了其包括异文在内的 28 篇。众多的版本和多个汉藏文出版文本表明,这本有着迷人的故事结构、生动有趣故事内容的《尸语故事》,凝结了青藏高原民众生活史、心灵信仰史以及民族文化史于其中,这与各种文本方式的保存和流传分不开。

纵观历代中央王朝官方撰写的汉文典籍,可谓汗牛充栋,在这样一笔载有深层积淀历史记忆的中国传统文化遗产中,没有也不可能把民间文学视为主流文学纳入上层精英文化加以重视和扩布。相应的有关青藏高原的民间文学记载更是少之又少,零散不成系统,处于极度边缘化状态。但出于"系统描述"上古史的需要,或者是表达对圣贤祖先活动的文化追忆等功利需要,时有点滴、片段及"本真性"的记载。拂去这些传统典籍上的尘埃,仔细爬抉梳理其中有益内容,对当今我们建设文化名省(区)和文化定位提供了可资借鉴的资料信息,民间文学文本担当了大有"古为今用"裨益的重要使命。

青海高原地处祖国西北部,向来被历代王朝视为边郡之地,但青海是"中华民族文明的发祥地之一"、"中华民族文化的交融地之一"和"中华民族精神的展现地之一",是不争事实。在 2011 年末青海省文化发展大会通过的中共青海省委青海省人民政府《关于加快文化改革发展建设文化名省的意见》,明确提出了"着力构建以昆仑文化为主体的多元一体文化格局"的文化定位和建设目标。这是基于上述文献记载的考证研究,结合多年来学界对青海考古学研究、对青海历史民族于文化探索讨论,着眼于世界历史语境、中华民族伟大复兴的视野来审视青海历史文化和现实文化,而提出的富有学理性和实践性定位。而昆仑文化的源头来自昆仑神话,正如学者苏雪林所指出的:言昆仑文化,即言昆仑神话矣。昆仑神话是指中国古典神话中以昆仑山为核心的神话系统,围绕着昆仑山、昆仑丘、昆仑墟,以黄帝、西王母大神为轴心主题,关联于昆仑周围的神人、神兽、神物、神地等而展开②。《尚书》中有上古圣贤"窜三苗于三危"、"导河积石"壮举的寥寥数语;《诗经》中的《大雅·生民》、《小雅·斯干》有周人始祖神话;《穆天子传》、《淮南子》等有围绕昆仑的"神圣叙述"神话片段。与这些传统典籍相呼应的,有关女娲娘娘补天、王母娘娘赐仙药、尧访舜禅位、舜孝父悌弟、大禹治水的神话故事,仍然在青藏民间流传。土族婚礼歌中还有"远古时期盘古出世,开天辟地留了天地;伏羲女娲出世,留了人间的婚姻;三皇圣人出世,遗留了忠孝节义"唱段。多种文化史表征加之"根据多

---

① 李连荣:《简论安多口承〈尸语故事〉》,《民族文学研究》2007 年第 4 期。
② 赵宗福:《昆仑神话》,西宁:青海人民出版社,1995 年,第 124 页。

方面的佐证，昆仑西王母神话与青海高原有着密不可分的关系"①，简言之，昆仑神话与青藏地区民族文化息息相关，而建设青海文化名省定位的文献来源依据之一，就是存录于典籍化文本的民间文学资料。

司马迁《史记·五帝本纪》以"将个人系于华夏的'血缘与空间'坐标上。而这个人所属之'血缘与空间'坐标，在华夏整体血缘与空间中居一特定位置，使得个人成为华夏整体之一部分"的写作方式②，把当时流传甚广的古代神话人物以"木本"、"水源"的思维传统加以谱系化整饬后加以记载，神话中的创世大神和诸多英雄人物按照人间家族式世系传承模式被谱系化，成为后世所推崇的圣贤和帝王，形成三皇五帝的授受系统。太史公所开创的各帝王与诸侯家族之血缘或与炎黄相关联的文本模板，被后来的史家撰写正史时因因相袭，特别是构建被中原王朝视为"四夷"的部族或民族早期渊源发展史，神话传说文本尤显重要和关键。《后汉书·西羌传》曰：

> 羌无弋爰剑者，秦厉公时为秦所拘执，以为奴隶。不知爰剑何戎之别也。后得亡归，而秦人追之急，藏于岩穴中得免。羌人云爰剑初藏穴中，秦人焚之，有景象如虎，为其蔽火，得以不死。既出，又与劓女遇于野，遂成夫妇。女耻其状，被发覆面，羌人因以为俗，遂俱亡入三河间。诸羌见爰剑被焚不死，怪其神，共畏事之，推以为豪，河湟间少五谷，多禽兽，以射猎为事，爰剑教之田畜，遂见敬信，庐落种人依之者日益众。羌人谓奴为无弋，以爰剑尝为奴隶，故因名之。其后世世为豪……羌之兴盛，从此起矣。③

这则早期的历史传说，完整而又传奇性地叙述了战国初期青海地区第一位西羌诸部酋长无弋爰剑的由来、如何逃脱秦人追捕危急时刻得到虎神护佑、与劓鼻女结成夫妇、被群羌推为首领、河湟羌人从此兴盛的史实。故事流传甚广，代代传承不息，传至南北朝时，仍然被当时史家看作重要史料写入正史。

《魏书·吐谷浑传》中记载吐谷浑首领事迹亦有颇具民间叙事的传奇色彩：

> 吐谷浑，本辽东鲜卑徒河涉归子也。涉归一名弈洛韩，有二子，庶长曰吐谷浑，少曰若洛廆。涉归死，若落廆代统部落，别为慕容氏。涉归之存也，分户七百以给吐谷浑。吐谷浑与若落廆二部马斗相伤，若洛廆怒，

---

① 赵宗福：《论昆仑神话与昆仑文化》，《青海社会科学》2010年第4期。
② 王明珂：《族群历史之文本与情境——兼论历史心性、文类与范式化情节》，《陕西师范大学学报》（哲学社会科学版）2005年第6期。
③ 《后汉书》卷八十七《西羌传》，北京：中华书局，1965年，第2875—2876页。

遣人谓吐谷浑曰:"先公处分,与兄异部,何不相远,而马斗相伤!"吐谷浑曰:"马是畜耳,食草饮水,春气发动,所以斗。斗在马而怒及人,乖别甚易,今当去汝万里之外。"若落廆悔,遣旧老及长史乙那楼追谢留之。吐谷浑曰:"我乃祖以来,树德辽右,先公之世,卜筮之言,云有二子当享福祚,并流子孙。我是卑庶,理无并大,今以马致乖,殆天所启。诸君试驱马令东,马若还东,我当随去。"即令从骑拥马令回,数百步,欻然悲鸣,突走而西,声若颓山,如是者十余辈,一回一远。楼力屈,乃跪曰:"可汗,此非复人事。"浑谓其部落曰:"我兄弟子孙并应昌盛,廆当传子及曾玄孙,其间可百余年,我及玄孙间始当显耳。"于是遂西附阴山,后假道上陇。①

这段鲜卑吐谷浑部西迁的史实,其实就是一则首尾完整的叙事故事,既有史实的秉笔与合情在理,又有民间文学的传奇性质,在多部正史文字表述和文本格式上,被数代史家连贯传承了数百年。

上述两则"英雄徙边"的传奇,书写的基本上是英雄早年受磨难、寻找机会奋起、最后成功的典型事例,恰好应了"自古雄才多磨难"的民间俗语。叙事模式亦基本相同:

两人的遭遇基本相似——无弋爱剑在秦国为奴隶;吐谷浑是被排挤于权力之外的庶长子,都是早年不幸、郁郁不得志者。

两人都寻找到了改变境遇的机会——爱剑躲开秦人严密监视得以逃脱,吐谷浑遭弟弟训斥后愤然离开。

两人"徙边"选择的空间处所都是西部地区——河湟、青海湖畔。

两人行动的关键时刻奇迹发生——爱剑在危急时刻躲进山洞被虎形状神物护佑,阻止了秦军的追捕;吐谷浑富有灵性的骏马扬鬣嘶鸣,无论怎样也不能够阻挡向西奔驰的锫铁健蹄。

两人奋斗最终功显名扬——爱剑由奴隶变为首领,被河湟群羌所拥戴,羌人迅速崛起,其子孙世世为豪强首领,繁衍出150余种落,并大规模地南迁西移,在中国民族史上谱写了新篇章。吐谷浑艰辛的西迁,最终换来的是子孙的辉煌发展:其孙叶延当上首领后,按照中原王朝的习惯,"以王祖字为氏",改姓吐谷浑,并作为族姓、国号,于公元329年正式建立了吐谷浑王国,这个王国以游牧经济商业化形态存在了300余年,在南北朝时期作为中介和联络使者,畅通并延续了自汉代以来开辟的"丝绸之路",沟通了柔然、南朝和北朝的政治经济和文化联系,为隋唐帝国的大一统奠定了基础。

---

① 《魏书》卷一百一《吐谷浑传》,北京:中华书局,1974年,第2233页。

不同时代的史家承续《史记》之叙事风范，采取几乎相同的手法，书写两位首领的来历和作为，采用世代流传甚广、颇具传奇性的历史传说，建构起羌人在秦汉时期的源起与蓬勃发展史、吐谷浑早期西向部族迁移史和建国史。这类采用文学化的语言和民间文学文本作信史的叙事风格，在那种刻板的"流水账簿"式史籍里，使文字的可读性大为增强。作为架通历史与文学桥梁的历史传奇故事，被正统史家采录于"有资于治道"的史籍中，显示了民间文学强大的教育功能、规范功能和历史功能，将其当作磨难励志、开拓进取，最终得成功的典范而入史册，意在塑造中国人固有的精神品质——勇敢创新、奋发图强、不懈追求、建功立业等。虽然西羌诸部、鲜卑吐谷浑消失在历史的长河而不复存在，青藏民间也没有口头流传此类故事，但从今天的历史文化研究和从非物质文化遗产文本传承视之，记录于典籍中的这些相关历史传奇文本，是经过了严谨的工作程序的，看似承袭前人，实际上是撰修史籍时的创新之举。对历史传奇故事文本作信史资料加以采纳，在于揭示部族或民族渊源和发展的"历史意识"，书写历史背后的"历史"，以传承文明，继承和发展民族文化。由此观之，民间文学文本的被典籍化，是历史，更是传统精髓文化的本真记录。

三、传承民间文学的文本化过程中，尊重民间传统，保持其应有的民俗文化属性

历史的经验值得借鉴，当下在主流意识主导下的非物质文化遗产保护中，对于仍旧存活于民间的活态的民间文学，既应继续承继纪录民间文学"本真性"文本进而典籍化的传统，更应在传承民间文学的文本化过程中，尊重民间传统，保持其应有的民俗文化属性。

青藏地区"三套集成工程"的完成出版，和其他省份一样，几十年来数以千计的工作者，以"眼光向下"的视角深入民间，按照"全面普查、科学采录，以县为单位编印民间文学的资料本"要求规范进行操作①，记录了民众的历史文化记忆，在访谈过程的多数情境下，访谈者始终是文字记录者、翻译者，或是录音录像的记录者；受访者是民间文学的讲述者、传承者，是关于"历史声音"的表达者，也是日常民俗文化的表演者。有时访谈者与受访者关系融洽，相处配合友好，就会在一起创造出相对独立的叙述、回忆与和谐的气氛环境。应该说通过访谈者的笔录和录音、录像记录，这种瞬间讲述与表演的在场性与语境可以被完整地保存下来。从搜集整理到翻译编纂出版的流程看，尽力保持了民

---

① 《中国民间故事集成·青海卷》编辑委员会：《中国民间故事集成·青海卷·总序》，2007年，第1页。

间文学作品的"本真"原貌,使得所有集成作品(尤其是县、州的原始卷本)以书面文本形态得以永久性存活。

青藏地区各民族口头传承、享用的民间文学,是各民族不可缺少的文化生活样式,具有浓郁的高原民族风貌和地域文化特性,包含了民间文学的生成、传承、演进至随时代而变迁乃至创新的全部过程,显示出生生不息的深层生命运动力和久远的文化底蕴。神话、史诗、故事和谣谚等活态的民间文学被文本化后,虽然变成了"一个格式化了之后的文本"①,但是其依然能够跨越时空传播,并"使一个事件的最初的讲述者达到千万里外或前百年后的听众或另一些讲述者那里时,早已变成了一个融入了千百万人自身的经验与想象的故事,变成了一个民族的神话或史诗,变成了一部民族生活的百科全书"②,这与历史上以来青藏地区被官方视为"杞宋无征,文献澌灭"的文化荒芜景象形成鲜明对比。从典籍化的文本文学看,无论是纯文学的欣赏还是作为民族民间文化遗产对待,其文本化的过程与非物质文化遗产传承和保护的精神相一致。随着世界各地纷纷进入现代社会,民间文化日益受到外来文化的冲击影响,这些世代口耳相传、如今被文本化的民间文学是无形的精神文化遗产,对于青藏地区只有本民族语言而没有文字的民族尤显重要,文本化的"三套集成"倍觉珍贵。但也不可否认,在搜集采访后的整理出版过程中,出现了许多有意或无意的删减、完善或移植的主观判断做法,其危害性在于消磨掉了民间文学作品的地域性及多样性特征,那些富有深刻民俗文化意义的作品,经过删减、移植反而失去了其本质性的内涵。从这个角度而言,尊重民间传统、保持其民俗文化属性尤显必要。

首先,在民间文学文本化过程中,尊重民众口头创作内容的独特性。作为搜集整理工作者,须坚持"全面搜集、忠实记录、慎重整理"的大原则,不应急于作"取其精华、去其糟粕"的主观价值判断,避免凭主观意识将民间流传的口头作品在内容上作随意改动、妄加增添或删改,避免进行不恰当的"润色"和篡改。在前集成化时期,一则藏族传说故事《铁匠明珠央托》的整理过程③,就是突显"中国特色"顽疾、造成故事作品"没有新鲜思想,没有思想个性和讲述个性,即没有讲述者个人的风格"恶果的一例典型④。该故事讲述了给官府支差的地位低贱的孤身铁匠与官家高贵小姐恋爱的悲剧故事,这个"手艺好得

---

① 刘魁立:《民间叙事机理谫论》,《民俗研究》2004年第3期。
② 耿占春:《叙事美学——探索一种百科全书式的美学》,郑州:郑州大学出版社,2000年,第24页。
③ 西藏自治区群艺馆集体翻译整理:《西藏民间故事集》(第1集),拉萨:西藏人民出版社,1984年,第1—6页,《中国民间故事集成·西藏卷》编委会:《中国民间故事集成·西藏卷》,2001年,第846—853页。
④ 刘锡诚:《非物质文化遗产:理论与实践》,北京:学苑出版社,2009年,第213页。

像表演魔术一样"的铁匠,被那"权势像威严的雪山、性格像熊熊烈火的朗若本长官"活活打死扔进拉萨河,小姐抱着刚刚出世的孩子"快快乐乐"地唱了一首"既然在人世难成对,那就到天国结成双"的歌后,决然跳入深河与丈夫相聚,从河中飞出3只金鸟,盘旋、歌唱在拉萨河上。这是一则艺术性和思想性兼具的菁华民间故事,其原始文本三易其稿而定,倾注了讲述者、搜集整理者和翻译者的诸多心血。但窃以为整理者的随意删改行为,在很大程度上损害了原有故事的思想内容和所展示的民俗意蕴。在整理的原文本中,在整理后特意作了一条"附记",说这则故事在藏区广为流传,"原故事中,小姐怀孕了,去找明珠央托,明珠央托既没有留小姐住下,有没有跟她逃跑的决心,以致被长官发现,丢掉了性命。我们在整理时,细节略有改动"①。在公开出版的《中国民间故事集成·西藏卷》中,重新题为《铁匠米垂托牙》收录,对其中的加工改动痕迹更甚,还大刀阔斧地砍去了这样一段话:

> 长官老爷对铁匠很不放心,专门派自己的女儿去监视。他说:"女儿呀,你到那个白帐篷里,看着明珠央托那小子干活,不准他偷懒,留心他偷东西。记住:铁匠的灵魂是黑的,骨头也是黑的,铁匠的影子映在谁的身上,谁就要倒一辈子霉,你千万不能跟他随便讲话呵!"

其实这个情节和这段贵族官老爷的话,在民众的口述中是非常有意义的。因为在农奴制长期存在的藏区社会,像明珠央托这样有着绝佳手艺但身份低贱的铁匠,是藏区社会"箭垛式"代表人物,他们凭一双灵巧无比的手,化腐朽为神奇的高超技艺,令世人叹为观止,打造出的艺术作品难以计数,然而他们的社会地位低贱之极,从不知晓自己的心血作品有署名权、专利权。故事中明珠央托虽然接受了官家小姐的爱情,但他们的婚姻得不到官家老爷的认可,在社会等级极端森严的制度下,他也不可能就此摆脱低贱的社会身份;铁匠内心自卑软弱,性格的优柔寡断,又时时刻刻不敢忘记自己卑贱地位,是不会做出和官家小姐勇敢逃走的举动,也就因此而注定了故事以悲惨结局而结束。从民俗文化看,这是有价值的叙事情节,解释了旧时代藏区贵族何以为贵族、农奴何以为农奴的社会因素和民俗心理定势。从社会阶层看更具有典型意义,这段话从一个统治者口吻中恶狠狠地说出,是合情合理且合法的,对于被统治者的极端鄙视,就是极力维护剥削者既得利益和特权。对20世纪50年代广大民众

---

① 西藏自治区群艺馆翻译整理:《西藏民间故事集》(第1集),拉萨:西藏人民出版社,1984年,第7页。

为挣脱反动统治者套在自己身上沉重枷锁，为挺直身板求得"翻身农奴把歌唱"的社会政治解放和人格独立，这也是极有价值的生动教材。从中能看出民间文学文本化过程中的遗憾之处，也可窥主观判断和妄加臆改所造成危害之一斑。另外，故事中还有一些按照叙事情节发展脉络，完善其故事情节内容但又显得比较拙劣的"神来之笔"，在此不一一例举。令人遗憾的是，此种凭借主观判断随意删改添加的做法在青藏地区民间文学文本化过程中，是普遍存在的。

其次，在民间文学的文本化过程中，尊重民众口头创作语言的独特性。作为民间文学的搜集整理翻译者、研究者和保护者，应保持民众口头语言的本真性，倘若随意妄加或者转换民间文学口头语言，即由地区方言表述转换成普通话，就会消磨掉民众表述的民族性与地域性特征。如何搜集整理和翻译中保持民族语言的本真性，搜集整理和翻译出版的《藏北民间故事》堪称"样板"[①]。此故事文本是已故次仁玉珍女士在藏北工作 30 年、深入藏族民间采风而成的心血结晶。她将藏语民间故事翻译成汉语文本，既符合汉族语言表达的习惯，又保持了藏民族鲜活的语言表述特色。如描述俊男靓女的美："那白净的圆脸犹如十五的螺月"；形容衰老的老年人时："一位腰身弯似弓、眼珠绿如水，头发白得像羊羔皮的老太婆"；描摹自然景色时："从东边山头上空急急飘来了一朵绵羊大的云朵"；讲述人的富裕时："牛奶流成河，酥油堆成山"、"酥油的火种软绵绵，牛奶的祭品白哗哗"；讽刺富人对财富的贪婪时："好像得到了羊头大的黄金似得老泪纵横"；一些民间的俗语谚语形象生动："国王的命令是放在百姓脖子上的利刃"、"犹如父母般温情的夏天悄悄逝去，俨若仇敌一样冷酷的冬天炫耀着降临"，等等，都有真实而鲜明的民族感、地域感和民俗文化感，是一本成功保留了丰富的民族文化史的民间文学文本。同时也是一本实践搜集整理的"忠实记录、慎重整理"原则，具体做到了翻译过程中"信、雅、达"要求的本真性文本。

再次，在文本化过程中，尊重民众口头创作风格的独特性。民间文学是一种语言艺术，作为民众文化生活的组成部分，和作家书面文学是不一样的，具有活态文学样式和立体性特点。对民间文学进行非物质文化遗产的"本真性"传承和保护，不仅对研究或发展建立一门学科有价值，而且有着强大的民族凝聚功能和教育功能等实际价值。特别是对下一代的传承教育尤为重要，这也是民间文学文本化传承的关键。一方面在高校开设《中国民间文学》或《民俗生活与文化》课程很有必要，是民间文学传承的新途径；另一方面学界的研究、

[①] 塔热·次仁玉珍搜集整理翻译：《藏北民间故事》，拉萨：西藏人民出版社，1993 年。

文本的整理出版和传播，本身就是一种"润物细无声"的普及教育。通过一个民间文学作品立体性呈现，让更多的人既知其表象，更知其生成的历史过程和文化内涵，使民间文学这样一种世代集体创作、集体传承和集体享用的活态的和"本真的"精神文化，形成在传承和保护中以传承人为主，更多的人参与其中的良性扩布传播。

在前集成化时代，对于民间文学的搜集整理，在很大程度上只停留在文字的整理翻译层面，文本化后静静地保留在了纸质中。经验教训告诉我们，在进行非物质文化遗产传承和保护的后集成时期，若是对存在于民间活态的民间文学再次作田野的搜集整理或进行追踪调查采录，学者们更要有高度的责任感和历史使命感，更要有专业的文化理论素养，在深入民众生活进行观察体验、调查记录时，一是对于那些富有表演性的作品如多民族婚礼歌、劳动歌等，在传承的具体场域中依照一定的程式而即兴的创作风采作本真性、立体性的记录，使人们能够看到在那个特定空间叙述中作品的立体性样式，发现过去没有在意的作品，或在新文化事象下出现的新作品，展现其中隐藏在书面文本背后的许多文化象征和民俗意义，不做有意或无意地删去民间文学的民俗文化属性的主观判断，避免造成无法领略或体悟其文化涵义的遗憾，这些对研究民间文学的生存状态和流变规律等课题，有非常重要的作用和意义。二是防止把一些伪作品当作民间创作进行搜集和采录。以青海民歌"花儿"为例，在搜集整理和研究中，学者们根据其内容分为传统花儿和新编花儿两大类。后者指1949年以后深受一定文化教育的基层民众包括民间歌手在内新创作的花儿，表达了民众对新中国、新思想、新事物及新时代变迁的心声，深深打上了时代的烙印。如：

黑白的电视换彩电，还买了个带电的风扇；
"飞鸽""永久"不稀罕，骑上个"嘉陵"了撒欢。
手机的短信（俩）传情哩，不知道，你在个QQ里等的；
我拿上实心呵维人哩，不知道，你心里啊们个想的？

这是两首收录在县卷本中的反映民众新生活的新编花儿，信口拈来，自然成章，其句式章法、语言表达完全符合花儿结构和韵律，也是较为成功地新创作的代表性花儿，弥漫着现代文明气息。但是也有一些或不懂花儿格律章法、或不懂得花儿结构体式的以所谓"破格"名义胡乱编造、不遵循花儿创作规律编出来的"花儿"，却被采录在民间文学文本中，比比皆是。针对这种状况，早在 20 个世纪 80 年代末，赵宗福教授在其《花儿通论》这一中国第一本花儿整体性研究的专著中，就严肃批评过一些不懂花儿格律和韵味而编造假大空口号式的、颂词式的"新诗"来冒充花儿的作品①。民众也不满意那些将自己心爱的民间文学被文本化后以扭曲的、走了样的面貌发表在各类公开报纸刊物上的作品，就用花儿形式表达不满和愤懑②：

青海"花儿"是四六句，"令儿"有几十样哩；
五句、七句胡编哩，不入令阿么价唱哩！

"破"得没有框儿了，变成个四不像了；
"新"得不像"花儿"了，唱家也唱不上了。

在以往搜集整理的州县卷文本中，就有许多"新的不像花儿"的伪作品，甚至堂而皇之地收录在公开出版的"三套集成"中。如果伪民间文学文本大行其道，将会破坏和失去民间文学原有的韵味，严重损坏民间文学本身，造成接受教育者尤其是年青一代"误读"、"误解"或"误传"的极大危害。因此，尊重民间文学本身具有的表达风格，防止伪民间文学作品的出现，十分必要。

综上所述，在民间文学进入非物质文化遗产保护的时代，尽可能接近实际地搜集和整理、尽可能保持口头叙述传统的文本化，是保护和传承民间文学的方式之一，在尽可能做到遵循"忠实记录"时，搜集整理者尊重民间口头传承而不掺杂删减、改编、移植或增加拼接等主观手段，是责任、义务，也是在实践中掌握的技术手法。

---

① 赵宗福：《花儿通论》，西宁：青海人民出版社，1989 年，第 102—103、204—205、298—299 页。
② 赵存禄主编：《中国民间文学集成青海省民和回族土族自治县·民和歌谣集成》（下），1992 内部印行本，第 329 页。

民间文学篇

青藏地区民族民间文学的交流与特点

米海萍

历史上青藏地区的各民族伴随着数几千年的"玉石之路"、"麝香之路"乃至"丝绸之路",与外界的民间文学交流从未中断过。当我们翻开由著名学者王尧、陈践践整理翻译的《敦煌古藏文历史文书》、英国人托马斯整理研究的《东北藏古代民间文学》时,弥漫的仍然是青藏高原与祖国内地文化交流的气息。

一、各民族民间文学交流的条件

其一,历史上民族迁徙移动使民间文学成为一种文化记忆和标识。民间文学是存活在民众口头的具有鲜活生命力和恒久艺术魅力的文学,随着民族迁徙和文化的动态传播,民间文学也会由故乡流布到新的生活区域,以书面的或者口承的形式继续存活,并产生持久影响。《尚书》中"窜三苗于三危"的记载可谓是上古先民的文化记忆和"神圣的叙述",地处江淮的三苗集团在和华夏尧舜集团的争战中失败后,被尧、舜强制性迁徙于三危。这虽然被后世演绎成历史化倾向的内容,但也至少说明中原文明已经影响或波及华夏的西部边缘,并以文化记忆方式传承。治水英雄大禹出生于西部羌地,从黄河上游积石山开始治理水患,导川凿山,历经千难万险,终于完成治水事业,其"历十三年,曾三过家门而不入"的美德和敬业精神千百年来被人们久久传诵。周王朝建立后为报答羌人在周革殷命的关键时刻的鼎力支持,周王室分封了诸多姜姓诸侯国,西部羌人固有的神圣昆仑山信仰、河水崇拜等文化带到了内地,成为中原文化的一部分,泰山被当成了昆仑山,庞大的"蟠桃会"民俗活动盛传不衰。研究者认为"东方以泰山为昆仑山的仙乡信仰,也是与古代羌族有关"[①]。与此相同的春秋战国之初,羌人族群向横断山脉外迁,是一次青藏地区民族与文化的大规模输出,今藏缅语系的许多民族如彝族、纳西族、普米族、哈尼族、白马藏族等属古羌人支系民族,在心灵深处仍然有着祖先源于昆仑山的文化记忆,不仅保留有与青藏地区相似的信仰和习俗,而且适应当地文化环境,形成多姿多彩

---

① 王孝廉:《绝地通天——以苏雪林教授对昆仑神话主题解说为起点的一些相关考查》,《黄山高等专科学校学报》1999 年第 5 期。

的昆仑神话母题情节的神圣故事，昆仑山成为众多民族之根源的文化标识。西南的这些民族都是在不同时期从青海高原迁徙过去的，在他们的口承习俗中不仅大量地流传着与青海高原相关的族源传说，而且还保留着魂归故里、魂归昆仑的丧葬习俗。在白族丧葬习俗中，人死后必须要把灵魂送往北方祖先所在的神山，因此要请巫师诵经，指引前往祖灵地方的路线。根据经文中的路途，他们祖灵所在的地方正是在青海高原。在普米族的传说中，他们的祖先是从昆仑山南下，沿雅砻江往南迁徙的，最后才到了泸沽湖。魂归昆仑山的丧葬习俗在纳西族中尤为突出，认为他们的祖先来自北方的一个大海，那里有一座高山，山下流出 3 条大河。所谓大海就是青海湖，大山就是巴颜喀拉山，3 条河正是黄河、长江、澜沧江，因此一些纳西族年轻人还专门到江河源地区寻根问祖。在丽江的纳西族中，至今仍流传着这样一种传说：他们的祖先原来居住在北方一个名叫"多弥"的地方，后来才沿金沙江河谷往南迁徙，最后到达丽江。关于"多弥"地方，已故李绍明教授在《康南石板墓族属初探》一文中认为，"多弥"一词早已存在，纳西族这一传说中的"多弥"可能与唐代仍在西北活动的多弥部落有关[1]。《新唐书·西域·多弥传》曰："多弥，亦属西羌。"多弥位置在今青海玉树一带。这可说明，纳西族先民在迁徙中，有一部分是从青海玉树一带出发，其中一支沿着发源于青海巴额喀拉山南坡河谷宽广的雅砻江南下，是完全可能的。

在纳西族的东巴经《创世纪》（直译为《人类迁徙记》）中，记载了纳西族先民从北方高原的"居那什罗山"南迁到今丽江的迁徙路线，即从居那什罗山南下，一路上经过了许多地方，后抵达今四川木里一带，然后再往西到今云南中甸白地、丽江大具、丽江白沙等地，最后到"英古地"即丽江的曲折过程。该经文中反复提到的"居那什罗山"就是昆仑山[2]。《创世纪》所记纳西族的葬礼中有送魂的仪式，人们相信死者的亡灵要离开家园，回到祖先居住过的地方，为此要请东巴（巫师）念诵《开路经》。《开路经》的内容除了劝说亡灵前往祖先的居住地外，还详细地描述了送魂的路线和经过的每一个地方，送魂路线反过来就是祖先迁徙的路线。在其《送丧挽歌》中多次强调"居那什罗山"是"好气象"的地方，家中孝男孝女定要把死者灵魂送到故土"上北方"，送回祖先故土去[3]。永宁纳西族自称"纳日"，最初分属 6 个血缘集团，纳西话称

---

[1] 李绍明：《康南石板墓族属初探——兼论纳西族的族源》，《思想战线》1981 年第 6 期。
[2] 赵心愚：《纳西族先民的迁徙路线及特点》，《西南民族大学学报》（人文社会科学版）2004 年第 2 期。
[3] 武志和编译：《纳西族东巴经选译》，云南省社会科学院 1983 年内部印行本，第 145—155 页。

作"尔",现只剩下 4 个"尔"。据调查,4 个尔中的"胡尔"传说在由北向南的迁徙中以黑石块为路标,地点明确也易保存,所以没有走弯路,送魂路线也直往北方。其他几个"尔"因为用草皮、树根等植物为路标,易丢失,迁徙中走了弯路,所以送魂路线也是走的弯路,即先过金沙江西岸,经鲁甸、巨甸、石鼓、白沙场、白沙、大巨、永宁,然后向北,经木里、川西,最后到昆仑山下。在念《开路经》时,巫师反复劝说死者一定要回到祖先所在的地方去,不要徘徊,不能回顾。为此竭力宣扬祖先的住地如何美丽、富裕,最后说:"你要好好坐着,好好站着,跟祖先一起生活,我们接你就回来,不接你就不要回来。"①四川盐源县左所区达住村的纳西族是明代从丽江迁来的,他们仍然保留着送灵魂至昆仑山的葬俗,送魂路线是先由达住村过永宁,跨金沙江至宝山,又至白沙、丽江,再从丽江往北过江送到木里以北方向,经过 28 个地方后,到达居那然洛肯山,从居那然洛肯往右,即是青海"昆仑山那边祖先原来的住地"②。又据赵心愚教授田野调查,今盐源县的纳日人(历史上为么些的一支,现有的已改称蒙古族)称祖先原居住地为"司布阿那瓦",并认为这个地方就在青海昆仑山下,人去世后送魂也要送到那里③。

与蒙化、元江并称为云南三大土府的丽江纳西族木氏土司,其权力控制的滇西北地区处于滇、川、藏 3 省的接连地带,从 1253 年其先祖阿琮阿良归附忽必烈到清雍正元年(1723)改土归流 470 年,传世 22 代。作为少数民族地方首领统治一方的木氏土司,对自己起源的认识也是来自纳西族东巴经《创世纪》中对人类起源的表述。该家族的纪念文本《木氏宦谱》是家族的"信史",对最早祖先来源的追忆性文字记述,简略地用人神结合的神话传说方式描述了始祖的起源④:

> 肇基始祖,名曰爷爷宋徽宗年间到雪山,原西域蒙古人也。初于昆仑山中,结一龛于岩穴,好东典佛教,终日趺坐禅定。忽起一蛟,雷雨交兴之际乘一大香树,浮入金江流至北浪沧,夷人望而畏之,率众远迎,遂登上岸上。时有白沙美陶阿古为野人长,见其容貌,苍古离奇,骏其举止,安详镇静,心甚异之,遂以女配焉。俗兴祭宾,另择一地面而祀,于从俗

---

① 严汝娴、宋兆麟:《永宁纳西族的母系制》,昆明:云南人民出版社,1983 年,第 174—175 页。
② 《四川省纳西族社会历史调查》编写组:《四川省纳西族社会历史调查》,北京:民族出版社,2009 年,第 22 页。
③ 赵心愚:《纳西族先民的迁徙路线及特点》,《西南民族大学学报》(人文社会科学版)2004 年第 2 期。
④ 《云南纳西族社会历史调查》编写组:《云南纳西族社会历史调查·丽江》附录《木氏宦谱(乙)·一世考》,云南民族历史研究所 1963 年内部印行,第 112 页。

之中，便寓离俗之意。是时村长分有五支：一曰云千罗滕督，二曰甸起选，三曰阿娘挥，四曰刺宛，五曰瓦均阿乃，愿崇爷爷为五家之长。时年乐年保自称为大将军，爷爷生有一子，名曰阿琮，生而奇颖过人，年乐年保见而异之，抚以为嗣，袭大将军之职。噫！根深木茂，源远流长，古今世族，每考肇基，定多奇迹，于此可见矣。

木府土司属当地精英阶层，在这段有着神话色彩的关于始祖记载中，明确称始祖原在昆仑山居住禅定修行，后顺着金江（即金沙江）南下，至北浪沧上岸，再到白沙（北良沧与白沙均是丽江以北的村庄名，亦为地名）。入赘后，为五家之长，其子阿琮被自称为大将军的年乐年保抚养为子嗣，后袭其职，成为木氏土司家族的第二代。一世祖"爷爷"从昆仑山走出，沿着金沙江迁徙至丽江，这与纳西族先民南下迁徙的路途基本一致。

正是伴随着这样的民族迁徙方向，昆仑神话及其相关的文化也逐渐流传到了西南及其南方，不仅与当地文化融合，形成了许许多多具有昆仑神话母题和情节的传说故事，而且保持着送亡魂回归昆仑山丧葬习俗的民族传统。

此外，撒拉族"骆驼泉"的族源故事、青海汉族来自"南京珠玑巷"移民传说，都有寻根问祖的文化追寻情结，更有民族文化标识和文化记忆的意义。

其二，民族民间文学的自身发展需要汲取他民族民间文学的养料。青藏地区各民族杂居相处，始终保持着"和而不同"的民族特性，在相互间的亲善和睦往来中，总是善于吸收他民族精华文化，从他民族优秀的民间文学作品中汲取养料来丰富本民族的民间文学。以中国特有民族、青海世居民族土族为例，其人口约23万余，主要居住在互助、民和、大通等县，自形成一个民族共同体时就与周边汉、藏、蒙古、回、撒拉族杂居生息，被土族学者吕建福称为"孤岛民族"。

清代的土族，《皇清职贡图》曰：乾隆初期，西宁县土民"所居距城五十里。男毡帽布衣。妇盘发戴红布箍垂繻覆额，中贯铜簪系以珊瑚、水珠，衣裙间亦多以玉石砗磲缀之，裹足著履，与东沟等族番妇相似"。东沟正是土族聚居的中心区域，"男戴白羊皮帽，著长领褐衣。妇女以红布为额箍，上衔砗磲，后插银铜凤钗数枝，杂垂珠石。衣裙俱用红绿布而裙与衣齐，裹足著履"①。

民国年间，土族衣着服饰、民间信仰等依旧传统，变迁不是太明显，妇女最大的变化是"土人女子一律天足，概不裹绕，因此健而敏捷，勇于劳动"②，随

---

① （清）傅恒等撰：《皇清职贡图》卷五，载景印版文渊阁《四库全书》史部地理类。
② 顾执中、陆怡：《到青海去》，董炳月整理，北京：中国青年出版社，2012年，第273页。

着女子裹脚陋习废除的潮流而身心得以解放。《互助县土人调查记》记载女子服饰道："一衣五色具备，一衣五色俱备，头饰有名簸箕头者，一名马鞍撬头，两耳带银装大环，项下系细小红白珠两串，缀于耳环，脑后带银髶如小碗状，项上带一大圈，饰以海螺灯颗之类。"但土族信仰习俗深受藏族和藏传佛教影响："信仰佛教，每一户中弟兄有二三人者，必择一清颖者送入寺院为僧。忌讳亦最多。每一村落，于庄之中央或路口，盖一四方出角之小亭，中挖深坑，围多数之小泥佛于中，然后用土块将亭之四面砌起，谓之'奔坑'。奔坑者，一万佛爷之意也。每逢月之朔望日，必立亭之外面，煨柏香，以表敬信。又各家于院之中央及门楼上，立一长约丈余的木杆，上挂白布，满印番经，名曰'嘛呢旗杆'。又于山顶最高处或丘壑间，垒成四方高台，约六七尺，上立木椽，成四方形，空其中而乱置石头柳梢木棍鸡羊毛等，名曰'毛吉'，又名'嘛呢大确'。其用意谓能镇地方而避冰雹之灾，亦即补风水而保佑地方也。每月之初八、十五两日，在此等地方必煨香以表敬信。"土族的婚礼习俗颇具本民族特点："婚嫁时，男先赴女家亲迎，既入门，拜堂礼节，新妇入厨下。凡女家亲属同赴男家宴，或居场院，或居庄院，围一大圈，唱番曲（俗名道拉），商议彩礼。彩礼则牛羊马匹不等，衣服多以粗布与褐为之。"①

以上是两段反映清代、民国时期土族精神信仰、服饰装扮、婚姻仪礼习俗等社会民俗文化的最基本内容。土族语言属阿尔泰语系蒙古语族，吸收了许多汉藏语言词汇，部分民众兼通汉语和藏语，日常生活中使用汉文和藏文。又笃信藏传佛教，据民国年间的调查，互助土族聚居地建有佑宁寺、却藏寺等上百座寺院，民和土族建有慈里寺、文家寺等20余座寺院。同时保留有"跳神"原始宗教、供奉"神箭"祖先崇拜等原有信仰。作为民族外化标志的服饰，男子喜白色，女子则喜绚烂靓丽，从清代到民国年间以来基本上没有大的变化。土族婚姻仪礼习俗及其《婚礼歌》是与他民族交流的典型产物，更是催生民间文学的平台。婚礼歌内容丰富、包罗万象，既是对上述内容的直观描述和生动诠释，又是土族社会历史、精神性格和心理气质、审美情趣的表现，更是接受藏族和汉族文化深刻而持久的客观反映。在娶亲仪式中唱的《安昭曲》赞美新嫁娘服饰时唱到：

　　阿姑的头上多好看，镶边的帽子亮闪闪；阿姑耳朵上多好看，白银的耳环亮闪闪；

---

① 米海萍、乔生华：《青海土族史料集·互助土人调查记》，西宁：青海人民出版社，2005年，第312—313页。

阿姑脖颈上多好看，绣花的领子亮闪闪；阿姑的肩上多好看，七彩的袖子亮闪闪；

阿姑的身上多好看，锦缎的长袍亮闪闪；阿姑后腰上多好看，丝绸的带子亮闪闪；

阿姑腰腿上多好看，粉红的裙子亮闪闪；阿姑的脚上多好看，绣花的腰鞋亮闪闪。

歌中以民歌特有的重叠反复的章法，每一句用"亮闪闪"词语，把精工细作的镶边的帽子、白银耳环、绣花的领子、锦缎的长袍、七彩袖子、丝绸带子、粉红的裙子作了烘托，极力渲染新嫁娘身着"亮闪闪"服饰的华贵雍容。当新嫁娘的改发仪式结束后，接着进行"罗木托罗"即度经卷仪式。举行此仪式特别隆重严肃，堂屋柜上依次放着一部经卷、一枝柏香枝、一升粮食、一撮羊毛、一碗奶子、一包茶、一把筷子和一盏清油神灯；地下放着一张方桌，由新娘的弟兄们从闺房中用白毡将姑娘抬到堂屋面朝外地放在方桌上，姑娘的母亲也面朝里地坐在姑娘身后。《罗木托罗伊姐》，以民歌特有的程式化章法，遣词用句不避重叠反复：

手拿一部经卷叫吉祥，当姑娘返回娘家时，所有经卷都齐全。
手拿一枝柏香叫吉祥，当姑娘返回娘家时，神佛旨意都齐全。
手拿一升粮食叫吉祥，当姑娘返回娘家时，家中的粮仓都装满。
手拿一撮羊毛叫吉祥，当姑娘返回娘家时，成群的羊儿满山岗。
手拿一碗奶子叫吉祥，当姑娘返回娘家时，成群的奶牛卧满圈。
手拿一撮茶叶叫吉祥，当姑娘返回娘家时，上百包茶叶家中放。
手拿一把筷子叫吉祥，当姑娘返回娘家时，家中楼房盖满院。
手拿光明神灯叫吉祥，当姑娘返回娘家时，家庭和睦人丁旺。

这8段歌词中，字、词、句、段除个别处有变化外，几乎一模一样。这种反复重叠的作用在于，既是主题思想的表达，也是音乐感、节奏感的需要。再通过简洁轻松、明快热烈的音调，对祝福新嫁娘幸福吉祥、家庭和睦、富足康宁的美好期望逐步加深。歌谣形式是典型的三段式，吸收了藏族鲁体民歌的体式和音乐调式。而在内容上，"经卷"、"柏香"吸收了藏族信仰成分，"茶叶"、"筷子"要素是汉族的文化内容，"粮食"、"羊毛"、"牛奶"则是土族的农牧生活。习惯上，娘家人中舅舅为大，在宴席上是最尊贵的客人，故而特有礼敬舅舅、尊崇舅舅的欢迎仪式，以营造祥和隆重气氛。在迎接女方亲朋好友和娘舅的

《迎舅爷》歌中，依然是程式化的语言，用"满车子的金银"迎接北京城里的舅爷，用"成捆子的丝绸"迎接兰州城里的舅爷，用"成垒子的茶叶"迎接西宁城里的舅爷；用"珍珠般的粮食"迎接古鄯驿（民和地方）的舅爷，用"雪白的哈达"迎接卡的咔哇寺的舅爷，用"酩馏酒"迎接官亭街的舅爷，用"香表明灯"迎接文家寺的舅爷。歌中唱叙有汉族、藏族和土族舅舅，有俗人和僧家舅舅，有北京城里舅舅和本地舅舅，迎接舅舅的见面礼也各有不同，实际上是借迎接姻亲舅舅光临之机，迎接姻党乡邻和八方宾朋，凡是有交往的汉藏民族朋友视为嘉宾，以最真诚的敬意和最高规格礼仪接待。整个行文用词重叠反复，句式层层推进，烘托出欢迎舅舅时的热情洋溢、礼貌周全、豪爽真诚、落落大方。在答谢新娘母亲仪式上，唱《谢娘恩》歌：

> 远古时期盘古出世，开天辟地留了天地；
> 伏羲女娲出世，留了人间的婚姻；
> 三皇圣人出世，遗留了忠孝节义；周公先生遗留了礼仪。
> 喜今日花好月圆，说起天恩好报，香烟明烛顶礼膜拜。
> 说起皇恩好报，上粮纳草精忠报国。说起娘恩实实难报。
> ……

所唱内容自然融洽，铭刻入心，完全是按儒家伦理体系所整饬编排的历史序列，说明种种礼仪是从遥远的三皇圣明继承而来，答谢娘家母亲是在尽人子之道。它如《人生包罗天地歌》、《混沌年代歌》、《三皇五帝歌》、《纲常从德歌》、《三教明主歌》、《十二属相歌》、《二十八星宿歌》、《六十花甲子歌》、《二十四节气歌》、《二十四孝歌》等用土语演唱的歌谣，全是以借用儒教道家祖师来起兴，将汉族历史、固有的"忠孝节义"思想观念和纲常道德，以及认识自然社会的基本知识等传统文化，完全浸润积淀融入为土族文化的一部分，成为本民族人伦精神的文化内核，定型为一种至高品格的价值取向。而《喜庆歌》、《十二大财歌》、《八宝罗汉歌》、《父母亲友歌》、《八洞神仙歌》、《五劝人心歌》、《阿丽玛》等，主要是人生经验、感性知识和内心情感的自发吐露内容，与回族宴席曲比较相似相近。《留运气歌》、《安昭歌》、《唐德格玛》一唱三叹、委婉细腻，句式章法、节奏舒展自由的音乐曲调，则有着蒙古族民歌的风味意蕴。

土族的《婚礼歌》就是与他民族交流的典型产物。其内容丰富、包罗万象，既是土族历史文化、精神性格和心理气质、审美情趣的表现，也是接受藏族和汉族文化深刻而持久的客观反映。从中可窥见，民间文学的交流是一种自发自愿自觉的民间文化交流，并可按照本民族的生活习俗、审美情趣、思想愿望和艺术传统，有选择地进行改造或再创作，使他民族的民间文学作品被本民族所接纳和喜爱，形成特色鲜明的具有复合型的本民族文化，体现本民族的国家观与家庭观、交友观与财富观、幸福观与婚姻恋爱观等。这也是土族自己内部文化进行调适、自觉吸收先进文化的必然行为，也是汉民族农耕文化、藏民族游牧文化与土族由游牧转向农耕文化的自然融合，使河湟杂居地区的民间文化交流呈现出"我中有你，你中有我"的复杂形态。

其三，随着宗教文化的传播交流，宗教徒借用民间文学来推广宣讲其说教。国学大师季羡林先生指出："每一个宗教，每一个学派，都想利用老百姓所喜爱的这些故事，来达到宣传自己教义的目的，来为自己的利益服务。"[1]斯言是也。宗教徒惯于利用通俗的民间文学形式和内容手段，来推广和宣传其宗教教义是有深厚传统的。宗教信仰是一种社会意识，从其诞生之日起，就与民间文学结下了不解之缘。宗教徒便利用民众口头创作习惯和创作模式进行传教布道，许多宗教经典中掺杂和保留着大量的民间文学。《圣经》中保存着关于世界形成、人类起源的故事，至今《诺亚方舟》、《和平鸽与橄榄枝》等故事难以忘怀，被搬上银幕、制成动画片，突破了宗教与世俗的藩篱、跨越了语言人种的界限，深受世界各地人们的喜爱。类似情景在佛教中比比皆是。佛教僧侣把深奥难懂、枯燥乏味的佛教教义，借助民间文学样式和内容进行通俗化宣讲传播，在传教过程中，对原生态的民间文学作品作了补充加工和润色，不仅使作品涂抹上浓浓的佛教色彩，而且把宣扬佛祖功德、因果报应、六道轮回教义，作了易懂、吸引人的诠释，流传于各民族的《方四娘宝卷》、《孟姜女宝卷》等情节曲折，人物形象丰满，最唯心的解释是人有前世今生的因果报因，趁机劝人心善，乐善好施，积福积德，皈依三宝，方能脱离苦海。使面对人生在世苦难多欢乐少，甚至一辈子辛苦无欢悦现状的底层民众，宛如醍醐灌顶，在听取故事的同时接受了佛教思想。在受佛学思想影响而撰写的藏文历史典籍中，记载松赞干布诞生时头顶有阿弥陀佛像，是超凡之圣者，圣自在菩萨的化身，带着佛和菩萨的使命普度雪域藏土之众生。他迎娶的泥婆罗赤尊公主是怒纹度母的化身，文成公主是尊胜度母的化身。松赞干布与文成公主成婚时："在十方如来境界中，见王与王妃二人，以十二佛行之相，作利一切有情之事；住十地等菩萨境界中，见圣观自在菩萨变化为赞普松赞干布，尊胜菩萨变化为汉女公主，作利一切有情之事；在世俗凡夫境界中，仅见王与王妃二人交杯合卺，对搓牵丝而已。"[2]佛

---

[1] 季羡林译：《五卷书·序》，北京：人民文学出版社，1981年，第1页。
[2] （明）萨迦·索南坚赞：《西藏王统记》，刘立千译，拉萨：西藏人民出版社，1987年，第77页。

与人同型同体,在世人面前具体化了,是救苦救难的化身;俗人与佛合二为一,又在人间行最普通的夫妇礼节,可谓典型的"现身说法"。格萨尔王一生戎马征战,扬善抑恶,弘扬佛法,是藏族民众心目永远屹立的旷世英雄。而在英雄史诗中说,是大慈大悲的观世音菩萨为了普度众生出苦海,向阿弥陀佛请求派天神之子下凡降魔。白梵天王选中自己的小儿子推巴噶立下扶助百姓、惩处妖魔、拯救人类的誓言后投胎人间——即格萨尔王。为了让格萨尔能够完成降妖伏魔、抑强扶弱、造福百姓的神圣使命,史诗的作者们赋予他特殊的品格和非凡的才能,把他塑造成神、龙、念(藏族原始宗教里的一种厉神)三者合一的半人半神英雄形象。在多民众信仰中,以民间文学形式宣传宗教教义的通俗传唱中,具体的说教情景和宗教内容界限实难区分,而宗教徒巧妙利用民间文学来宣讲佛教思想的手段,如此高明。

《佛说盂兰盆经》中叙述佛陀弟子目连拯救亡母出地狱的《目连救母》故事,在中国各地流传甚广,曾经是各种图画和戏曲创作常常使用的题材。敦煌发现的目连救母变文就有16则,有《大目干连冥间救母变文》、《大目犍连变文》或《大目连缘起》、《大目连变文》等。目连之母青提夫人,家道富足,然吝啬贪婪,儿子却具善心且极孝顺。青提在儿子外出时,无念子之心,宰杀牲畜以享口福,更有打僧骂道从不修善之举,死后被打入阴曹地府,受尽苦刑惩处。孝子目连为救母而出家修行得神通,在地狱中见到饱受苦痛的母亲,心中不忍又无计可施,祈求于佛。佛陀教目连于七月十五日建盂兰盆会,终使母亲脱离地狱进入天堂。这个以宣扬佛教教义为主体的故事口耳相传,从西晋流传到现在,皆以劝人向善,劝子行孝,以供僧佛功德、救度亡故之父母为主旨,很受民众重视。目连救母故事一直是中国民间最受欢迎的佛教故事之一,衍生出七月十五设盂兰供养十方僧众以超度亡人的佛教典故和盂兰盆节、鬼节、亡人节、中元节等流传至今的名目,盂兰盆会已成为中国民俗文化的一部分。

青海省现存有戏剧本《目连宝卷》、说唱本《目连救母幽冥宝传》两个手抄本。目连戏还作为一个地方剧种被收入《青海省志·文化艺术志》中。说唱本《目连救母幽冥宝传》分上、下两卷,上卷《目连求道访明师》,下卷《刘氏开斋堕地狱》。开篇为一首《西江月调》:

世间善恶两类,果报看来无偏。
暗室衾影细究研,神灵刻刻窥鉴。
造孽多遭凶报,积德可列仙班。
报应远近甚显然,丝毫不漏半点。

对整个故事主题作了一个以宣讲佛教思想为主的调子①。这对于精神生活单调贫乏、生活在社会中下层各族民众而言，听故事、看戏剧是一种精神上的极大满足和享受，调适了心理，娱乐了心身，同时接受了佛教中人生是苦难，若脱离苦海，就需生念善心，诸恶莫作，乐善好施，与人为善，度自己也度众生，放下屠刀立地成佛的种种思想，皆往一个"一年四季风雨调顺，百花开放万类和宜，产物丰收果实甘美，人人长寿毫无疾苦，又无任何灾难，人心皆为大善"的安乐世界。此番说教易于接受，施财供佛、修建寺庙是功德，接济穷人、慷慨慈善是功德，再把佛的事迹编成故事、歌谣、宝卷、戏剧、道情到处宣扬，也是功德。

在民和麻地沟供奉地藏王菩萨的能仁寺发现的手抄戏剧本《目连宝卷》共十卷：《白云犯戒》、《员外上寿》、《父子从军》、《天仙送子》、《员外下世》、《刘氏开斋》、《青提归阴》、《目连出家》、《阴曹救母》、《刀山地狱》。该寺组织演出目连戏。《民和县风土调查记》载："麻地沟，在城西二十里，三年演剧一次，会集人民，商贾云集，自正月初一日起至十五、六日施行，架木为高山，高三丈余，两面各缚马刀六十把，俗称刀山会，上山者刘氏夫人、黄风鬼，刘氏上两次，黄风鬼上一次，人皆观之，似有奇异。"②据爱好民间文艺学的民和县文化馆干部杨正荣老人的调查，以"发慈悲观音度生，行孝道目连救母"为主题的戏剧，在1907年演过一次。1917年正月十五日踩台演戏，演8天阳戏、7天阴戏，8天阳戏包括正月十五日开幕演起太白金星登台，从东南北三游记说到《西游记》，由《西游记》引出来，再由变文《目连宝卷》引出正题。故事宣扬人生是苦，只有信奉佛教才能得到解脱的思想。佛教进入中国本土化后，援儒入佛，将孝道作为其伦理道德的中心来宣扬，目连戏自然充当了佛教思想传播的媒介，目连由原来的佛陀弟子形象，演变成一个身披袈裟的儒家模范孝子，自然获得民众认可与接受。以民间文学方式宣讲佛家教义收效甚大，佛教坛场不断扩大，信众陡然激增。目连救母的故事在民间代代流传，其本身就是中国文化与南亚文化交流的产物。能够在麻地沟这样偏僻的山村寺院保存完整的民间剧本，并在当地各族民众中盛传，不能不说是佛教徒宣讲佛教教义的"功德"。

总之，历史上不同时期民族迁徙（羌、鲜卑、蒙古族等）、商品物资的流通（丝绸与香料、茶马交换）、和亲会盟的政治交往（文成公主、金城公主嫁给吐蕃赞普）、宗教的传播和普及宣讲（伊斯兰教、道教、佛教）等多种因素，促进

---

① 霍福：《青海目连手抄本述略》，《青海社会科学》，2006年第3期。
② 米海萍、乔生华：《青海土族史料集·互助土人调查记》，西宁：青海人民出版社，2005年，第349页。

了青藏地区民族文化包括民间文学的交流，期间既有民族间相互的交流，又有各民族杂居共处的相互交流和共同创作的交流。

二、民族民间文学交流的特点

第一，从交流形式上看，世界性民间故事如《灰姑娘》型故事、《怪孩子》型故事，在青藏高原各民族中多有流传，许多民间文学作品呈现模式性与类型性特点。由于民间文学不是个性化的个人创作，而是一种汇聚群体智慧、传承集体审美观念和价值取向的集体性作品，同一个母题作品流传在不同民族时，就有一种约定俗成的定型化思维模式，在作品形式上大同小异，尤其是带有情节的叙事性民间故事作品尤为突出。常见的大致有两种情形。

一种是故事的基本内容和情节基本相同，只有人名、地名和生活情景不同。《狗耕田》型故事，有汉族的《狗娃犁地》、《吹牛皮》、《打阎王》，土族的《黑黑与白白》、《兄弟俩拾黄金》，蒙古族的《兄弟分家》，藏族的《破铜锣》，撒拉族的《宝葫芦与两兄弟》、《兄弟俩与水牛》，回族的《耶其目与老牛》等[①]，这类故事都在从事农耕的民族中流传较广，哥嫂害怕弟弟长大后同他们均分遗产，便以"人大分家，树大分杈"为借口，只分给弟弟一点财产，如分得一条狗或一头老牛、一只鸭子，或干脆把弟弟赶出家门去。故事中的兄嫂都是自私、贪婪而霸道之辈，弟弟贫穷、善良而又乐于助人；弟弟的狗（牛、鸭）一再创造奇迹，使弟弟交上好运，而让心术不端的哥哥嫂子吃尽苦头。虽是一种带有象征性的夸张叙述，但将同情善良、鞭挞邪恶的主题思想传达与人们，具有道德伦理的警示作用。

另一种是故事的情节基本相似或相近，结构大多有对比式、三叠式、连串插入式，也有叙述上的固定套语、散韵相间的方式，虽然有一些变异，但在叙述中展示了各民族特有的民风民习。《狼外婆》型故事，有土族的《蟒古斯》，撒拉族的《吃人婆》、《朵得日姬阿娜进月亮》，回族《吃人婆的故事》，汉族《野人婆的故事》、《三姐妹的奇遇》等。这些故事的情节基本相似，内容描述凶恶的狼精装扮成和善的外婆来看外孙，欺孩子年幼无知，3个孙子（孙女）识破后逃到门外，用智谋治死狼精。这类故事也有些变异，汉族的讲老母亲在给耕地的父亲送饭路上被野人婆吃了后，野人婆又到田里把老父亲吃掉了，晚上到家中骗开门，只有最小的妹妹门扣尔打开了大门。野人婆命令大姐门担尔捻一疙瘩毛线蛋儿，二姐门闩尔烙一个大锅盔馍馍，门扣尔燎一罐酽奶茶。半夜小妹

---

① 耶其目：回族借用的阿拉伯语，孤儿之意。

被野人婆吃掉了，两个姐妹机智地跑出房门躲在门口的大杨树上，当野人婆用绳子慢慢爬到树上时，被一只嘴衔火炭的乌鸦烧断了绳子，摔死了妖怪，好心的邻居们赶来帮忙，把她俩分别许配给两户好人家做媳妇。回族的是复合型的，说老实善良的媳妇提着一罐子米汤和一篮子酥盘①，半路上遇着野人婆，野人婆套问出家中男人出远门，只有3个年幼的女儿的情况，哄骗这个媳妇，以给她捉头上虱子为由吃掉她后回家，又吃掉了最小的姑娘，大姑娘、二姑娘设法逃脱，用石磨盘砸死了野人婆。野人婆死后变成一堆红玛瑙，被一个过路的小货郎捡起来装在箱子里，但野人婆得以复活。最后在一位白胡子老人的指点下，把野人婆烧死在铁锅里，野人婆的骨灰埋在深坑里长出了浑身带刺的荨麻。

又如"全能博士型"即《猪头卦师》型故事在青藏地区各民族中流传很广，有多个异文，情节基本相同，变异性大量存在，这是高原各民族民间文学交流的又一典型。藏族的《猪头点验大师》、《榻塔加玉》、《做梦成真的孩子》、《陶匠走运》、《卦师》、《赌棍丈夫》，土族的《梦先生》、《猪头算卦》，汉族的《张五儿打虎》，撒拉族的《梦先生》等，都是用滑稽可笑而带又几分喜剧的叙事手法，讲述主人公是一个出奇懒惰胆小的穷汉子，在妻子的巧妙或无奈安排下外出见世面，却接二连三地碰到好运，并靠猪头作为"法器"做梦卜卦，有着"全知全能"的能耐，并神奇地、偶然巧合地应验，骗取钱财，被人们视为"活神仙"而名利双收，展现了一个民间普通人物的生活。流传在墨竹工卡县的《做梦成真的孩子》里，贫穷的母子俩全部的家当只有两床破烂的被子和一个空箱子，母亲每天要饭，聪明的儿子打猎，偶然间射中的一只鹤落在公主院子里，公主满足了他需要的粮食、肉和酥油等让他回家，他把鹤煮在锅里，把食肉装进空箱子睡着了，结果好梦成真，要啥有啥。接着做梦把国王丢失的骏马、金印找回来，得到国王重赏，之后故意摔倒碰破鼻子，说做梦成真的嗅觉不灵验了，国王给他很多财产不再去做梦了。流传在海北藏族自治州的《卦师》讲一个懒汉是个还俗的喇嘛，用法铃、法鼓器物装模作样地打卦，在意外巧合中成了神通无比的卦师。流传在海南藏族自治州的《梦先生》，梦先生是个不成器的赌棍，在偶然间赌赢一大笔钱、找回岳丈家的大母猪、找回的玉玺后，被封为朝廷做官的"梦先生"，国王终因误听他本国没有战事的谎言而被邻国打败并丧了性命。流传在民和土族自治县的《猪头算卦》里，好吃懒做的卜东意外地看见富人家失落的东西，于是在装模作样卜卦前，先要求提供一个熟猪头、三碗油搅团和一罐酽奶茶，待吃饱睡足后，把啃光的猪头壳串在擀面杖上，嘴里念

---

① 酥盘：蒸馍，是农村回族走亲串友的礼物。

念有词地找回富人丢失的宝石戒指、治好土司小姐的病,寻找到国王王冠上的镇国宝珠,当国王赏赐他金银钱财,并封他为侯以后就不再算卦了。撒拉族的《梦先生》是个复合型故事,有个从小没有父母的尕娃,跟着刻薄的兄嫂生活,得了腿疼病。一天他告知嫂子后响有雨不要晒粮食,嫂子不信结果粮食被大雨淋了。哥哥问原因时,尕娃就说做梦梦见的,哥哥贪财,要求弟弟做梦挣些钱。尕娃被逼得不得已假装做梦,事先心中有了数,再煞有介事地做梦装弄一番,便找到了有钱汉的鹰、县太爷的马、皇上的夜明珠,被招为驸马。汉族《张五儿打虎》中的主人公张五儿,是个晚上解手都要媳妇做伴儿的胆小鬼,一次梦醒后到市上扯了3尺白布,上写"一次消灭一千多敌人的哪吒"几个字后挂在竹竿上,骑马去闯荡江湖,结果意外地降服了卧虎山上落草为寇的兄妹二人后,声名大振,被派去除虎害。他在远处看见老虎时,吓得爬上了树顶,老虎跑得太猛碰死在大树上,张五儿吓得从大树上掉下来正好掉在死虎身上,恰巧成了在众人和媳妇面前神气十足的"打虎英雄"。这一连串可笑又可怜的"梦先生"故事,让人捧腹大笑,具有茶余饭后闲聊的娱乐性,从笑声中感悟为人要真实、劳动致富的教育意义。

第二,从交流内容看,各民族有许多相同或相近的思想情感。由于历史上藏区政教合一的封建农奴制度长期存在,社会财富被少数统治者攫取挥霍,对农牧民的压榨剥夺空前绝后,生活极端贫困。许多作品真实而艺术地再现了这一残酷事实,如藏族《布芝姑娘》、《银子和歌声》,汉族《巧治李剥皮》等民间故事;多民族苦情花儿、《四辈阿哥上工来》、《十二月长工歌》等生活歌谣,多民族民间叙事诗《方四娘》等。民众对于自己在不公社会下所遭受的沉重苦难、生活的艰难辛酸有直接反映。俗话说,百善孝为先。以反映家庭人伦"孝"为主题的故事歌谣在各民族中多有交流和影响。土族用土语演唱汉族广为流传的《二十四孝歌》,"董永卖身葬父"、"王祥卧冰"、"丁兰刻母"等一个个汉族孝子的事迹在土族民众当中广为流传。其他民族的民间故事中刻画了众多正面孝子形象而加以赞扬,回族的《噗噜噜》讲的是儿子为了治好妈妈的病,不惜变成"噗噜噜"(鹦鹉)寻找水葡萄;撒拉族《佣人媳妇》说的是儿媳妇为了顾家给别人家当佣人做饭,每天和面后不洗手,赶紧回家搓下粘在手上的面,给婆婆滚汤吃,她的孝心感动真主,赐予一堆金子。蒙古族《两个儿子和母亲》讲述的是一个老妇人宠爱亲生儿子,亲儿子当上大臣后嫌弃自己的老母还派手下去杀害,而她百般虐待的养子做了大臣后不弃前嫌善待她,亲儿子悔过,一起赡养老母。这些故事在描写与孝相关的人物关系时,形象地告诉什么是子女事亲,什么是家庭伦理关系的孝,栩栩如生地展示出一幅幅孝敬孝顺画卷,使人们懂得怎样去尽孝。相反,《为了一口破锅》《白石头疙瘩》对那些不孝的子女,用计谋给予回击整治和道德上的抨击。

　　总之,青藏地区各民族之间交流是长期而普遍的,并存在相互交流影响和相互借用的现象。在吸取他民族民间文学时,总是根据本民族的生活习惯、理想愿望进行加工改造,使故事中的叙述语言、人物形象、自然景物和社会风俗带有鲜明的民族特色和地域特色。

青藏地区与域外民间文学交流

米海萍

一、青藏地区与日本民间文学交流

青藏高原在地域上和海岛国家日本远隔千山万水，然而在某种程度上还是有些不曾隔断的文化交流。早在开放的唐代，外国商贾、众多的使臣武士、僧侣教徒、艺人留学生等往来各地，客居都市，更有周边少数民族落籍中原，成为永久居民。其中吐蕃贵族子弟们到长安国子学、太学读书者为数不少。公元705年，唐中宗敕书曰："吐蕃王及可汗子弟，欲习学经业，宜附国子学读书。"①《旧唐书》还记载了吐蕃人仲琮、悉猎等，在国子监学习突出，评价为"颇晓书记"、"辩才"的佼佼者。在精英文化彼此交往的同时，会自觉或不自觉地把互道古今、征奇话异各类民间传说、民间故事，直接或间接地传入长安，在大都会居住的各色人等中间进行交流，就有向东传入朝鲜半岛、日本的可能。历史上，日本国家接受中国文化为时长、影响深。日本遣唐使一批批到中国学习文化、制度，唐朝也派出使臣出访日本，使中国文化源源不断地涌入日本，包括大量的中国民间故事也辗转流传到日本。当时，中国荟萃了包括"孟姜女"等民间故事的笔记类典籍《雕玉集》在太平时代已经传入到日本。在日本，也有昆仑神仙思想，有蓬莱仙山、仙境，境内第一山峰富士山是日本人心目中的不死圣山，有"芙蓉峰"、"富岳"和"不二的高岭"之称。《竹取物语》是在平安时代（794—1192）所创作的名作，被称为日本的"故事始祖"，其中有使者受皇帝之命把长生不死的灵药撒在最接近天之山燃烧的情节，因此，富士山又名"不尽山"。而《竹取物语》与藏族民间故事《斑竹姑娘》内容和基本情节相似。

《竹取物语》又名《辉夜姬物语》，是根据民间故事创作的最早的一部物语文学，分化生、求婚、升天3部分，由"羽衣仙女"和"难题考验"的古老母题复合而成。伐竹翁偶然在竹子的心中取出一个美貌小女孩，经3个月长大成人，取名"细竹辉夜姬"。当时五个贵族子弟前来求婚，可她答应只嫁给能寻得她喜爱宝物的人，求婚者都因不能取回宝物而未成。时皇帝想凭借权势来强娶

---

① （宋）王溥：《唐会要》卷三十六，附学读书条，北京：中华书局，1955年。

她,亦遭到拒绝。最后,辉夜姬在这些凡夫俗子的茫然失措中升到了月宫。

中国藏族的《斑竹姑娘》是一则首尾完整的三段式"难题考验"型故事。在金沙江岸住着母亲和巴郎(藏语儿子)一家,以育竹为生,精心培育出小楠竹。本地有权势的土司派人数好全村所有竹笋芽,不许人们采挖。母子的眼泪滴在灰瓦色竹子上生出了斑点。第二年土司命令砍掉所有竹子赚钱,巴郎悄悄把小楠竹藏起来。竹筒中生出小女婴,取名斑竹姑娘,3人一起生活。斑竹姑娘长大后异常美丽,母亲想使其与自己儿子成亲,实际上两人也已相爱。拥有地位权势的土司、商人、官吏子弟纷纷前来求婚,遭到斑竹姑娘难题考验而失败,斑竹姑娘与巴郎结为夫妻。

中日故事中的女主人公,辉夜姬来自月宫仙界,斑竹姑娘生于楠竹,都不是一般凡间俗人,属"巧女"类型,都有着艳丽容貌和超凡智慧。通过对庸俗求婚者的机智抗婚,突出了她们对金钱与权势的蔑视与抗争,揭露了达官显贵乃至皇帝的虚伪。两者的人物形象焕发出不同的艺术光彩:辉夜姬是天上下凡的仙女,代表着超越尘俗的美的理想形象,透露出人性化倾向;斑竹姑娘生自竹筒,是仙化姑娘。故事结尾是,辉夜姬升天而去,表达了日本传统"物哀"之美意识①。斑竹姑娘最终与心爱的小伙子喜结良缘,是中国人传统"惩恶扬善"思想和"大团圆"理想追求的体现。

故事中主人公提出寻找宝物种类的难题非常相似,求婚者寻找宝物的方法以及其命运,也都非常相近。斑竹姑娘给每个人求婚者出了一道难题,并给予他们3年的时间来解决:土司儿子寻找一口撞不破的金钟;商人儿子寻找一株打不碎的玉树;官家儿子寻找一件烧不烂的火鼠皮衣;骄傲自大少年寻找一只燕窝里的金蛋;胆小吹牛少年寻找一颗海龙额头上的分水珠。土司之子听说缅甸有口金钟,但那是边境的警钟,并有雄兵昼夜守护根本不可能偷到手,便从深山庙宇偷回一口铜钟镀金送来。斑竹姑娘用锥子一戳,金箔脱落,铜钟被戳了一个大洞,他便羞得上马逃走了。商人之子听说通天河有棵玉树,但不想受爬山越岭之苦,便聘请手艺高超的几名工匠,用上等玉石制成玉树,工匠们赶来索要工钱,并上前打碎玉树,并将其扭走,丑形毕露。官家之子没有找到烧不烂的火鼠皮衣,在深山古庙的石匣内有一件火红色鼠皮袍子,斑竹姑娘用火一点,鼠皮袍子烧成了灰烬。骄傲自大少年破坏了人家屋檐下的燕窝却没有发现金蛋,又费劲爬上摩天台掏燕窝时被雌燕啄破眼睛,跌落而死。胆小而又爱

---

① 王玲:《藏族民间故事〈斑竹姑娘〉与日本故事〈竹取物语〉的类比性研究》,《西南民族大学学报》(人文社会科学版)2007年第8期。

吹牛的少年给了仆人很多金银到海里取龙珠，两年后谁也没回来，自己只好带仆人乘船出海，遭遇海风，被抛于南海孤岛而流落海外。这5个求婚者都想尽办法去解决各自难题，都失败了，斑竹姑娘和朗巴结为夫妻，过上了幸福生活。

　　辉夜姬为5个前来求婚男子分别出的难题是：石作皇子取来一只标有佛名的石钵；车持皇子取来一株蓬莱山以白银为根、黄金为干、结着白玉果实的树；右大臣阿部御主人取来大唐的火鼠皮袍；大纳言大伴御行取来龙额下一颗发五彩宝珠；中纳言石上麻吕取来一个燕子的子安贝。石作皇子想石钵是天竺国独一无二的稀有物，就到大和国某山寺取来被煤烟熏黑的钵，装在锦囊里送来，辉夜姬把扔钵出门外，皇子咕哝着回家了。车持皇子假意乘船出海，招募6个手艺工匠，花费巨资雕制成玉树送来，辉夜姬询问之中恰巧匠人前来讨要工钱，皇子便偷偷溜走。右大臣阿部御主人花重金从中国商人处买来火鼠皮衣献上，皮衣在火中化为灰烬，只好悄悄走开。大纳言大伴御行给仆人们分发粮食和钱财去寻找宝珠，仆人们携带财物潜逃了。后来自己亲自划船寻找，被风刮到海滩，误认为是南海之滨而躲起来，人们用担架把他抬回家。中纳言石上麻吕打发人去找燕子窝，有人说灶屋梁上有，便叫人把自己装进筐子去取子安贝，绳子挣断，从梁上跌下摔伤，不久断气了。就这样，5个求婚者一一遭到失败。但故事结尾部分较长，皇帝听说辉夜姬非常漂亮，派侍卫带回皇宫，遭到拒绝。皇帝伪装成打猎者去见，要把辉夜姬带回宫，但碰了一鼻子灰，只得作罢。八月十五日是辉夜姬回到月宫的日子，上天之前留给天皇一封信和一些长生不死药。皇帝哀伤和歌："佳人不复返，徒留吾等断肠人，怅然而涕下，长生不老焉何用？欲罢欲忘还叹气。"遂令侍从把长生不老药和辉夜姬的留信，拿到离月宫最近的富士山顶焚烧。

　　关于这两则故事的渊源，有不同说法。日本学者君岛久子、伊藤清司等撰文认为，《竹取物语》应该是从藏族民间文学故事《斑竹姑娘》取材而来。冈村繁撰文认为，《斑竹姑娘》在唐末五代十国时期传到了日本，在这个故事原型基础上，增加了皇帝向辉夜姬求婚的内容而成为《竹取物语》①。中国研究者则进一步表达了明确的看法，认为是那些有通晓经史文艺、有较高文化修养和吸收唐代文化能力较强的遣唐使，把当时流传在中国的《斑竹姑娘》民间故事带回了日本，以此为素材，依照本国社会民风民情，改编形成具有日本民族风格的

---

①　王玲：《藏族民间故事〈斑竹姑娘〉与日本故事〈竹取物语〉的类比性研究》，《西南民族大学学报》（人文社会科学版）2007年第8期。

《竹取物语》①。应当说这是唐蕃古道东向延伸至内地、延伸至海滨，以文化为载体的民间文学，沿着这条大道漂洋过海，传到日本的，是青藏地区和域外文化交流的结果。

二、印度《五卷书》与青藏地区民间文学的交流

《五卷书》是印度的优秀民间文学作品集，季羡林先生在翻译时指出，该书成书至晚也晚不过12世纪，由于年代久远，加之流传很广，在印度和尼泊尔都有流传的本子，西方人士根据故事的繁简，划分出"简明本"、"少修饰本"和"扩大本"等版本。从内容看这是一部"教人世故和学习治国安邦术"的教科书。它的前提是，人们不避世成为仙人，而是留在人类社会中，用最大的力量获取生命的快乐"②。此书深受世界各地人们的喜爱，从中体验到精神享受的愉悦。

《五卷书》开头部分叫做"楔子"，内容比较短，主要叙述写成《五卷书》的原因：某国王生有3个愚笨儿子，就请一婆罗门为师。婆罗门以讲故事的方式教育3子，所讲故事就成了《五卷书》。该书由5个部分组成，总共5卷而名。第一卷《朋友的决裂》，主干故事讲述狮子和牛结交为好朋友，豺狼却离间了它们，中间还穿插了30个小故事。第二卷《朋友的获得》，讲鸦、乌龟、兔子和鹿结交为友，同心协力摆脱猎人的捕杀。还穿插了9个故事。第三卷《乌鸦和猫头鹰从事于和平与战争等等》，主干故事讲述乌鸦与猫头鹰结怨，乌鸦用计战胜猫头鹰。其间穿插有17个故事。第四卷《已经得到的东西的丧失》主干故事外，还穿插了11个故事。第五卷《不思而行》，除主干故事外，穿插了11个故事。如此，5个主干故事加上78个穿插故事，总共有83则。在大故事里套小故事，大小故事间环环相接，季羡林先生把这一故事建构的方式叫作"连串插入式"结构。每个大故事叙述的开头，都以"吉祥"祈祷语开始，故事情节的叙述一般都是散文体，在叙述过程中不断插入有韵律的诗歌、格言和警句，韵散相间。这种形式在印度古代的文学作品中时常出现，应该说是印度古人的发明创造。黄宝生言"在《五卷书》的寓言故事中，以动物寓言居多。在吠陀文献中，有天神幻变成动物的事例，《歌者奥义书》中动物与动物、动物与人之间对话，但都不是寓言故事"③。是本书的又一特点，更是印度古代寓言

---

① 赵虹：《〈竹取物语〉与〈斑竹姑娘〉的比较研究》，《日本研究》2003年第2期。
② 季羡林译：《五卷书·再版后记》，北京：人民文学出版社，1981年，第407—408页。
③ 季羡林：《印度古代文学史》，北京：北京大学出版社，1991年，第311页。

故事的突出特点。

《五卷书》对青藏地区的民间文学影响至深。书中的不少故事在藏族民间广泛流传。第一卷的第六个故事和藏族《猫喇嘛讲经》有相似的情节；第七个故事与藏族的《兔与狮》、蒙古族《兔子处死兽狮王》基本相同；第二十六个故事与藏族《老实人》的内容基本相同，是"二友争金"的故事，只是主人公身份、裁判者不同，故事经历的时间、恶人受到惩罚的方式各异而已；第二十八个故事说，一个人要到外地旅行，就把一个祖传的铁秤寄放在朋友家。当他旅行归来后，向朋友索取铁秤时，朋友却告诉他，铁秤被老鼠吃掉了。于是这个人便想办法找机会带朋友的儿子去游泳，然后告诉朋友说他的儿子被老鹰叼走了。朋友无奈，交出铁秤换回儿子。这与阿凡提故事《锅生儿》、藏族阿古登巴故事中的《孩子变成猴子》相似。第二卷第九个故事和藏族《香獐、大乌鸦和狼》的故事有相似之处。第三卷第十五个故事与藏族《狐狸和大龟》情节基本相同。第四卷主体故事与藏族《乌龟与猴子》的基本情节、寓意完全一致，只有主人公名字和故事发生的地点有变异；第七个故事与藏族《狡猾逼损己》内容相同。第五卷第七个故事与藏族《达拉斗的故事》开头和结尾有些变异，中间内容相同，讲述了主人公达拉斗天天梦想着发财，遇一老翁背油坛，遂以五串钱工钱帮助之。达拉斗把油坛抱在怀中，幻想着即将用这到手的五串钱买一只小羊，如此，羊生羊，用羊群换奶牛，喝上香喷喷的奶茶；再用牛换高头大马，娶妻生子，大儿子起名才让加，去放羊；二儿子取名项秀加，去牧马；三儿子名叫卓玛加，挡牛；四儿子去经商，自己舒坦地不再干活，骑上高头大马威风凛凛地跑遍草原。正想到得意时，作举手挥鞭状，不慎把怀抱的油坛摔在地上，青油流了一地。老翁很生气，要他赔偿损失，达拉斗身无分文，只好脱下衣裳顶替油钱。故事生动地告诉人们一个浅显的道理：劳动致富是根本，梦想发财不靠谱。

藏族民间故事中除了"连串插入式"大小故事套在一起讲述外，所采用的散韵相间形式，也吸取了古印度故事常用的叙述方式。因散韵相间文体在印度"古已有之"，传入藏区后广泛运用。敦煌文献中的藏文文献就有这种形式，民间文学的创作者们亦是纷纷仿效，"争奇争高"型《茶和盐的故事》、"梁祝型"爱情悲剧《铁匠米垂托牙》、两姐妹型《斯贝·波格旦木祖》等故事，都是运用散韵相间叙述形式的典型之作。

《五卷书》对中国文人创作和汉族的民间故事都有影响和启迪。季羡林先生在本书的序言中明确讲述，在汉译佛经中有许多该书所讲的故事，唐代王度《古镜记》，宋代笔记《太平广记》，明代江盈科《雪涛小说》、刘元卿《应谐录》

等都可以看出所受的影响和痕迹。《五卷书》第三卷第十一个故事说，国王有两个女儿，大女儿对父亲说了吉利话受到父亲的喜爱，小女儿说了实话却受到父亲的厌恶和驱逐，结果小女儿得到了好回报。这个故事很容易使我们想起莎士比亚的戏剧《李尔王》，类似的中国民间故事越剧《五女拜寿》《三女婿拜岳丈》等。在河湟地区，汉族的《沈万三宝库的钥匙》《白土雀儿》，撒拉族的《老三阿娜》《选女婿》《七女儿嫁了个挡羊娃》等内容情节与印度的相类似。应该说，这是汉族受印度民间故事影响，内地汉族移民带到青海、又影响当地兄弟民族的结果。

三、印度《僵尸鬼故事》与藏族《尸语故事》

（一）《僵尸鬼故事》与《尸语故事》大致内容

研究成果表明，藏族《尸语故事》最初来源于印度古代的《僵尸鬼故事二十五则》故事集①。《僵尸鬼故事》结构是用一个大故事把24个小故事串起来的连环插入式。大故事讲：健日王每天收到一个出家人献给他的一枚果子，果子里藏着一颗宝石。健日王便找到这位出家人，并答应他的请求，在夜间去火葬场，把挂在树上的一具死尸搬运到祭坛。其实这不是死尸，而是附在死尸上的僵尸鬼。当健日王独自一人夜间搬尸往回走时，僵死鬼便讲起故事来，每次说完还提出一个难以解答的问题。健日王开口说话给以解答时，因打破了搬尸必须缄口不言的禁忌，尸体便飞回到树上。经过24次反复，共讲了24个故事。最后健日王没有回答，僵尸鬼告诉说那个出家人要谋害国王，健日王在祭坛上杀死了出家人，僵死鬼成了国王的朋友和助手。故事结尾说"作为吉祥的故事传诵到整个世界，并受到尊崇，即使细心听取其中某一故事的一个诗节的人，也会摆脱罪过和种种苦难。而且讲这些故事的场合、夜叉、僵死鬼、魔力、罗刹等会失去神力"。

藏族《尸语故事》讲述一个叫顿珠的小伙子，按龙树大师吩咐，前往远方墓地扛回一具神奇死尸，"能把它扛回来的话，我们这里就再不会有穷人受苦，再不会有人挨饿受冻，你的罪过也就得到清洗了"。但不能在路途中和尸精讲话。顿珠牢记这一叮嘱，扛起尸精往前赶路，可尸精却在路上讲起故事来。讲到精彩之处，顿珠忍不住开口插话，尸精立马飞回原处，只好又重新开始背尸精。故事在来回反复中讲了一个又一个，构成了一部富有奇趣的连环体故事

---

① 马学良等著：《藏族文学史》（上），成都：四川民族出版社，1994年，第93页。

集①。从故事内容来看，一类是魔法训诫故事和爱情故事，有《记得前世的得尼蚌牡姑娘》、《夺心姑娘》、《王子变拘寻妃记》、《朗厄朗琼和贾波察鲁》、《穷汉和龙女》、《白鸟王子》、《青蛙少年》等，在神奇的幻想中赞美忠贞不渝的爱情，多以幸福美满结局。另一类是以赞美善良仁爱、诚实正直等品德为主题的，《六兄弟齐心》、《金翅鸟》、《熊、猴子和老鼠报恩》、《幸运的牧童》、《有福气的姑娘》、《兄弟俩》、《额尔丹巴和克斯仅若尔藏》等幻想故事，主人公具有某种美德，在危难中和衷共济，终于摆脱贫困不幸，获得美满结局。

《尸语故事》大约11世纪时开始流传，沿用了《僵尸鬼故事》的连环串插式叙事结构，即一个大故事中包孕数则小故事，这些小故事本身具有相对的独立性，同时又连环式地串接成一个整体。这种结构模式的吸引人之处在于每个大小故事的结尾情节设计得十分精当，使听故事的人情不自禁地插嘴说话而忘记了不能开口的禁忌，亦如同汉族说书人讲到故事的关节点处突然来一句"欲知事情如何，倾听下回分解"一样，实际上是故事讲述人与听者双向互动交流情景的反映，显得生动活泼，又紧紧吸引人继续听下去的艺术技巧。该书"引子"中，提到指派顿珠前往远方寻取神奇死尸的鲁珠，即龙树大师，他是印度大乘佛教中观学派的创始人。著名故事研究家刘守华认为，《僵尸鬼故事》随着龙树所代表的佛教中观学派而传入西藏，再被改编成为具有佛教信仰色彩的藏族故事②。

陈岗龙博士认为："藏族人民主要是利用《僵尸鬼故事》的大故事套小故事的结构创作了《尸语故事》，至于具体的故事则是藏族人民自己去再创作的。"③陈石峻在1955年于四川昌都地区采录的一批藏族民间故事编成的《泽玛姬》一书④，属于《尸语故事》的就有《龙女》、《木鸟》、《王子和牧童》、《松嘉拉姆》、《白鸟》、《金娃措和银娃措》、《真萨》、《懒汉》等篇。著名藏族故事讲述家黑尔甲讲述的一系列故事中，《青蛙骑手》、《奴隶和龙女》、《恩里特城的乞丐》也来自《尸语故事》。当采录者询问这些故事的来源时，黑尔甲回答，从小时候，跟着伯父在喇嘛寺看牛，伯父看过喇嘛寺流传的一部"上古书"，然后讲给他听。伯父是个识字很多的僧人，一个人常常在屋里翻书。当读到人世间受苦和男女爱情时，便伏在书桌上偷偷地哭泣，有时又一个人翻着书笑。黑尔甲小时记性

---

① 另一说法是：王子、财主儿子和小乞丐三位少年，打赌要打掉树上的老鸹窝，小乞丐达瓦扎巴的坚毅品格感动了在老鸹窝里修行的祖师，他便按祖师的吩咐前去寻取神奇死尸。
② 刘守华：《藏传佛教与〈尸语故事〉》，《西藏民俗》1998年第3期。
③ 陈岗龙：《蒙古民间故事的比较研究》，北京：北京大学出版社，2001年，第115页。
④ 中国民间文艺研究会主编：《泽玛姬》，北京：作家出版社，1958年。

好，伯父一讲就记住了。这部"上古书"就是《尸语故事》。从中可知其故事的来源和在佛教寺院传播的情况，及其由书面文本流向民众口头的具体过程①。口头讲述时保持了书面文本情节曲折、描述细致的优点，而散韵相间的语言运用，颇显活泼。其中不乏佛教徒宣传的因果报应、轮回转生说教成分，但浓郁的口头讲述在内容上则更为积极健康，富有世俗生活情趣。经过上千年的集体传承和流传，大多故事被锤炼得更为完整和精美。因为它伴随佛教进入藏区，是印度与中国青藏高原宗教文化与世俗文化交流融合的艺术成果，更是民间文学交流的结晶。

（二）"二母争子"型故事

"二母争子"型故事是世界性的民间故事上。美籍华裔学者丁乃通《中国民间故事类型索引》中，列为"所罗门式的判决"，并分述了中国同类故事的17个亚型和次亚型②。这类故事在我国流传集中在汉族、藏族和傣族等民族之中，有数十篇异文。内容是两妇人抢夺幼小孩子，或抢夺财物。审判官判案时，先让两妇人拉扯孩子或以刀劈物品，再从两妇人的心态和细微动作判断真假。印度巴利文《本生经·大隧道本生》中记述曰：

> 一妇人带孩子去智者（即菩萨）池塘，为孩子洗浴后，自己下水塘沐浴。时有一夜叉想吃掉孩子，就以喂奶为诱饵骗走孩子。这个妇人上前质问，夜叉便诈称孩子是自己生的。于是二人争吵起来。智者得知，召二人至身边亲自裁定，在地上画一线条，把孩子放在线上，让真假二母抓住孩子的手脚尽力扯夺，胜者得子。亲生母亲爱子情深不忍拽，而夜叉无情地使劲扯。智者辨出真伪，把孩子归还真正的母亲，并训诫夜叉遵守五戒，尔后放夜叉走。③

故事通过智者巧妙判断"二母争子"案，其主题思想意在宣传佛教菩萨的智慧功德，教导人们弃恶从善，改邪归正。这种同类型结构的判案故事，在东汉应劭著《风俗通义》中有黄霸智断"颍川富室二妇争子"、"二人争绢绸"案的记载。元代作家李潜夫就是运用《风俗通义》中的"二母夺一子"故事元素而创作了《包待制智勘灰栏记》杂剧。二母争子故事的意义在于揭示了人类伟

---

① 刘守华：《藏传佛教与〈尸语故事〉》，《西藏民俗》1998年第3期。
② [美]丁乃通：《中国民间故事类型索引》，郑建成等译，北京：中国民间文艺出版社，1986年，第296—306页。
③ 郭良鋆、黄宝生编译：《佛本生故事选》，北京：人民文学出版社，1985年，第406—407页。

大、无私的母爱,显示出人类追寻智慧的永恒主题以及共同的伦理精神和审美思想,具有浓郁的民族文化特点①。藏族的"二母争子"型故事,被作为史实载于藏文文献中。唐代巴·赛囊所著《巴协》、明代索南坚赞所著《西藏王统记》,皆有"金城公主事迹",是运用故事母题加强历史著作文学色彩的成功范例。相比较而言,索南坚赞的记述更加精彩,用"二母夺一子"的故事母题,演绎出赞普赤松德赞神奇的身世。金城公主是继文成公主之后又一嫁给吐蕃赞普的宗室女子,入蕃30年期间多有善举,促成唐蕃和盟,于773年在赤岭定界刻碑②,约以互不相侵,并于甘松岭互市。作为历史人物传说,金城公主的故事跌宕起伏,富于传奇色彩和艺术感染力。传说赤德祖赞的英俊儿子江察拉温向唐朝请婚,中宗答应把金城公主嫁与他。而在公主进藏途中,江察拉温从马上摔下来不幸殒命,公主为了唐蕃友谊,遵照吐蕃习俗嫁给了赤德祖赞,一年有余便怀有身孕。赞普大妃那囊萨西定心怀妒忌,亦声言有妊。于是,生发出"二母争子"的种种曲折情节:

> 汉公主于阳金马年在札玛生产赞普赤松德赞。那囊萨至公主前,伪为亲昵,竟将公主之子夺去,诈言此乃我所生者。公主以乳示之,涕泣哀求,悲伤号呼,仍不授与其子。招诸朝臣往诉于王。那囊萨乃敷药于其乳上,使如真乳,流出乳汁,以示诸臣,群臣遂疑,未识其诈。于是汉妃之子为正妃所夺,其权势颇大,不能强争,亦唯置之而已……适小王子已满一周岁,为设站立喜筵,那囊氏和汉家各招二妃戚党前来赴会。于是那囊人为引小王子欢乐,携来各种珍玩,服饰花鬘。届时,汉妃与那囊二家所招亲党如约而至,会于王宫。王坐中央黄金宝座,那囊人坐于右,汉人坐于左。王令为王子盛装华服,以盛满米酒之金杯,交与小王,王父语云:
>
> 二母所生唯一子,身躯虽小神变化,金杯满注此米酒,子可献与汝亲舅,孰为汝母凭此定。如是说已,随即祷祝。时王子略能举步,乃纵之。王子渐移步行,诸那囊人出其衣服装饰花鬘等炫耀而呼之,然未听受,竟赴汉人之前,以金杯付与汉人而语曰:"赤松我乃汉家甥,何求那囊为舅氏。"语毕,投于汉人之怀。于是王母汉妃喜欢踊跃而呼……众乃信其真为汉妃之子也。遂设广大欢宴为之庆贺。③

---

① 林继富:《"二母争子"故事揭秘》,《中南民族学院学报》(人文社会科学版)2000年第4期。
② 赤岭:今青海湟源县日月山。
③ (明)萨迦·索南坚赞:《西藏王统记》,刘立千译,拉萨:西藏人民出版社,1987年,第118—119页。

比较以上两则"二母争子"内容,故事情节基本相同,但也有明显差异。一是人物不同:妇女和夜叉争子,所争者为普通孩子;金城公主与那囊萨争子,所争者是要在将来继承大统的王子。争夺的方式亦不同:夜叉夺孩子是想满足饱腹之欲,明目张胆地去抢孩子;那囊萨抢是"心生嫉妒",嫉妒汉家金城公主成王妃,更嫉妒公主怀有赞普骨肉,于是采用假装怀孕、伪装亲昵夺子,又敷药于乳房流出乳汁等绞尽脑汁的欺骗手段,致使朝臣们虽然大为怀疑但没有识破其欺诈面目。二是裁定者与裁定的方式不同:参与裁定的是智者(即菩萨)、吐蕃赞普和朝臣,智者裁定的方法是划一横线让孩子站在中间,争者双方分别抓住孩子的手脚拽夺,胜者得子;赞普让王子端上盛有米酒金杯先给自己的亲舅舅,以辨别生母[①],由朝臣最后定夺。三是结局不同:菩萨的裁定是"将子送还其母",并训诫夜叉向善;赤松王子实际的生母是谁群臣心知肚明,但慑于那囊萨家族势力不敢直言,直到孩子周岁举行"站立喜筵",小王子径直走向汉家舅舅前并把金杯交上,大庭广众之下归认生母,才首肯是汉家公主亲生。四是叙述寓意不同:菩萨判断"二母争子"记录在佛教文献中,以此宣扬佛家教义,劝说人们皈依佛教,根除恶念,人心向善;吐蕃王妃争子、赤松王子周岁辨认出真母亲,虽然是民间故事,但作为史料记载于藏文历史典籍中,突显了藏文文献文史结合、采用民间资料来记载历史特点,也意在说明赤松德赞天生的"神性",崇敬未来君主的不凡——他是藏族历史上著名三大法王之一,同时也讴歌了汉藏之间的友谊血肉不可分离,完全符合藏民族的情感认同和叙述审美。

尽管这两则故事存在着变异性,但毫无疑问,是属于同一类型的故事。许多研究都一致认为古印度佛经及其所载故事对藏族文学、歌舞表演、造型艺术有深刻影响。林继富博士认为藏族"二母争子"故事无论是直接从印度移植过来的,还是由梵文《大藏经》到汉文《大藏经》,然后辗转译为藏文《大藏经》进入西藏,其直接源头在印度佛教文化中,应不会有什么值得怀疑[②]。至于"二母争子"故事的原型、从印度故事如何具体演变成为青藏地区广泛流传的民间故事,星全成教授进一步认为该故事原型出自印度民间口头创作,是那些佛教僧侣们将其加工改造,加入佛教经典著作,而后随着佛教文化传入藏区,逐步演变成为作为口传历史的民间传说,当作史实被写进藏文文献中[③]。

总之,尽管青藏高原的自然环境严酷恶劣,但高山大河并没有阻挡住高原

---

① 《巴协》则记载此情节时曰,是把王子置一洞坑,让二妃去争抢,先得子者为其生母。
② 林继富:《"二母争子"故事揭秘》,《中南民族学院学报》(人文社会科学版)2000年第4期。
③ 星全成:《藏族文化衍论》,西宁:青海人民出版社,2009年,第71页。

民族对外看世界的眼光,与域外文化的交流不曾中断。由于和印度相比邻的地理环境便利,历史上青藏高原区域与南亚次大陆的文化交流持续不断,其间,与佛教僧侣为传播佛教思想所作的种种努力是分别不开的。佛教传入青藏高原有两个路径,一是中原汉地,一是尼泊尔、印度。《西藏王臣记》记载了从泥婆罗迎娶赤尊公主的交通状况。大相噶尔·东赞作为使臣带上一袭嵌有朱砂宝珠的琉璃铠甲和3只缄札宝匣,用马、骡、骆驼负载饮食衣物等,前往泥婆罗为松赞干布求亲,赤尊公主听到嫁与吐蕃赞普的消息,亦是"垂泪"、"涕泣"情状,泥婆罗王劝慰公主说吐蕃是一处"凉而温暖如天庭,四江横流木葱茏,牲畜满野草如酥"的富饶国家,将本国珍贵的"觉阿与慈氏"二佛像作为陪嫁,"分置两犏牛背上,赤尊公主乘一白骡,偕同美婢十人,连同负载珍宝多骑,吐蕃使臣为之侍从,遂同向藏地而来。泥婆罗臣民皆送行至于孟域之间"。一路上道路崎岖坎坷,牛马行走在崖水峡谷,曾几次卸下所负物品,全凭人力肩扛通行。公主入藏"臣民众庶,各执乐器,前往迎亲,颇极一时之盛"①。另外,藏文典籍《巴协》、《汉藏史集》、《贤者喜宴》等影响较大的名著,大量吸取了民众口头流传的神话传说、故事寓言及歌谣谚语,使佛教经典在某种程度上变异为民间文化的资料库。已经失传了的许多古印度口头创作,在一些佛教典籍中被完整地保留下来即是证明。

---

① (明)萨迦·索南坚赞:《西藏王统记》,刘立千译,拉萨:西藏人民出版社,1987年,第53—58页。

口传与书写：从"蓝桥"主题看民间文学的历史演绎

李言统

一、引　言

　　民间文学出自集体口头创作，并以口耳相传的方式进行传承，本是同一个故事，在不同时空背景下的人群中传承时，既保持着它的基本形态，又发生局部的变异，构成大同小异的若干不同文本。故事学家通过比较其异同，将这些文本归并在一起，称之为同一"类型"。这种类型是就其相互类同或近似而又定型化的主干情节而言，至于那些在枝叶、细节和语言上有差异的不同文本则称之为"异文"。越是引人入胜的故事，它的异文也越多。在青、甘地区，《蓝桥相会》、《蓝桥担水》等这样的故事歌，以贤孝或宴席曲的形式广为流传，并形成很多异文。在民间流传的这一类故事歌中，"蓝桥"主题在不同地域、不同时代背景下有着文化变异，这是民间文学在借助口传和书写媒介不断进行演绎的结果。

二、蓝桥主题的出现

　　蓝桥主题，在古今文学创作中频频出现，具有男女相悦的象征意味和固定寓意。这样的主题，在口传文化里，经常是指一组用来表现某种主题而普遍采用的相对固定的词组或句子，一个主题就是叙事中的"意义片段"或"典型场景"，根据情节的发展和需要，唱述人会选择必要的主题或场景。一首故事歌，往往是由许多这种固定的主题和典型场景所组成，唱述人一旦掌握了其中的奥秘，便会适时地创造出许多种异文来。故事歌中，根据不同的内容和功能可以分出很多主题，这是歌手即兴创作的素材和整个作品的构筑部件，也是歌手的记忆单元，是歌手创作时信手拈来的最基本的创作要素。

　　蓝桥，作为地名，古已有之。据《西安府志》记载，这座桥在陕西蓝田县的兰峪水上，称为"蓝桥"，古时的蓝桥是当时蓝关古道中最重要的驿站。历史上蓝关古道既是防卫来自东南威胁的最后一道关隘，也是争夺天下，发兵东南必经的第一要塞，具有极其重要的军事战略意义，不管是从地理位置还是历来的行政区划，蓝桥刚好处在南北地理文化的分水岭上。于是，地理上的蓝桥就自然成了文化交通的一个重要枢纽，南北文化发生交融碰撞最为激烈的前沿阵地，历来也为那些南来北往的文人墨客、军旅商贩提供了离井背乡、劳燕分飞的离别感伤和他乡遇故知的意外惊喜,蓝桥从此也就具有了浪漫的人文气息和历史的文化厚度。在文化创作当中,蓝桥成为一种特殊的文化象征符号,屡屡被文人学士或民间说唱艺人征引,在大江南北引起很多人的情感认同,一直久传不衰。

"蓝桥"一词在文学作品中出现,最早是在唐代裴铏《传奇》一文中,谓唐代秀才裴航,路遇蓝桥驿,渴甚,向一老妪求饮。她呼女子云英取水饮之。裴航见云英华容艳质,芳丽无比,遂一见钟情,请纳礼娶之。她言欲娶云英,须以玉杵臼为聘,为捣药百日乃可。裴航约以百日为期,至期,裴航果然觅得玉杵臼,娶云英为妻,后夫妻双双成仙①。这则故事里,"蓝桥会"的情节已非常完整,男女主人公一见钟情,历经考验,最后终成眷属,此时,"蓝桥"的文学主题基本奠定,蓝桥已成为男女邂逅的场地而赋予一定的象征意义,这则故事也就成了后世演绎蓝桥会的最早的写本。

三、蓝桥主题的历史演绎

"蓝桥会"这一主题,最早的故事雏形在《战国策·燕策一》中,人有言苏秦不信于燕王者,苏秦谓燕王曰:"信如尾生,期而不来临,抱梁柱而死。信至如此,何肯杨燕、秦之威于齐而取大功乎哉?"②同卷又述苏代答燕昭王语:"信如尾生高,则不过不欺人耳。"③在《庄子·盗跖》中,盗跖与孔丘辩难,亦举尾生为例:"尾生与女子期于梁下,女子不来,水至不去,抱梁柱而死。"④从人们在互相辩难时举尾生期女的故事为例,且信手拈来的程度上可知这则故事当时比较流行。《淮南子·氾论训》中亦记载:"尾生,与妇人期而死之。"高诱注:"尾生,鲁人,与妇人期于梁下,水至溺死也。"⑤至此,尾生期女的故事已由尾生期女、河水暴涨、尾生溺死等几个情节构成,叙事已趋完整。尾生在梁下之地期女不来终被溺死的事,当作典故,屡屡被人们提及,后世每当自况忠信,人们便喜欢以尾生引喻,"尾生之信"、"抱柱之信"成为中国赞誉忠诚信士的正面词汇,尾生的形象,曾长期是文人笔下经常提及并反复咏叹的人物,"梁下"也就成了后世演绎蓝桥主题的文化基点。

可见,尾生的知名度是很高的,尾生期女不至终被溺死的事迹被当作义举

---

① (唐)裴铏:《裴铏传奇》,周楞伽辑注,上海:上海古籍出版社,1980年,第103页。
② (汉)刘向整理:《战国策·燕策一》,上海:上海古籍出版社1998年,第1041页。
③ (汉)刘向整理:《战国策·燕策一》,上海:上海古籍出版社1998年,第1011页。
④ (清)王先谦:《庄子集解》,上海:上海书店出版社,1986年,第431页。
⑤ (汉)刘安:《淮南子·氾论训》,上海:上海书店出版社,1986年,第222页。

来宣扬，于是尾生成为了当时社会的道德楷模，其"信"、"直"的品质被人们所崇尚。随着书写文化的渐趋成熟，更使关于尾生期女的故事彪炳史册而源远流长。从人们广泛征引的程度上可以看出，尾生并不是哪一个人的独创，而是广为称颂的道德模仿，堪与圣人比肩的一个人物。可见，在唐以前，人们通过期女、遇水、溺死等故事情节来烘托、倡导尾生这一形象的道德意义或价值，到了唐代，汉以来的"罢黜百家、独尊儒术"的思想渐渐被儒释道并重的思想代替，于是裴铏的《传奇》创作中，尾生的形象已经被削弱或淡化，战国时期的"梁"坐实为"蓝桥"，"忠"、"信"之道德让仙话思想代替，期女的情节进一步丰富，演绎成邂逅、钟情、考验、成功、成仙等几个较为完整的功能叙事，"抱柱而死"的信士形象终被提倡男女私情的主题所代替。以后的写本，就成了蓝桥主题下的不同文本，蓝桥也成了男女结情的代名词。明清以来，关于蓝桥的主题不断出现在文人的创作当中。顾颉刚先生在《尾生故事》一文中记载了一种京韵大鼓脚本，名为《水漫蓝桥相会》，并疑其或为李直夫杂剧之薪传，其剧情略云：

> 河东韦家村有韦郎保，学名燕春，十九岁，读书白云庵。清明放学游春，口渴甚，见一女子方就井汲水，向之乞饮；爱其韶秀，又诡言能算命。女遂自陈名贾玉贞，居河西贾家庄，年十八。韦生挑之，女亦意决，约以即夕至蓝桥为终身之托。届时，生候父母寝息，急至桥上。玉帝知之，遣神将收金童。天本晴好，忽然云起，天地昏黑，狂风骤雨忽至，水渐没膝，继至胸口；生终不去，抱柱死焉。及云收复晴，玉贞奔至，望见韦生在桥上，迫视之已流血死；痛极投河，亦毙。玉贞本侍帝玉女，在天庭中与金童相爱；帝罚之，使二世不得谐伉俪，以童身死，一世为《卖胭脂》之郭华、王月英，二世为《楼台会》之梁山伯、祝英台，今罚满矣，得归其原职云。①

该作品中，故事情节曲折完整，人物形象描摹逼真，剧作者按照仙话来处置人物关系，剧情演绎有始有终。男主角由唐传奇中的秀才裴航变成韦郎保，女主人云英变成贾玉贞。韦郎保为尾生的演化，尾与韦当属一音同转，郎保是民间常见的一种取名方式，为了趋吉辟邪，一般给男孩取名什么保的，这符合了民间的说唱习惯。在情节上依然延续"水至不去，抱柱而死"的悲剧情节，只不过顾本中，这则故事敷衍了仙话创作当中的孽缘主题，最后以大团圆结尾。从审美的角

---

① 顾颉刚：《史林杂识初编》，北京：中华书局，1963年，第203页。

度来说，这种大团圆的结局往往能给人轻松愉快的感觉，很显然，该剧本作为一种演唱的脚本，符合演唱的特点，内容上尽量符合普通民众的审美需求。

目前，流传在西北的"蓝桥"主题的故事歌，大都以"蓝桥担水"命名①，唱述的是女主人公蓝玉莲因嫌女婿小和不堪忍受公婆的虐待，与路口相遇的一青年私约蓝桥相会，由于傍晚时分天下大雨，洪水将蓝桥等候的男青年淹没，蓝玉莲得知此信后，投水而死。整个故事歌由担水、巧遇、诉苦、相约、水至、投江等几个片段组成。在"尾生期女"的故事中，女主人公很模糊，但在后来的传承文本中，女主角的形象渐渐地由模糊变得清晰，男主人则从道德的制高点跌落为普通人。显然，在口传文化发达的男权社会里，女性作为弱势群体，其悲剧命运更能引起人们的悲悯和关注，通过女主角个人的行动来突显其悲剧形象，为后面蓝桥主题来张本，这也是唱述人惯常运用的叙事策略。故事歌在贯穿整个情节的时候，敷衍了女主人公"担水"这一常见的场景来连缀情节，突显女主人公的角色身份的同时，担水主题很贴近民间生活，很容易引起与听众的共鸣：

> 上河里担水路又远，下河里担水路不干。
> 低头走来抬头看，步步儿来到井旁边。
> 打水的拉拉圆上圆，打水的绳绳三丈三。
> 一尺二尺往下放，一寸二寸往上拉。
> 连拉上三拉拉一桶半，再拉上一拉拉够叫我担。
> 我的脚又小来力又单，满身的蹚土一脸汗。
> 有钱了买上个酒金扇，无钱了罗裙把汗揾。
> 三棱子担子尖底子桶，上山下洼的不叫我缓。
> 三寸金莲行步难，还不如蓝桥把水担。

在西北这样特殊的地理和人文环境下，民间妇女的境况一般较为悲惨。作为妇道人家，若丈夫不在，都是大门不出，二门不迈，因此外出担水就成了她们与外界接触、开开眼界的机会。这种情况下，巧遇有心人，则视为可能，在有心人的眼中，这些深居简出的新媳妇姑娘的可爱，难免动人心魄，这为蓝桥主题敷衍了民众较为熟知的情节，来增强民间的传承力度和文化认知。最后男女主人公双双殉情而死，充满悲剧意味，听后让人荡气回肠，唏嘘不止。在民间唱述中，关于《蓝桥担水》还有以大团圆作结的，男女主人公会面后，双双

---

① 中国民间文学集成编辑委员会：《中国歌谣集成·甘肃卷》，1993年，第518页。李树江编：《回族民间叙事诗集》，银川：宁夏人民出版社，1988年，第128页。

携手回家，使用"有情人终成眷属"的大团圆结局，这也符合民众的审美习惯和心理愿望。两种版本的同时流行，在一定程度上满足了民众的审美需求。

四、书写与口传的互动

从历代发生的文献变化（见表1），可以看出民间文学传承的路线或脉络。

表1 历史文献所载故事变迁

人物	情节	地点	出处	时间
微生	孰谓微生高直！或乞醯焉，乞诸其邻而与之	—	《论语·公冶长》	春秋
尾生	信如尾生，期而不来临，抱梁柱而死	梁	《战国策·燕策一》	战国
尾生与女子	尾生与女子期于梁下，女子不来，水至不去，抱梁柱而死	梁下	《庄子·盗跖》	战国
尾生与妇人	尾生，鲁人，与妇人期于梁下，水至溺死也	梁下	《淮南子·氾论训》	西汉
裴航与云英	唐代秀才裴航，路遇蓝桥驿，渴甚，求饮。……后娶云英为妻，后夫妻双双成仙	蓝桥驿	裴铏《传奇》	唐代
韦郎保和贾玉贞	河东韦家村有韦郎保，……见一女子方就井汲水，向之乞饮；爱其韶秀，约以即夕至蓝桥为终身之托。……忽然云起，天地昏黑，狂风骤雨忽至，水渐没膝，继至胸口；生终不去，抱柱死焉……	蓝桥	疑为李直夫的《水漫蓝桥相会》	金元
裴航遇仙	敷演裴航蓝桥遇仙事	蓝桥	明代万历年间，戏剧家龙膺曾作《蓝桥记》清代黄兆森作有《蓝桥驿》杂剧	明清
魏魁元与蓝玉莲	书生名魏魁元，女名蓝玉莲，二人于蓝桥相遇，魏向蓝讨凉水解渴，玉莲劝其勿饮冷水，以免生病。魏魁元遂生发爱慕之情，向蓝讨姻缘，最后二人私订终身，相约八月十五月圆之夜在蓝桥古井重会后分别	蓝桥	黄梅戏《蓝桥会》	现代
魏魁元与蓝玉莲	中秋之夜，蓝玉莲如期来到蓝桥古井，等至四史还小见魏魁元前来，于是又羞又恨，投井自尽。魏魁元来到古井后，得知蓝玉莲殉情，悲痛万分。此时玉莲显魂表明心志，魏魁元亦投井而亡，二人在九泉之下终配夫妻	蓝桥、古井	《古井幽会》，又名《古井会婚》	现代

续表

人物	情节	地点	出处	时间
少年与蓝玉莲	少年看罢蓝桥景 抬头看见蓝玉莲。 不由心中一惊喜, 谁家的女儿谁家的妻? 莫非仙女下凡间? 为何到此把水担? 少年定步看玉莲……	水边、蓝桥	《蓝桥担水》	现代

从以上故事的演变中，主人公的姓名由尾生至唐代一变为裴航，到后来的戏剧或地方戏曲表演中成为姓名俱全的人物，不管是韦郎保、魏魁元还是书生，都是尾生的发展演变，妇人、女子随着蓝桥的出现，成了有名有姓的蓝玉莲或蓝瑞莲，情节发生的地点也从梁下变为蓝桥。"梁"，按顾颉刚先生的说法，当为无水之桥下旱地，为幽冥之地，适宜男女幽会①。男女约会定终身的蓝桥主题也由此得以生发，而后不断丰富，出现了古井、水边等符合日常生活场景的地点。后世的演绎围绕基本情节，从尾生期女、溺水身亡，不断变得丰富、具体，尾生乞醋的主题也继承下来，变为乞饮，梁下变为蓝桥。开始突显男主人公的形象和品性，渐渐变为女主人公的形象，并不断变得清晰，流传到西北，女主人公的形象更加突出，蓝桥中加入了担水的主题，而通过担水这些日常的琐事，重在表现女主人公的清苦和辛酸，双双殉情而死表现女主人公的执着和大胆，有名有姓的男主人公则变成书生，形象反而变得模糊。

从主人公姓名的变化，故事发生地点的确实，乞饮、幽会、溺水等情节的不断丰富，"担水"情节的适时嵌入等方面，不难看出，民间文学是深受强大的书写文化的影响并传承至今的，书写文化也从当下流行的口传文化中汲取养料，创作出更加丰富的题材和艺术形式，两者在民间文化的传承上相辅相成，相得益彰。像蓝桥主题，在历史上经历了戏剧、黄梅戏、二人转等地方小戏的口传表演阶段，也经历了文人书写、再创作的阶段。在民间文化的发展过程中，两者共同承担了传承的重要职责。虽然，两者的旨趣、叙事策略、态度等方面会有径庭，但口传文化的上升运动和书写文化的下沉活动，最终在一定的情境下沉淀积存下来，既具有历时性，也具有共时性。

尾生期女的故事在先秦时期已是比较成熟的口头叙事为大家传诵，后来借助书写使它的传播更为广泛和久远，以致现在流行各地的关于"蓝桥"的民间

---

① 顾颉刚：《史林杂识初编》，北京：中华书局，1963年，第203页。

口头叙事，都是书面和口头双重影响的结果，书写文化不会削弱或淡化口头文化的传承，口传文化会适时的选择、保存书写文化当中的有效成分。从"尾生期女"到"蓝桥相会"，历经了漫长的书写文化传统，然后逐渐演变成民间普遍接受的叙事主题。因此存活在当下的民间口头文化，有些必然经历了书写文化的渗透和影响后下沉到民间的结果。过去，从《诗经》的删定成册到汉乐府诗歌的盛兴，是口头文化上升到庙堂至高，扩大了口头文化影响范围的同时，其传播的路径也发生了转型。从蓝桥主题的演绎，我们又发现书面文化在历史上对口传文化进行了反哺的传承方式，乃至我们今天看见的口头叙事，也是经历了口头和书写不断互动的过程。书写文化从民间传承文化中汲取养分，民间又会适时地从书写传承中获取自己需要的东西来提高和创新。历史上口传和书写的交替互动，是民间文化得以发生和发展的重要因素。从口传时代到书写时代，民间文学的传承发生了一种转型，尽管其影响只是在读书识字人之间发生，距离真正的民间还很遥远，但这种文化的传承方式发生了变化却是不争的事实。而且，随着书写文化的普及，这种影响将会越来越深远，这种书面和口传并存的事实造成了民间文学传承的互文性。

五、结　语

口头是民间文学得以发生传承的主要形式，在人类发展的长河里，口头文化的传承占了很大的比重，开启了人类的心智并积累了很多的智慧，伴随着人类社会发展，口传文化一直是重要的文化传播方式，也是人类须臾不可离的生活方式，从而也影响和制约人类自身；而历史证明，书写是继口头之后的又一种主要方式，人类文化的很多东西，赖以书面进行延续传承，并能得到长久的保存，在民间文学自身理论不断发展的时候，在一段时间，书写和口头表达为了赢得更多的学科话语权而相互对立，其实二者之间根本不存在相互抵牾的现象，都是文化发展当中两种主要的传承媒介。希尔斯在《论传统》中认为：传统就是指一条世代相传的事物之变体链，也就是说，围绕一个或几个被接受和延传的主题而形成的不同变体的一条时间链①。民间文学就是一种人类文化发展的大传统，书写是这一时间链上的变体。蓝桥主题的历史演绎，展示了这个传统里面的变体如何发生作用和变化，对来自民间的文学进行书面化表达和书写文化的民间采借形成的互动，将是民间文学的演绎途径和生存之道。

---

① ［美］希尔斯：《论传统》，傅铿、吕乐译，上海：上海人民出版社，1991年，第3页。

宝卷与青海嘛呢经流变的关系

李言统

嘛呢经是流行在青海多民族地区，由中老年人在一定的宗教场所或居家修行时念诵的一种民间宗教性经文，多以手抄本的形式在当下社会进行传承流变。在嘛呢经形成的历史过程中，佛教或道教宗教经典，对其书写文本或口传文本产生了很大的影响，其中，明清时期流传的民间教派宝卷对其产生了更为直接的作用。

一、宝卷的流变

宝卷是民间"念卷"或"宣卷"宗教活动和民间信仰活动中一种集信仰、教化和娱乐为一体的民间讲唱文艺的说唱底本，产生于元末明初，已有800多年的历史，从存世最早的明代演释佛教经典、教理的宝卷《大乘金刚宝卷》分析，有学者认为宝卷是唐代佛教俗讲的延续，它的宣讲承袭了"俗讲"、"说经"的形式[①]。同时，宝卷也是富有表演性艺术文本，"念卷"或"宣卷"是主要的表演形式。它的演唱规程表明宝卷是在吸收俗讲、佛教忏法以及宋元词曲、民间说唱等艺术的基础上形成的。明正德初年以后，以罗梦鸿创无为教编《五部六册》为标志，开启了宝卷做宣教材料的先河，从此民间教派林立，各种宝卷不断涌现。宝卷演唱开始时，要举行"恭请十方圣贤现坐道场"（"请佛"）、"讲解经题"、"举香赞"、"请经"、"开经"等复杂的仪式，结束时要说唱"道场圆满"、诵"结经发愿文"、"随意回向"等。其中宝卷的开经偈、焚（香）赞、收经偈，相当于"俗讲"的押座文、开题、表白。白文、十言韵文借用了"俗讲"的说解、吟词，但改"俗讲"的七言为十言。词调则是"说经"的变体。同时，它又杂糅了佛道经卷和各种词、曲、戏文等形式。它们的整个仪式过程基本是相同的，只是名称不同，宝卷在后期的发展中又吸收了当时民间说唱的一些因子，诸如十言体、五更调、十二月等民间小调。由于受宋元词曲的影响，宝卷中出现了长短句的偈赞，也偶唱流行的散曲。遗留至今的佛教宝卷，除了说唱因缘故事的宝卷外，在当时都是用于荐度亡灵的法会。演释佛教经典和佛理的宝卷，

[①] 车锡伦：《信仰教化娱乐——中国宝卷研究及其他》，北京：台海出版社，2000年，第2页。

演化为荐度亡灵的仪式文，主要是用于荐度亡灵的宗教仪式中。

明末清初是宝卷井喷发展的时期，其内容除了部分是做会宣卷的仪式文和劝善说教的绢本外，绝大多数是文学故事。多删去以前教派宝卷的偈赞和小曲，只保留说唱的段落形式，不再分"品"。唱词主要是十字和七字的诗赞体，用吟唱式的韵诵或改编各地民歌小调演唱，而不标出曲调名。直到清康熙年间，各种民间教派纷纷创立，他们均以宝卷为布道书，主要宣讲各教派教义、修持方法，少量讲述神道故事和民间传说故事。这些民间教派多倚称佛教，教派宝卷多模仿前期佛教宝卷，其唱词主要用七字句和十字句的诗赞体，又加唱当时流行的小曲曲调。清康熙以后，政府取缔、镇压各地民间教团，民间教派宝卷的发展受到遏制。但民间教团在秘密布道中虽然保留宝卷念卷形式，但主要是袭用和改编前期民间教派的宝卷。

近现代，民间宝卷没有明显的宗教归属，但念卷仍需结合民间的信仰活动进行。它承袭了宗教宝卷念卷的一些仪式，做会念卷时供奉各种神佛到会，念卷开始时焚香点烛请神佛，然后开始宣讲宝卷，结束时要焚烧神码（供奉的神像）等物送神佛。宝卷的这种念卷活动，在不同的地区仍以不同的仪式存在，像江浙一带的"做会"，甘肃洮泯地区的"请卷"等。

二、宝卷的世俗化倾向

宝卷的念卷活动，在明末时已出现世俗化的倾向，开始流入全国各地的民间社会，成为广大民众信仰、教化、娱乐的活动，因而产生了没有明确宗教归属的民间宝卷。它们的文本形式仍沿袭教派宝卷的形式，在民众结婚生诞、祝寿求子、生病遇灾、新屋落成、丧事荐亡等民俗活动中演唱，也到朝山进香、庙会祭祀的群众性活动中演唱。

这一时期佛教宝卷演唱者主要是佛教的僧侣，除了活动于民间的僧尼外，又出现了"倚称佛教"的"道人"。民间佛教的宣卷活动，主要在"追亡荐祖，了愿禳星"的法会上进行，也包括家庭妇女的信仰和娱乐活动、村落中的民间斋集法会，由僧人宣卷。明代"杂序因缘"、"讲说因果"一向是佛教僧侣向俗众演说佛法的主要形式，继承了六朝时期的佛教僧俗在斋集法会的演说形式。南朝梁慧皎撰《高僧传》卷十三《唱导论》中记载："至中宵疲极，事资启悟，乃别请宿德，升座说法，或杂序因缘，或傍引譬喻。"[①] 这一时期民间的佛教信徒主要是城市中的市民、农村中的农民和各阶层的妇女，文化层次不高。他

---

① （梁）释慧皎：《高僧传》，北京：中华书局，1972 年，第 521 页。

们对于佛教经典中的哲理,不一定能够理解,主要是从自身的生活体验接受佛教的基本教义,如人生无常,充满痛苦;前世和今生所造的业,是痛苦的根源;相信因果和轮回报应;要修行解脱,去恶扬善,以求今生和来世的福报等,在此信仰基础上参与各种佛教的信仰活动。在各种法会道场中,更能令一般信众激动的是那些说唱因缘的故事。明代出现的以妇女为主要听众的家庭宣卷,听"唱佛曲",除了抒发她们的信仰情怀外,还有娱乐的作用,因此出现了更贴近生活的民众修行故事宝卷。一些佛教宝卷,除了说唱因缘故事的以外,都是用之于荐度亡灵的法会。演释佛教经典和佛理的宝卷,演化为荐度亡灵的仪式文。

这种变化,自然与中国社会长期受儒家文化的影响,对丧事的重视有关。"不胜丧,乃比于不慈不孝"①。因此,丧仪即使在平民百姓的生活中,也是最重要的仪礼。另一方面,同民众对生死大事的观念有关。一般的民间佛教信徒,不可能像《大乘金刚宝卷》歌赞中宣扬的那样"了结生死",进入无为自在的境界。因此,在追悼死去的亲人时,便为他们念经忏悔,祈祷地狱十王"赦除多生罪",祈祷诸王、菩萨引导亡人进入"龙华会";或借助阿弥陀佛的愿力,往生西方极乐世界。所以,在民间信仰活动中,一些说唱姻缘的宝卷,像《黄氏女》、《方四娘》等,在家庭的日常活动中,以娱乐为目的,而一些演释佛教经典的仪式文,主要用于庙会或丧葬仪式中,敬神或荐度亡灵。

由此可以看出,宝卷的世俗化倾向,源于早期的俗讲活动,是在发展的过程中,为了演绎教义经典,吸引更多的民众参与,扩大自身影响力做出的一种适时变通。宝卷一开始就表现出向下的亲民姿态,这对它后来的流传和流变具有很深远的影响。

三、嘛呢经对宝卷的吸收

从大量流传的嘛呢经看出,嘛呢经并非是俗讲、变文、宝卷直接单线演进的结果,其内容的构成比较复杂。嘛呢经中也有《金刚经》之类的佛教经文,《金刚经》是佛教徒采用大乘经典中的忏悔、礼赞内容而成的忏法。唐宋以降,忏法大行,这类经卷的名称不一,有"佛偈"、"赞"、"仪赞"、"忏仪"、"忏法"等。南宋释宗镜编的《金刚科仪》,演释姚秦鸠摩罗什译的《金刚般若波罗密多经》(简称《金刚经》)。"科仪者,科者段也,禾得斗而知其数,经得科而义自明。仪者法也。佛说此经为一切众生,断妄明真之法,今科家将此经中文义事理、复取三教圣人语言合为一体,科判以成篇章,故立科仪以为题名"。其实,

---

① 《礼记》卷一《曲礼》,上海:上海古籍出版社,1987年,第12页。

从这部"科仪"的形式上看，它是佛教"忏法"和俗讲"讲经"相结合的产物，它将讲经过程仪式化、格式化、借名为"科仪"①。目前在嘛呢经中依然流传念诵的《金刚经》，显然是唐宋以来佛教大乘经典的流变，后与俗讲等说唱形式结合演变而来。

嘛呢经的有些经名，也直接吸收了宝卷的命名方式。宋元时期的佛教宝卷在各种法会道场中演唱，要举行相应的繁杂的仪式。明代民间的佛教宝卷，包括荐度亡灵的各种宝卷，都是在民众家庭中演唱，演唱仪式趋于简化，在宣卷前，举行"焚香、点烛"的简单仪式。明清以来的民间教派宝卷多仿照佛、道经典，大多数民间教派倚称佛教，其宝卷在卷名前仿照佛典冠以"佛说"，表示为"佛"亲自说法，如《佛说二十四孝宝卷》、《佛说道德运世忠孝报恩宝卷》，有的民间教派倚称道教，则仿道经在卷名前加"元始天尊说"，如《元始天尊说真武修行宝卷》，有的民间教派宝卷前冠以"销释"，表示为经典的解说。这种倚佛倚道的做法，也同样渗透到嘛呢经的称谓当中，如《佛说大明六字真言》、《佛说蒲团真经》、《佛说报恩经》等。清代后期的真空教的《报恩宝卷》、明代还源教《报恩宝卷》(全称《归家报恩宝卷》)，直接影响了嘛呢经文中的《报恩经》的形成。

从民间遗存的做会或祭祀仪式中，两者表现出了一定的相似性。清代以来，民间信仰活动中演唱的文本繁多，吴方言区除了"佛头"做会宣卷外，也有伙居道士做道场。这种伙居道士，被解释为没有正式"授箓"，在家娶妻生子，为民众做各种"法事"的民间道士，同时也兼做其他生意。类似的民间道士在青海叫"阴阳"，其行为跟伙居道士一样，起灵卧丧、择日看卦，平时也跟普通人一样，务农或外出打工等。在当地的庙会、丧事活动中，阴阳的道场和念诵嘛呢的活动一起进行，浙江等地举行的这类活动与青海流行的这类法师活动及其念诵宣卷的活动，从形式和内容的相似性上来看，有一定的影响和继承。

清康熙以后，政府严厉镇压邪教，追索他们使用的经卷并销毁，各地秘密布道的教团开始刊印一些宣扬因果报应的故事宝卷或劝善文之类的宝卷，这些宝卷也一度流行到青海地区，受到当地兴盛的藏传佛教的影响，内容中加入了"六字真言"，这种依附于当代流行的嘛呢信仰的改变恰好躲避了清政府的查抄，致使很多宝卷内容得以保存，但其名称也改头换面，以嘛呢经相称了。因此，嘛呢经混同宝卷的内容比较多，同时也造成嘛呢经在流传过程中吸收了宝卷当中的很多内容。

---

① 车锡伦：《信仰教化娱乐——中国宝卷研究及其他》，北京：台海出版社，2000年，第29页。

四、嘛呢经的形式借鉴

嘛呢经文中，虽然经文内容各异，如有些用于祝祷仪式的经文，内容相对短小，称为"科"，如《大灯科》、《小灯科》，这是道教科仪的采借。"科仪"、"宝忏"之名最早是道教经卷所用，道教徒将其道场威仪，即道士斋醮所行的科范仪式，称"科仪"或"宝忏"，唐代佛教徒开始使用这一名称。有些以"经"、"真经"、"妙经"称呼，如《上三官北斗真经》、《地母真经》、《王母经》、《烧香经》等，有些以"宝卷"命名，如《黄氏女宝卷》、《白马宝卷》、《方四娘宝卷》等，对这些经文，当地人一律统称为"嘛呢经"。

嘛呢经中，有些经文内容像是佛教的偈文，如丧事上或庙会活动中念诵的《上香经》、《请神词》、《十奠酒》、《十奠茶》等，唱词大都是七言或十言的上下句体，通常偶句入韵，这与吸收和借鉴宝卷的演唱形式有关。形成期的宝卷，作为一种新产生的宗教宣传的说唱形式，它一方面要为广大的民众熟悉和接受，同时又要保持宗教文艺的严肃性，不能一味地媚俗，于是采用了七言诗赞体作为主体音乐。之前，宋元时期各类音乐文艺，如诗歌形式的词和散曲，说唱艺术的鼓子词、诸宫调、唱赚和复赚，以及戏剧形态的宋金杂剧院本和元杂剧等，基本上都采用乐曲体音乐曲调，唱词是长短句。而其时民间说唱陶真采用七言的诗赞体。十言句式唱词，在元代杂剧中已经出现，但在明正德初年罗梦鸿的《五部六册》中才被大量运用。在明代正德以后的宝卷中较为普遍，称为"十字佛"。其出现在元杂剧中，多在剧尾，标为"词云"或"诗云"，也出现在剧本的其他部分。叶德钧认为这种唱词形式来自民间"词话"[①]。但据《元曲选》所收百种杂剧（其中包括元末明初无名氏的作品）这种"词云"最多的是七字句（多为三四结构），其次才是十字句，也有八、九、十一等句式和几种句式混合在一起的形式。它说明词话演唱十言唱词的形式，在元末明初尚未固定下来。可见，嘛呢经中的十字句形式，是直接继承宝卷的演唱形式，应该确信无疑。

此外，嘛呢经在演唱时，直接借鉴宝卷的曲牌名的例子，也并不鲜见。像明黄天教的宝卷中有"五字经"，嘛呢经《五字经》显然是以曲牌命名的。同样，像《枣儿经》、《葫芦儿经》等都是曲牌名。清代大乘圆顿宝卷中，像"阿兰佛"、"哭皇天"等曲牌是以"五更"为序组曲的，嘛呢经中的《五更》、《五更哭皇天》、《五更调》等，都是以组曲的方式命名的。还有清代流行的曲牌"纺丝娘"，该曲牌名，在大乘圆顿教和黄天教的宝卷中比较流行。在嘛呢经中直

---

① 叶德钧：《宋元明讲唱文学》，北京：中华书局，1979年，第32页。

接以"方四娘"命经名,虽然写法各异,但其演唱的曲调应该是一致的,还有"十二月"联唱的,像《方四娘》《鹦哥经》等经中的部分念诵。另外,《金刚经总偈》《地藏王古佛偈》等嘛呢经名称中直接呼"偈","偈"是梵语,"偈陀"的简称,是佛经中的唱颂词,有偈颂、偈文、偈句、偈言、偈语、偈诵等。该经文由52句十言诗赞体构成,总共5200字,与鸠摩罗什译的《金刚经》的字数差不多,《金刚经》是释迦佛说法的过程,其内容基本由对话体的散文组成。

内容上,"外凡内圣",嘛呢经也借用一些民间信仰的神灵的名义和有关的宗教传说、民间传说故事,来宣扬其中蕴含的教义和修持理念、方式,所述的人物、神灵或事件皆成了表达某种教义和修持理念的依附。在念诵前,要洗手漱口,然后带领信众摆灯,按照方形或矩形的格式,将108盏灯摆在条桌上,插上捻子(即把棉花缠在一根草棍上制作的灯芯),注满清油,然后一边点灯,一边焚香诵经。嘛呢经"善有善报,恶有恶报"的果报观念和核心思想,通过这种仪式在民众心中得以强化。

五、嘛呢经口传特性的继承

早在宋代就产生了像佛教在宗教法会上演唱的仪式化经文,以后伴随佛教信仰活动演唱,不断形成文辞格式化的特点,不容许演唱者随意发挥。这种仪式化的演唱活动,一直影响到清及近现代民间的宗教演唱活动。尽管民间演唱者演唱的经文,大都经过某个艺人所编,且辗转传抄并无定本,诵经的时候大家都手拿经文,恭敬地去诵读。在念诵嘛呢经的民间信仰仪式中,嘛呢经常被视为是一种"经典",念诵嘛呢的老奶奶不能随便更改经文的内容。念诵嘛呢经文的人中,那些熟悉仪式规程、能够熟练念诵各种嘛呢经的人,被认为是"嘛呢头儿",在这类信仰活动和嘛呢经的念诵中,他们起着引领、组织和主导的作用。其他嘛呢人也视他们为权威。嘛呢经文都是手抄本,以抄写嘛呢经为善行功德的观念,对嘛呢经的传播有很大的影响。这种传承过程中的规约或制度,在很大程度上保持了宝卷以来说唱艺术的传统性。

用韵是嘛呢经主要的特征之一,关于用韵,章学诚在《文史通义·诗教》中说:

> 演畴皇极,训诰之韵者也,所以便讽诵,志不忘也。……后世杂艺百家,诵拾名数,率用五言七字,演为歌诀,咸以便记诵,皆无当于诗人之义也。[①]

---

① (清)章学诚:《文史通义》,北京:中华书局,1994年,第129页。

这段话指出了韵"便讽诵"、"志不忘"、"便记诵"的功用。人类在发明文字之前开始唱歌、跳舞，那时已有一部分韵语文学"活在口头上"。原是歌谣的韵也未尝没有便于记忆的一层功用，但它主要的成因或许是歌、乐、舞未分时用来点明一节乐调和一段舞步的停顿，应和每节乐调之末同一乐器的重复的声音。所以韵是歌、乐、舞同源的一种遗痕，主要功用仍在造成音节的前后呼应与和谐。

像《莲花真经》，整个经文由"五七五五"句式组成，8句为1章，分上、下阙，节奏整齐，句末押韵比较有规律，一五句、二六句、四八句最末一字入韵，三七句散韵，形成交错押韵，也形成基本工稳的对仗。总共5章，40句，结构整齐。《金刚经总偈》则是以严整的十言诗赞体组成，每句为3顿，念诵的节奏为"三三四"式，上下两句构成一节，偶句最后一字入韵。适合念诵，结构整齐，韵律和谐规整。因此，嘛呢经中的韵律是对古人用韵规律的继承和发展，在民间的念诵中也发挥了便于记忆、协调节奏的作用，形成规整和谐的音乐审美效果。

每一种嘛呢经在念诵时，都有自己独特的曲调，即"经调"，使用最多的是以"五更"为序组曲，用以唱述修炼内功、表达某种相思的情感，如《五更报恩经》。嘛呢经念诵，很少使用套曲'套数'这种宋元以来民间歌曲数曲联唱的曲体。嘛呢经大多数采用单曲，一曲到底，开头、中间和结尾伴以和佛佛号或六字真言。嘛呢经的抄写当中，曲牌名都已遗落不见，人们在念诵的时候，不同的经文有不同的曲调，可以看出，这些都是有固定的曲谱的，只不过嘛呢经在流传的过程中，更多是依赖口传，尤其是这种经文大多是在乡村鲜或识字或根本不识字的老年妇女中间流传，他们对这种来自外部的曲牌名不甚了了，只是关注经文内容和念诵的方式，因此原来依附其上的曲牌名很可能这样被遗失了。大量流传的嘛呢经中，不同嘛呢奶奶收藏或抄写的同一经文，在内容上，个别字、词或出现交叉、错行的现象，有些意思差不多的内容会出现不同写法；在句数上，也会出现或多或少的不一致现象。诸种现象表明，嘛呢经当初是以口传的形式流传到这里，然后经过抄经人之手演变成今天这种纷繁的文本形态。

六、结　语

通过对宝卷和嘛呢经的内容、形式、曲牌、流变、传承形式等的论述，发现宝卷和嘛呢经是在不同历史时期形成的两种特殊的民间说唱样式，但两者有着千丝万缕的联系。

第一，从形式上，嘛呢经借用了宝卷的七言或十言的诗赞体形式，但与当初被称为宝卷的文本形式有着明显的区别。

第二，嘛呢经中，还保留着一些宝卷，直接继承了以前宝卷的传抄形式和内容，有的嘛呢经名称直接以宝卷命名，但在称呼时后面都缀上"经"字，如《鹦哥宝卷经》、《黄氏女宝卷经》、《银桥宝卷经》等，但这些经文，当地念诵嘛呢的信众也不认为是宝卷，而且这些经文被认为是"闲谈经"，即闲来无事的时候哄心的，在庙会或家里的丧事上是不去念诵的。其实，这些经文很少有人念，经卷在信众当中流传，因为抄经也是一种修行的功德，人们也借自己拥有经文的数量，同道之间相互比较。

第三，从内容上来看，嘛呢经的内容更多是佛赞或香赞的偈文，即便有具有故事性质的修行的嘛呢经文，其内容叙述非常简略，"粗陈梗概"而已，与宝卷相比，不注重叙事的顺序或逻辑，甚至忽略故事叙事的各种细节。

第四，嘛呢经文的内容，基本都是五到十言的诗赞体构成，完全缺失了宝卷中作为故事叙事的散文体说白部分，而且嘛呢经中的口头程式的特征表明，这一文体是在口头传诵的过程中完成流传的，其口头性的特征非常明显，虽然抄经的行为非常流行，但它在嘛呢经文的流传中并不重要。

第五，嘛呢经在流传的过程中，很明显受到了青海地区藏传佛教的强大影响，于是嘛呢经中加入了六字真言的诵经佛号和有关解释六字真言的经文内容，并且用嘛呢经来称呼这一特殊文类而当地人不知宝卷为何。尤其明清以来，民间教派多处于不合法的地位，它们重印或抄传前代的宝卷时便常常更改卷名，或用简名，或用一些似是而非的卷名，像民国时期泰东印刷局排印线装本《皇极金丹九莲正信皈真还乡宝卷》，被冠以《武当山玄天上帝经》，这种有意识地改变名称导致后世的经文传抄中，原来的宝卷名称被人们遗忘。

总之，嘛呢经是明清以来流传在青海多民族地区的一种特殊文类，是在一定的场合流行于特殊群体当中的、适合于口头传唱的一种民间文学样式，它与历史上曾经流行的佛教俗讲、变文、宝卷等说唱文体有着历时的影响关系，但发展到今天，它已成为流行在这一地区的一种独立的样式，就像宝卷在历史上形成的过程一样，从俗讲、变文等说唱形式中独立出来成为一种独特文类。任何事物的发展，既有对过去事物的继承，也有适合当下语境和未来发展的一种创新，嘛呢经的形成和流行，恰好说明嘛呢经是在继承过去宝卷的基础上，形成的一种独特的文化样式或文学体裁。

中国花儿的学术史回顾与反思

赵宗福

"花儿"是中国"大西北之魂",是青海、甘肃、宁夏、新疆4省区的汉族、回族、土族、撒拉族、东乡族、保安族及部分藏族、蒙古族和裕固族等9个民族共同的天籁之音和流动之诗。在世界民歌的广阔视野中,花儿传承历史之久、流传地区之广、传唱民族之多、歌词之浩瀚、曲令之繁富、内涵之丰厚、风格之独特,是不多见的,因此很早就受到了海内外学者们的关注。

一

从现有的文献记录看,花儿至少已有500多年的传承历史。明代万历年间(1573—1620),一位叫高洪的地方官员在今天青海省民和县境内写了一组《古鄯行吟》的诗,其中对花儿的演唱语境和风格有这样的描写:"青柳垂丝夹野塘,农夫村女锄田忙。轻鞭一挥芳径去,漫闻花儿断续长。"迄今为止,这是见到的最早对花儿的记录。从中可以知道,明代中后期时,花儿在河湟一带已经很流行了。之后一些文人诗文中也屡见有关花儿的片言只语,但都不是研究性质的。

花儿的研究始于20世纪20年代。1925年,地质学家袁复礼在北京大学《歌谣周刊》发表了《甘肃的歌谣——话儿》及他在地质勘查之余所搜集的30首花儿,开了花儿研究的先例。虽然这是他的业余之作,还将"花儿"误写成"话儿",但首次向国内介绍西北花儿,功不可没。之后如顾执中、慕寿祺、顾颉刚、牙含章、李洽、李文实等学者也开始关注和评介花儿。

20世纪三四十年代,对花儿颇有研究的是张亚雄和逯萌竹。张亚雄(甘肃省榆中人)受北大《歌谣周刊》面向全国征集歌谣资料的启发,利用在《甘肃民国日报》从事编辑工作之便"坐地征花",公开征集流传于西北的花儿,在365人投稿的基础上整理汇编,并对花儿释名、花儿源流、流传区域、艺术手法、调令、演唱形式、歌手、花儿会、语言特色、花儿民俗、唱词与音乐等问题进行碎片式思考,然后汇集成册,于1940年出版《花儿集》(重庆青年书店)。书中上编是学术思考所得,下篇精选花儿歌词650首。此书是第一部有关花儿的专书,在花儿学及其民间文学领域产生了很大的影响,尤其是他"坐地征花"的运作方式给后来的一些花儿编辑爱好者提供了一种范式,逯萌竹（青海省乐都人）在 1941 年的《西北通讯》杂志上连续发表《青海的花儿》和《青海花儿新论》，对花儿的起源、名称来源、唱词形式、唱词内容、曲令、音乐特征、演唱季节和地方以及创作等做了探讨。尽管一些论述和解读颇多失误，但这是花儿研究方面最早的真正意义上的学术论文，应该给予足够的历史地位，可惜多少年来由于种种原因，没有得到学界的发现和重视。

另外值得一提的是作曲家王云阶。他在青海昆仑中学任教期间，搜集青海民歌曲谱，并在当时的《青海民国日报》上创办《乐艺》副刊，先后刊发花儿曲令《山丹花》、《东峡令》、《荷花儿》、《白牡丹》、《黄花儿》、《山丹红花开》、《六六三》、《尕马儿》、《水红花》、《乖嘴儿》等。他所搜集的青海民歌和花儿结集为《山丹花》，1957 年由上海音乐出版社出版。

整体而言，从明清到民国时期，花儿经过了一个漫长的从点滴记录向初步研究转化的过程。特别是民国时期，可以称之为花儿搜集、整理和研究的起步阶段。但由于这时期处于战争年代，加之理论方法的不成熟，研究成果的数量非常有限，质量也不是很高，其贡献主要体现在对花儿的搜集整理方面。

二

进入 20 世纪 50 时代后，在人民"翻身做主"的热情和"新民歌运动"浪潮的推动下，花儿这种民间文艺形式得到了高度评价和全面搜集，青海、甘肃等地掀起了搜集、整理和研究花儿的热潮，出版了一大批有价值的花儿选集，许多学者、文艺工作者，甚至花儿的演唱家们，纷纷撰写介绍和研究花儿的文章，对花儿价值和源流的探讨也十分活跃。

1950 年到 1966 年，选编出版花儿集就有朱仲禄的《花儿选》、王歌行等的《花儿与少年》、达玉川等的《青海花儿选》、郗慧民的《花儿》、杨正荣等的《青海花儿选》、甘肃省委宣传部的《甘肃民歌集·花儿》、青海省音乐家协会的《青海花儿曲集》以及各种与花儿相关的民歌选本。相对来讲，青海民间文学研究会于 1961 年 8 月内部编印的《青海民族民间文学资料·花儿资料专集》一书，收录的花儿不仅数量最多，而且大多是民间原生态作品，最富文献资料价值。

这一时期对花儿的学术研究以青海地区最为活跃，学者们在《民间文学》、《青海湖》和《青海日报》等报刊上发表了大量介绍和研究花儿的文章，产生了一批颇具学术层次的论文。青海省民间文学研究会在 1961 年还编印了《花儿评价、讨论、研究专集》，这是新中国成立后的第一部花儿研究文集。

这一时期引人注目的是 1963 年前后青海文艺界展开的一场关于花儿源流的学术论争。先后发表了黄荣恩的《青海花儿的来龙去脉》、赵存禄的《"花儿"

的"来龙去脉"再探》、王浩、黄荣恩的《"花儿"源流初探》等论文,分别从古人诗文、传说、曲调、韵律等方面多角度、多侧面地对花儿的起源问题进行了热烈的争论。这场争论引起了国内学界的注意,远在南京大学的孙殊青也发表了《"花儿"的起源》。这些成果对从不同侧面认识花儿起源有诸多启示。

关于"花儿"艺术特征的探讨也是这一时期的研究热点,如歌行的《"花儿"漫谈》、孙殊青的《试谈"花儿"的艺术形式和表现手法》、刘凯等人的《谈谈"花儿"押韵问题》、《"花儿"格律试探》等,对花儿的节奏、韵律、比兴手法进行了探究。

花儿的大型民俗活动"花儿会"这时也进入了学者们的视野,出现了一些介绍文章,如赵之洵等人的《莲花山的莲叶儿》、可国的《花儿会小品》、纪舜的《"花儿"会巡礼》等,分别介绍了甘肃省莲花山以及青海省民和、乐都等县花儿会的盛况。

这一时期可以称为花儿研究的初盛时期,在新的政治话语影响下,以花儿为代表的民间文学艺术尤其是其劳动阶级的创作价值得到充分的肯定,随之出现为数众多的整理出版物和评介探索论文。但是由于时代的局限,可以说非常热闹活跃,但科学性不足,加之随着"文化大革命"的到来,花儿的研究便陷入了销声匿迹状态。

三

1976年之后,花儿研究逐渐恢复,甘肃、青海、宁夏等地还成立了花儿研究会。在20世纪最后的20多年里,花儿研究取得了很多成绩。主要体现在以下几个方面:

一是重新编辑出版花儿选集。公开出版的如雪犁等选编的《花儿选集》、《莲花山情歌》等,但大多是在原来各种选本的基础上重新编排,意义在于重新了唤起人们对花儿的记忆和认识。相对来说,数量甚多的内部花儿资料本,以新搜集整理的作品为主,资料价值高。如青海民研会编印《传统花儿专集》(1979年),共收花儿约2500多首,80万字,对花儿歌词的搜罗较为齐全;西宁市文化馆编印"西宁演唱特刊"《花儿集》(1979年),共收花儿600余首;青海省群众艺术馆编辑《青海花儿曲选》(1979年),选入120首传统花儿曲子,按回、土、撒拉、汉4个民族做编排,眉目清晰;郗慧民编的《西北花儿》(1984年),共收入花儿916首,附曲谱16首。此外如甘肃省康乐县文化馆编印的《莲花山花儿选》(1979年)、宁夏民族艺术研究室等编的《宁夏民歌选》等内部资料本的印行,有力地支撑了学界的学术研究,同时也扩大了花儿的传播。

二是学术研究。这时期众多的学者在国内外的报刊和内部刊物上发表了许多研究花儿的学术文章，并出版了概论性的系统研究花儿的专著和若干论文集。在这些论著中，学者们从渊源、格律、流派、语言结构、族属、花儿会和歌手等领域，对花儿进行了多方位、多角度的探讨。

作家汪曾祺在《"花儿"的格律》中发现了花儿在押韵上交叉使用单双字尾，并且多用仄声韵的事实，但他不懂方言，有一些失误。卜锡文在《试论"花儿"的体系与流派》中根据花儿格律提出了体系说，认为花儿分为河湟、洮岷、陇中三大体系，但是他的陇中体系说并没有得到大家的认同。赵宗福的《青海"花儿"格律试说》对青海花儿的结构、押韵形式进行了学院式的系统分析。郗慧民在《"花儿"的格律和民间文学工作的科学性》和《关于"花儿"的类型》，在探讨花儿格律的同时，提出了"类型说"，认为花儿应分为两大类型。杜亚雄的《"少年"与"花儿"辨析》等文章则提出，所谓河湟花儿和洮岷花儿是两种根本不同的民歌，河湟花儿实际在民间只叫"少年"，称为"花儿"是一种误植。

关于花儿的渊源，柯杨的《花儿溯源》从花儿流行的历史地理、产生时代、历史背景、名称由来、发展演变等方面认为花儿形成于明代。马珑的《花儿源流试探》认为洮岷花儿产生于南北朝时期，河湟花儿则晚一些，与唐宋词有关系。屈文琨的《词与花儿的流变及其比较研究》认为花儿与唐代词有密切的联系，实际上就是说花儿产生于唐代。而李文实的《"花儿"与〈诗经国风〉》从创作手法、语言与格律等方面入手，对花儿与《诗经》进行了文化传统的比较研究，可谓视野开阔，别开生面。

关于花儿音乐的探讨是这一时期出现的新的学术热点，黄荣恩、冯锐翔、乔建中、张谷密、李恩春、鲁拓、包恒智、宋志贤、周娟姑、王沛、马正元等一批学者发表了大量的论文，但比较有学术分量的当属张谷密和王沛的文章。张谷密先后发表《论"花儿"的旋法特点及艺术规律》、《撒拉族花儿调式研究》等论文，对花儿音乐结构、调式、旋律等进行学理性分析阐述，是富有专业水准、严谨规范的系列论文。而王沛的《河州花儿》一书从各个角度研究花儿音乐，把艰深的理论与可感的实际融为一体，举例多是自己数十年间亲自搜集来的，文笔流畅亲切。此外，苏平、朱仲禄、刘尚仁等人，从花儿演唱实践出发，对花儿的音乐特征、演唱风格和技巧进行了总结阐发。

对于花儿艺术手法和思想内容，这时期的关注度也很高。其中鲁晋的《"花儿"的语言结构与河湟的方言俗语》、赫慧民的《花儿的衬词》、许英国的《河湟"少年"音韵发微》和《论河湟少年兴起联涉及的范围及其艺术表现特征》

等，具有代表性，但大多套用普通文艺学或者音韵学的理论方法，多少有些削足适履、捉襟见肘之嫌。

这一时期，随着各地花儿会的恢复，人们开始关注花儿会和花儿歌手。魏泉鸣的《别开生面的民歌演唱会——甘肃莲花山花儿会调查报告》、《朱仲录对花儿学研究的重要贡献》、鲁拓的《河州花儿会的调查报告》、芦仲河的《松鸣岩"花儿"会初探》、马晓军的《"花儿"歌手穷尕妹》等，都是值得注意的成果。

需要特别强调的是，这时期一些学者把花儿的研究放置在学科建设的目标上，试图构建起"花儿学"的理论体系，所以出现了若干部严格意义上的花儿学术专著。赵宗福的《花儿通论》（青海人民出版社，1989年）是第一部这方面的专著，从定义、源流、格律、社会内容、音乐艺术、花儿会与歌手等方面对花儿进行了系统的理论梳理，并对以往花儿的搜集整理、创作实践、理论研究等进行了学术史总结，在学术界产生了较大影响，获得青海省哲学社会科学优秀成果二等奖，并被台湾音乐学院等大学选为研究生选修教材。紧接着，郝慧民的《西北花儿学》（兰州大学出版社，1989年）一书，其内容涉及花儿的流布、类型、内容、形式、渊源、演变、曲令、演唱等各个方面，有较强的系统性和理论性，后来成了一些大学讲授花儿的理论教材。此外，一些学者还出版了花儿研究的论文集，如屈文焜的《花儿美论》、魏泉鸣的《花儿新论》、张谷密的《西海乐论》等，其中不乏精辟独到的论述。

这一时期还呈现出了一个前所未有的学术现象，这就是花儿还受到了国际学界的关注。美国、日本等国一些学者到青海地区进行田野调查，陆续发表了一些研究成果。日本志村三喜子是最早注意到花儿的学者，神奈川大学教授广田律子则撰写了《花儿会上的求子习俗》。2000年12月，名古屋大学的樱井龙彦教授编写了《花儿研究资料目录》，该目录搜集了1925年到2000年间有关花儿研究的专著和论文目录。美国普林斯顿大学的凯瑟·劳瑞（汉名罗开云）在1984年曾到青海瞿坛寺花儿会采风，后以《语言、音乐和仪式：论中国西北的优秀民歌花儿》为其学位论文，主要侧重对花儿中诗的比喻和文学精髓的分析。1990年，她又发表了《在说话与歌唱之间：中国西北地区花儿会上的赛歌》。20世纪80年代中期，美国印第安纳大学民俗学系的玛丽·柯莱尔·图伊（汉名苏独玉）到青海、甘肃等地对花儿会进行实地考察，撰写了花儿学专著《中国传统的纵想：论花儿、花儿会和花儿的学术研究》（1988年），介绍了西北花儿的演唱形式、花儿会、花儿的内容以及花儿学界的理论研究情况，主要对花儿歌曲、演唱花儿的节日及其整套程序——如涉及中国传统的一些象征及相互关系做了论述。美国哈佛大学教授赵如兰在其博士学术论文《莲花山花儿会：关于表演环境的研究》中，运用鲍曼的"表演理论"对歌唱者与听众之间的微妙关系进行了深入的分析。其他如法国特里尔大学汉学系的白茜、日本东京大学中文系的大木康、澳大利亚新南威尔士大学教授杨沐等人都曾到甘肃、青海考察花儿。国外学者对花儿的研究，扩大了花儿在海外的知名度，同时他们的研究思路和新方法、新理论，给中国学界带来了新的气息和启迪。

20世纪70年代至90年代初是西北花儿研究的一个蓬勃发展时期，青海、甘肃等省不仅在搜集、整理花儿歌词和曲令方面成绩斐然，还在花儿源流、音乐、格律、艺术特色及系统研究方面取得了一些突破，中国西北花儿还引起了国外学者的关注，花儿逐渐成为了中国民歌研究的一个独立领域。但是由于种种原因，从20世纪90年代初开始，花儿研究也进入了近十年的消歇期，虽然期间亦有零星的文章发表，但大多陈陈相因，至多是"余音回绕"而已。

四

进入21世纪之后，随着中国非物质文化遗产的保护，国外民俗学、文化人类学、民族音乐学等理论和方法的引入，民俗学等硕士点、博士点的发展，花儿研究进入了一个纵深提高发展的良好时期，不仅在花儿的搜集整理方面取得了诸多成绩，而且出现了一大批具有很高学术含量的花儿研究论著、硕士博士论文。

举其要者如：罗耀南的《花儿词话》（青海人民出版社，2001年）精选了200首左右的典型性花儿，对其意境、谋篇章法、修辞艺术、方言词语等进行鉴赏和辨析，可谓另辟蹊径，风景独得。柯杨的《诗与歌的狂欢节——花儿与花儿会之民俗学研究》（甘肃人民出版，2002年），从民俗学视角考察花儿与花儿会，对莲花山花儿程式、花儿溯源、花儿研究等做了回顾、探讨与展望，曾获第五届中国民间文艺山花奖、第二届学术著作二等奖；魏鸣泉的《中国花儿学史纲》（甘肃人民出版社，2005年）一书则系统梳理了花儿理论、研究状况、有关的著述及传播范围，将花儿研究史分为艰辛的开端期、曲折的发展期、严重的停滞期和蓬勃的繁荣期4个阶段。徐治河编著的《中国花儿文化编年史纲》（甘肃人民出版社，2007年）用编年史的体例对中国花儿史进行整理、编排、展示了上起1470年，下至2006年536年来的花儿变迁史。武宇林的《丝绸之路口传民歌"花儿"的研究》（日本信山社，2005年）是第一部国内学者用日文介绍花儿的专著，曾获宁夏第十次哲学社会科学优秀成果奖著作类一等奖。吉狄马加主编、赵宗福执行主编的《青海花儿大典》（青海人民出版社，2008年）对青海花儿的传承语境、文化形态、生成传承、文化价值、花儿的搜集研究及花儿会的文化个性、花儿歌手等进行了全面的科学展现,曾获得青海省民间文艺研究一等奖。

此外如马魁的《中国花儿音乐曲令大全》、滕晓天等人的《花儿春秋》、陈元龙主编的《中国花儿新论》、李泰年的《走近花儿》、李言统等人的《河湟花儿与花儿会》、颜宗成等人编的《青海花儿论集》等,有力地丰富了花儿搜集整理与研究的局面。

还特别值得一提的是一批博士、硕士论文,是这时期学术研究的力作。如张君仁的博士论文《花儿王朱仲禄——人类学情景中的民间歌手》(敦煌文艺出版社,2004年),以"花儿王"朱仲禄为研究对象,从音乐人类学的角度,展开研究阐释。该书上编为"理论篇",从文化研究、认识论、方法论和研究对象4个基本独立的视角进行了纯粹理论性的阐释;下编"实验篇"以传记的方式,对朱仲禄的生活史进行了立体描述和解释,重点阐述了他的专业演唱生涯和创作研究经历,论述了他对花儿在海内外传播的作用和贡献,从而展现了特定历史时期西北花儿的发展轨迹和基本面貌。这是第一部科学研究花儿歌手的专著。李雄飞在《文化视野下的诗歌认同与差异——以河州花儿与陕北信天游比较为个案》(民族出版社,2005年)中对花儿与信天游进行了比较研究,开拓了花儿研究的新领域。闫国芳的博士论文《乡土社会视阈下的花儿研究》(西北民族大学,2007年)对河湟花儿的生成、传承和发展、演唱场域及主体、演唱传统中的仪式和规范、花儿歌手的分类与特点、花儿和花儿会变异及非物质文化保护等问题进行了分析和探讨。

这时期在学术期刊上发表了数十篇研究花儿的学术论文,其研究的范围涉及花儿音乐结构、文化内涵、艺术特点、学术史、花儿会与歌手、民族特性、传播方式、文化功能、非物质文化遗产保护和品牌塑造等。其中,花儿的非物质保护是新世纪以来的学术热点,主要有郝苏民的《文化场域与仪式里的花儿——从人类学视野谈非物质文化遗产保护》、赵宗福的《西北花儿的研究保护与学界的学术责任》、周亮的《花儿的保护传承策略研究》、马清华的《从非物质文化的保护看"花儿"面临的挑战与文化创新》等,对花儿的传承与保护进行了思考与探索,其中不乏新颖独到的见解。其中赵宗福的《西北花儿的研究保护与学界的学术责任》中提出的许多新观点已被学界广泛采纳和沿用,该论文获得第八次青海省哲学社会科学优秀成果一等奖。

新时期花儿研究的另一个显著特点是,西方文化人类学、民俗学、民族学的前沿理论如口头诗学、表演理论、功能理论等被学者们自觉地应用到了花儿研究中,出现了一批视角新颖、眼光前沿的成果。如柯杨的《莲花山花儿程式论》、韦仁忠的《河湟"花儿"中的口头程式语探析》、阿进录的《"牡丹"：一个"花儿"经典意象的文化分析》、刘永红的《禁忌与狂欢——"花儿"的文化特征与社会功能》，等等。

经过十几年的沉寂后，21世纪初的花儿研究进入了深化发展时期，呈现出了"井喷"局面，短短10年间出版的花儿研究专著和论文也超越了以往的积累，且在研究领域和方法上都有新的突破。尤其是一批比较熟悉文化人类学、民族学和民俗学前沿理论的高学历中青年学者投入到花儿研究中，花儿研究队伍构成发生了明显变化。

五

经过百年的发展，花儿研究取得了丰硕成果。特别是"文革"后的30多年里，花儿研究的成果数量众多，可谓洋洋大观，且不乏诸多高层次的成果。但回顾以往，着眼未来，存在着许多值得思考的问题。

第一，田野调查不够科学性，也不够深入。很多学者的研究资料都是来自于别人的资料本和著作，所以对一些基本问题往往人云亦云，缺少自己的发现和见解。比如关于对传唱花儿的民族，自20世纪80年代以来，众口一词地说有8个民族，把传唱花儿的河湟蒙古族视而不见。笔者在21世纪初经过田野调查发现传唱花儿的蒙古族人数至少有2—3万之多，所以提出花儿流行于包括蒙古族在内的9个民族中的观点，于是又一窝蜂地袭用，也不注明依据。又如因为没有深入科学的调查研究，多少年来对各地花儿会一言以蔽之，认为都是一样的，其实通过笔者对河湟4个花儿会的比较研究，发现各自的文化个性非常鲜明。所以科学深入的田野工作是未来花儿研究必不可少的基础课。

第二，学术研究的规范伦理多有缺失。在社会大环境和学界风气的影响下，很多研究者缺乏学术道德规范，抄袭和变相抄袭的现象屡屡发生，有的研究者甚至个别拥有博士头衔的人抄袭他人资料观点后不但不说明，还有意混淆视听，个别的还反诬原创者，严重污染了花儿研究的学术环境，也破坏了学术研究的严肃性和神圣性。所以对一些花儿研究者来说，需要补上学术规范伦理和学术规范这一课。好在一些学者（如陕西的曹强教授）已经通过对花儿学术史的梳理和反思，开始进行甄别真伪、还原真相的研究，这是值得欣赏的。

第三，低层次重复现象十分严重。由于部分学人学术素养低下，文化视野所限，只能一味地"走老路"、"跑套路"。近年来笔者策划编写《青海花儿大典》和《青海百年学术》，其中通过对百年来花儿的各种资料和论著的梳理研读，发现一大半的著述都是低层次地重复前人和他人的成果，毫无创新可言。还有一些著述则是简单的模仿,就连书名都是照样翻版。先有一部《花儿论集》,就出现了很多《花儿论集》或者《××花儿论集》;先有一部《花儿通论》,就出现了《××花儿通论》;先有一部《青海花儿大典》,就出现了《××花儿大典》,甚至体例上也是照猫画虎,内容上也大同小异。这样的重复现象虽然显示了繁荣局面,但就学术研究的创新发展来说,不是一件好事。所以今后的花儿研究要鼓励创新,反对重复。

第四,理论运用食洋不化、隔靴搔痒。迄今为止,很多人在花儿研究上仍然沿用普通文艺学理论甚至阶级斗争的理论,其论证体系和学术观点之失误在所难免。当然也有一些学者自觉地使用民间文艺学和民俗文化学、文化人类学、民族音乐学的理论方法,加之扎实的田野作业,因为往往意境另开,新意迭出。但也值得注意的是,一些人对以上理论方法并不谙熟,甚至理解偏误,实际使用起来纠结不清;也有的人能从原著对西方前沿理论予以把握,但没有很好的田野基础,不能切合花儿的实际语境和传承机制,导致对花儿的解读分析上张冠李戴或者莫名其妙,新而不当。这就需要研究者从整体上提升理论水准,准确把握花儿这种独特而鲜活的民间文化。

第五,学术队伍很不稳定。很多学者写了一些论著后,未能在这条道上继续前进,或者学术兴趣发生转变,或者干脆中止研究。一些年轻学子仅仅是为了完成硕士、博士论文而暂时性地研究,把花儿当作了谋取头衔的"敲门砖",一旦毕业就算大功告成,从此不闻不问。更多的论文写作者仅仅是为了评职称而涉足花儿,东抄西拼一番,发表过后便不相往来。虽然各地成立了花儿研究会,但大多不能坚持学术活动,或者仅仅热心于热闹作秀,学术含量不高。更多的研究机构则名不副实甚至名存实亡。这样的种种现象使得花儿研究断断续续,未能形成稳定持续的学术队伍。这也是未来花儿研究事业中值得注意的。

同时还值得注意的是,随着全球经济一体化和现代化的冲击,花儿脆弱的生态环境遭遇了无法回避的空前困境,部分古老的花儿由于抢救不及而消亡,有影响的歌手大多年事已高,年轻人又忙于外出打工挣钱,倾心新潮文化,不再热心花儿的系统传承,民间文艺后继乏人,传承链条已残缺不全,花儿会的空间日趋狭小,规模也日趋式微,花儿正逐渐演变成舞台展演的"洋花儿"和只在花儿会中传唱的民歌。这些也为花儿研究带来了一定的困惑。

总之,未来的花儿研究面临着诸多问题,需要花儿研究者增强文化自觉和文化自信,勇于担当学术责任,在前人开创的花儿研究事业基础上,立足本土,放眼世界,在国际学术视野中把花儿研究推向一个新的高度,这是我们共同努力的方向。

论《格萨尔》的程式化结构特点及其传承规律

马都尕吉

《格萨尔》是目前发掘的世界上最长的史诗。这部千百年来在雪域民族中传唱不衰的卷帙浩繁的巨著,是如何生成和为艺人所掌握并传承下来的?这成为史诗研究中一个仍悬而未决的问题。《格萨尔》的传承一直是口耳相传的民间口头传承方式。在其口头传承过程中虽逐渐出现了书面的文本形式,但主要仍是民间的口头流传。虽然后来逐渐出现了手抄本、木刻本以及铅印本等诸种流传方式,但民间口头传唱依然是《格萨尔》最主要的传承和存在形式,且那些手抄、木刻等书面文本除用以保存外,一般也是作为民间说唱时的"底稿"之用的。与世界上其他史诗相比,《格萨尔》的突出特点不仅在于它的规模之大、篇幅之长,更在于它还是一部至今仍被广大群众和艺人所传唱着、不断丰富着和传承着的"活形态"的史诗,它无疑属于口头传唱的范畴。本文拟在前人研究成果的基础上,借鉴西方史诗和蒙古族史诗研究的方法与思维角度,结合《格萨尔》史诗具有的一般史诗及口头民间文学共性之外的个性特点,从结构入手,仅对其叙事特点与传承规律作一点尝试性的分析探究。

一、关于"程式"和"主题"

在对口头诗歌和书面诗歌的对比研究过程中,美国学者帕里和洛德创立了口头诗学,或称为"口头程式理论"、"帕里—洛德理论"学说。它是20世纪初在形式主义和结构主义的学术范例下,"试图对'荷马问题'作出当代回答为缘起而出现的一种突破以往研究格局的思路。他从分析荷马史诗中的'特性形容词'入手,发现其演唱风格是高度格式化的,且这种格式来自悠久的传统"。"其精髓是三个结构性单元的概念,它们构成了帕里—洛德学说体系的基本骨架。它们是程式(formula)、主题或典型场景(theme or typical scene),以及故事形式或故事类型(story-pattern or tale-type),凭借这几个概念和相关的分析模型,帕里—洛德理论很好地解决了那些杰出的口头诗人何以能够表演成千上万诗行,何以具有流畅的现场创作能力的问题"[①]。

[①] [美]约翰·迈尔斯·弗里:《口头诗学:帕里—洛德理论》,朝戈金译,北京:社会科学文献出版社,2000年,第16页。

对《江格尔》等蒙古族史诗的研究，也是以结构研究方法为主，为回答蒙古族史诗是怎样被创造出来的这一问题，总结出了蒙古族史诗的母题结构理论。与口头诗学相比，其核心基本一致，只是口头理论更强调"表演中的创作"，即史诗艺人利用"程式"和"主题"的现场即兴表演创作。

"程式"是普遍存在于口头诗歌中的结构单元，对它的研究由来已久。帕里最早给程式下了定义："程式是在相同的步格条件下为表达某一特定意义而经常使用的一组词"，"是传统诗歌的惯用语言，是多少代民间歌手流传下来的遗产，对口头创作的诗人来说具有完美的实用价值，还包涵了巨大的美学力量"①。程式并不仅仅是一些重复使用的词语，而是一种固定的词语模式，它与主题的关系密不可分，是表达主题的手段。口头诗学中的"主题"概念与我们一般理解的文学、艺术作品所表现的主题思想不能画等号。主题是一组一组的意义，它们是歌手在以传统的程式化的文体来讲述故事时使用的。关于主题有几点必须注意。首先，主题不单纯是一种重复的话题。口头文学中的主题是独具特点的，因为歌手或故事讲述者每一次运用主题的时候都或多或少地运用相同的词语来表述主题的内容。主题是重复的段落（passage），而不是一种话题（subject）。其次，一个歌手或故事讲述家在运用主题的过程中，文体的变化程度以及同一个主题在不同场合出现的具体内容的变化程度是有相当的差异，显现出歌手之间和主题之间的不同②。主题可大可小，一个大的主题可以分成几个小的主题，与有时被译作"母题"的概念有点接近，但主题要大于母题，是规模较大的一种叙事单元。主题由一系列母题组成，一个母题可以被归入不同的主题之中，使一个主题含有若干母题，一个母题可以因其发展而由一个主题进入另一个主题之中。简而言之，主题是基本的内容单元。

"程式"和"主题"都是歌手用来讲述故事的手段，主题总是与程式化的表达方式相联系。艺人正是通过程式与主题来建构他的诗行。程式属于悠久的传统，通过长期的积累而获得，史诗说唱艺人的程式积累是其主题积累的一部分。由于文化传统的不同，各语言系统、韵律等特点上的差异，程式概念的内涵与外延亦有差别。"主题"也具有了不同的分析模式。所以，希腊史诗与《格萨尔》这两种不同语言系统中的史诗，其程式与主题的具体构造也不同。《格萨尔》的叙事中这种结构形式上的程式特点极为鲜明，而且《格萨尔》在无数艺人的传唱过程中形成了一些明显的、传统的、被固定下来的程式化表达的意义单元。

---

① 尹虎彪：《古代经典与口头传统》，北京：中国社会科学出版社，2002年，第104页。
② 尹虎彪：《古代经典与口头传统》，北京：中国社会科学出版社，2002年，第139页。

二、《格萨尔》整体结构的程式化特征

《格萨尔》史诗传承中形成的文本有分章本和分部本之分。分章本是将主人公格萨尔整个一生的活动分章节在一部中讲述完。如有贵德分章本（5章）、拉达克分章本（7章）等。分部本则是在一部书中只讲述格萨尔传奇一生中的某一段故事。目前发掘、整理的分部本已有百余部。

《格萨尔》的总体情节结构可归纳为格萨尔在天界—降人间—称君王—战邪魔—返天界的这样一个循环结构。王哲一在其《〈格萨尔〉结构形式和结构功能考察》一文中对此有详尽的分析和论述。他认为格萨尔的一生是一个"封闭系统"，以格萨尔一生的活动为基本线索的史诗，由这个封闭系统构成了整体框架。这个环形结构在形式上的封闭性是基于它首尾相连（从天上来又回到天上）而言。环形结构功能的开放性是指《格萨尔》在流传过程中又把许多具有审美意义的历史事件、人物传说、神话故事、趣闻轶事吸收到这个环形结构上来的功能特质而言[①]。这一循环结构也就是《格萨尔》整体结构中的"主题"。

在史诗的传承过程中，艺人们根据上述总体情节结构的其中之一，可以将它扩充成结构完整而符合《格萨尔》说唱传统的独立之一部。如《天界九卜》、《英雄诞生》、《赛马称王》、《安定三界》，以及《降服魔国》、《霍岭大战》、《门岭大战》、《保卫盐海》等众多战争题材的分部本即由此而生。并且分部本中的某一情节亦可根据《格萨尔》史诗特有的程式化的叙事传统，拓展成另一结构完整的新的分部。所以，在程式和主题对史诗的建构功能下创造出了众多的分部本，形成了《格萨尔》史诗无比庞大的结构。正如有学者所说，《格萨尔》史诗结构具有封闭性的形式和开放性的功能。

《格萨尔》史诗的总体结构及分部本的生成形式为：

在天界（《天界九卜》）→降人间（《英雄诞生》）→称君王（《赛马称王》）→战邪魔（《降服魔国》、《霍岭大战》、《门岭大战》、《保卫盐海》、《大食财宗》、《索波马宗》、《阿扎玛瑙宗》、《歇日珊瑚宗》、《卡切玉宗》、《象雄珍珠宗》）→救亲人（《地狱救母》、《地狱救妻》）→返天界（《安定三界》）。

其中，"战邪魔"部分是史诗的主体部分，即反映古代藏族部落战争和民族战争的史实或传说。艺人说唱时可根据《格萨尔》传统的具体程式造出各自优美的诗行，但"在天界"、"降人间"、"称君王"、"战邪魔"、"返天界"这5个主题是史诗总体的和分章本的基本保留的意义单元，是《格萨尔》中相对较大

[①] 扎西东珠、王兴先：《〈格萨尔〉学史稿》，兰州：甘肃民族出版社，2002年，第198页。

的"主题"。程式和主题是史诗传承中形成的稳定的成分。艺人正是继承了这一传统,加上自己储备的材料,源源不断地在每一个意义单元下或多或少地创作出史诗分部本,且他的每一次说唱都是一次新的创作。因为艺人的每次说唱中尽管总的程式和主题是固定的,但使用的具体故事情节、诗行及词句不尽相同。《格萨尔》史诗这种程式化的整体结构并不是偶然形成的,它是以藏民族特有的宗教幻想、观念、信仰作为其思想基础和背景的,是这些意识、观念、信仰、想象在史诗中的折射和反映。

藏族先民信仰万物有灵的原始宗教——苯教。7世纪佛教传入以后,经过与苯教斗争,吸收了其部分的仪轨形式和思想内容,成为了在藏区占统治地位的宗教。在自然崇拜、苯教、藏传佛教的宗教衍变过程中,轮回思想、灵魂观念、神佛信仰等在藏族群众的脑海中深深扎根。使格萨尔受天神指派降临人间,完成大业之后,又重返天界的安排显得自然而然,顺理成章。

这一宗教幻想与观念跟一则关于吐蕃赞普的传说也有不谋而合之处。相传吐蕃第一代赞普聂赤赞普就是来自天界的天神之子,他完成了在人间的一切使命后,顺天梯又回到了天界。他之后的6位赞普也是自天而降,最后又乘天梯返回天国的。这则关于赞普的神话传说和《格萨尔》圆环式的整体结构安排,都是基于藏族人民长期以来形成的意识形态传统,是有其社会历史根源和认识根源的。

三、分部本结构的程式化特征

(一)故事情节的基本模式

史诗以战争为主要内容,描述格萨尔先后降服四魔、十八大宗、十八中宗、几十小宗的戎马一生。外敌入侵→出征降敌→消灭恶魔→策立新君→取战败国财物,成为战争母题的各个分部本叙事总体的较传统而固定的模式,并保证了史诗总体结构的完整。这既是每一分部本的基本故事情节的结构模式,亦是《格萨尔》每一分部本的基本"主题"。这几个主题是从属于上述整体结构5个大主题中"战邪魔"主题下的较小主题。

《格萨尔》艺人在创作每一分部时,总是先设定一个岭国的对立方来侵犯岭国,燃起烽烟,或是说某地百姓在恶魔蹂躏下苦不堪言,于是天神"授记"格萨尔须解救民众于水火之中。接着格萨尔大王与众勇士一道出征,降服恶魔,取得胜利。然后,或把战败国财物运回岭国,或重新策立一贤明之主,将财物分给穷苦百姓。遵循这一程式,艺人便可大量地创造出新的分部。在兹试举几例:

《霍岭大战》的叙事：霍尔入侵，抢夺岭国王妃珠姆→岭国将领奋起抵抗→格萨尔大王亲征→消灭了恶魔，安抚百姓，凯旋岭国。

《打开阿里金窟》的叙事：恶魔作乱的阿里，百姓苦不堪言→格萨尔出兵消灭了7个妖魔→在阿里公主帮助下，打开金窟，赈济百姓。

《卡切玉宗》的故事结构：尺旦王贸然发兵岭国→格萨尔派兵反击→几番浴血大战→降服敌首，获取胜利。

史诗分部的叙事中甚至存在许多反复出现的程式化的典型情节，如较经典的两个分部本《霍岭大战》和《降服魔国》中就有这样一对高度程式化的情节：

珠牡被霍尔白帐王劫走，天母授记格萨尔前去营救，梅萨给他喝了迷魂药，使其忘记了救珠牡一事，后在赤兔马的力劝和提醒下，终于返回岭国，救得珠牡。

梅萨被魔王鲁赞劫走，天母授记格萨尔去营救，珠牡极力阻拦，并在酒中偷偷放进迷心忘事的药丸，使格萨尔忘记搭救梅萨之事，在天母贡曼杰姆的再三提醒下，终于救回梅萨。

在实际说唱过程中，对同一主题，有的艺人使用的诗行较少，有的艺人使用的诗行则很多，而且这种使用诗行数量的差别可能很大。史诗艺人在进行说唱时，常使用传统而现成的表达手法。这些传统的主题催生了程式化的诗行。

不管是不同艺人说唱同一分部，或同一艺人说唱不同分部，使用的具体词句并不是完全相同和固定不变的，但所有说唱都必定将主题即核心内容保留下来了，而且主题的顺序都是相同的。主题并不是由一些固定的词语所固定下来的，而是由一组接一组的意义固定下来的。它是史诗传承中较为稳定的成分，它对史诗的传承作用显而易见。

（二）故事情节的典型母题

《格萨尔》中的"主题"还可细分为若干母题。较典型的母题有以下几种：

（1）"授记"母题。神灵的授记，往往成为《格萨尔》分部本的故事开端。《门岭之战》开篇："……无敌格萨尔王似睡非睡的当儿，不知什么原因，空中突然响起一阵巨吼声，霎时间，森祝达孜王宫周围呈现出一排彩虹的帐幕，天空降下纷纷花雨。在激烈的霹雳声中，白梵天王神采奕奕地立于彩虹道上，向格萨尔王授记道……"[①] 接着，格萨尔大王依照授记出征门国，引发门岭之战。在故事的叙述过程中亦频繁运用"授记"来展开和推动故事发展。《降魔篇》中，格萨尔的妃子梅萨被魔王鲁赞劫去，天母贡曼杰姆"授记"格萨尔前去营救，

---

① 嘉措顿珠整理翻译：《格萨尔王传·门岭之战》，拉萨：西藏人民出版社，1984年，第3页。

并说降服魔王的时机也已来临。王妃珠牡却极力劝阻，深情挽留，并给格萨尔吃了迷心忘事的药丸。此时，又是天母贡曼杰姆的出现推动了故事的继续发展，在她的再三"授记"、提醒下，格萨尔大王终于成行。天神的授记还往往由神鸟来传达。

（2）"寄魂"母题。史诗中的人物都有寄魂物。有的只有一个寄魂物，有的则有数个寄魂物，格萨尔王的灵魂寄托在玛沁雪山上，想要杀他，仅伤肉体是不行的，还须摧毁玛沁雪山。珠牡的灵魂寄托在扎陵湖。霍尔白帐王、黄帐王及辛巴·梅乳孜的灵魂分别寄在白野牛、黑野牛、黄野牛和红野牛身上。魔王鲁赞的灵魂寄托在大海、古树和野牛3处。史诗叙事时，交战双方消灭了对方的寄魂物，才能将敌人彻底置于死地。艺人在说唱史诗时，围绕这一主题又可展开一段故事。

（3）"抢妻"母题。这是一个东西方民间文学作品中广泛存在的母题。"抢妻"成为某些《格萨尔》分部本故事的起因。如《霍岭大战》中霍尔白帐王劫走岭国王妃珠牡，《降魔篇》中魔王鲁赞抢去岭国王妃梅萨，《松岭大战》中晁同劫松巴国美朵错茉公主，引发了两国间的大战。

在史诗的生成与传承过程中，一系列的母题组成和填充了主题。众多的母题可以归入到不同的主题当中，一个母题也可以由一个主题进入另一个主题。如"幻变"母题、"授记"母题等，它们既出现于"在天界"、"降人间"、"称君王"等大的主题中，也出现在"外敌入侵"、"出征降敌"等小的母题中。

（三）不同艺人在程式化中的个性突显

艺人每一次的说唱，虽然都是在主题的导引下遵循一定的程式，但这并不是说对艺人具体诗行、词语的使用有规定性。由于艺人各自生长环境、生活积累、个人阅历及文化熏陶等的不同，表现出各自在使用诗行上、语言上的差异。如云南德钦县艺人索南次仁既是史诗艺人，又是当地有名的故事家，他讲述的藏族故事生动感人，具有浓郁的德钦地方特色；西藏艺人桑珠不但是史诗艺人，同时也是一名优秀的斋呷艺人，擅长说赞词，他说唱的赞词既多且全，因此，在他的《格萨尔》说唱中赞词联翩，妙语连珠。玉树地区被誉为藏族歌舞的海洋，那里的丰富多彩的藏族民歌及曲调，为史诗《格萨尔》的说唱提供了丰富的素材，使得这一地区的史诗说唱独具特色，那就是以曲调取胜。不少艺人有自己的套曲，对于史诗中的主要人物都安排了专用调，充分显示了史诗的韵律美。有些长于说故事的艺人在说唱时，散文部分就显得较丰富，而韵文相对减少。有些艺人具有某些知识专长，在说唱时就会突出这一特点。如果洛州书写艺人昂亲多杰是一名藏医,精通藏族医药知识,为此,他书写的《匝日药宗》(青海民族出版社,1990年)不但具有史诗特色,同时又荟萃了藏医学的宝贵知识[①]。

(四)"运"观念在程式化中的隐形作用

在总的结构模式下,之所以有许多分部本源源不断产生,还与藏民族关于"运"的观念有很大关系。在人类的童年时期,藏族先民面对自己所处的独特的自然环境和生活空间,开始了认识自然和社会的历程。基于万物有灵观念的自然崇拜是其原始宗教观念的最初内容,藏族人"运"的观念便是万物有灵思想的一种表现。"运"为藏语的音译,汉语意指"福运"。藏族先民认为,世间万事万物都有"运"。牛有"牛运"、马有"马运"、茶有"茶运"、青稞有"青稞运"……当得到某种物品时,如果得不到它的"运",那就会很快失去它,而若得到了某种物品的"运",即使暂时没有这东西,以后也会有的。《格萨尔》分部本的庞大规模,无不与藏族人"运"的观念有着千丝万缕的联系。《格萨尔》描述的众多战争,也就是格萨尔为岭国百姓夺取"运"的战争。格萨尔每每征服某"宗"之后,不仅把该"宗"的部分财物运回岭国,还要依托神佛之力将其"运"带到岭国。有时甚至并不带走实物,而只将该物的"运"带回岭国。于是,《格萨尔》分部本的名称便有了《索波马宗》、《木古骡宗》、《松巴骗牛宗》、《阿里金宗》、《雪山水晶宗》、《卡切玉宗》、《祝古兵器宗》、《汉地茶宗》、《北部盐宗》、《丹玛青稞宗》、《匝日药宗》等等。

藏族民众认为,正是格萨尔大王为百姓夺取了万物之"运",才使自己生活中有了这一切可享用的物品。同时,我们也可以明显地看到《格萨尔》分部本名称上的程式。史诗分部本的命名规则可总结为:地名+物名+宗。根据这一程式,如果艺人有足够的才能和充分的想象力,则可无限量地列出说唱部本的名称。青海玉树艺人才仁索南自报的目录达324部之多[②],堪称目前的"世界之最"。

四、唱词形式结构的程式化特征

(一)说唱形式的程式化

《格萨尔》采取以韵文为主、韵散结合的说唱,这种深为藏族人民需要并乐于接受的叙事形式,注入了藏族人民的思想情感和生活特点,来反映古代藏族

---

① 杨恩洪:《民间诗神——格萨尔艺人研究》,北京:中国藏学出版社,1995年,第25页。
② 部本目录详见扎西东珠、王兴先:《〈格萨尔〉学史稿》,兰州:甘肃民族出版社,2002年,第598—601页。

人民生活的方方面面。其中，散文部分用以介绍故事内容和情节，它在整部史诗中的作用有两点："一是承上启下……使之构成整体；二是描述、叙诵敌对双方在疆场上具体、形象的实战场面。"① 人物间的对话为韵文，亦有少量放在卷首提纲挈领、总括全书的韵文体。艺人说唱时散文部分是情感饱满的叙诵，唱词则是韵文形式的。《格萨尔》中这种和歌的韵文体，按体裁可分为"鲁体"、"颂谒体"、"年阿体"。颂谒体本是佛经的唱词，一首数句，各句字数相等。它与年阿体没有十分明显的区别。在《格萨尔》中，颂谒体和年阿体韵文多用在卷首，但有时也出现在卷末，作为一段故事的结束。这两种诗歌体例在《格萨尔》中不是很普遍。《格萨尔》广泛吸收了藏族民间文学的丰富养料，尤其表现在对鲁体民歌形式的吸收运用。这是《格萨尔》在诗歌形式上的程式化。在艺人说唱时，散文部分的叙诵具有强烈的节奏感、音乐性，不同于一般的散文叙诵。

（二）唱词结构的程式化

《格萨尔》唱词，即前面提及的韵文体歌诗多采用鲁体。鲁体是藏族韵文体文学中一种古老的诗歌体裁。无论诗行长短，各句字数整齐划一、对仗工整、音韵和谐，极富节奏感与音乐性。一般多采用7字、8字句，作为《格萨尔》中人物间主要的对唱形式通贯史诗。其间不乏富于哲理的谚语、精当优美的比喻。唱词的内容和形式亦隐含一定的程式，其程式化的形式结构大致可分为如下5个部分：① 起始调。② 祈请神灵佑助、加持。③ 介绍自己和所处地。④ 要表达的中心内容。⑤ 结束语。在如下这段唱词中，我们可以清楚地看到这种高度程式化的形式结构：

    阿拉拉毛唱阿拉，塔拉拉毛唱塔拉，
    祈请菩萨金刚手，亲临降服罗刹魔！
    还要帮我小角如，鬼怪邪妖全消灭！
    若不知道这地方？这是罗刹黑魔窝。
    若不认识我是谁？我是千佛一弟子。
    角如小王就是我，妖鬼邪魔镇压者。
    你这恶鬼黑刹婆，残害生灵罪难赦。
    装男扮女耍花招，各种疾病你传播。
    男人灵魂你摄走，女人性命你抢夺。
    今天死期已来临，坏事还在继续做。

---

① 王兴先：《格萨尔论要》（增订本），兰州：甘肃民族出版社，2002年，第251页。

迷惑叔叔晁同王，眨眼劫入妖鬼窝。
活活装进人皮袋，让他难死也难活。
<u>因此角如丹巴我，来为叔叔把耻雪。</u>
你这轻薄女妖精，你这召祸之灾星。
我回家的路途上，竟敢把晁同来捉弄。
若不将你的命根断，就是我角如无本领。
<u>听懂它是悦耳语，不懂不再做解释。</u>①

诗行中画黑线句是几乎所有唱词的高度重复成分，它们组成了《格萨尔》歌诗的结构框架。唱词的形式结构大致均如此。

（1）起始词（调）。"阿拉拉毛唱阿拉，塔拉拉毛唱塔拉"两句，几乎是所有唱词的首句，但可在一定范围内变化，根据艺人即兴说唱，可长可短，可灵活掌握运用而有一、二、三、四句不等。经僧侣文人保存、流传下来的木刻本、手抄本中，这两句之前往往有"啼嘛呢叭咪吽"（六字真言）一句。

（2）祈请加持。接着，是祈请各自的护法神保佑、加持。祈祷的对象因人不同而各异。神子格萨尔祈祷时，一般要祈请白梵天王、格卓念神、战神威尔玛等，珠牡、梅萨多祈请白度母、空行母等；晁同信奉的是苯教，故而他祈请的则是苯教神灵。如晁同的唱词：

阿拉拉毛唱阿拉，塔拉拉毛唱塔拉。
祈请苯教始祖辛饶师，祈请阿苯达拉火燃神，
玛吉世间王母也祈请。来做达戎晁同助唱人。②

霍尔君臣多祈请泰让神，如下例霍尔白帐王的一段唱词：

上方蔚蓝虚空中，白天泰神做主宰，
请来保佑大王我，地位显赫高如云！
中界茫茫天空中，花空泰神做主尊，
请来保佑黄帐王，王权稳定正教兴！
下方锦绣大地上，黑地泰神做主尊，
请来保佑黑帐王，权势不变如地稳！③

---

① 王兴先主编：《格萨尔文库》第1卷，兰州：甘肃民族出版社，1996年，第160页。
② 王兴先主编：《格萨尔文库》第1卷，兰州：甘肃民族出版社，1996年，第81页。
③ 王兴先主编：《格萨尔文库》第1卷，兰州：甘肃民族出版社，1996年，第97页。

（3）介绍语。接下来部分是自我介绍，包括姓名、身世、官职、职业等，并要介绍所处地。唱词自我介绍中的特定格式为："你若不知道这个地方，……你若不认识我是谁，……"

（4）要表达的实际意思。其中，又运用大量谚语、比喻来论证说理。谚语为一句固定而程式化的句子："古时藏人谚语这样说"引出。如：

> 世上古人谚语说：无箭哪能把弓拉，
> 没弓怎么能射苛？弓箭二者都具备，
> 射向哪里都不偏。无人天神庇护谁，
> 没神事情不好办。人神双方若聚会，
> 办事必能如心愿。古人说的这些话，
> 都是至理真实言。因此王臣与勇士，
> 五月十三这一天，要去玛钦神山上，
> 拉孜跟前垠桑烟。①

在引用谚语之后，才点出所要述说的实际内容。

（5）结束语。唱词的末尾，一般以"听懂他是悦耳语，不懂不再做解释"两句作为唱词的结束语。至此，可以明显看出，唱词的形式结构具有较为稳定的程式可循。但根据不同的艺人在不同环境下的创作、表演，允许在一定范围的变动。如，有时亦以"歌唱错了我忏悔，话说错了请原谅"作为唱词最后的结束句。

唱词中上述种种程式化的结构特点，不仅表现在同一艺人说唱不同的部本中，也表现在不同艺人的说唱同一部本中。他们说唱时运用的词句不一定是一模一样的，在叙说每一内容单元时，运用的诗行不一定是完全相等的，但任何一次说唱其唱词的形式都没有脱离这种结构上的程式化。

《格萨尔》的口头文学的特质，使其唱词程式的形成可以追溯到藏族民歌的歌诗传统中。藏族民歌常见的为三段体，每段数句、各句字数相等的体例。一首三段体民歌，往往前面两段为比兴句，最后一段写实。反复、排比、回环是其惯用的表现手法。鲁体民歌的这种诗体格律和诗歌表现手法，在《格萨尔》唱词中得到最广泛的运用。鲁体民歌的结构形式有其内在的程式存在，托物起兴时，所举之物往往按一定的空间顺序排列。如下面这首民歌：

> 上部建起天神的宫殿，是供奉金身佛像的地方；

---

① 王兴先主编：《格萨尔文库》第1卷，兰州：甘肃民族出版社，1996年，第326页。

中部树起八幅妙法轮，是僧众讲经说法的地方；
下部歌手汇聚歌舞场，是歌唱吉祥妙曲的地方。①

这首三段二句体民歌，每段第一句的第二、三字，第二句的第四、五、七、八字相同（指藏文）。这种多处重复、一叠三唱、音韵和谐、多段回环的诗歌格律在敦煌文献中亦有记载。如：

啊！歌谣呢学唱吧！
南方呢北方二，绵羊呢适北方；
六谷呢宜南方，何选呢没主意；
猛虎呢狮王二，花纹呢猛虎美；
本领呢雄狮强，何宜呢没主张。②

这首二段四句体歌诗，前面有一起始句"啊！歌谣呢学唱吧！"，每段最后一个字相同，且每句第三个字"呢"相同。

《格萨尔》唱词和鲁体民歌中这些程式的存在，为歌手即兴创作演唱提供了现成的结构模式，甚至诗行。艺人或歌手只要根据这种程式，填充具体词句就可以完成其创作表演了。

五、叙唱语言的程式化特征

由于产生《格萨尔》史诗的藏民族的生存环境、思想观念等的特殊性，造就了一整套反映藏民族文化心理的特色鲜明的语言。同时，这些词句以及表达方式和习惯恰又反映了藏民族的观念意识、文化心理等。

（一）生存环境在语言中的体现

雪山、草原、湖泊、骏马、牛羊、野兽、飞鸟……是生活在青藏高原上的藏族人每天面对的自然物。藏区独特的地理环境、生活方式，形成了藏民族独特的思想意识、思维方式及表达习惯等，在史诗的传承、积淀过程中亦形成了对某种感情、某种事物的具有特定象征意义的固定表达方式及文学语言。

（二）审美观念在语言中的体现

特殊的物质生活条件、特殊的文化传统产生了藏民族特殊的审美观。藏族

---

① 甘南藏族自治州文化局编：《藏族民间歌曲选》，西宁：青海民族出版社，1989年，第92页。
② 谈士杰：《格萨尔王传与藏族民歌》，《青海民族学院学报》（社会科学版）1996年第1期。

人崇尚白色，认为白色是一切纯洁、美好、吉利、向善的象征。史诗中将岭国称为"白岭"，岭国英雄嘉擦的装束也被描述成一身白。珊瑚、珍珠、海螺等不光作为女子的饰物，在形容女子的美貌时常以此为喻，谓其双唇红润如珊瑚，皓齿整齐似珍珠……此类隐喻在藏族文学作品中运用的极为频繁、丰富，不胜枚举。《格萨尔》中的这些隐喻不仅表现出藏族人精神意识层面的东西，更显现出人与自然的关联。"隐喻不仅是一种诗的特性，不仅是语言的特性，它本身是人类本质特性的体现；是人类世界符号化即文化的创造过程；隐喻不仅是诗的根基；也是人类文化活动的根基；隐喻不仅是语言的构成方式，也是我们全部文化的基本构成方式"。

（三）自然崇拜观念在语言中的反映

上述隐喻还体现在人名上。如岭国有一英雄名叫森达阿栋，"森"、"达"、"栋"这3个字在藏语中分别为狮子、虎、熊之意，这个名字不光带有藏族先民图腾崇拜的印迹，还有以狮、虎、熊这些猛兽来喻英雄的凶悍骁勇之意。此外，太阳、月亮、莲花、杜鹃、青龙等也是藏民族常拿来作比喻的词汇。用雪山与狮子、森林与老虎、大海与金眼鱼、草山与梅花鹿来比喻两者之间的依存关系，是藏族人传统的、惯用的表达方式。此类词句频繁出现于史诗唱词中。如：

　　雪山不留说要走，丢下狮子住哪里？
　　大海不留说要走，丢下鱼儿住哪里？
　　草山不留说要走，丢下母鹿住哪里？
　　大王不留说要走，丢下珠牡靠谁去？①

史诗惯用的修辞手法与表达方式还有夸张、排比、回环等。这些成套程式化的诗行或表达方式为史诗说唱艺人的即兴表演创作提供了极大的便利，同时也有利于群众理解和接受艺人的说唱。

六、说唱曲调的程式化结构

《格萨尔》中还记载有许多曲调名。在一段唱词前往往要说明此人"用某某调唱道……"人物不同、情景不同，则使用的曲调亦不同。如敌我对阵时，用《金刚霹雳曲》《威镇三界曲》等威武雄壮的曲调，议事时用《河水漫流曲》《梵音畅通曲》等亲切明快的曲调。

《格萨尔》中一般专人有专曲。雄狮大王格萨尔专用曲调有《吉祥徽旋调》、

---

① 王兴先主编：《格萨尔文库》第1卷，兰州：甘肃民族出版社，1996年，第18页。

《威慑会场调》、《神咒伏魔调》、《雄狮六变调》等；脾气暴躁、喜怒无常的晁同使用的专用曲调如《愤怒咆哮调》、《冷嘲短急调》、《抑稳冲动调》等；德高望重、仁厚慈祥的总管王的专用曲调如《悠缓长韵调》、《平稳长音调》、《柔和悠长调》等；美貌贤能的王妃珠牡的专用曲调有《九曼六变调》、《神韵六颜调》等；就连岭国的仙鹤也有自己的《春春调》。单从这些曲调名中，就将人物各自的性格特征、情态举止表现得活灵活现、淋漓尽致。岭国英雄米琼卡德对各人使用的专曲有如下解释："金刚古尔鲁国王的曲、世间深明首法活佛之曲、大啤九声咒师的曲、雄虎怒吼宫人之曲、勇士短曲小将的歌、杜鹃六声娘娘的曲、八种瑞物僧人的曲。"① 无独有偶，据《西藏王统记》中关于建成桑耶寺所举行的典礼上，有赞普、王子、莲花生、大臣、王妃、译师们每人都唱一曲的记载："藏王赤松德赞唱《国王欢乐之曲》、王子牟尼赞普唱《人间光明曲》、王子牟迪赞普唱《雄狮骄相曲》、王妃们唱《蓝湖旋流曲》和《柔枝嫩叶曲》、宗教师菩提萨埵唱《洁白的智慧真言曲》、莲花生大师唱《威震鬼神曲》、智者白若杂纳唱《元音婉转曲》、努彭朗卡宁波唱《大鹏盘旋曲》。"② 这说明这种专人有专调的说唱形式是早已有之的传统。史诗艺人在说唱时就可以根据不同的人物和情景来选择特定的曲调演唱。另外，从这些曲调名称上看，多取自高山草原、飞鸟野兽、江河湖泊、闪电鸣雷等与藏族人民生活关系紧密的自然物和自然现象。因而，或许实际上并没有史诗中提到的曲调那么多的音乐旋律，而只是艺人说唱时根据史诗中人物当时所持神态，信手拈来自己司空见惯的自然物或自然现象，起了一个曲调名而已，也未可知。

七、结　语

一个经历了若干代民间艺人千锤百炼的口头表演艺术传统，它一定是在多个层面上都高度程式化了的③。程式和主题作为艺人以诗行的形式讲述故事的手段，体现了传统的力量。凭借传统而固定下来的程式和主题这一不变成分，加上艺人可随意调度的诗行、词句这一可变成分，形成了《格萨尔》史诗的结构特点和传承规律，以主题导引，由程式构筑诗行。当然，艺人对程式和主题是

---

① 边多：《论〈格萨尔〉说唱音乐的历史演变极其艺术特色》，赵秉理编：《〈格萨尔〉学集成》第4卷，兰州：甘肃民族出版社，1994年，第2827页。

② 边多：《论〈格萨尔〉说唱音乐的历史演变极其艺术特色》，赵秉理编：《〈格萨尔〉学集成》第4卷，兰州：甘肃民族出版社，1994年，第2825页。

③ [美] 约翰·迈尔斯·弗里：《口头诗学：帕里—洛德理论》，朝戈金译，北京：社会科学文献出版社，2000年，第19页。

无意识地自然习得的。同时，这种程式的产生也绝不是偶然的，而是有着悠久的传统可寻或存在深刻的思想根源的。

《格萨尔》史诗是一个源远流长的口头传承的产物，它是至今仍不断生成的、活形态的民间文学样式。不同时代、不同社会、不同文化信息背景下的艺人，一方面承袭古老的传统和原始文化信息，一方面不自觉地加进现代社会的文化信息，使史诗沿着历史的脉络，不断补充时代的信息，拥有双重文化成分。神话、传说、故事、民歌、民俗……民间的一切都被包容到史诗当中。不同时代艺人的创作性劳动为《格萨尔》不断注入新的活力，使其得以延续，成为与时代同步的文化现象，这些历史和现代的文化信息，被《格萨尔》艺人利用，且使长期以来形成的传统"程式"和"主题"用说唱形式表现出来，渐渐成为我们引以自豪的世界上最长的史诗——《格萨尔》。

"程式"的存在，使史诗"表演中的创作"和艺人的记忆成为可能，并为其提供了便利。对《格萨尔》史诗的整体结构、分部本结构、说唱形式、唱词结构，以及语言、曲调等的分析可知，其叙事结构具有较为稳定的程式。"程式句法将为它提供现成的诗句，并且只需诗人稍加调动，他们自身就会连接成一个持续不断的模子，任由诗人来填充它的诗行，造出它的句子"①。

---

① ［美］约翰·迈尔斯·弗里：《口头诗学：帕里—洛德理论》，朝戈金译，北京：社会科学文献出版社，2000年，第69页。

《格萨尔》伦理思想探微

马都尕吉

《格萨尔》这部具有丰富文化内涵的藏族民间文学巨著，富有多学科研究的价值。本文仅拟从伦理学角度对其中蕴涵的伦理思想作一简单探析。伦理学是研究道德的科学。许慎的《说文解字》中说："伦，从人，辈也，明道也；理，从玉，治玉也"。"道德"和"伦理"两个概念，基本意义相似，指社会生活和人际关系符合一定的准则和次序，从而使社会生活变得和谐而有秩序。作为维系和调节社会生活秩序的道德，自有了人类社会开始便存在。探析"格萨尔时代"的伦理道德，对于发掘、整理、研究藏族的伦理思想和道德观念，加强藏族地区的道德建设，弘扬藏民族传统文化的精华，进而充实和丰富中华民族伦理文化具有理论和现实意义。

一、《格萨尔》伦理思想内涵

《格萨尔》是一部具有强烈爱国主义、英雄主义的大型史诗。抑强扶弱、为民除害是《格萨尔》全部思想内涵的基础；崛起奋发的民族精神是《格萨尔》史诗的思想灵魂；爱国统一思想是《格萨尔》史诗的主旋律[①]。史诗用文学的语言塑造了格萨尔及岭国众英雄的理想人格，描绘出"岭国"这样一个为古代藏族人民所心驰神往的理想国度。在其社会生活中，人与自然、人与人、个人与社会之间的关系无比和谐、美好，伦理道德则是依靠社会舆论、个人内心信念和人们的价值观念来调节、维系这种社会生活的重要手段。《格萨尔》中的伦理思想具有丰富的内涵，其中许多积极成分，应作为优秀传统文化予以继承和发扬，以促进藏区的精神文明建设。

（一）道德标准与价值取向

善与恶，是伦理学中的一对基本范畴。善是道德的，恶是不道德的。《格萨尔》亦以此为区分良莠、辨别好坏的道德标准。善恶观念既属道德范畴，取决于一定社会经济状况基础上的人与人、个人与社会的利益关系；亦属历史范畴，是变化发展着的。在不同的时代有不同的善恶观。《格萨尔》中的善恶观十

---

① 扎西东珠、王兴先：《〈格萨尔〉学史稿》，兰州：甘肃民族出版社，2002年，第221页。

分鲜明。当"下界人间正是一个非常混乱的时期,妖魔鬼怪到处横行,各个地方差不多都被他们霸占着,善良无辜的老百姓,遭受到他们的欺凌迫害,没有一天好日子过。大慈大悲的观世音菩萨,看到这种情况,顿生不忍之心,就和白梵天商量,想什么法子去拯救人间灾难。商量的结果,决定派遣一位能降服妖魔的天神下界","去降妖伏魔,抑强扶弱,救护生灵,作黑头人的君长"①。神子顿珠尕尔保投身人间后,说:"我要做黑头人的君长,我要制服凶暴强梁的人们。"赛马称王后的格萨尔更庄重宣告:"世上妖魔害人民,抑强扶弱我才来","我要铲除不善之国王,我要镇压残暴和强梁","我要令当权者低头,为受辱者撑腰。"格萨尔一生带领岭国众英雄及岭国人民进行着"抑强扶弱,为民除害,镇压残暴,压制强梁的善业,成就了格萨尔作为古代藏族人民理想人格的光辉典范。凶残、暴虐、欺压百姓的魔头则是恶的集中体"。史诗中描写魔王路赞时说:"黑魔国土亚尔康北方,耸立着八座高山,其中四山是熊罴的家园,四山是紫红色的山岩,九尖铁围魔城就修在这片土地的中央,它是魔王路赞的宫殿。这头龙魔身高体大,就像一座小山。他头有九个脑袋,九个脑袋上长着十八只犄角,黑色蝎子爬满全身,九条毒蛇缠在腰间,手上和脚上长着三十六个铁爪。他生气时站在乌云毒雾中间,口中吐出的烟雾,就像火山喷发;鼻孔呼出的毒气,犹如暴风狂卷。"②把一个凶神恶煞的丑恶形象活生生地呈现在读者(听众)面前。格萨尔凭借一腔救民于苦海的热情,凭借着自己的勇武和智慧,南征北战,降服邪魔,是古代藏族部落社会理想人格的典范,为百姓所敬仰和传颂。整部史诗表现出鲜明的抑恶扬善的道德主张。

(二)《格萨尔》弘扬的优秀道德观

  道德属意识形态范畴,它作为上层建筑,要受到经济基础的制约,道德是随历史而发展变化着的。一定的历史时期有与之相适应的伦理道德观。爬梳"格萨尔时代"的伦理道德原则,虽尚显粗疏,但已形成了符合当时藏民族价值取向的标准和行为规范要求的伦理道德观。

  1. 爱国统一

  《格萨尔》艺术地再现了古代青藏高原上部落兼并、邦国纷争,最后走向统一的过程。生在民众,长在民众,爱民如子,一心为"黑头藏人"谋求幸福的格萨尔,带领岭国人民,打击残暴和强梁,抗击侵略,守卫国土,保护人民,

---

① 王沂暖、华甲译:《格萨尔王传·贵德分章本》,兰州:甘肃人民出版社,1981年,第1页。
② 王兴先:《格萨尔文库》第1卷,兰州:甘肃民族出版社,2000年,第2册,第2页。

进而统一整个高原。史诗洋溢着爱国统一的思想,它是《格萨尔》所体现的最高道德原则。而超同为求一己之私利,不惜卖国投敌、引狼入室的丑恶行径是与这种道德原则相悖逆的。但是,"最卑下的利益……庸俗的贪欲、粗暴的情欲、卑下的物欲,对公共财产的自私自利的掠夺……揭开了新的、文明的阶级社会;最卑鄙的手段……偷窃、暴力、欺诈、背信……毁坏了古老的没有阶级的民族制度,把他引向崩溃"①。正是类如超同的"不道德"行为,毁坏了原始部落社会的伦理,并把它引向了下一个历史阶段。

2. 崇尚勇敢

《格萨尔》所描绘的是一个群英辈出的英雄时代。史诗除讴歌了格萨尔这一英雄理想人格外,还极力塑造了嘉擦、丹玛、昂琼等一大批英雄形象。当遇外敌侵犯时,他们毅然放弃自己安逸的生活,不惜捐躯献身。《新唐书》载:"重病死,以累世战役为甲门。败懦者垂狐尾于首以示辱。"②这一观念是与爱国护国思想相一致的。霍尔入侵岭国,代理朝政的嘉擦正待出征,妻子阿姐错毛,背着3岁的孩子前来阻拦时,嘉擦唱道:"孩子的妈妈姐毛啊,岭国英雄正大战,只我一人躲清净,贪生怕死太丢脸。岭国有难不去救,怎能算做英雄汉。"于是,丹玛奉命探敌情,嘉擦单骑闯敌营。他们认为霍尔来犯,若不显示一下英雄的威力,压压他们的气焰,就不是一个像样的男子汉。嘉擦在战场上中箭临终之际,他还对珠牡唱到:"要给岭国英雄报血仇,要给岭国百姓除祸灾。坐在家中活百岁,不如为国添光彩。"这种崇尚勇敢的道德意识是"格萨尔时代"战争生活的实际需要,是人生存的历史条件、物质基础所决定的伦理观念和取向。

3. 正直守信

藏族人强调人与人交往时要诚实守信。并从是否诚实守信来看一个人是否可交。背信弃义者被视为道德品行极劣之人为众人所不齿。《格萨尔》谚语中明确讲到"说话不实信为真,道理不懂乱议论,饮食不节只贪吃,有此三者能杀身","高山大海与长官,不动不摇坚定好;言语妻室与箭杆,不弯不曲正直好;纠葛弓弩与绳索,拉扯不直弯曲好","大喇嘛需要的是正法,无法只穿红黄衣,那与湖里黄天鹅有何异!大智者需要的是正直,丢掉正直行私贿,那和骗子有何异!"霍岭大战中,辛巴梅乳孜也正是利用了嘉擦的正直守信,用诡计暗算了他。

---

① 《马克思恩格斯选集》第4卷,北京:人民出版社,1972年,第94页。
② 转引自丹珠昂奔:《藏族文化发展史》,兰州:甘肃教育出版社,2001年,第605页。

4. 平等自由

部落社会时期，平等自由是其重要的道德规范。无论是君王还是王妃，都与黑头百姓一起参加劳动。共同劳动使各界层的人都平等相处，无明显差别。"自从屈潘纳布起，岭国就有好风俗。出现敌人共同打，有了美食共同吃。有了幸福与欢乐，共同享受无偏私"①便是这种平等自由的道德规范的生动写照。一般部落内部都要平均分配消费品。作战取胜后，格萨尔都要将财宝平均分配给百姓；岭地降雪被迫迁到玛域后，角如将草山做了公平、恰当的分配；部落社会的首领，亦由民主选举产生。穷孩子角如可以和达官贵人超同一起参加争夺王位、美女和财宝的赛马。

二、格萨尔伦理的表现形式

（一）战争伦理道德

在《格萨尔》描述的战争中，岭国既有反侵略的一面，也有侵略的一面；既有保卫自己氏族部落财产的一面，也有掠夺其他氏族财产利益的一面。魔岭、霍岭大战是因魔王、霍尔王抢掠格萨尔的王妃而引起的战争。而岭国与大食、象雄、松巴等的战争，则是格萨尔的叔叔晁同为劫掠他国财物、美女而引发的战争。正如恩格斯所说，他们是野蛮人进行掠夺，在他们看来是比进行创造性的劳动还容易，甚至还荣誉的事情。以前进行战争只是为了对侵略者进行报复，或者只是为了扩大已经感到不够的领土。现在进行战争，则纯粹是为了掠夺，战争成为经常性的职业了②。原始社会末期的部落战争，作为一种掠夺财富的手段，是由当时社会历史条件所决定的，人们并不将这种抢掠视为不道德行为。故这时的战争无所谓正义与非正义。

（二）婚姻家庭伦理道德

婚姻家庭是最能体现家庭伦理道德的因素。道德观念在其中有极其生动的反映。婚姻形式在不同的民族、不同历史时期各有不同。在这一历史时期看来是道德的婚姻形式，在另一民族另一时期就可能是不道德的。在"格萨尔时代"的婚姻形式基础上，产生了与之相适应的家庭伦理道德观。《格萨尔》中的婚姻家庭总的状态或趋势是处在已完成或正在完成由对偶婚向一夫一妻制单偶婚过渡的历史阶段。在这一过渡阶段中，出现了一妻多夫、一夫多妻、一夫一妻等

---

① 王兴先：《格萨尔文库》第1卷，兰州：甘肃民族出版社，2000年，第1册，第52页。
② 《马克思恩格斯选集》第4卷，北京：人民出版社，1972年，第160页。

婚姻形式，并有古老的原始群婚的痕迹。如史诗中，在岭国赛马夺王位、珠牡、财宝的竞技中，参加者不但有角如、超同叔侄俩，还有珠牡的生父夹罗敦巴、弟弟普雅珠杰。史诗中最多的是一夫多妻的婚姻形式。如僧伦有果萨等3位妻子，格萨尔娶有珠牡等15位妻子（一说18位）。

"格萨尔时代"女子无严格的贞操观，珠牡被霍尔掠走后与霍尔王生有一子，格萨尔将她营救回来后，仍当作自己的妻子看待而无丝毫歧视。梅萨亦先后做过格萨尔、魔王路赞、木雅王的妻子，而并不被妒恨和抛弃。但这一时期以父系血统为纽带的家庭，排斥非亲生子女。格萨尔从霍尔救回珠牡后，不顾珠牡苦苦哀求，坚决杀死她与霍尔王所生的孩子。史诗中还反映了抢婚、罚婚、赠婚、赐婚、收继等婚俗。

（三）政法伦理道德

政治制度或政治关系往往制约着各种道德体系的社会地位及其某些行为规范。而不同的道德体系对当时政治制度或政治秩序的巩固和发展也起着积极或消极的影响。军事民主制时代，部落首领由民主选举产生。岭国的王位、美女珠牡及财宝由赛马取胜者拥有。每当一场战争结束，部落内部都要论功行赏，并可依勇敢程度、本领强弱、功劳大小，获取不同的地位权势。部落社会中有各种不成文的习惯法，规范着人们的政法伦理道德，这成为后来律例、法律的最初模型。在藏区，至今仍有一些习惯法的沿用。

（四）社会伦理道德

伦理道德在社会中的表现，可分为部落内部的与部落外部的两种。部落外部的伦理道德即是整个社会的伦理道德。他对每一个部落的成员都是适用的，是部落社会每一个成员必须遵守的公共道德准则。部落利益高于一切，部落间为争夺土地、牛羊、财宝等物质财富而展开频繁争战。"古代部落对部落的战争，已经开始蜕变为陆上和海上为攫夺家畜、奴隶和财宝而不断进行的抢掠，变成一种正常的营生。一句话，财富被当作最高福利而受到赞美和崇敬，古代氏族制度被滥用来替暴力掠夺财富的行为辩护"[①]。史诗《格萨尔》成为部落利益至上这一社会伦理道德原则的千古颂歌。部落内部平等自由，以及部落中不成文的政治法规等，都在部落公共舆论的监督下，通过人们的自我约束力来实现。

---

① 《马克思恩格斯选集》第4卷，北京：人民出版社，1972年，第104页。

三、《格萨尔》伦理的特点

血亲复仇符合当时的道德规范。任何事物都有两重性，部落社会的伦理道德亦是如此。由于生产资料的相对匮乏，"部落始终是人们的界限"，形成集体主义、团结互助、自由平等等高尚美德。另一方面，由于生产力水平低下，道德上还有许多消极的表现。表现在《格萨尔》中，最突出的便是血亲复仇。当时人们并没有把它视作是野蛮、残酷的，而是符合当时人们的道德规范的。血亲复仇的烽烟此起彼伏。珠牡被劫，岭国将士浴血疆场，戎萨病死，其父疑为岭人谋害，戎、岭两国又起干戈，等等。

史诗中也有以赔偿命价的方式来求得宽恕的描述。得到赔偿者也算是伸张了正义，不再复仇。这其实是地缘关系扩大逐渐取代血缘关系在伦理道德中的体现。

最为可贵的是史诗隐约表现出反对伦理道德上的"天启论"和"神授说"的思想。但人们自觉遵守的伦理观念、道德原则的约束力，很大程度上来自于"因果轮回"的宗教观念。

在"格萨尔时代"，人们具有朴素的、与原始自我意识相联系的自我评价，以及奠基其上的荣辱观与道德意识。以部落为界限的爱国统一思想被树为最高道德原则。在他们心目中，勇敢、智慧、守信、正直是光荣的，怯懦、背信、惧怕是可耻的，他们把同猛兽搏斗以及和敌对部落作战中威武有力的表现视为无上光荣，以显示自己的勇敢和智慧作为自我满足、自我肯定的主要方式。这些古代部落社会意识形态领域的种种观念、原则千百年的积淀，就形成藏民族传统社会道德的主要内涵。同时，从这种社会意识形态的探究中，我们还可以窥见古代藏族部落社会从血缘关系向地缘关系的转化。

毁灭与重生
——故事歌《方四娘》的悲剧叙事

李言统

在青甘地区,《方四娘》是流传地域较广、民众熟悉和喜爱程度较高的一首故事歌。其中,该故事歌情节的延宕起伏,主人公命运的几经波折,人物关系的矛盾纠葛,日常生活的艰辛繁杂,通过毁灭与重生这种叙事模式,实现了该故事歌充溢其间的悲剧效果。故事歌中这种突显和强调的悲剧效果,在民间艺人演唱当中,是达成故事歌审美效果的一个主要叙事手段。

一、以乐景衬哀情

在书写传统中,以"乐景写哀"是表现悲剧效果比较常见的一种叙事手段,在口传文化中,运用也比较普遍。通常通过主要人物真、善、美的一面遭到毁灭来彰显其悲剧效果。故事歌《方四娘》,唱述的是自小玲珑乖巧的"女花童"方四娘,长大成人后嫁到于家做媳妇,最后被婆家虐待至死的故事。在青海、甘肃等地流传的关于《方四娘》的各种版本,主要内容由"托媒"、"说亲"、"迎亲"、"施虐"、"上吊"、"复生"等基本情节构成。故事歌一开始先介绍女主人公方四娘的出生背景及成长过程:

> 庄子里有一个方老爷,方老爷娶妻那夫人。
> 夫妻二人结缘重,所生了一个女花童。
> 这个姑娘生得俊,方四姐就叫她的名。
> ……

从出生到十四五岁,主人公在一个家教严格,教子有方的家庭里,身心健康地成长,每个阶段生活能力的获得,都符合大家闺秀的养成标准,方四娘最后长得端庄贤淑,心灵手巧。唱述人运用铺排的叙述方式,将方四娘的成长经历娓娓道来,不厌其烦。这种叙述方式与魏晋南北朝叙事诗《孔雀东南飞》中叙述女主人公刘兰芝时运用的手法一致,表现了口传和书写两种传统之间的相互影响。在叙述方四娘的针黹功夫时,同样发挥唱述人对比铺排的演唱本领,延宕情节，通过针绣的万样景致的描述，将女主人公心灵手巧的能耐衬托得淋漓尽致。

在"说亲"一节里，对于其过程的叙述非常俭省，并没多浪费时间，而对说亲时的"彩礼"做了一番铺排：

> 上写上大红缎子三千匹，再写上丝绸绫罗四千零。
> 整块的银子拿秤掂，散金碎银拿戥称。
> ……

对彩礼的铺排渲染，通过这些表面喧哗情节的描述，一方面表现婆家的财大气粗，一方面显示了女性被"彩礼"物化后的被动窘境。这个情节的铺排为下文主人公身不由己、任人摆布的生存境况做好铺垫。在婆家厚重的彩礼面前，女主人公便陷于失语状态。明着想"拒婚"，但婆家既已行了"聘礼"，就拒婚不成，姑娘与这些彩礼交换了之后，在婆家就身不由己，得服服帖帖，婆家对媳妇似乎也具有"生杀予夺"的无上权力。虽然这种情况在今天看来大谬不然，可在过去却是不争的事实。对这一点，作为当事人的方四娘也深知其理，所以在出嫁前对自己的父母发出了这样的哭诉：

> 四姐在轿里恸哭声。
> 口尊爹妈你当听，你收了财礼把冤家送，我磨难罪过受不清。
> 叫一声爹妈你们心太狠，把冤家给了有仇的人。
> 四姐哭得泪如雨，轿子离开了三乡城。
> 一路热闹表不尽，轿子来到于家门。

面对拒婚不成的事实，明知这样的婚姻非常冒险，但有了"父母之命，媒妁之言"，可以说"明媒正娶"了，方家再也反悔不得了。于是，母亲也对自己女儿的未来表示担忧，只好不断叮咛，想通过女主人公谨小慎微的行为来规避将来的婚姻风险：

> 尘世上拉女把心操碎，连来连去是他的人。
> 你今日往你婆家里去，千万把礼仪记在心。
> ……

"以乐景写哀，哀情更哀"，对主人公"养成"、"说亲"、"彩礼"、"叮嘱"等情节的铺叙，均着力不少，唱述人在唱述中，控制情节节奏，缓缓推进故事歌内容的发展。"叮嘱"情节的出现，本故事歌内容发生转折，主人公命运渐现其悲情。以冷清写热闹，以哀怨显喜庆，使原本喜庆热闹的婚庆场面，充满凄凉和肃杀之气，故事歌的悲情在这里不断"上浮"，故事歌在演进的过程中，表面的喧哗背后浸染着一股浓浓的悲情。

二、琐屑中见苦情

当女性的生存地位和权利被男性生活边缘化后，女性的生活便转向一种以家庭为中心的世界，但家庭作为自然产物而非靠女性自身努力争取的结果时，女性的生命便得不到根本的尊重。在关于方四娘的叙述中，所有的情节围绕着琐屑的婆家生活展开。在故事歌的唱述中，唱述人对主人公"回娘家"、"担水"、"浇花"、"针黹"等这些民众较为熟悉的生活琐事，平均给力，不徐不疾地推进悲剧情节，其中将"刁难"、"鞭打"等施虐情节安插其中，突显其主人公悲剧：

二月里到了百草生，方四娘三天上去回门。
公公出来叫着骂，骂一声方家的鬼渣渣，
早起去了饭罢来，花帽子做下八顶来。
你做的好了接桌俩接，做得不好了鞭子排。
……

三月里到了三清明，要给方四姐动五刑。
于奶奶有语开言道：再叫丫环两个人。
你二人去到花园中，砍些黄刺撒前庭。
你二人再到花园中去，枣树条儿抱几抱。
刺玫花条子火俩温，黄牛皮的鞭子用水喷。
丫环们把东西拿到当院中，就把四姐来抓定，
浑身的衣服都脱净，净肚儿牵到了刺当中。
于奶奶来怒气生，要给鬼渣渣动武刑，
两把鞭子并一根，两根条子并一根。
上打鞭子龙摆尾，下打条子虎翻身。
上打鞭子满天绕，下打条子血溅槽。
直打得肉和鞭子沾，血珠点点刺染红。
于奶奶打罢怒气生，辣醋和蒜往身上喷，
四姐她把哭声动，半言不语命归阴。
……

这里采用的"十二月调"叙述模式,在故事歌有关人物的叙述中使用比较普遍。"十二时"是指以我国古老的十二地支计时法,将一天分为十二时段而分别作成十二章歌词的民间曲词。唐代时"十二月"歌辞,是按照十二个月的顺序连续歌唱的联章体裁,每月1首,也有增加闰月1首的,便有13首。这种按月咏唱的联章体歌辞由来已久,比"五更转"、"十二时"歌调要早。《诗经》中《豳风·七月》是现存最早的一首按月咏唱的民间长篇诗歌。不过它还不够规范,月份之间的错落较多,从严格意义上讲,它还没有形成后来"十二月"歌辞那样较为固定的形式,还不能说是"十二月"联章体歌辞。到了六朝乐府民歌《月节折杨柳歌》的出现,这种"十二月"歌调形式才逐渐固定。它分题为"正月歌、二月歌、三月歌……十二月歌",又因阴阳历的相差而置"闰月歌",共有13首。折杨柳歌,在汉魏以来就很盛行,后来还演绎成各种歌调。唐代时,表达征夫怨、相思苦题材的"十二月"歌辞比较普遍。还有"十恩德"歌调,是把父母养育之恩分成10个阶段来歌唱的一种民间曲调,由10章组成。这是那个时期比较流行的劝孝歌辞,后来民间还演化成"十杯酒"、"十杯茶"等歌调。以上这些俚曲小调歌辞,显然是一种民间流行的曲辞,与至今尚流行于民间的"叹五更"、"绣荷包"、"织手巾"、"四季相思"之类的民歌颇相似。其共同的特点是:以曲见胜,通俗易记,比喻生动,而思想感情往往低沉。在其他故事歌中,如《孟姜女》、《拔兵苦》等都运用了这种叙事方式。

本故事歌中,关于主人公日常琐事的叙述,采用了这种形式,便于推衍和展演故事情节。其中,着意突出强化了最能体现悲剧色彩的"施虐"和"刁难"主题。"施虐者"和"刁难者"往往是婆家的婆婆、嫂子、小姑等一些女人,她们共同组成了一"迫害团伙",完成惩罚和迫害自己人的目的。在"男尊女卑"的男权社会里,被秩序化了的女性,她们对自己人的戕害做到了"心安理得"而毫不"自觉"的程度。故事歌中,对这些女人关系的处理上,主要是通过婆媳、妯娌、姑嫂之间的紧张对立渲染出来,但"婆媳"之间的对立是这些关系的核心,婆婆可以说是这些施虐者的代表,通过"鞭打"等主题,显示出她们的心狠手辣,衬托出方四娘受虐之苦。

三、在毁灭中重生

"美好的人生被毁灭后得以重生"的这种叙述方式,在中国古典叙事中较为常见,具体表现为"死而复生"、"破镜重圆"、"劫后余生"、"久别重逢"等这些相反相成的二元对立的情节结构和叙事模式,能够达到一种"哀而不伤"的悲剧效果。在《方四娘》中,女主人公不堪凌辱、走投无路之际,丈夫"玉郎"

的出现，使整个故事情节急转直下：

> 十一月到了冬至节，玉郎下学穿衣衫。
> 爹妈面前行过了礼，转步来到小房中。
> 玉郎抬头观着看，看见贤妻不像人。
> 玉郎有语开言道，再叫贤妻你听着。
> 依我说你寻上个无常了去，磨难罪过受不清。
> ……

过去，女性婚姻不满的根源主要是婆家设置障碍，而不是婚姻双方感情不和，其中若隐若现的丈夫角色：为了孝，不敢违拗父母，让家人对自己的妻子任意施虐；为了情，面对自己妻子的受苦，却又无能为力。在情与理的斗争中，情始终是受压制的。旧式婚姻中，站在女方对面的不是丈夫一个人，而是丈夫的整个家庭，这两种力量的相较上，婆家的权势往往要大于个人，这便使婚姻中女子处于弱势。再说，民间视"嫁出去的姑娘如泼出去的水"，一旦构成婚姻，女性生活在一个全新的家庭里，自己的命运存在很多变数。本故事歌中，丈夫看见自己的妻子受尽家人百般折磨而又无能为力时，便做出了非常荒唐又不近人情之举："劝妻行死"。我们也看得出来，在娘亲和夫妻之情中，前者具绝对权威。女方在婆家除了自己的孩子，丈夫是她最亲的人，如果以前受苦还有所期盼和希冀的话，现在，随着自己丈夫的最后的一声劝，方四娘决定不再受苦，心理表白完之后，决定死去。

丈夫"玉郎"，作为女主人公在婆家唯一的伙伴和支持者，故事歌对他的叙述却非常俭省。女主人公在与婆家的各种关系中，本应处于中心地位的"夫妻关系"却显得可有可无。"丈夫"在婆家作为一个"中间性"的人物，经常为了调停婆媳矛盾，处于非常尴尬的境地。但在故事歌的唱述中，这一角色形象并不鲜明，但作用并不可忽视。一方面，这一角色并没有损害夫妻关系，有时还实现了维护婚姻爱情美满这一理想；另一方面为了突出悲剧效果，着力塑造其他一些反面角色，通过制造矛盾冲突来突出悲剧效果，而丈夫角色的突出，要么会消弭这种悲剧效果的设置，要么会损害爱情美好这一主题。所以，丈夫的角色是实现其悲剧效果不可忽视的一个因素。

"夫忍妇亡"而爱莫能助，这种情节模式并非罕见，但"玉郎"劝方四娘寻死的这种情节，在同类叙事中较为罕见，这种叙事将女主人公的悲惨遭遇推向高潮。但故事歌并未就此结束，而是出现了一种"阴魂复仇"、"还魂复生"、"夫贵妻荣"的情节：

四姐的身子送在荒郊外，丈二的坟坑里掩埋深。
方奶奶哭得泪不干，再不见为娘的女花童。
方家报仇个月整，转步回到了三乡城。
我把方家再不表，表一表揭墓的二个人。
……

二人上前揭起墓，四姐在棺椁里坐起来。
二人上前打开盖，四姐在棺椁里站起来。
二人一见胆颤惊，吓得骨软髓麻颤兢兢。
……

玉郎读书三年正，皇王天子开场门。
玉郎上京把功名攀，考中状元头一名。
玉郎上殿奏一本，要给一家大小把官封。
先给四姐把官封，一品诰命贤夫人。
再给婶娘来封定，养老宫里受皇恩。
再给方奶奶来封定，养老宫里受皇恩。
给方相公来封定，皇宫学院读五经。
又给方老爷来封定，阳本武侍在午门。

  方四娘上吊寻死的情节后面，出现的这些"魂回娘家"、"娘家人复仇"、"掘墓"、"还魂复生"、"授官晋爵"等情节，在其他故事歌中出现的频率较高，程式化痕迹明显，显然是唱述人为了延长演唱时间和拓展主题，对同类主题进行了调用。但这些情节的缀叙，除了达到故事歌特有的悲剧效果，完成宣扬"善有善报，恶有恶报"的思想主题外，对女性而言，不乏脱离苦海再为人的自我救赎的思想。生前"方四娘"一味忍让，忍气吞声，并非是懦弱，而是在这样一种婚姻现实中，由女人地位所决定而产生的一种"理所应当"的意识。方四娘最后的"上吊"寻死，实际上就是对命运的一种反抗，对自己要求解放的一种方式，虽然这是一种消极的、无奈的、充满悲壮色彩的自救方式，但在女性婚姻毫不自由的社会里，也许就是对自己的一种解脱。

四、"哀而不伤"的悲剧效果

中华文化受儒家文化的影响非常深远,在生活中,当人的情欲与现实世界产生矛盾冲突时,儒家不主张禁欲式地压抑或纵欲式地放纵人的欲望,像中国古代许多作品在描绘悲剧人物的生命苦痛与灾难的悲剧冲突时往往力求展示某种哀而不伤的中和之美,以便从不和谐中显出和谐,从不平衡中显出平衡。体现在作品人物的处理上则是,在描写苦痛、灾难与毁灭之后,展示悲剧人物为之追求的理想得以实现;有的作品的悲剧人物经历"一番寒彻骨"的悲剧历程之后开始踏上那"梅花扑鼻香"的新的生命之旅;有的作品结尾点染出"善有善报,恶有恶报"一类伦理理想的亮色。王国维指出:"吾国人之精神,世间的也,乐天的也。故代表其精神之戏曲小说,无往而不著此乐天之色彩,始于悲者乐于欢,始于离者终于合,始于困者终于亨。"[①]可见,人们追求客观世界的精神超越,但绝不把精神与客观世界对立起来,人们深信人的理想终究能够与现实世界相统一,深信人的生命激情最终能够对象化于人世间。所以,在欣赏故事歌的时候,我们很少能感觉到惊心动魄的强烈震撼,往往是通过情节的缓缓推进来感到一种美感。

《方四娘》这首故事歌,同其他故事歌一样,是在集体性这一口传特征的要求下,按集体的精神来思索、感觉和创造的文化产品,因此,它具有极强的民族精神和地方文化特色,它是一种匿名的、非个性化的文学产品,它的产生同样要受到来自口头传统和书写传统的双重影响。《方四娘》中,悲喜剧结合叙事方式,体现的是中国传统的一种叙事美学,达到"哀而不伤"的悲剧效果。故事歌的生产和消费是用一种口头形式出现的流动体,具有共时性的特征。创作主体和消费主体构成一个相对自闭的圈子,是处于社会边缘、远离权力话语中心的下层民众,更多的则是文盲或半文盲的农民阶层。故事歌当中的内容也多以表现这些人所能经验或理解的生活经历或情感经历为主,内容上也充满了苦情色彩。

当然,一个人的一生当中充满着悲剧性,人无时无刻不从自身或他物获得悲悯、哀痛、忧思、愤怨、激奋等悲剧性的情感体验。而悲剧精神是悲剧的灵魂,是生命,是人在追求本质力量对象化过程中的生生不已的内在意志激情的体现,是决定悲剧存在的深层次的规定性。"悲剧精神不是抽象的存在,它是通过人的苦难的生命历程才能呈现出来"[②]。每一个活生生的现实的人都有着一要生

---

① 佴荣本:《文艺美学范畴研究》,南京:南京大学出版社,2002年,第29页。
② 佴荣本:《文艺美学范畴研究》,南京:南京大学出版社,2002年,第2页。

存、二要温饱、三要发展的意志欲望，每个人身上都存在着抗争那些压抑毁灭人的生命的对立力量以求得生存发展与创造的内在生命激情。当人碰到阻碍压抑人的生命激情的对立力量的时候，内在的生命激情将驱动人的抗争意志和行为，哪怕是牺牲个体生命也在所不辞。这样，人的有价值的生命激情便与悲剧精神融合在一起了。方四娘的悲剧，通过婆媳之间的矛盾冲突表现出来，方四娘在出嫁前，母亲谆谆训导，嫁到婆家后，面对婆家的刁难和施威，她也依照家庭的家规，谨小慎微，任劳任怨，虽为人妻，却像寄人篱下，或更像与人为奴。最后，实在万般无奈之际，听从丈夫的劝告："贤妻你听着。依我说你寻上个无常了去，磨难罪过受不清。"方四娘一直按照贤妻良母的标准要求自己，最终还是不容于婆家，即使想做一个贤惠的人妻人媳却不得，到了最后，也没有丝毫的反抗，直至自己的生命走向毁灭。当然，方四娘的悲剧不仅仅是性格悲剧，主要还是在方四娘所处的传统中国社会里，女子受到伦理道德思想的束缚，从而不敢越雷池一步，再加上妇女的地位比较低下，任何时候都是谨小慎微，唯唯诺诺，唯恐遭世人耻笑。因此，故事歌中，这些女人的悲剧，不仅仅是性格悲剧，更是社会的悲剧。

在同类故事歌，也唱述出像尕豆妹、四贝姐一样，忠于爱情不委曲求全，毅然决然殉情的刚烈女子，人们在同情其遭遇的时候，心灵上难免引起一种震撼。故事歌中体现出的这种悲剧精神，主要是通过塑造一些鲜活的女子形象来展现出来，相比之下，故事歌对男性的唱述要么着力不多，或隐或现；要么就逊色得多，可有可无。在唱述这些人物时，大多带有脸谱化、程式化的痕迹。为了铺述情节、突显主题、增强悲剧气氛，运用了一些夸张、排比、层递等手法，听的人不会觉得别扭或有夸大其辞之嫌，反而更容易受到歌中情绪的感染。

五、结　语

《方四娘》这种悲剧性的故事歌，意在表现这一类小人物日常生活中的悲欢离合或喜怒哀乐，这种情绪的表达无疑都源于一种精神或物质的匮乏，然后才产生一种精神的驱动力去设法获得，在得与不得中构成不同的叙述风格。在故事歌里塑造的主人公，为了克服或解决这种匮乏，就会采取一系列的行为，这也是故事歌情节展开的原动力，然而这种匮乏的解决，并非轻而易举，主人公要历经挫折和苦难，其结果却显示出两种可能，心想事成或失败告终。但这种奋斗和努力的过程，本身就带有一种创业的悲剧精神。在《方四娘》中，女主人公的命运波折，同样源于一种匮乏，是在特定的社会中女子地位和权利的匮乏。在以男权为中心的社会中，女性毫无话语权可言，他们的生活和劳动被看成是男人生活的附属品。生活空间一般限定在家庭里面，"实际上她们既是暴力又是绝望的承受者"①。她们既看不到光明所在又无力改变自身命运的时候，顺从就成了反抗和处世的一种手段或方式。方四娘在婆家的生存经历揭示了，在公婆和丈夫之间无法调和时，选择隐忍退让不仅是对当时处境的一种顺从，也是对自身命运的一种屈从。在女子的生命得不到尊重和理解的社会中，方四娘既要保全自己的名节，又要维护家人的尊严，最后选择从家庭和各种纠纷中淡出，走向自我的毁灭，是在生命走投无路之时，完成的只是寄希望于来世来生的一种自我救赎，主人公的重生，实际上就是实现这一理想而设置的悲喜剧结局。

---

① 李银河主编：《妇女：最漫长的革命：当代西方女权主义理论新选》，北京：生活·读书·新知三联书店，1997年，第9页。

民俗篇

清代咏藏竹枝词的民俗内容及其特点

米海萍

一、咏藏竹枝词主要民俗内容

清代是竹枝词创作的巅峰时期，有关咏藏（清代藏区包括现在的青海、西藏、甘南、川西北等地区）竹枝词现存有20余种、400余首[①]，对藏区丰富的民俗生活作了近似"民俗志"式的描述，其主要有以下几个方面。

（一）农业生产民俗

> 夏麦秋荞地力肥，园根歉岁亦充饥。
> 板犁木耒农工罢，黄犊一双系角归。　　（钱召棠）

> 妆扮儿童上彩竿，迎春锣鼓要人看。
> 土牛才用花鞭上，风雪翻添一夜寒。　　（恭钊）

钱召棠"黄犊一双系角归"所描写的是当时相当普及的"二牛抬杠"农耕生产方式。藏区二牛抬杠的耕作一直持续到20世纪七八十年代末才有所改观。

恭钊所谓"迎春锣鼓"、"土牛"与"花鞭"是一种古老的开耕仪式——打春牛仪式。《礼记》载春季吉日举行"躬耕帝藉"仪式，天子亲率三公九卿、诸侯大夫，带耒耜等农具到田间行开耕礼，宣告春耕生产开始。此制关乎农耕礼俗，官与民共同参与，举国遵循，在惯于精耕细作的农区十分盛行，一直传承至清代。民国初年修撰的《贵德县志稿》记载曰："立春前一日，迎春东郊，邑人装古事，吹豳击鼓，观芒神、土牛身色，以占水旱丰歉。乡人会饮春酒。"青海贵德地区在民国年间仍然保留有鞭春牛、占丰歉的民俗活动。传统小农经济

[①] 咏藏竹枝词文人及作品，分别见路志霄、赵宗福主编：《中国西北文献丛书·西北文学文献》第19卷，兰州：兰州古籍出版社，1999年；雷梦水等主编：《中华竹枝词》第5卷，北京：北京古籍出版社，2003年；王利器等主编：《历代竹枝词》丙编、庚编，西安：陕西人民出版社，2003年；丘良壬等主编：《中华竹枝词全编》北京：北京古籍出版社，2007年。文中所引作者及作品都出自这些汇编中，不再一一注明其出处。

依赖自然的风调雨顺,一旦发生灾害,抵御能力甚为微弱,而在初春为表达丰收愿望,可能做到的便是提前举行祈祷仪式并作预测,安排好一年农事,争取春种一粒秋收万颗。

(二)商贸民俗

清代藏区商业贸易在城镇较为繁荣,从针头线脑、药材香料,到皮毛茶马及珠宝玉器的交易物品应有尽有。恭钊的"东关大贾善生财,百货分门列肆开。传说兰城新货到,昨宵商贩自东来。"写西宁货物畅销,生意兴隆的盛况;项应莲的"双忠祠外闹哄哄,木的珊瑚宝石丛。未讲价钱先捏手,全亏扯界两边通。"是拉萨捏手成交的热闹交易;汪士鋐的"输宝番女尽编氓,连袂蒙头竞上盈。"是岷州县城内女性进行物品交流,显示出藏区妇女的能干和参与集市买卖的活跃。

关于茶马互市,李殿图曰:"头衔茶马旧时同,手信添巴事已空。木舍东西皆赤子,信符何必铸金铜。"第一句注曰:"余之官衔尚称茶马屯田,乃旧制也。"诗中第二句的"手信"、"添巴",是指明中叶以至清前期藏区出现的特殊事物。第三句"木舍"是指洮岷藏族部落。第四句之"金牌信符"是指明朝廷专门给藏区茶马交易而颁发的特许证和检验凭证。明代颁发藏区的"金牌信符",共有41枚。其中,为洮州卫所管藏族部落给牌4面,为河州卫所属29个部落给牌21面,为西宁卫及所辖塞外4卫给牌16面。现藏于青海省博物馆内的金牌信符实物,为黄色铜铸镏金小牌,正面为楷书"信符"两字,背面为篆文3行,上为"皇帝圣旨",下左为"合当差发",下右为"不信者斩"在侧边骑缝处砸有"□□十五号"字样。雍正后期,延续千年的茶马互市宣告结束,但蒙古、藏民族对于茶的需求有增无减,边茶贸易继续,藏区与中原的经济联系更加紧密。

竹枝词描述藏区市贸交易习俗有3种方式:一是城乡集市,在固定时间内,集结于约定俗成的地点,出售自家的农产品和手工业品,然后买回生活必需品或生产资料,待交易完后市场关闭。汪士鋐感叹"市罢夕阳人影散,青山冷落抱孤城",多了几分莫名的凄凉与失落,期待着下一次的热闹喧哗。二是在城乡市镇拥有固定店铺或摊位的坐商。有骡马驴市、石煤市,及日用百货杂铺、中药材铺,还有粉醋坊、漂衣染坊等,形成街市合一的商业一条街景观。三是流动性较大的行商。行商又分为两类:一类是小本投资经营者,身背筐肩挑担,走街串巷,往返于部落帐圈或山乡村庄进行商品买卖,俗称为"货郎子"。另一类是资金雄厚而长途跋涉进行大宗交易者,如往来于"丝绸之路"上的骆驼商队、穿行在云贵高原的马帮商队等。张福田"遮莫长风入夏多,迢迢瀚海不生波。商人贸易玉关去,水草先驮数骆驼。"是指这种长途跋涉的贸易。这3类贸易中,物物交易形式占多数,间或有捐客协助双方成交,从中捞取酬金。"袖里吞金"式的捏价交易,在藏区较为盛行,拉萨市内双忠祠外市场上商人们"未讲价钱先捏手"就是这种习惯方式。

(三)衣食住行民俗

服饰是民俗文化的主要载体之一,竹枝词对斑斓雍容的藏族服饰多有描述:

> 五文杂俎挂胸丝,佛赐松堆辫作缕。
> 不惜黄金铸麻谜,蛮靴正是走山时。 (李若虚)

> 双垂力则尚深闺,三辫平分迨吉兮。
> 铁木普儿多益善,金钩斜映月生辉。 (李殿图)

李若虚描述藏族男子一身装扮:蓄发长辫,辫梢续几缕红色或黑色穗线,辫中缀上红珊瑚或玛瑙石,然后将发辫盘于头顶,辫梢顺耳下垂;手摇转经筒;脚穿藏式靴子;最为显眼的是挂戴在胸前的价值昂贵的数串玛瑙石项链,还有用以禳灾祈福、驱邪镇魔的护身符——"嘎乌"。对此,李焕章叹道:"累累如印挂胸前,镶玉嵌珠色灿然。"女性服饰别具风采,艳丽服饰华贵奇异,亮相于市井街头,宛如流动的服饰博览会。

茶与酒是藏民族饮食生活不可缺少的组成部分,"宁可三日无粮,不可一日无茶",产自四川、云南、湖南等地的"边销茶",在藏区深受欢迎。

> 临邛客至斗茶纲,土锉新煨榾柮香。
> 闻道相如解消渴,葡萄根碗劝朗尝。 (钱召棠)

> 泡水前溪柳外多,喇嘛拨姆各摩挲。
> 裸身壶呛相传灌,乘醉归途踏踏歌。 (项应莲)

藏族"食必熬茶",饮茶皆用木碗,多用桦木、青㭎木树根或葡萄藤根瘤雕制而成,上好木碗镶金嵌玉,做工精细、图案美观。糌粑是藏族一日三餐不可少的主食,也传达了民族间传统相饮食相互交融的文化信息。在藏族、蒙古族、汉族、回族等杂居的藏区与农区交界地带,各民族"和而不同",但在诸多习俗方面彼此相互影响、相互渗透。仅以饮食而言,糌粑、酥油茶、手抓肉之类,不仅仅藏族、蒙古族喜食，汉族和其他民族也很喜爱。旧时，青海汉族戏称自己为"炒面头"，李焕章还被冠以"炒面诗人"雅号。项应莲在拉萨街头看到一群酒醉的男男女女沿街笑唱踏歌的情景，反映了清凉夏日里藏族男女老幼泡水洗浴，之后乘兴歌舞娱乐一番的习惯。第一句注解曰："五六月间群相泡水。有力者皆设帐房于水饮，无力者则于柳荫结伴相浴。"第四句后注道："起水时无不喝呛者，亦无不沈醉者，归途往往联袂而歌。"这既是身体污垢的洗浴，又是心灵的洗浴。

藏区民居有帐房和石雕房两种形式。帐篷游牧民族传统的民居住，一些地方权势人物的帐房富丽堂皇，在中原文人眼中俨然是"阀阅"门户：

祖父流传是业巴，敢将门户自矜夸。
请看房顶牦牛盖，便是中华阀阅家。　　（钱召棠）

随地迁移黑帐房，全家生计在牛羊。
今年草场前山好，马粪堆中奶饼香。　　（钱召棠）

作者注解道："管事大头人号业巴，亦论家世，结牦牛绳如盖，竖立房顶，名夹仓。土官缘布三道，业巴二道，平民不许用。"特意说到管理地方的土司头人居住房顶竖立牦牛绳编制的"夹仓"，便是"业巴"们拥有权势的象征，与普通民众迥然相别。普通人家是牛毛帐房，由木杆、木橛、牛毛绳等原料搭建。这种房屋看似简单而又简陋，但制作起来不是一件容易之事。一顶中等帐房，重量在75千克左右，牧民要制这样一顶帐房，就如同汉人花费很大的人力、物力和财力盖3间瓦房一样，须付出极大的努力。藏区另一种民居是石雕房，形状如方形碉堡，用片石砌成。或坐落在高山平地，十家八户组成小小村寨；或坐落在陡峭山坡，依山负势，百余户人家栉比鳞次而居：

番人也自好楼居，刺噶层层板屋疏①。
半跨山腰半溪涧，上宁妇子下储胥。　　（李殿图）

石雕房墙基全部用天然石板垒砌而成，墙壁很厚，石雕房坚固结实，修建用的片石建材，皆取自本地石山。为长方形平顶式，等腰梯形状，下宽上窄，四壁开小窗，通风透光；结构一般两层或3层，一楼堆放杂物、圈养牲畜，二楼住人，三楼堆放粮食和家具，另专门留空间供佛敬神；顶楼是石板阳台。这

---

① 诗后注曰："番人多旁山为楼，层累而上，以下层之房顶作上层之庭院。居人栖止其上，几忘其为楼也。至于户牖交通，栋宇联亘，饶有巧思。上为寝室，下层储粮，牲畜充牣其中。"

种民居建筑很早以前就出现在青藏高原腹地，直到清代仍然流行，其古老风貌在文人笔下得以再现。

河流涨发水无边，几个牛皮架作船。
渡过行人还渡马，升沉由命命由天。　　（叶礼）

欲渡津无梁，皮船即宝筏。
杯渡果有无，寓言殊不实。　　（石德芬）

"皮船"，又称为"革囊"、"浑脱"、"混沌"等，是流行于藏区和黄河上游沿岸的传统水运工具，可渡人亦可载物，汉族、回族、撒拉族、藏族等水手皆谙此道。皮筏按制作原料可分为羊皮筏和牛皮筏。仅供一人渡河，不能运载物品者为单筏；由许多单只皮胎用木框架连缀起来的，可运载大宗物资者为多筏。这是高原民族的重要发明，在西部地区有着很长的历史传统。章和二年（88）护羌校尉邓训平定西部羌人时，在今青海贵德县境内黄河"缝革为船，置于箄上以渡河"①。汉军依靠皮船渡河取得了军事胜利。《旧唐书·东女国传》载今川西北、青南地区的人们"用牛皮为船以渡"。民国年间，青海的羊毛、皮革、粮食，甘肃的烟叶、药材，宁夏的皮毛、枸杞、甘草等大宗土特产，用皮筏运到包头。而今皮筏退出了作为水运工具的历史舞台，活跃在黄河上游两岸的旅游文化项目之中。

（四）信仰民俗

颂佛持念珠，喃喃不去口。
除却贝叶文，胸中复何有。　　（石德芬）

吗哩巴浑证佛机，风来舞作梵音飞。
传将法语凭天籁，更拜高高吗哩旂。　　（李殿图）

词中"吗哩"，今译作"玛尼"。"吗哩巴浑"即"唵、嘛、呢、叭、咪、吽"六字真言，其最简练而富诗意的解释是："噢！莲花湖的珍宝！"包含佛部心、宝部心、莲花部心及金刚部心等"根本真言"。信徒们把今生来世的幸福希望寄托于循环往复的吟诵，在转经轮中修行悟道体验"六字真言"的意义。而拉萨每年正月末二月初举行"打牛魔王驱鬼"仪式活动传承悠久，官民共同参与。

---

① 《后汉书》卷十六《邓训传》北京：中华书局，1965年，第610页。

> 万口喧腾响法螺，沙门假面舞婆娑。
> 十年又踏膻乡路，梵呗声中看大傩。（李若虚）

> 老工夹布是牛魔①，要夺灵山佛子窝②。
> 再睹投琼均是黑，万声驱逐过恒河。（项应莲）

在此项活动中，一人扮达赖喇嘛，一人扮牛魔王"老工夹布"，两人相遇斗法，并投骰子决胜负。最后，老工夹布必败，众人齐声呐喊，将其驱逐，表示避瘟无疫。这项活动之后，紧接举行晒大佛与跳钺斧活动：

> 金身七尺挂来长，举国之人皆若狂。
> 宝贝晾完跳钺斧③，行头买得自亲王。（项应莲）

关于晒大佛和晾宝，《卫藏识略》记道："仲春下旬或暮春之初，将大昭寺中宝器珍玩陈设殆备，谓之亮宝。翼日，布达拉悬大佛像，其像五色锦缎堆成，自第五层楼垂至山麓，约长30丈。又有喇嘛装束神鬼及诸番人物。虎豹犀象等兽，绕招3匝，至大佛前拜舞歌唱，始此一月始散。"农历四月初，请出放置一年的巨大佛像，在布达拉宫前展示。当东方第一缕曙光照射大地时，佛像徐徐展开，故称晒大佛。晒佛仪式非常隆重，前来瞻仰佛像、沐浴佛恩的信徒极多，蔚为壮观。

跳钺斧活动，在《卫藏识略》载曰："每遇年节，凡商民停市三日，各以茶酒果食物相馈为礼。其日，达赖喇嘛设宴于布达拉上，延汉番官会饮。有跳钺斧之戏：选幼童十余人，著彩衣，戴白巾，圈帽，足系小铃，手执钺斧。前列设鼓十余面，司鼓者亦装束如前。凡觥筹交错时，相向而舞，听鼓声之渊渊，而缀兆疾徐，咸中节揍"。在缓歌曼舞中寓含吉祥平安、六畜兴旺、五谷丰登祈祷之意。

藏历十月二十五日燃灯节，是为纪念藏传佛教格鲁派创始人宗喀巴大师圆寂之日而设。举行诵经、磕头，灯供仪式等隆重的祭祀活动，各大小寺庙、各村寨，都要在墙头、神坛上，家中的经堂里，点燃酥油灯，昼夜不灭，表示纪念。

---

① "老工夹布"一词，诗后注道："强盗之谓。"
② 诗后注道："正月于大昭前，扮一牛魔，曰老工夹布，又扮一前辈达赖喇嘛，云是当时牛魔欲夺藏地，与喇嘛睹骰子，胜者乃得骰子，大方二寸。牛魔三掷皆北。遂遣神兵鬼卒驱逐而去。"
③ （清）盛绳祖：《卫藏识略》，载王锡祺辑：《小方壶斋舆地丛钞》第3帙，杭州：杭州古籍书店，1982年影印本。

百万星悬隐耀间,墙头户户把灯按。
黄昏熏到三更尽,此日相传佛涅槃。（项应莲）

藏民族对藏传佛教的神圣信仰深深融入了日常生活。点燃酥油灯供奉于佛前,是藏区信徒的虔诚习惯。少者数十盏,多者达万余,一些经济实力雄厚的寺院,还在房顶扎起高高塔灯。其盛况,项应莲在该诗第一句注中说:"如火龙百万,鳞火隐耀。为藏中第一大观。"项应莲感言:"色即是空都解得,佛前供奉美人蕉。",李殿图感叹"一气氤氲流万里,瓣香只合拜班禅",李若虚感慨"自把都梁熏袖口,等身祈福正清和",对神佛偶像顶礼膜拜的神圣情怀溢于言表。

（五）娱乐民俗

谁将觉路引金绳①,性命鸿毛一掷能。
我讶身轻一鸟过,人言亦似脱鞲鹰。（李若虚）

百尺长绳百丈低,翼张手足肉仙飞。
万人目眩声齐歇,一鸟身轻过别枝。（项应莲）

李若虚、项应莲的这两首竹枝词描述了拉萨滑绳表演,这是西藏民间的一种娱乐习俗。表演时,用皮绳4条,一端系于布达拉宫宫殿顶端,另一端拴在山下的柱桩上,滑行者胸前捆一木质护板,手足握绳攀援而上,然后倒悬身体,顺绳滑溜而下,速捷如飞,观者如云,无不惊叹其高超技艺,如此惊险表演反复三四次而止。滑绳技艺有多部中外文献记载,和宁《西藏赋注》,法国石泰安《西藏的文明》、传教士古伯察《鞑靼西藏旅行记》,英国人查尔斯·贝尔《十三世达赖喇嘛传》等,文字或详或简。刘赞廷称其为"一绝技也",古伯察认为这是一种需要力量技巧和胆魄的"神舞的体操运动",《西藏赋注》描述详细②：

正月二日作飞绳戏从布达拉最高楼上系长绳四条,斜坠山下,钉桩拴固,一人在楼角,手执白旗二,唱番歌毕,骑绳俯身直下,如是者三。绳长三十余丈,后藏花寨子番民专习此技,岁应一差,免其余徭。内地缘杆踏绳,不足观也。

---

① 此句后注曰:"绳三条,粗可径尺,长数十丈,一边高,一边低,高头约数十丈,人从高处将身俯贴绳上,翼张而下,谓之飞身。"
② （清）黄沛翘:《西藏图考》卷八《艺文考·西藏赋注》,吴丰培校订,拉萨:西藏人民出版社,1982年。

除了这种与宗教仪式密切的活动外，在民间流行一种久盛不衰的民间集体舞蹈"谐"。由男男女女列成整圆舞蹈队形，踏歌起拍而舞。所唱歌词大多是沿袭已久的赞美家乡山水、歌唱劳动生产、祝愿吉祥幸福内容。女者舞姿轻柔妩媚，男者粗犷洒脱，伴随着欢快流畅、节奏明快的旋律，起伏多变，舞姿优美。钱召棠道："绷开五色绉留仙，窣地流苏立比肩。一曲歌残齐踏足，看他步步有金莲。"李殿图道："班吗青铜镇发籫，辫垂璎珞杂珊瑚。曼词一唱同声和，绝胜刘家大小姑。"①除了在每年的赛马会和藏历新年等节日组织表演外，大多是在劳作之余或夜晚，围着篝火或披着月光，翩翩起舞而怡然自乐。这种看似简单的由群体共同参与的娱乐活动，实际上体现着文化的功能。"我口唱我心"的歌，与舞紧密相连，使艰苦贫乏、枯燥单调的日常生活增添一抹亮色，在很大程度上起到了放松心情、调节心理作用。

（六）文化习俗

> 男捻羊毛女种田，邀月姊妹手相牵。
> 高声各唱花儿曲，各个新花美少年。　　（叶礼）

这是作者在道光初游历河湟、听唱民歌"花儿"后的写实之作。在这片"汉番话语各能言"的民族交错杂居地区②，是花儿的诞生地。明万历初年山西人高洪任职河州时，看到民众在山野田间漫唱花儿的情景，随即写下《古鄯行吟》"青柳垂丝夹野塘，农夫村女锄田忙。轻鞭一挥芳径去，满闻花儿断续长"一诗。花儿自产生之日起，成为西部民俗文化的有机组成部分，超越了民族间的语言障碍和民族隔阂，逐渐整合成为一种为各民族共同拥有、共同享用的传承文化，为汉族、藏族、回族等共同传唱。感谢叶礼等文人，使我们领略到清代西部"美少年"歌唱花儿的清新和美妙，弥补了官方志书对其只字不提的缺憾。

二、咏藏竹枝词的特点

其一，在体式上，竹枝词一般为七言四句式，这一类从唐代一直流传到近代，历千余年而不衰；亦有五言四句式，又称为"小竹枝"，光绪年间石德芬吟咏今四川德格风土的《迭克杂咏》即是这种样式。由于文人创作竹枝词是在民间竹枝词基础之上发展起来的，所以在题材内容和风格形式上体现出浓郁的民

---

① 诗后注道："番人唱歌，音节似黔粤苗瑶，词短而音长，以曼声终之，则互相赓续。粤西谣歌有唱刘三姑之句。"

② 语出李殿图《番行杂咏》"喇伍什巴介汉番，汉番话语各能言"一句。

歌艺韵，淳朴自然，通俗易懂，形式活泼而不受约束。这种样式被那些直面现实、关心民生、关注时局的文人掌握后，"感于哀乐，缘于事发"的创作更容易碰撞出灵感火花，无需"三年得二句，捻断数根须"的刻意推敲，而是触景生情，脱口而出，记事内容看似简单，却寄意深远。同时始终继承和保留了民歌惯有的赋、比、兴等基本的艺术表现手法，不计工拙，形体自由而不粗糙。如李殿图"番族由来百种羌，滇池迤北抵河湟。卓泥世隶洮岷道，噶固山南划土疆"，李若虚"谁将觉路引金绳，性命鸿毛一掷能。我讶身轻一鸟过，人言亦能脱鞲鹰"（"观布达拉飞绳"）等直抒胸臆的赋法，自然朴实，流畅自如，常咏常新。钱召棠"郎心有如麻密旗，终日摇摇无定时。妾心却似麻密石，弃置路旁无转移"，是比喻与双关手法的熟练运用，朗朗上口，寓意深刻；项应莲"斡线草帽嵌边鞋，偷得工夫悄上街"，钱召棠"红罽偏单马背横，团团席帕似金钲"等巧妙借代手法，是僧人与俗人不同形象的逼真写意。如此，大大增强了竹枝词语言的活力，藏区的土风民俗在竹枝词中依旧显出独特魅力。

其二，大多数文人创作以现实生活为出发点，用民歌的语调口吻，将藏区的风土人情、山川名胜、市肆景象、岁时趣事乃至方言俚语等民俗文化，从各个方面加以描述吟咏，生活场景写得有声有色，思想情感突出明朗，既有一定的深度，又有一定的高度。正如光绪年间黄云卿《羊城竹枝词》所谓："竹枝词者，风骚之流亚，里巷之歌谣也。愚谓其义简，其意赅，其言近，其旨远。发自然之天籁，相题构意，曲曲传神，斯为近体。"① 清代中原内地的文人足涉藏区、认识感知藏区文化，每每与清政府数次出兵、统一西部的重大政治军事行动相关联。清政府对藏区采取重大政治军事行动时，总有一些饱读儒家诗书的文人或为幕僚，或为军中文吏，随军西进，如李若虚、项应莲等人；或以后勤供给官、地方官员身份，任职于藏区，如钱召棠、李殿图等人。藏区的农耕、游牧生活较之内地迥然不同，其精神信仰、审美观念、习俗惯制与中原汉族有天壤之别。强烈的文化反差，使这些文人充满新鲜与好奇，使这些来自中原的文人，有一种置身于异域文化风情的异样新奇和特殊感想，自然选择衣食住行、婚丧嫁娶等日常生活中最为普通的民风民俗，作为观察了解藏区的窗口，去理解、解读藏区的民风民俗，认同异域文化，并用"纪实"语言方式表达，倾注在竹枝词之中。而当竹枝词的语言还不足以酣畅淋漓时，又采用"诗中夹注"方法，把某一具体的文化事象再作详细说明和解释，添加有关藏区的历史沿革、

---

① （清）黄云卿：《羊城竹枝词》，王利器等主编：《历代竹枝词·庚编》，西安：陕西人民出版社，2003年。

神话传说、风尚习俗流变等极富人文色彩的内容,使竹枝词不仅充满了诗情画意般美感,而且大大增加了作品的内涵与厚重感。如果将上述的描写与清人的史料笔记和其他诗歌再作引证,我们就会对清代藏区社会风貌有一个全面、具体而真实的认识。而竹枝词的注文因文人的个性风格而有所不同,或简约,或详细,有的只十余字,有的百余字,有的则长达七八百字,相当于一篇中等篇幅的散文,使竹枝词的容量得以极大扩充。李殿图《番行杂咏》40首的注文已超过了竹枝词本身,尤详于今青海、甘肃、四川三省交界的藏区历史地理的考证与人文研究,对于进一步了解藏族风俗文化及时政等情况,有相当高的学术价值。

其三,清代文人富有创造性地、恰如其分地在竹枝词中运用方言俚语,将藏语、蒙古语、满语等嵌入竹枝词中,既合乎音律节奏,又没有语言上的生硬之感,清新活泼,极富情趣。如钱召棠的"谁家抱母貌如花,出水双芙白脚丫。结伴山头砍柴去,尼麻浪索便回家"[1],李殿图的"拾苏拉日未分明,奔布昌阿夹岸迎。咀叠道旁擎蜡盖,熙然噶吉听声声"[2],唐金鉴的"人织羊毛不织麻,织成氆氇染成霞。试看阿甲卜磨辈,浪布同穿十字花"等[3],汉语与少数民族语言水乳交融,音译与意译巧妙关联,遣词用语珠联璧合,恰到好处,备觉熟悉而亲切。同时大大拓展了人们的语言和视野,反映了在一些多民族杂居地区,少数民族语言与汉语在实际生活中自然交融使用的事实,这在客观上迅速消弥了汉族与兄弟民族之间交流时心理上、文化上的壁垒界限,自然而然地突出"众族一家"的民族情感,某种意义上生动地诠释了中国统一多民族国家"多元一体"的历史进程。

总之,以"诸人、诸事,无不曲肖其状"。"以雄奇之笔,写俚俗之事,而不见俗者"而见长的竹枝词,突显其"鲜明的风情画"的特点[4],有关咏藏竹枝词亦是如此,且佳作连连,不仅有较高的文学价值,而且有很强的纪实性和高度的真实感,是一部描写藏区充满时代气息的社会生活的速写长卷,有着多方面的研究价值。钟敬文先生在《民俗文化学发凡》一文中谈到民俗文化学方法论时,提出用"文献学的方法"来研究中国民俗文化,是以中国丰富典籍文献而言的,认为:"前代民俗资料的纪录,大多不能算是纯粹科学的资料,有的免

---

[1] 原注曰:"抱母,闺女也。尼麻浪索,日落也。"
[2] 原注曰:"当搭拾苏,理屈也;当搭拉日,理直也。"奔布昌阿,"番言大员之称";咀叠,"跪也";蜡盖,"烧酒";噶吉,"欢笑貌"。
[3] 阿甲:藏语"大嫂";卜磨:藏语"姑娘"。浪布:藏族自织的土布。
[4] 赵宗福:《韵文的地方志,鲜明的风情画——清代〈甘肃竹枝词〉刍评》,《兰州学刊》1990年第2期。

不了掺杂封建说教和文饰成分。但是我们之所以不能够完全摈弃它们,是因为它们毕竟是先人的直观记录。"①这是在民俗学研究中对前人文献遗产重要性的客观评价和准确概括,给予我们启示和鼓舞。当然,咏藏竹枝词的所有作者,并不是具备民俗学专业知识的学者,而是深受儒学文化熏陶的文人,他们关注藏区的民俗文化,并不从学科意识、科学田野作业的方法去观察了解与调查,由此导致对藏区民俗文化的理解与描写,存在有明显不足之处。尽管如此,虽然他们的创作成果属文学作品范畴,但因其作品具有"泛咏风土"的特定内涵,而且对藏区民俗文化作了真实而"直观记录",因此,从文献学视之,清代咏藏竹枝词是学术研究的重要文献之一,举凡研究藏区民俗学、民族学、历史地理学,都不应忽视其价值。

---

① 钟敬文:《钟敬文学术论文自选集》,北京:首都师范大学出版社,1994年,第480—481页。

三川土族"纳顿"解读

文忠祥

青海省民和回族土族自治县官亭地区,是土族聚居的地方之一,因区域内有三条大溪而称"三川",自西向东分上川、中川、下川。三川土族有一个颇具民族特色的庆祝丰收的活动,叫作"纳顿"。"纳顿",土语本意为"玩耍,耍高兴,开玩笑",作为节日名称具有"庙会"、"庆祝丰收的狂欢活动"的意思。纳顿于每年农历七月十二从下川宋家和面草沟村开始,由一个或几个村庄联合举办,断断续续,直到农历九月十五结束。主要内容有酬神娱神的会手舞、面具舞、神舞等。

关于纳顿的文献,大多描述其具体过程或侧重某一方面,缺乏全面深入的分析。这一状况的部分原因是田野调查工作的欠缺导致资料不全乃至错误。作者在多年田野调查的基础上,于2002年历时近3个月对纳顿做了全面的田野调查。

自从土族先民的生产方式由游牧开始转向农耕以后,他们借鉴汉族历法,按照本地气候变化,围绕农耕核心,总结实践经验,把重要的生产节气确定下来,产生了具有自身特色的农事活动链环,并与农事祭祀相结合,形成了链环式的农事祭祀活动体系。此链环上,纳顿以其一年丰收与否的祭祀内涵,报祭今年并祈请来年丰收的祭祀方式,犹如农业生产的界点、农耕祭祀意识的大汇聚,而从众多的祭祀活动中升华突显出来,成为独具地方特色、民族特色的隆重的祭祀仪式,而其前的一些生产节气临界期举行的诸如春天开耕仪式、夏至嘛呢、大暑和小暑的祭祀等仪式与其构成整个链环。围绕农耕节令形成的农耕祭祀链,是土族农业文化的重要特点,并以纳顿这种典型的农事节日表现出来。所以,纳顿并非一个独立的节日,而是一个节日体系。它作为土族一年中最为隆重、最受重视的节日,蕴涵许多民族史、民俗信仰等文化元素,具有记史叙事的功能。纳顿是形式,各种民俗事象及历史信息构成其内容,并借助纳顿这种节日形式综合地表现出来,勾画成一幅绚丽多彩的民族文化画卷。

一、纳顿的信仰体系

纳顿中,普遍供奉"清源妙道护国崇宁真君川蜀大帝威灵显化天尊"。当地人普遍称其为"二郎爷",年长者多称"河州帝帝"①。在对所有举行纳顿的村庄的调查中发现,除了前河沟区域、中川虎狼城不供奉二郎神像外,其余均供奉二郎神。二郎神在人们心目中,是三川最高一级的神,其神威无比,故有些人称二郎为"三川的总神",二郎神一年两次巡游三川大部分地区以及他在群众心目中的地位就是明证。各村供奉的庙神威力在二郎神之下,有的一庙一神,有的一庙多神,有的庙中还供奉"嘛呢老爷"(即观世音菩萨)。庙神多为洪石宝山摩竭龙王、黑池龙王、九天威方太乙圣母元君、积石岷山显圣通雨大王等。庙中壁画上普遍彩绘山神、土地神形象,但地位没有庙神高。有些神由若干村庄共同信仰,是对这些村庄之间过去关系的一种历史记忆。比如,前河涉代沟,聂家庙从喇家庙分出,王家庙又从聂家庙分出,故视喇家庙为老庙。在过去,3个村共有一庙,随着村庄规模扩大,出现了分庙,但仍然供奉老庙神。再如,杨家、文家、祁家3个村过去共有一个庙,共同举办一个纳顿。在纳顿恢复两年以后,由于3个村合起来规模过大,产生矛盾导致了分庙,目前纳顿分别举办而供奉同一庙神。

纳顿供奉的神灵,都有一个共同点,即都掌管天上风雨,庄稼丰歉。这应是土族先民完成从牧业向农业的转化后,为解决农业缺水而祈求神灵护佑的直接反映。千百年来,在中原各地的民间传说中,均把龙视为神圣的超自然的力量,认为龙具有操纵水火、决定旱涝、镇宅除祟、消灾免难的种种神力,因而人们便把祈求风调雨顺、五谷丰登、祛病避邪、四季平安的种种愿望虔诚地寄托在龙的身上。随着中原文化传入三川,龙的信仰亦随之进入三川并被发扬光大了。二郎神的传说亦反映出他是治水、抗旱的能手。这种信仰,是三川群众精神和物质实际需要的真实反映。在连年干旱、庄稼歉收的情况下,人们自身无力与自然抗争,将全部希望寄托在神灵身上,神灵成为他们面对自然灾害、化解自然灾害创伤的唯一精神支柱。据说,二郎神最初供奉在三川名士朱海山的家族里,后来三川群众公认供奉二郎神极其灵验以后,产生了供奉并崇拜的主观愿望,而朱海山也顺应大家的要求,将二郎神推行到三川大部分区域,并利用自身威望,在中川吴张家修建二郎宗庙,调整纳顿的举办时间,安排二郎神按顺序巡游各村。说明大家在无助的情况下都想拥有对灵验神灵的叩拜权利,并希望从中得到回报。

---

① 帝帝:土族语,"爷爷"之意。民和土族对神灵的称呼多在名后缀以"帝帝"。

二、纳顿浓重的农事色彩

将纳顿放置在一个生产年中考察时,纳顿体系显现出浓重的农事色彩。

(一)纳顿的时序性——与区域庄稼成熟时间相吻合

如果将各村的纳顿时间与其村庄位置联系起来考察,就会发现:纳顿从三川地区海拔最低的地方开始,并自东向西逐村向上川推进,再从周边山区回到官亭地区后宣告结束。这是因为,海拔低的地方,如宋家、鄂家等村庄水分充足,春播时土壤墒情好,是播种最早的地方,相应地,其庄稼亦先于其他地方成熟。前河沟地区的纳顿最早从隆布、芒拉开始,时间为八月初一,比中川地区晚18天,而他们的庄稼播种时间刚好也比中川晚半个月左右,收获时间相应也晚半个月左右。纳顿的举办时间与庄稼成熟时间之间存在着明显的相关性。

(二)纳顿前奏的各种祭祀活动——与农时步调一致

在纳顿的前奏过程中,各种形式祭祀活动的日期选择与农时直接对应。如中川王家村,在开种前将庙内神轿请至庙外,集中嘛呢其(念嘛呢的老人)、喇嘛念经并跳与纳顿一样的庄稼其舞,意在祈求顺利播种;出麦穗之际,抬庙神龙王神轿巡游王家地界,以明确地界,开始"罚香"①;稍后庙倌与大牌头②祭祀俄博,献牲公鸡一只,祈求神灵阻挡冰雹;夏至嘛呢18天,正值小麦邻近成熟,最怕冰雹之类的天灾,牌头安排众人轮流在庙中颂念嘛呢;小暑、大暑期间正值开镰收割,祭祀羯羊一只,祈求顺利收获庄稼。多数村庄举行的九月九安神活动,意在神灵已经看护庄稼一年,此时"青草结籽,黄草上场",农田无活,暂不需要神灵的看护,请神灵歇息。由此可以说,纳顿体系是以农时为节奏的。综观纳顿祭祀体系,每一次祭祀活动的时间、地点都是固定的。细察之下可以发现,每次活动的时间均处于"临界期",即农事的关键期或一种状态向另一种状态转化的过渡期,大多为春播、出苗、抽穗、临镰、收获的时间。这种时空观念,反映三川土族根据当地农时变化而产生的农耕文化,反映他们顺应天时而求丰收的心理状态,反映他们长期观察天气变化而得到的防灾经验。

(三)酬神谢神娱神——感谢保佑今年庄稼丰收、祈求来年丰收的功利目的

整个纳顿的酬神、娱神、活动,是农耕生活的写照。大家以"头缸头酒头

---

① 罚香:民间自发的田间管理活动开始后,对违反规定的人员的所罚款物。
② 牌头:纳顿活动组织体系的最高负责人。一般担任期限为一年,按家务(房支)轮流担任。

酥盘"答报神恩,在庄稼获得丰收以后,以当年新粮制作的酩馏酒、蒸饼献祭崇敬的神灵。在制作过程中有许多讲究,比如,制作蒸饼前须用柏香熏蒸笼、熏手、熏全身,3日前起不得同房,以表示对神灵的敬重。蒸饼使用的面粉原则上须是当年新麦面。在大家心目中,只有当年的新面酬神、谢神,才能表达自己对神灵诚挚的谢意,而神灵也才会接受酬谢,认定献祭者是真心真意。在纳顿当天,人们更是群情激昂地以会手舞、面具舞、神舞等酬神、谢神、娱神。会手舞间演唱的"喜讯"(对神灵的颂歌),运用对神灵着装、坐骑等极度美化的词汇,期望神灵满意。纳顿当天及前两天的"小会"上,全村人纷纷在神轿前虔诚地叩拜,对神灵致以真挚的谢意。

(四)面具舞"庄稼其"——典型重农轻商思想的表现

庄稼其,意为"种庄稼的人"。"庄稼其"是唯一一出戴着面具而在中间穿插语言对白的面具舞,其对白词反映出典型的重农轻商思想。情节中,父亲看到儿子的心思不在庄稼上,请老者帮忙说服儿子。这种做法,反映的是土族社会中有些家庭问题或邻里纠纷得不到圆满解决时,或是家长请村内有威望、有说服力的老人当"老者",或是村中热心人组织"老者"主动上门说服、协调处理家庭问题或邻里纠纷的一种习惯方式。老者们劝道:"古语讲说,七十二行,务农为本。赌博伙里出盗贼,买卖伙里出奸心。千买卖,万买卖,不如地里翻土块。庄稼人务农为本,五谷粮食宝中之宝,庄稼人一心务农才是本分。""万民百姓,以食为天,守本务农,富国养人。你们要安心务农,传授子孙。但愿春种一斗,秋收万石,种一升,打一斗,种一斗,打一石。祈告神灵,风调雨顺,五谷丰登,收获千石万石的收成,在龙堂宝会上,头缸头酒头酥盘,答报神恩。"在众老者的劝说下,儿子表示回心转意来务农。老者退场后,儿子表演种田,父母旁观。结果儿子"不学无术",倒架牛轭反挂犁,父亲一顿教训之后又手把手地示范。父亲把犁,焚化香表,祷告神灵后,4人作犁地播种状绕一圈,中间划上横竖两道,成"田"字,演出结束。整个节目在欢快的锣鼓伴奏下,寓稼于谐、诙谐幽默的表演始终向人们强烈地传达着"务农为本"的信息。在中川虎狼城纳顿中,还表演"庄稼其"的下部,表现收获庄稼的情景,地方特色浓厚。

三、军事生活的影响

纳顿作为庆祝丰收、酬谢神灵的民间活动,在具体表演中隐含着军事活动的成分。

会手舞，是古代军事生活的典型写照。综观一支会手队伍，俨然一支古代军队。锣鼓为伴奏乐器，这在古代军旅中是必不可少的发令器具，击鼓冲锋，鸣金收兵。彩色大旗形制就是古代军旗，只是古代上书统帅姓氏而现在改书"普济众生"、"神恩浩荡"、"风调雨顺"、"国泰民安"、"恩泽普被"、"威灵显化"之类词语了。队伍人员构成中，认为前列手中持箫、笛的老人是随军文官，持三角斜旗的为中军传令官，持兵器的为将帅。而整个会手队伍的行进方式更是讲究，有"一字长蛇阵"、"二龙戏珠阵"、"四门兜地阵"、"八卦阵"、"龙门阵"、"蛇蜕皮阵"、"龙退骨阵"等阵法，其实就是古代军队演练阵法的保留。在唱喜讯时，表演的"打杠子"实际就是练武过程简约化和象征性地重现。"四个将军过来过去打个正（煞、摺、架）刀"，反映的是军职人员演练某种战法，就像现代军人打一套军体拳或武术队员打一套器械套路。因而有学者直称纳顿是"一种古代军事部族时期的风俗祭仪"，"从整个会首队伍组成来看，就像一支古代军队，以上这些祭仪似乎可以称其为一种军傩"[①]。据林河的说法，军傩是由军队吸收民间傩发展而成的军事傩[②]。对于纳顿，与其说是军傩，还不如说它是乡傩（保留传统较多的民间农业傩）与军傩的有机结合，以军傩为外壳形式，以乡傩为核心内容。这种傩舞方式，事实上是对土族先民迁徙到这里从事军屯，后转化为民屯的历史记忆。

四、纳顿的组织体系

纳顿作为全村性的重大活动，加上前来祝贺的客队会手人员等，直接参与者有上百人，且活动头绪繁多，组织工作复杂，如果没有一个能够高效运转、分工严明、各司其职的组织体系，纳顿是不可能顺利进行的。那么，其组织体系是什么样的呢？

每年由公众选举产生纳顿的组织实施班子，由他们负责一年的纳顿相关事务。这个班子中，最高领导为"大牌头"，其下有多名"牌头"或"总家"、"土饶其"（工作人员）。在赵木川地区的"水头"、"当事"类似于"牌头"，在木家寺为"大老者"下属若干"小老者"。

牌头等的选举一般是在各村纳顿结束后2—3天的"安神日"。届时，本届牌头及村中众人都到庙中集中，总结本届牌头一年来的工作，结算费用，推举下一届牌头。一般产生方法是：每个村庄由多个血缘家族（当地称方数）组成，

---

① 马达学：《青海民俗与巫傩文化考释》，《青海民族研究》1999年第1期。
② 林河：《中国巫傩史》，广州：花城出版社2001年，第478页。

由每个家族轮流担任唯一的大牌头的角色,再由每个家族内部轮流推举一人担任牌头的角色。确定之后,交接工作。之后,由大牌头总负责,届时召集各牌头等人员按照每年固定的时间布置实施一年的各项祭祀、田间管理等系列活动。通常有安神、叶尔将、装脏、堂运、小暑大暑祭祀、夏至嘛呢、立插牌、搭俄博等活动①,负责田间管理"罚香",并在小会或纳顿当日早晨向村民收取罚香钱,组织实施一年一度的纳顿。同时,牌头与庙倌合作负责庙内日常事务,诸如为庙倌收取一年的点灯用油,作为庙倌报酬的粮食等。牌头还要负责与互为会手的邻村牌头保持联系,相互协调,来解决一些实际问题。过去解决村间纠纷,整修公用水渠、道路,现在主要协商办理一些与村庙有关的事情,如更新、维修村庙,添置新、宗教器具等。每个方数轮流担任牌头,被认为是一种必须承担的社会责任,没有任何形式的报酬。牌头等一旦选定,在交接之后马上上任。众人必须服从领导,不服管理者,可以给予罚香。过去重则一只羊,轻则一瓶酒、几元钱。牌头代表众人的意愿,按众人的意愿办事。

五、强烈的宗族意识

土族社会从畜牧业向农业过渡,并形成以农业为主的经济结构,是一个缓慢而渐进的过程,也是土族社会性质进一步向封建社会过渡的重大转折。随着生产关系的变更和社会结构的重新调整,意识形态领域也相应地发生着一系列变化。在稳定的村落居住环境和农耕生产条件下,土族群众的宗教观念得以改型。在生产、生活方面的许多重大问题上,出于一种实际需要,村落之间共建一座庙,同供一尊或几尊地方神,以庙会的形式将民众聚集起来,借神的威严来调解民事纠纷,裁决和安排浇水、祈雨、田间管理等与民众相关的各项农事活动。在这种状况下,土族的宗族思想得到进一步的强化。

三川地区所有纳顿均以村为单位。纳顿多以"某家纳顿"或"某某村纳顿"相称。聚族而居的村落形态是土族血缘关系与地缘关系相结合的宗法意识的反映,并以此为基础组织纳顿等各种社会集体活动。"土族血缘关系与地缘关系相结合的聚族而居的村落形态,使得家—房—族的宗族血缘组织与其村落地缘组织合而为一"②。首先,纳顿是以村为单位组织实施,而村基本上是血缘与地缘的混合形式。其次,纳顿中家族是承担任务的第一级组织。土族社会中家族势

---

① 在纳顿前自春播起进行的一系列祭祀活动,详细参见文忠祥、辛海明:《仪式的整合与升华——民和三川土族"纳顿"的前期准备活动》,《青海民族研究》2004年第3期。

② 廖扬:《土族宗法文化研究》,《青海民族研究》2001年第4期。

力永远是支配基层人们社会活动的中坚力量。纳顿中明确表现出来的是"牌头"或"土饶其"等人员的产生,均以家族(当地称家务)为单位,并相应地承担面具舞演员角色。幡杆的树立,严格表现为一族一支。牌头安排各项事宜亦以家族为单位分配,再在家族内部细化。

六、纳顿的供品

纳顿中,为了表达对神灵的诚挚谢意,众人在纳顿这一天供献酒奠、蒸饼、香表、清油、钱粮及宝盖,有的家庭要树立幡杆,并缴纳数量不等的香钱。这些构成土族人民在纳顿中奉献给神灵的供品。另外,许愿的人在纳顿上进行还愿活动,所许物品也可归入供品之列,多为羯羊和公鸡。

酒奠,是向神进行祭奠的酒。每家每户将纳顿前自酿的酩酼酒拿到神帐前,在焚烧钱粮的火堆上倾倒少许表示已经奉献给神,祭奠致意,正如喜讯中唱到的"头缸头酒答报神恩"。以己度神,认为神灵也是喜酒的。每家每户或一瓶、或半瓶,酒奠后剩余的酒交给牌头们统一管理,供大家在纳顿中饮用。

蒸饼,是专门供献给神灵的巨大馒头。一般来说,直径约50厘米左右,最厚处15厘米左右,中间厚,四周较薄。在表面上还缀饰面制鱼、花、蛇等物。以新麦面制成。关于蒸饼的制作,十分讲究。在制作前3日,制作妇女要沐浴以柏香熏烤净身,不能同房。蒸笼在制作前也要用柏香熏烤。在制作时灶内不能焚烧不净之物。如果违犯以上要求,蒸饼制作出来后从形状、口感等外观上不能令人满意,被认为是因对神灵的不恭而致。

香表及青油,是每次敬神的必需之物。香表与汉族的相同。土族人民不论敬神,还是敬佛一般都要焚化香表,敬上青油灯。在纳顿期间甚至日常在庙中,神轿前要燃供长明灯。

钱粮、宝盖,是用白纸、黄纸剪制的祭品。钱粮,一般用16开纸折叠剪成的错落条状的祭品。宝盖,用整张纸折叠后在其上剪裁出天门、地门、天窗等形状的一种较大,而且被认为是规格较高的祭品。每家每户在纳顿小会上迎请二郎神及本庙庙神时,都会在神轿前焚化钱粮或少量宝盖。在正会上每户都要献上宝盖、钱粮。在清晨送蒸饼、酒奠时焚化钱粮,而将宝盖供献在集体制作的大型幡杆官钱粮下,直到纳顿结束时由法拉统一焚化。

幡杆,不是每家每户都要立的,是过去许愿给庙神供献常年宝盖而遗留下来的。由于目前这种许愿形式绝迹,故幡杆多由过去许过愿的家庭来树立。但作为家族共同的事情,立幡杆时都有义务共同立起,并要照看一天。幡杆的制作,是在六七米高的幡杆主干顶端,先固定事先挑选来的柳枝,在柳枝上从中段向下依次粘贴象征太阳的折叠的环形扇状制品（称达热热，意为风轮），上画北斗七星、白色的较长的斜三角形纸，称小天旗的三角形黄纸（长垂及地面，两侧剪成锯齿形，故亦称莫盖，即蛇）。幡杆顶端固定能升降横杆的木环或铁环，两侧悬挂同样规格的大型宝盖。将剪裁宝盖时所余材料及条香、柏香、棉花等物做成纸包夹在绳结处，到最后一同焚化。

关于向神许愿的羯羊和公鸡的还愿情况在《青海土族社会历史调查》中有明确记载："在解放前，这种还愿的羊鸡非常多，如官亭村每年差不多都有一二十只羊、四五十只鸡。当二郎神来到时，便要在这些羊和鸡的头上倒酒，倒酒时如果羊和鸡摇一摇头，便证明这个祭物是被二郎神悦纳，否则，便认为不被神悦纳，而要另换一只。……献羊鸡的人将羊鸡牵回家宰了，煮好以后要将羊蹄肝肺端去两盘，另有一盘端着黄表香烛献给二郎神。将一些肉汤倒在二郎神前的地下，肉倒在木桶中散给全村众人。全村的人每人都分得一碗汤和一些羊杂碎。"① 目前，这种还愿现象仍旧比较普遍，但不再散给全村众人而只在家族内部分享。

七、纳顿的舞蹈

土族纳顿中的舞蹈，是土族人民在长期历史进程中集体创造、传承，不断积累发展形成的。它是土族人民劳动与生活的缩影，是土族社会历史发展的文化积淀。

会手舞，参与人数众多，在锣鼓伴奏下脚踩太极，俯仰有致，舞动场面气势恢弘，刚劲豪迈，被认为是土族大型广场舞蹈。它是古代屯田军士们在转为农户以后，或者土司土兵在亦兵亦农的生活状态下，在庆祝丰收时采用日常最为熟悉、习用又有观赏性的阵法为表现形式而产生的舞蹈。会手舞中各种阵法，可归属于"阵图类"舞蹈，是古代军事活动影响下形成的，并由此形成行进中会手队伍的图案美。

面具舞，是戴面具表演的舞蹈，除庄稼其中间穿插部分对白外，其他均为哑剧。各个节目都有故事情节，只是有的完整，有的粗略。它们均从不同侧面、不同程度上反映土族心理素质、历史发展等信息。庄稼其反映游牧转向农耕的情况；杀虎将反映早期生活状况，残留有图腾崇拜的遗迹，作为最古朴的舞蹈，它保留了拟兽舞的形态，被认为是原始狩猎舞蹈的遗存，同时蕴涵人们崇拜自

---

① 国家民委民族问题五种丛书编辑委员会青海省编辑组编辑：《青海土族社会历史调查》，西宁：青海人民出版社，1985年，第40页。

然力、把自然力神秘化的"万物有灵"的自然观；三将、五将、关王舞等三国故事反映土族人民崇尚忠义的心理情结，并将历史英雄正逐步推上神化的道路。三官三娘、五官五娘等反映的可能是明清时期土司得到朝廷册封的状况。

法拉舞（巫舞），又称神舞，是法拉（土族巫师）在神灵附体后，充当神与人的中介或沟通者，替各路神灵收受钱粮宝盖时的独舞。

土族纳顿中祭祀神灵习俗与舞蹈互为载体。作为维系群体社会意识的祭祀庆祝活动，借助于舞蹈的表现形式，把人们对生活最真实最质朴的情感，倾注于祭祀庆祝活动的信念中，以应对不可控制的自然灾害。为了缓解恐惧、痛苦和沉重压抑的心理负荷，通过信仰偶像，在舞蹈的激烈氛围里，企盼大自然的客观世界和迷茫中的精神意识相互沟通，获得迷惘失望中的一种虚拟征服感，从而给人以生存的希望和信心。而舞蹈借助祭祀仪式得到不断的传授、发展。在虔诚的信念与大自然的情感交流时，客观上也促进了人与人之间思想情感的交流。纳顿舞蹈是以集体意识的主导思维方式为本质特征，自始至终总是以群体统一的步调形式，呈现出自己所处的那个社会所特有的心理意识，从而使得个体自身主观精神和感情上获得、享有集体主义人格。只有在全民性的纳顿中，这种舞蹈形式才会一直延续下来，长久地保存在土族社会生活中。

纳顿中存在两个世界——尘世和神灵的世界。纳顿的所有舞蹈、祈祷形式是沟通两个世界之间相互关系的方式。任何形式的祭品、供品，都是交换的实施。人们获得丰收后，得到精神、物质满足，就有义务酬报神的需要。所以说，纳顿的酬神舞蹈与其他仪式等共同构成了纳顿明确的功利性。

纳顿舞蹈负载着价值体验。面具舞表演者戴上面具，与不戴面具在心理上、生理上有显著差异。戴上面具后表演者的视野受到极大限制，并由此影响到舞蹈水平的发挥；为固定面具而在头上缠绕的多层垫布使表演者呼吸受到阻滞；剧烈舞动之后，大汗淋漓而又不能有效去汗。所以，在炎热的季节能够戴上厚实的面具持续舞蹈1个小时左右，实在是一件较为痛苦的事。而会手舞表演者在炎炎赤日之下穿戴长袍马褂不知疲倦地舞之蹈之长达几个小时，更不是一件轻松的事情。尤其是有些年过花甲、古稀的老人们，在平日走路都步履蹒跚，而在这一天亦按部就班地手舞足蹈。神舞的法拉有时要上口签，多的被称为"十二钢签"①，接受肉体痛苦的洗礼。是什么力量让他们能够如此虔诚地情愿付出巨大的劳动并接受肉体痛苦的洗礼？答案可能只有一个，纳顿的舞蹈表演是一种强烈的负载着价值的文化缩影。如此强烈体验的舞蹈演员们，对于他们

---

① 十二钢签：即在两腮、两耳垂、两肩胛、双乳、舌及喉部各插一长约15厘米、宽约5毫米的薄铁签，加上手中钢鞭、钺刀的合称。

自身来讲，都是在固定程式里跳舞的群众演员，不必强调艺术技巧，不必苛求动作是否娴熟，其审美评价也不在于是否达到了尽善尽美的表演，而是强调参与，苛求是否为合格的参与者，其基本的审美取向在于整体活动的效果。那么，纳顿舞蹈到底是为谁而舞？一般可选择的答案是：为了他们自己，为了一般观众，为了上天的威力。在调查中发现，这个问题在不同时代有不同的答案。纳顿过去是跳给神灵看的，舞者惧于上天神灵的威力，怀着敬畏、虔诚而又讨好的心情，希望得到神灵的保佑；现在，舞者已经轻松多了，舞蹈对象基本已转向人本身，成为民间自娱、娱人的舞蹈。纳顿舞蹈的发展历程，正循着通神—敬神—娱神—自娱—娱人的总体规律不断演化。

　　纳顿舞蹈中程式化的动作体系，是长期积淀的结果，具有相当程度的稳定性。因为纳顿作为一种大型集体舞蹈，反映土族社会集团的心理特征。所以，每次舞蹈，对演员来说，其表演在整个非开放性的集团心理环境中受到集团心理的制约，限制甚至扼杀创作个性，这是导致纳顿舞蹈程式化的一大原因。另外，作为一种民俗活动，它也需要稳定的规范性、模式性。目前，随着社会发展，给人们提供了宽松的社会环境，个人存在一定的创新欲望，但均未付诸实施，所以近一个世纪来，纳顿没有发生质的变化。

　　纳顿中伴奏乐器只有锣鼓，音乐表现方式只有节奏，没有旋律，可以说相当原始。但通过擂动大鼓，敲响铜锣，在震撼人心的锣鼓声中，舞蹈的人们增加了一份情绪力量，尽情宣泄着生命的情感。"鼓，诞生于人类童年，且被视为神物。是人与自然、人与神、人与鬼的媒介，有'通天之器'之称。……鼓与舞自古以来就密不可分"①。在纳顿中，鼓亦被视为神圣之物，在会手歇息过程中，禁止坐在鼓上，在纳顿期间及纳顿结束人们回家后，均不得随意敲鼓，要静静地将鼓背回家悬挂在高处。

八、法拉与法师

　　法拉和法师，均为土族民间神职人员，在纳顿体系中都会出现。有些文献中将二者混为一谈②，但二者其实有相当大的区别。

　　法拉在纳顿上的装束，不戴帽子，多穿猩红色滚黑边坎肩，腰系绫条，裤腿扎起。大多右手拿一把钺刀，部分还同时左手拿钢鞭。法拉跳神之姿态、步法因所请之神的性质而有所不同。不同的神，各有不同的跳法。所以由法拉的跳舞姿势，即可分辨出他请的是哪一位神。例如，请的是九天圣母娘娘时，则

---

① 肖兮：《非洲舞鼓文化漫谈》，《新疆艺术》1993年第6期。
② 刘凯：《青海民和三川地区土族"纳顿"新识》，《青海社会科学》2000年第2期。

必然要作女人的步态；请的是龙王爷时，必定要频频点头；请的是黑池爷时，便要向后摆头；请的是摩竭爷时，则要跛着走跳等。

　　法师可能是萨满的变异形式。法师多为祖传，他们只能请黑马祖师爷以及各种家神而不能请其他的神。在请神时要穿上裙子，头戴假发辫，扮女人状。法师在纳顿体系中，是在九月九日为各村庙喜神、安神。笔者曾在中川辛家庙中考察了目前三川最有名的法师为辛家庙神举行的安神活动。此活动一般需要2—3天时间。第一天，法师剪裁整个活动所需要的纸品，而牌头等人搭神棚、立幡杆；在棚顶或屋顶周围粘贴几种剪裁的纸品；晚上，法师请神。第二天，法师着装，其装束与满族萨满的装束十分相似；将神轿请至庙外，法师边舞边唱，内容涉及一年十二月、二十四节气、五方崇拜的神物、二十八宿、六十花甲子、庙神等，主要为请神下凡；其后法师为庙神进行开光点主、踏七星仪式并将庙神安置于原处；晚上，举行送神仪式。法师的宗教活动中，具有原始思维、原始崇拜的遗迹。虽然在原始宗教万物有灵思维下产生的各种自然神已经消失了不少，但至今仍保留有天神、地神、水神、山神等，并将其具体地人格化，具有明显的七星崇拜、二十八宿崇拜等类似的自然崇拜成分。神器、服饰是法师思想的物化形式，被赋予了特定的象征性，部分地保持着远古社会的风貌。神器、服饰合为一体成为法师法力的宝库。与法拉相比，法师在安神活动中有相当稳定的祭祀仪式程序和祭祀辞。

　　法拉的发神，实际上是法拉本身宗教信仰意识与集体宗教信仰意识的极度契合。法拉们均说在发神之前有预感，要发神而有意不发时，心中十分难受，犹如撕心裂肺，一旦发完之后则十分舒畅。在年事已高时可以提前几个月向神提出请求卸任，这是可以的、被允许的，并可提新法拉。而临近纳顿才去推辞一般不能达成愿望。从中我们可以看出，时间长短是一个关键因素，提前几个月，在心理上有足够的缓冲、消解已经形成的意识的时间，而时间太短，不足以缓冲、消解既成定式的思维模式。成为新法拉，是个人心理意识在整个民族信仰意识大背景上极端表现的结果。在个人的社会化过程中受到的各种关于法拉的教育知识（包括科学的和非科学的）的影响下，自我定位为法拉，自然地表现出法拉的形态。是否成为法拉，完全决定于个人意愿。此外，法拉都对心理暗示作用特别敏感。他在发神前的祈祷实际上是在进行自我心理暗示——自己就是神的代言人法拉，而且在暗示下能够立即进入神灵附体的状态。自我心理暗示起着至关重要的作用。据说如果不愿发神时，将视为不洁之物的女人腰带等带在身上就可以达到目的，其实就是通过心理暗示来完成的。法拉通过上签子的超常能力来维系他在土族社会中的威望，保持人们对他的信任和尊敬。

这一地区松散的农村社会，在某些层面上至今仍然通过法拉、法师替代笃信的神灵来进行组织。

法拉或法师的活动，随着物质文明的发展和科学技术的进步，在许多方面相应削弱，甚至有些不合时宜的观念和行为遭到淘汰而灭绝。目前，在川水地区只剩下几位老法拉，而在周边山区仍有较多的年青法拉。

纳顿从20世纪80年代开始得到逐步恢复。纳顿、村庙建设及纳顿器具的置备均与社会生活水平的发展同步。起初，各村村庙十分简陋，多以土墙围绕，内建3间简易平房供奉神灵，而且神灵没有神轿及塑身，纳顿用具很不完备，纳顿仅上演少数几个面具舞。后来，村庙设施得到改善，庙堂改建成仿古形式尖脊砖木结构，雕梁画栋，富丽堂皇，添置神像神轿、锣鼓、大旗、帐房、服装等纳顿用具逐步完备，参与纳顿的人员多了，表演节目更加丰富了。纳顿舞蹈也在逐步走向正规、全面，早期限于经济条件未能恢复的舞蹈如"五官"、"五官五娘"、"三官三娘"等节目正在恢复。对于纳顿现状，多数人认为人们精神生活丰富了以后不再关注纳顿，纳顿将在冷落中衰落。其实，在刚恢复时期，经过很多年的停顿以后，纳顿对于年轻人来说不知为何物，只是老人们在推动、扶持，组织、实施、扮演角色者均为老人，年轻人少有参与，也不想参与。但随着纳顿逐步恢复，得到了广大青年人的认可，他们有选择地吸收，"为我所用"，热心参与纳顿表演。他们坦言不相信这些神灵，但作为舞蹈形式，极愿在纳顿中表现自己的舞蹈才能，只为参与和感受当天红火热闹的场面。所以，纳顿形式上似乎没有多大变化，但实际上已迈开了从娱神向娱人过渡的步伐。目前，纳顿以一种勃发的状态，正发挥着其维系、教化、联系社群以及促进经济功能，对土族社会产生着巨大的影响。辛苦了一年的庄稼人，在喜获丰收后，以纳顿为表现形式，宣泄内心的激情，传达喜悦的心情。在欢悦平和的相互传达过程中，融洽人与人之间的感情，为社会安定营造了和谐的氛围。

纳顿的表演时间和空间有严格控制，长期以来，以年为周期，周而复始。虽然国内很多民族地区已经把民族节日同旅游业联结，时空固定的节目现在可以随时反复表演，原来的时空发生巨大变化，其内容也脱离了原有的含义，成为旅游观赏文化的组成部分。但三川土族纳顿目前还未受到这样的影响。毋庸讳言，年轻一代的观念已经在改变，崇尚科学，不信鬼神，所以，在未来的冲击下，纳顿会从目前娱神娱人向娱人方向发展，形成纯粹的狂欢节。因为无视外部多元文化的大环境，不顾当前纵横交错的各方面因素，而欲求在封闭的小空间中虚构、营造未受任何影响的原汁原味的纳顿，将会陷入文化孤立主义的境地，将自身推向消亡的边缘。

土族纳顿面具舞解读

文忠祥

民和土族于每年农历七月至九月举行的纳顿是一种庆祝丰收、酬谢神灵的民间活动。纳顿上演一组面具舞,如"庄稼其"、"杀虢将"、"三国戏"等。本文就这些面具舞的内容、特点等作一探讨。不妥之处,敬祈指正。

一、"庄稼其"

"庄稼其"由一对老夫妻及其子、媳、一对耕牛的扮演者各着符合角色特点的面具、服饰表演,是一出反映庄稼人对待农业的观念的舞蹈剧。基本情节是,待角色扛着犁、轭等农具道具在锣鼓伴奏下跳着轻快的舞步上场后,父亲开始数落儿子,并询问儿子有何打算,儿子既不种田,也不做买卖,想要赌博!在父母的极力反对下,儿子改口要做买卖,但死活不肯务农。于是,父亲便从观众中选请一些老人,请他们帮忙说服儿子。经过众老者的劝说,儿子表示回心转意,愿意务农。儿子表演种田,父母旁观。儿子"不学无术",倒架轭,反挂犁,父亲一顿教训之后又手把手地示范。父亲把犁,焚化香表,祷告神灵后,4人作犁地播种状绕一圆圈,中间划上横竖两道,成"田"字形,演出结束。在中川虎狼城纳顿结束前,表演"庄稼其"的下部,表现收获庄稼的情景。

关于"庄稼其",有一些民间传说至今在三川流传。据传,很早以前,三川土族的先民们过着游牧生活。后来,成吉思汗的军队西征到了三川,留下部分军士驻守黄河,并开荒务农。时间一长,与当地若尔羌女子婚配,在三川定居了。军士中的中原汉兵见三川气候暖和,土地肥沃,就同妻儿商量开荒种庄稼。但是,习惯于游牧生活的妻子认为种庄稼没有放牧自由,而且也根本不会种庄稼。儿子游手好闲,不务正业。老汉兵无法说服妻儿,便请来一些有威望的老者和儿子的阿舅,以"千买卖,万买卖,不如地里翻土块"和"种一穗,长百穗,种一升,打一石"的道理来教育儿子,并教授中原的农业技术。第二年,获得了大丰收。事实教育了妻儿,他们一家人开始一心一意种庄稼。周围人看到种庄稼收益很大,又稳定,就开始跟着种庄稼,从畜牧为业转变为定居务农。

为了纪念这位老汉兵，人们在纳顿中编成舞蹈来表演这件事，所以纳顿中有了"庄稼其"。

还有一个传说，在很早以前，女首领丹阳公主统治着三川许多过着游牧生活的土族部落。每到冬季黄河上结了冰桥，河南边的枹罕国（今甘肃临夏地区）欺负三川人没有粮食，经常过河抢掠人畜。有一年，黄河又结了冰桥，枹罕国的人马开到对岸垣上，伺机进犯。这时，有位汉人老兵给坐立不安的丹阳公主出了一计，在"霍尔盖乌拉"（山名）下堆起了7个大土堆，上面撒上白石灰。第二天，枹罕军看见三川人一夜间就堆积了7座面山，没敢进犯。丹阳公主深感没有足够的粮食就保不住三川。她派出使者到东面的接唐山一带，请来汉人教授务农种庄稼。由于三川气候适宜，土地肥沃，庄稼年年丰收。从此，三川富裕强大了，外人不敢侵犯了。丹阳公主为纪念此事，就把它编成节目在纳顿中表演。

"庄稼其"作为土族人民的历史记忆，承载和蕴涵着许多土族文化因子以及历史元素。以上两则故事中，情节、人物等各不同，但仔细考察后，我们会发现这样一个共同点：起初，土族先民过着游牧生活，后来在外来人口（如汉族）抑或外来文化的催化下，他们完成了由游牧向农业的转化。当然，转化过程中伴随有激烈的观念冲突、文化转型等问题。

第一，"庄稼其"作为典型的反映土族民众对待农业观念的面具舞，反映了土族先民从游牧生活逐步走上定居务农生活的历程。历史上，土族先民是过着游牧生活的。随着社会的发展，生产力水平的不断提高，不同文化之间交流的加强，土族先民在不断吸收异文化的基础上，改变了自己的生计方式，从事农耕生产。当然，这个过程中不可避免地发生过两种不同生计方式之间的激烈冲突。儿子不愿意务农，其意识中认为务农不是一种舒适的生活方式，他仍然认可、留恋游牧生活。通过儿子这一角色，展现土族历史上的游牧传统文化的保守性、顽固性，而老汉兵作为农耕文化的忠实代表，展示农耕文化的特征。通过儿子与老汉兵的角色冲突，突出地表现了历史上土族先民接受农耕定居文化、放弃游牧生活方式的矛盾历程。

第二，反映土族群众的重农轻商思想。在接受了适合当地地理环境的生产方式，体味到农耕生产的诸多好处之后，农耕文化又逐步、悄然无声地融入他们的传统文化之中，而且渐渐地反客为主、占据主导地位，土族先民的思想历程也随之逐步完成了从游牧向农耕的转化。从此，他们以农耕文化的要求作为衡量生活中一些行为的标准。从面具舞"庄稼其"的对白词中，我们不难看出典型的重农轻商思想。"七十二行，务农为本。赌博伙里出盗贼，买卖伙里出奸心。千买卖，万买卖，不如地里翻土块。庄稼人务农为本，五谷粮食宝中之宝，庄稼人一心务农才是本分"。"万民百姓，以食为天，守本务农，富国养人。你们要安心务农，传授子孙"。长期以来，受此影响，三川土族一直以经商为耻，很大一部分人不愿意从商，这在某种程度上也抑制了三川土族地区商业经济的发展。

第三，反映土族在接受农耕文化的同时，接受了农神崇拜。"但愿春种一斗，秋收万石，种一升，打一斗，种一斗，打一石。祈告神灵，风调雨顺，五谷丰登，收获千石万石的收成，在龙堂宝会上，头缸头酒头酥盘，答报神恩"。在这里，人们感谢的是保佑庄稼丰收的农神。而且，从表演的情节来看，最后的犁地作"田"字形并焚化香表，反映了在开春播种前祭神农这一民俗事象。过去，人们在最先播种的地里，耕一"田"字，并焚化香表，祈祷神灵保佑庄稼平安、获得丰收。"在每年春季开耕以前，土民也有开耕的祭礼。仪式是选择一吉日，向着当日喜神的方向赶牛，带一些草到自己地中燃烧，然后烧黄表纸、烧香，给神农爷磕头。带去油馍两个，人和牲口都吃一些。于是便在地中犁成一个圆圈，圆圈中再犁成一个十字。共去3人，一人赶牛，一人扶犁，后面一妇女撒种。犁过的圆圈和十字的沟中都撒上种子。这种仪式举行完毕后，才能开始耕种"①。其实，这种习俗在今天部分地区的群众中也有遗留，只不过形式相对简化了，只在地头焚化香表。究其实质，也是祈求农神从开种之时起保佑庄稼平安丰收，是农神崇拜的表现之一。"庄稼其"反映了土族在接受农耕生产方式的同时也接受了儒家文化的事实。土族人民同样以农为重，安土重迁，整个社会表现为较典型的男性化社会，男性主导社会一切事务，在纳顿中，女性角色要进行男扮女装处理。

与其他节目不同，"庄稼其"表演中，从周围观众中请一些老者说服儿子务农。这种做法既反映了土族社会中有些家庭问题或邻里纠纷得不到圆满解决时，或请村内有威望、有说服力的老人当"老者"，或村中热心人组织"老者"主动上门说服、协调处理家庭问题或邻里纠纷。这种方式至今在土族人们生活中发挥着调停邻里矛盾、减少摩擦、保持社会团结的良好作用。同时也反映土族社会尊重老人，注重邻村关系的意识。这里邀请的老人多是外村的代表，请到场上落座以后，让他们喝杯丰收酒，表示互相尊重与共同庆贺丰收的愿望。当然，邀请"清一色"的男性，表明土族社会中男权思想的根深蒂固。

---

① 国家民委民族问题五种丛书编辑委员会青海省编辑组编辑：《青海土族社会历史调查》，西宁：青海人民出版社，1985年，第42页。

此外，传说说明了土族共同体在发展过程中吸收、融合汉族人口的历史事实。据《秦边纪略》卷一记载，土人"其先世夷人，居中土已久，服食男女与中国无别，且旧与汉人连姻，与汉人言，则操汉人音，又能通羌夷语，其实心为汉，非羌夷所可及云"。今青海民和官亭土族《张氏家谱》、《贾氏家谱》称其祖先原系山西平阳府人；《秦氏家谱》称其祖先系明代从山西大柳树庄迁来。清中叶以后，又有许多陕西、山西及四川一带的商人进入甘青土族地区，与土族杂居，相互通婚，逐渐融入土族中①。"明清时期，山西、四川、甘肃等地的部分汉族人民陆续迁徙到民和三川、互助一带"②。这与汉文史书中记载的明清时期汉族人口由中原向周边地区大规模迁徙的历史相吻合。此外，还反映历史上土族与汉族通婚以及民族融合导致文化融合的事实。

倘若从深层次上考察，"庄稼其"以及关于它的传说充分展现了不同民族之间文化的冲突与整合现象。一般来说，两种不同类型文化在传播过程中接触、交流时，由于文化差异以及对自然资源和生存空间的争夺，使得一方文化主体对另一方文化主体及文化现象产生心理上的认异与排斥，甚至对抗与冲突。"庄稼其"中妻儿代表的游牧文化与老汉代表的农耕文化之间，在刚刚接触时就产生了较为激烈的冲突与抵抗。"文化冲突是文化发展的重要动力。文化冲突实际上是文化竞争和文化比较发展的过程"③。随着接触广度和深度的加大，二者互相体认并进行整合。"所谓文化整合，是指不同的文化相互吸收、融化、调和而趋于一体化的过程。……实际上是不同的文化重新组合。原来渊源不同、性质不同以及目标取向、价值取向不同的文化，经过相互接近、彼此协调，在内容与形式、性质与功能以及价值取向、目标取向等方面不断修正，发生变化，特别是为共同适应社会的需要，往往逐渐融合，组成新的文化体系"④。在文化的冲突与整合过程中，低层次的冲突导致低层次的整合，如物质文化等。正如该节目中反映的，首先是为了生产生活利益接受农耕文化的技术层面的因素，人们在认识到农耕收益优于游牧文化之后，接受了农耕技术而转向农耕生活。低层次的整合又将引起高层次的冲突（精神文化），而高层次的冲突又将导致更高层次的整合（物质与精神文化）。在接受了农耕技术后，为了保障丰收又接着接受了其农神信仰，并逐步将农耕文化融入自己的文化体系，最后发展到农耕文化在本民族文化中占据很大比例。文化的冲突与文化的整合在矛盾运动中相互转化，

---

① 秦永章：《甘宁青地区多民族格局形成史研究》，北京：民族出版社，2005 年，第 119、153 页。
② 《土族简史》编写组：《土族简史》，西宁：青海人民出版社，1982 年，第 7 页。
③ 司马云杰：《文化社会学》，北京：中国社会科学出版社 2001 年，第 299 页。
④ 司马云杰：《文化社会学》，北京：中国社会科学出版社 2001 年，第 305—306 页。

从而推动着文化不断向前发展。"推动民族共同体发展阶段不断向前的动力是民族关系,是民族之间的交往,也可以说是趋同和融合"。"民族共同体发展最重要的动力是民族关系"①。土族在自身的发展历程中,完成由游牧向农耕经济形态的转化,有赖于民族交往。在与代表农耕文化的汉族的交往中,习得农耕技术并逐渐熏染农耕文化进而以农耕文化之精髓的儒家文化来要求自身的社会行为,使之成为了目前社会规范的主体成分。

体现强势文化与弱势文化的历史交流过程。可以说农耕文化属于强势文化,而土族文化相对处于弱势文化的地位。在文化的冲突与整合中,强势文化往往以其强大的影响力和同化力,占据主导和优势地位,其文化因素的扩散速度快,对其他文化的发展影响深刻。而弱势文化常居于被动和弱势地位,往往固守在较小的空间范围内,显得十分保守,文化发展十分缓慢。土族先民所承载的游牧文化与农耕文化遭遇时,虽然也有冲突,但他们并没有采取一味拒绝的保守措施,而是积极接受吸纳农耕文化成分,并与原有的游牧文化相整合,发展土族文化而保持到了今天。在多元文化的碰撞过程中,如果拒绝吸纳强势文化则只能使弱势文化的边缘地位更难于改变。

二、"杀虓将"

"杀虓将"是纳顿面具舞的最后一场。有人根据剧情称之为"杀虎将",本文采用土族语音译为"杀虓将"。"杀虓将"乃节目主角,节目以主角而名。上场时,杀虓将站立在几人抬着的梯子上,下面有两个女子打扮的人做导引,至场中跳下梯子,以曲膝跳、蹲姿势时而交叉舞动双剑,时而蹲地,挥剑旋转,绕场3圈完成"⊕"字形路线后,蹲于上首。两个女子扮演的角色,用扇子拍打着左手里的面具,迈着细碎轻柔的舞步,在杀虓将左右舞蹈。猴、豹、牛、虎等角色裸露上身,只斜搭一条红色或黄色旗象征兽皮,在场中随着锣鼓的节奏拍手起舞、翻跟头,相互摔跤角斗,表现老虎危害猴、牛等。在牛受到老虎、豹子的威胁时,一只猴子到杀虓将前递交请求书,请他帮助消灭老虎。杀虓将起身,挥舞双剑,追杀老虎,结束。有人认为这有可能是蒙古族"那达慕"中摔跤习俗的遗迹②。我们认为,不能仅仅根据二者中都有摔跤的因素而断言互相之间存在渊源关系。

---

① 杨建新:《关于民族发展和民族关系中的几个问题》,《西北民族研究》2002年第1期。
② 徐秀福:《三川"纳顿"渊源》,载青海省文学艺术研究所编:《创作与研究资料集》第2集(内部刊物)。

面具舞"杀虓将",是土族先民早期生活的真实反映。"《杀虎将》表现的是土族祖先们从事畜牧业生产时的斗争生活,那时候虎豹狼虫这些大自然的邪恶势力经常出没,危害畜群。于是人们就与它斗争。《杀虎将》形象地反映了这样一个历史事实。因为它表现了土族人民早期的生活画面,充满了神话色彩"[①]。这个说法是有道理的。"杀虓将"表演类似于拟兽舞,应是纳顿面具舞中最为古朴、原始的舞蹈,反映着土族先民最初的生活方式,是对土族先民从事游牧生活历史的艺术再现。而且由于其最为古朴,最为久远,决定了其表现形式的粗糙,但这丝毫不影响其丰富的内涵和对民族历史文化的传承。纳顿中,其他面具舞如"庄稼其"、"五官舞"以及三国戏系列都有非常明晰的情节、表现方式和讲究的表演形式,唯有"杀虓将"情节模糊,表演粗略,如果不了解其内涵,很难明白其表现的主题。但了解其丰富内涵的土族人,对它却怀有一种独特的情愫,随着节目情节的快速推进,人们的内心世界随之掀起激昂的情感。不论土族族源是吐谷浑还是蒙古,土族先民曾从事游牧生活,这是不可否认的事实。先民从事游牧业,以游牧为生计,畜牧经济在生活中具有重要位置。土族先民时期,由于受到自然条件的强烈限制,畜牧业自然成为可选择的最佳生计方式,并由此直接创造产生了畜牧文化。土族先民之所以对杀虓将这种形象表现出强烈的创造需求,其根本源于人们对严酷的自然环境无法抗衡,于是,便现实地将战胜自然的愿望寄托在杀虓将这类形象之上。如今,三川人民虽然主体从事农业,仍普遍保留着少量的畜牧业,每家每户饲喂少则几只多则几十只的羊,有少量大牲畜。过去,三川人民以厩肥为农田最基本的肥源,以羊毛等为主要的生活用品原料,制作被面、褐衫、毡鞋、毛衣、毛裤、毛袜、毡帽、炕毡等,以羊皮鞣制加工皮袄,畜牧业在生活中具有十分重要的地位。而在纳顿中一直保留历史上从事畜牧业的信息,不仅向人们展示土族的发展历史,同时也表现了畜牧业在人们生活中的地位。另外,从"庄稼其"的来源也能反证土族先民在转为农业以前是从事畜牧业的历史事实。

既然"杀虓将"反映的是土族先民早期的生活状态,我们可以认为它在更深层次上反映了土族先民生活中一段特定时段的人与自然、人与神关系的特定状态。由于过去从事游牧生活并以狩猎采集为辅助,他们部分地依靠山林资源(包括树木等植物资源,更有一些动物资源)。不可否认,一些动物资源具有两面性,即能够被人们驾驭和利用的状态下是"资源",而在不能被有效驾驭而危害人们生活生产安全时,不但不成为"资源",反而是"祸害"。在依靠自然的

---

① 马光星:《民和官亭地区土族的"七月会"》,《青海社会科学》1981年第2期。

广泛赐予、依靠自然"风调雨顺"的配合才能获得生活生产安全的时代,人与自然是处在一种对立统一的关系中。对立是因为人与自然的一些生产生活中的矛盾,而统一是因为人的生存离不开自然。在长期共同演进中,人们头脑中衍生的各种自然崇拜,将自然部分地神化,自然物虽然被赋予了一定的神性,但在一定意义上仍然代表着自然界。人与这些自然崇拜物之间的关系,实际上是人与自然关系的一部分。当这些自然崇拜物被约定俗成地规范化并纳入到先民生活中时,成为先民生活内容的有机组成。人在面对崇拜物时,即在面对自然界。而人在面对自然、正视自然时,思考人自身位置该当如何?由于人们将自然神化,崇拜自然,将自身置于一种比较低的位置,对自然进行膜拜,花费一定的精力来处理、协调人与自然的关系,以期求通过这种努力来获得生产生活的安全。杀虎将就是这种关系中人们对自然崇拜、对抽象的自然力量的具象化形式,也是对自然力量的隐喻和象征。

马光星先生认为,"舞蹈中的角色杀虎将,是一位人畜保护神的形象"。"杀虎将"集中而形象地反映了土族人民战胜兽害、保护人畜的决心和愿望。当剧中的老虎压倒牛时,全场轰动,鼓声急骤,吼声如雷:"年轻人上,摔倒老虎!"年轻人毅然上场,与老虎厮打,难解难分,场面惊心动魄,观众与扮演者的情绪交织在一起。从舞蹈的情节我们可以看出,尚处在较落后文化阶段上的土族先民,一方面靠自身的力量抵御虎、豹、犭、狼、蛇、虺,另一方面,也渴望通过杀虎将这样英武超凡的神来护佑人畜。杀虎将这一为民降虎的英雄形象,被土族人民擢升神界而加以崇拜,这一点我们从民间传说故事中也可以明显地看到①。这位神是人们根据自己的想象力,为战胜猛兽而创造出来的。从杀虎将的装束来看,他头戴长角的牛头面具,身着战袍,手执长剑。当地一些人据此特征,把他称作牛魔王,与《西游记》中的情节直接联系起来。有些接触了《西游记》故事的人还会绘声绘色地给你讲述关于牛魔王的故事。其实人身兽面的这种形貌,是人畜共同的保护神的一种标志。杀虎将在起舞时,双膝弯曲,作蹦跳状。这舞姿恰恰使人感到杀虎将在极力模仿某种动物的动作。"杀虎将"中渗透了复杂的宗教意识。"杀虎将"的扮演,是为了求得神灵对人畜的保护。当地人们因袭的宗教观念认为,在舞蹈中人最终不能战胜老虎,在实际生活中人们不能躲避兽害。于是,戴虎面具的角色摔倒扮牛的角色时,全场一齐给继续与老虎摔跤的年轻人助威。造成这种气势的原因,是观众们也在一种

---

① 马光星:《一出古朴粗犷的舞蹈——评土族面具舞〈杀虎将〉》,《青海民族学院学报》(社会科学版) 1986 年第 4 期。

不自觉地意识条件下进入了剧中的角色①。当然，这里面包含着巫术色彩，企图通过模拟方式达到他们的目的。

由于"杀虎将"反映的是土族先民较为远古的历史生活，人们采用了较为原始的兽面形象。由于人们关注自然力量对自身的危害，关注自身的现实利益，因此人们利用杀虎将这种天神形象来消除自然力量对自己的危害。其中，充满了人们借助神力达到生产、生活安全的美好愿望。与纳顿中地方神形象、三国戏中突出表现的关羽等形象比较，杀虎将形象是人们自然崇拜的较早形式之一，对于神化的自然力量虽然尚未采用人格化的塑造，但就当时人与杀虎将等类型的神的心理距离而言，是比较亲近的。我们可以从舞蹈中看到，只要递上请求书，表达请求意愿并稍加请求，即可获得神的帮助。而与人化了的地方神（如龙王等）相比而言，对于地方神的请求与祈祷远比杀虎将要隆重、恭敬。虽然表面上看，人格化的地方神在形象上与杀虎将相比，距离人越来越近了，但实质上人神的心理距离反而越来越远。

在此基础上，杀虎将可以宽泛地理解为民间信仰，实际上是土族人民心理上接近于民间信仰的一种信仰。我们不可否认，崇尚巫术、相信鬼神是土族民间信仰心理中的重要内容，这种心理与土族人民生活环境开发水平低下相适应，并出现了泛神化的倾向。因此，人们在信仰已经成型的神鬼的同时，还普遍信仰各种处于成神进程上的精怪。民间信仰由于其自身的非宗教性，多处于一种纷繁杂乱的状态，土族民间所信奉的神鬼精怪类型多样。杀虎将反映早期生活状况，同时蕴涵人们崇拜自然力、把自然力神秘化的"万物有灵"的自然观。这种"万物有灵"的信仰心理反映到人们的信仰行为上，则表现为盛行的祭祀。纳顿中杀虎将的表演，在民间造神过程中尚处于较低的层次，带有强烈的原始巫术色彩，一定程度上表现为民间信仰心理的泛神化倾向，只是尚未发展成成型的祭祀方式。同时，人们更期冀通过这样的方式消除恶劣生存环境对于自己的影响。这种努力一方面寄希望于巫术；另一方面表现为通过祭祀鬼神精怪祈福禳灾。"杀虎将"就表现了这样的努力。但是，土族先民由游牧生计方式转向定居农耕以后，过去的游牧文化因子失去了赖以生存的文化生态，自然也就逐渐褪色，悄然失去过去的意义，而正在成为现实文化的底色。

"杀虎将"中杀虎将是天神，导引杀虎将上场的两位女性角色，其身份应该是"法师"。马光星先生指出："有一个不可忽略的细节是，在《杀虎将》的扮

---

① 马光星：《一出古朴粗犷的舞蹈——评土族面具舞〈杀虎将〉》，《青海民族学院学报》（社会科学版）1986年第4期。

演中，有二位女将。传说中把她俩说成山王爷的两名副将。然而，按照剧中的角色扮演的需要，她俩应当是杀虓将的配偶。"[1]其理由一是纳顿中表演的其他面具舞都是男女配对，而唯独"杀虓将"一男二女；二是从婚姻形态上推测，认为它反映了这一民族较早期社会阶段的一种婚配形态，特别是一个民族的集体英雄，他除了超人的智力和武功外，还拥有众多妻妾，是一夫多妻的婚姻形态。随着历史的进程，可能是因为土族婚姻形态向一夫一妻制过渡后，人们觉得在杀虓将这样一位威力无比的神灵后面，跟上两个女子有点不体面，因而，如今表演"杀虓将"时，两位娘子的角色已经不见了。实际上，这种看法更多的是一种揣测。其实，"杀虓将"中杀虓将的角色是天神，导引杀虓将上场的两位女性角色是法师。关于这一点，我们可以从一则"杀虓将"的传说中得到有力的证明。传说在很早以前，三川年年丰收，大部分牧民逐步转向农业。人们勤劳垦种，周围的山地也被开成了农田。这便惹恼了山神，他派出狼、虫、虎、豹下山糟蹋庄稼。狼、虫、虎、豹一年连着一年糟蹋庄稼，而且还吃牛食羊，危及人身，人们不得安宁。那时，三川还没有寺院、庙，也没有佛、庙神。人们无奈便请法师作法。法师请天神下界以后，天神接过人们的禀帖，同百姓一起利用两头小牛，引诱山中的狼、虫、虎、豹下山，并一举歼灭，保护了百姓的安全。杀虓将就是那时候的天神，前面引路的两个女子就是那时候的法师。在调查中至今仍可看到，"杀虓将"中仍然保留有这两个女性角色。比较典型的是，赵家纳顿的杀虓将上场时有两个女子打扮的角色手执扇子陪伴导引杀虓将。据介绍，此二人就是法师。杀虓将被认为是天神，是被法师导引到人间为民除害的。只是随着时代变迁及对本意的遗忘，女性角色手中的道具由于没有专门备用的单面羊皮鼓，而以纳顿中已有的面具随手替代而已。目前，土族地区的法师在作法时仍然敲起单面羊皮鼓，而且其打扮是男扮女装。

我们都知道土族先民崇奉萨满教，萨满在他们的生产生活中扮演着非常重要的角色。在与自然界共同前进的长期历史过程中，土族先民对于与自己生产生活密切相关的自然现象、自然事物逐步有了较为清晰的认识，其中对捉摸不定的自然力的各种错误、幻想的观念衍化为他们的原始宗教，有了大自然崇拜、动植物崇拜、鬼魂崇拜、祖先崇拜、图腾崇拜、偶像崇拜等。这里，各种崇拜对象都以人们的生产生活密切相关的自然物质为原型，并根据自己在现实生活的需要规定了神的性能和地位。这时，作为北方游牧文化重要组成部分的诸如

---

[1] 马光星：《一出古朴粗犷的舞蹈——评土族面具舞〈杀虎将〉》，《青海民族学院学报》（社会科学版）1986年第4期。

天神崇拜思想、英雄崇拜思想等都初步表现出来。"对天的崇拜是古代北方游牧民族社会及精神生活中的一件大事"①。迁徙到青海的土族先民自然会把自己的信仰一同带到青海并继续信仰,从而保留了很多的萨满教遗俗②。今天的三川,在各村纳顿结束若干天后的安神日,每个村庄都要举行相应的祭祀活动。目前,由于三川法师(萨满)的数量减少,在时间安排上冲突等原因,有些村庙以阴阳先生布醮来替代。但仍然有部分村庙坚持约请法师进行安神活动。据作者考察,中川辛家村在为期3天的法事期间,法师的宗教用具、服饰、做法等与东北地区现今的萨满非常类似。与三川纳顿有区别的是,前河地区的纳顿中法拉与法师有机会同时出场。木家寺村在八月二十四为小会,有3个法师到庙中做迎神、喜神的法事。在二十五的正会时,法师也负责迎神、安神及最后的报送钱粮、官幡等活动。我们根据这些因素,可以断定萨满在土族的历史上扮演过重要的角色。

综上所述,"杀虢将"反映了土族先民的历史生活,以及历史生活中特定时段的人与自然、人神关系的状态。"杀虢将"中两个女性角色应该是导引天神杀虢将下凡的法师。杀虢将是土族先民造神过程中尚未成型的信仰类型,由于失去了存在的文化生态,正在成为土族现实文化的底色。

三、三国戏

三国戏,是以三国故事为素材重点表现刘备、关羽、张飞、曹操、吕布的系列面具舞蹈,共有《五将》、《三将》、《官舞(关舞)》3出。民间惯称关羽为"老爷",而称刘备为"刘爷",其余人直呼其名。其中,《五将》是关羽、刘备、张飞、曹操、吕布五人同时着武服上场,以较为雄猛、华丽的厮杀动作表现征战、交战场面。上场时,在锣鼓鼓点伴奏下,以固定步法绕场3圈后,五人横列一排,关羽居中,面向神帐前后行进3次,叫"摆阵"。之后,五人恢复原来顺序,进行厮杀,结束。《三将》可分为上下半场,首先是关羽、刘备、张飞三人着宽大蟒袍上场,关羽着绿袍,刘备着黄袍,张飞着黑袍。《三将》的鼓点前半部分缓慢沉稳,三人动作为作揖状,脚踩太极,以顺时针、逆时针的不断翻转交替绕场3圈后,关羽居上首,刘备居左,张飞居右,分立3处,互相参拜后,歇息。这部分可能表现征战间隙的休战状态。此时,吕布手执扇子,舞蹈着首次上场,动作轻盈灵巧,表现吕布武功过人,傲视群雄。他在三人之间

---

① 乌云巴图、葛根高娃:《蒙古族传统文化论》,呼和浩特:远方出版社,2001年,第92页。
② 吕建福:《土族中的萨满教遗俗》,《社会科学参考》1985年第14期。

绕行几次之后，给关羽送上战书，退出场。三人以舞蹈方式接受专人分别送上的各自的武器后，分别开始磨刀的表演，舞步随鼓点节奏而快慢变化有致。待磨刀完毕，三人脱下长袍，着武服，吕布执兵器上场，开始武戏部分"三英战吕布"的表演。一会儿，刘、关、张三人被圈在中心，吕布在外圈环舞。一会儿，三人在外圈环舞，将吕布围在中心。在不断的厮杀中，最后将吕布的首级割下（演员退场，将早已准备好的另一面具置于场地中心，代替吕布之首级）。三人围绕首级审视、指戳3圈，鼓点缓慢深沉，似乎在反映着征战之后的疲惫以及放松的心理。然后关羽用刀将面具挑起，挂在刀上背起，缓步在舞蹈中退场。《官舞》，乃关羽一人着长袍，有两人执大旗在两侧伴随，动作情节与《三将》类似，只是关羽一人表演前半部后，在送上兵器脱下长袍后，吕布上场，两人厮杀并战胜吕布。三国戏，极力渲染、突出关羽，表现、张扬关羽的忠义思想。三国面具舞中，普遍推崇关羽，除了鞑子庄还是以刘备为首外，其他均将关羽列在首位。这一错位，其实正有力地证明，土族人民推崇关羽的忠义思想，并以此作为平日的价值观、伦理观。在角色分配中，大家最喜欢扮演关羽，而最不愿扮演吕布。演员心里认为，关羽是"老爷"，扮演老爷能给自己带来好运，好像自己就能做得和关羽一样好，而扮演吕布，重要一点认为他最后被砍下首级，是一件不吉利的事情。虽然上川、中川、下川的三国戏节目表演存在差异，如下川赵家纳顿的《三将》，与中川相比较，吕布上场时并非一人单独上场，而是在后面跟随若干不带面具的手持武器、大旗的象征兵马的人员，一起舞动，并将《三将》分成"三将"、"三战"两部分，一为文戏，一为武戏。整个节目中，阵式更加符合古代的战法，参加人数更多，场面更加热烈。但是，三川纳顿中三国戏的主旨是一致的，都是浓墨重彩地表现关羽的忠义思想。

作为一种文化现象的关公信仰，它的产生与存在并不是孤立与偶然的，而与社会文化的大背景密不可分，是在特定的历史时期必然要被人们创造出来的。而一旦被创造出来，就有了其政治、伦理和心理等方面的功能，以满足社会的需要。刘志军从关公信仰的民族文化背景和历史文化功能方面对其文化渊源进行了系统的考察，说明了关羽信仰的脉络[①]。作为儒家文化或者汉文化的三国戏，又是如何进入到土族聚居区之一的三川土族纳顿中的呢？为什么能够得到三川土族人民的喜爱和表演呢？目前尚未见到有关讨论文章，本文认为这里存在诸多原因，既有国家方面的，也有民间社会方面的；既有社会原因，也有经济原

---

① 刘志军：《对于关公信仰的人类学分析》，《民族研究》2003年第4期。

因等，是各方面综合作用而表现出的"合力"的结果。

第一，当时的国家统治教化需要，即国家有意识推动"忠君"思想是促进三国戏进入土族纳顿的推动因素。地方志记载，管辖三川的碾伯"关帝庙，在东关长街"①，"关帝庙，在东关街北。"②调查中得知民和三川的官亭镇过去也有关帝庙。朝廷兴祭祀仪礼，根本目的在于通过各种岁时祭祀，消除自然力量对于统治的威胁，消除社会不稳定因素对于统治的危害。朝廷的兴趣在于如何消除对朝廷统治形成危害的危险性力量，关注朝廷自身的安危。"西宁为古湟中地，肇自汉时开疆屯田，历晋、隋、唐、宋以来，得失靡常。迄自有明之末，虽设卫所，而边患频作，迨无宁岁。自我皇清定鼎，德威遐布，西出之国，靡不重译来，盟心归命。……城成之日，乃建关帝庙于城北之隅，以镇边陲。……是赖神威镇护于边城，奠金汤于万年。……雍正十一年"③。"以镇边陲、奠金汤于万年"，此即朝廷奉祀各路神明的目的所在。建立关帝庙就是要通过关羽信仰来化导民俗，人心向善，忠心于朝廷，臣服于帝国而不生贰心。这里，神的隐喻和象征，就反映民间社会与国家朝廷的关系，表现出两者在对立中求得统一，统一中存在对立。帝国以神来化导消解统一中的对立，使之常葆统一之态势。亦反映当时当地实际的社会生活、社会关系。朝廷对边远地区的统治没有把握的不安以及内心深处"非我族类"的心理界限，产生了朝廷对顺利统治该地区的潜意识的焦虑，故引入民间信仰、宗教力量来辅助化导民心，帮助统治。由此可以导出这样一个因果关系——倡导民间信仰的意义是为了更加有效的统治方略，达到统治的秩序化，加强统治的有效性。

为了统治需要而大力倡导修建的关帝庙，就具有了"官方色彩"。因为，有清一代，全国上下对关公的崇拜达到极点，关帝庙"凡通衢大道以至穷乡僻壤，无地无之"④。民和官亭镇原来兴修的关帝庙，出于政治统治功能的考虑，是在清朝官方大力提倡兴修时兴建的，可以说是官方力量在土族民间社会中"楔入"的一种象征，具有明显"官方色彩"的庙宇，从一开始就具有"外来"的性质。"历代封建王朝为了巩固其封建统治，都希望自己的臣民忠心耿耿，恪守纲常伦理，以图社会稳定、江山永继。当他们的统治受到外敌的威胁时，更是热切地渴望全国军民精忠报国、英勇抗敌。而关羽终生效忠刘备，鞠躬尽瘁，死而后

---

① （清）李天祥纂：（康熙）《碾伯所志》，1959年北京师范大学图书馆打印本。
② （清）杨应琚：（乾隆）《西宁府新志》卷十四，1954年青海省文史研究馆重印乾隆本。
③ 陈国璧：《关帝庙创建功德记》，(清）张庭武修、杨景升纂：（光绪）《丹噶尔厅志》卷七，清宣统二年（1910）甘肃官报书局铅印本。
④ 刘志军：《对于关公信仰的人类学分析》，《民族研究》2003年第4期。

已。这一形象正合乎统治者的需要"。"历史上的关羽与刘备、张飞桃园结义，并为刘备的统一事业捐躯疆场，被视为统一之神、正统之神。因此，后世的封建统治者似乎觉得，如能得到关羽的神佑，就能以正统自居。于是便有不少统治者编造关羽的故事，……就连入主中原的蒙古族、满族统治者也不例外，一定要攀龙附凤地杜撰一些受到关羽庇佑的故事，以取得正统的名分"。康熙皇帝所编造的故事更具代表性，据说，康熙一日早朝，听见背后有靴子踩地的声音，便问道："后面何人？"答曰："二弟云长。"帝又问："三弟何在？"答曰："镇守辽阳。"①而民和土族中间流传有类似的故事。清朝年间，雍正皇帝有一日晚上梦见皇宫大院里突然落下一只大脚，他抬头一看，是个红脸大汉。皇帝问："你是何人？"红脸大汉回答："我是你的关二弟。"雍正又问："你有什么事？"大汉颇有感慨地说："大哥呀，你身居九五之尊，享尽荣华富贵，怎么把桃园三结义的兄弟都忘了呢？"雍正皇帝一听心里明白了自己原来是刘备转世，今夜是关公显灵了。关公又说道："我被玉皇大帝封为关帝圣君，在天宫享福，还享受百姓香火，只是苦了三弟呀。"雍正皇帝问道："三弟在哪里？"关公道："三弟在西门外当屠家，名叫张三。"第二天雍正皇帝差人到西门外去找，果然有个屠家叫张三，就把他招来给他封了个官。从此，雍正皇帝以刘备转世自居，下旨全国各地修庙供奉关羽。据说，官亭的关帝庙也是那时开始修建的，三国故事也是从那时开始在"纳顿"这一天表演了②。

由于官方支持，关帝形象在当时顺利而又强力地获得了进入土族社会的机会并得以修建关帝庙。据当地民间传说，三国戏以及关帝庙的修建与当时进入三川的"山西或陕西客商"有直接的关系。历史上在官亭修建的山陕会馆，是山陕商人利用同乡会馆来建构同乡商人的"义"的物质标志。一是通过物质的神庙建筑和非物质的祭祀仪式，使"义"神圣化、桑梓化；二是通过物质的戏台建筑和非物质的戏剧演出，既强化了"义"的神圣感、乡土化、不可抗拒感，又使"义"情感化、人性化。神庙是山陕会馆建筑的重要的构成部分，因其供奉的神灵主要是关羽，故有的山陕会馆就以关帝庙为名。关羽是人们心目中"义"的化身。所以，山陕商帮借崇祀关羽来把"义"加以神化和桑梓化的意图是不言而喻的③。这样，关帝形象进入三川与客商的长期支持和经营是分不开的。不管关帝是列入王朝祀典的神明，也不管地方官员和客商在这些庙宇的建筑、

---

① 刘志军：《对于关公信仰的人类学分析》，《民族研究》2003年第4期。
② 马光星、赵清阳、徐秀福：《人神狂欢——黄河上游民间傩》，西宁：青海人民出版社，2003年，第33页。
③ 宋俊华：《山陕会馆与秦腔传播》，《文艺研究》2006年第2期。

祭祀仪式和管理上花费多大的心血，这些庙宇并未真正完成"本地化"和"民间化"的过程，并未真正地溶入到土族精神文化中，也并未真正整合到土族的民间信仰体系之中。而清末民初的重大社会变动，使带有明显"官方色彩"的关帝庙失去了存在的基础。随着统治基础的改变或者失去，关帝庙及其信仰在土族社会中败落下来。土族社会中，虽然体现出关帝崇拜的苗头，但是关帝在土族群众的造神运动中只是处于初期阶段，关羽尚未被神化成为土族民间社会信仰的诸多神灵中的一员，还没有真正渗透到土族民间信仰体系中并扩展到社会的方方面面。

历史上关帝庙在官亭修建，但在20世纪80年代的民间信仰恢复过程中并未得到恢复是一个很好的说明。与之形成鲜明对比的是二郎神的命运。近20年由二郎庙——各村村庙等构成的庙宇系统得以迅速重建和恢复活动，甚至连附带在村庙中祭祀的山神土地在有些村落建起了山神庙。二郎神直至今天仍然保持其作为区域主神的地位，信徒众多，香火旺盛。我们在田野调查中访问过的老人，都可以绘声绘色地描述20世纪三四十年代二郎神巡游的盛况。20世纪50年代初，民间宗教活动被全面禁止，二郎神庙也被拆除。然而，崇信二郎神的历史传统，使得全区域人对二郎神存在一种情感上的亲近感和归属感。结果20世纪80年代政治环境稍微宽松，二郎神崇拜为主体的纳顿体系就马上得以重建，一年一度的纳顿又恢复了，并继续成为在土族社会生活中具有重要意义的活动。而关帝由于其"外来"文化的属性、"官方色彩"等因素，从来没有人提出过重建关帝庙的建议，关帝信仰并未随着二郎神信仰体系的重建而得到重建和恢复。

第二，民间凭借官方倡导借机发展民间信仰是宣扬"忠君"思想的三国戏进入纳顿的内在因素。纳顿中展演三国戏，是地方与国家互相达成的一种互惠互利的默契。民间通过展演三国戏，弘扬关羽"忠君"思想为朝廷所认可，并由此获得了保持和公开展演纳顿其他内容的"合法性"；而官方，由于能够借助纳顿这种本土的"地方性"传统传扬"忠君"思想，化导民心忠于朝廷、忠于君主，并借助其消除民间社会反对朝廷的情绪，所以认可纳顿的展演。可以说，三国戏进入土族纳顿，是地方精英与官府使正统的国家意识巧妙地融入纳顿的结果和具体表现形式。因此，民间的各种仪式和活动反映着国家制度及与之相关的文化传统"正统性"的深刻影响，申说着"国家"的存在。在乡村社会生活中，功利层面上地方官府与基层社会的关系，与乡民们在文化价值层面上关于"国家"的理念是分离的。对于日夜为生计操劳的百姓来说，"国家"即是一种无处不有、无时不在，又充满了遥远的、不可触摸的神秘感的神圣力量，常常是政治、社会与文化"正统"的主要来源①。从功利层面上看,仪式有复制官府仪式、处理地方与官府关系的意图,但文化价值层面上国家是遥远的、正统的来源,是仪式得以正常进行的政策保障的根源。"我们从汉族民间宗教的实践中可以看到,对于国家框架之内地方权力建构的想象,与一个社区对神圣权威的认可过程形成了一致的关系"②。土族的民间信仰仪式活动不例外,三国戏的展演也同样具有这样的潜在内涵。

第三,汉族人口大量进入土族地区,乃至被融合进土族是三国戏得到进入并获得立足、长久发展的基础条件、重要保障。历史上汉族人口大量迁入三川地区,"明清时期,山西、四川、甘肃等地的部分汉族人民陆续迁徙到民和三川、互助一带"。"民和官厅土族张家、贾家的家谱称其祖先原系山西平阳府人,秦家家谱称其祖先原籍山西大柳树庄人"③。汉族人口的大量进入,促进了土族先民广泛地接受汉文化的进程。那么,在明清时期土族先民为何会广泛地接受汉文化?其一,在元代,作为土族主体之一的蒙古人因为是统治民族,在政治待遇或者说是心理上具有无可比拟的优越感。而元亡明兴以后,这里的蒙古人很大一部分归顺明朝,失去了原来的优越感。明朝作为汉族政权,自然是汉文化的代表。归顺的蒙古人为了生存,自然就有了主动学习汉文化的动力。他们为谋取自身的相关利益,迎合国家权力话语,自觉地学习汉文化。到明清两代,国家行政权力深入土族地区,学汉语、习汉俗已成为土族社会中部分人士的共识。另一方面,土司等为代表的土族社会上层人士也为了自身利益主动认同中原文化。其二,已经成为明清国家权力管辖之下的土族人,在比较本身的民族文化与汉文化时,汉文化明显地处于强势。而在文化同化中,一般都是强势文化同化弱势文化,弱势文化向强势文化学习。其三,明清之前的元代,该地区农田不多,民户不多,弃农还牧较为普遍。明初在今民和、乐都、互助和西宁的优良农耕区还广设牧马苑监。洪武三十年(1397)设甘肃行太仆寺,定牧马草场。到永乐四年(1406)置苑马寺于碾伯城。该苑马寺掌6监24苑,其中甘州有1监,庄浪有1监,西宁卫有4监16苑。据《甘宁青史略》和《秦边纪略》:甘泉监,在广牧川(即沙塘川)之东,领广牧苑、麒麟苑、红崖苑、温泉苑。祁连监,在广牧川之西,领西宁苑、大通苑、永安苑、古城苑。临川监,在民和暖川,领暖川苑、岔山苑、巴山苑、大海苑。宗水监,在民和三川,领清水苑、

---

① 郑振满、陈春声:《国家意识与民间文化的传承——〈民间信仰与社会空间〉导言》,《开放时代》2001年第10期。
② 刘铁梁:《村落生活与文化体系中的乡民艺术》,《民族艺术》2006年第1期。
③ 《土族简史》编写组:《土族简史》,西宁:青海人民出版社,1982年,第7—33页。

美都苑、永川苑、黑城苑。明制，"苑马分三等，上苑马万匹，中苑七千，下苑四千"。如果都以中苑计，24苑当牧马168 000匹①。可见这一带仍然以蒙古人熟悉的牧业为主。30多年后的正统四年（1439），撤消碾伯的苑马寺，各监苑直隶于行太仆寺，改牧恩军于山丹一带。即经过一代人的屯垦，湟水两岸广布农田，马场逐渐迁移于河西走廊东端。据嘉靖二十九年1550数字，西宁卫有农田318 222亩有余。用内地先进的生产工具和农耕技术耕种西宁卫辖区土地的，基本上是汉民。明代前期土族退居在山谷地区农牧兼营②。土族一直从事牧业生产，在兴起的农耕生产面前，又不得不处于弱势地位。要想取得一定的改变，就要学习汉文化，学习农耕技术。这在土族纳顿面具舞《庄稼其》中得到形象的表现。"从他们演三国戏，修关帝庙，还有的戏剧表演具有角抵戏的特征等等看来，不能否认中原文化对土族地区的影响"③。三国戏在三川土族社会中上演与汉族人口的迁入和推动是无法分开的。调查中有些人就直接说三国戏是迁入三川的山陕客商人教的。

第四，土族完成从游牧生活向定居农耕生活的彻底转变是接受三国戏并一直上演的经济保障。三川土族居住的地区自古以来就是"可耕可牧"、"五谷俱产"的地方。这种自然条件决定了土族人民经济生活，大体上经历了以畜牧业为主向以农业为主阶段的过渡。土族在早期受到民族文化影响习惯于从事畜牧业生产。史书记载，明朝初年，土族人民还主要"以孳牧为业"。三川"水草大善。明设宗水监四院，曰永州、曰黑城、曰清水、曰美都"。牧马苑的设置足以说明当时牧业具有相当比重。杏儿沟一带是东李土司的牧场。那里至今仍有相当比重的牧业。到了明初，土族逐步由畜牧业为主转向以农业为主。明洪武时，"边远旱地，赐各土司，各领所部耕牧"④。峡口村过去叫"撒马堡"，可见一斑。明初，朱元璋寓兵于农，列屯田为西宁指挥使之首命，命卫所军士三分守城，七分屯田，给耕牛、农具，教树植，耕以自食，余粮为本卫所官军俸粮。这种措施也促进了土族农业经济的发展⑤。清代，随着生产力的提高，土族社会经济得到进一步的发展。经过土族人民的辛勤劳动，耕地面积不断扩大。清雍正十二年（1734）碾伯县土、汉、回各族共有耕地1600多顷，这是当地人民向官府上报的数据，实际数据当不止此。他们已掌握了比较丰富的生产经验，进

---

① 芈一之：《青海汉族的来源、变化和发展（下）》，《青海民族研究》1996年第3期。
② 芈一之：《青海汉族的来源、变化和发展（下）》，《青海民族研究》1996年第3期。
③ 马光星：《土族傩文化的形态特征及源流关系》，《民间文学论坛》1996年第3期。
④ （清）杨应琚纂：（乾隆）《西宁府新志》卷二十四，1954年青海省文史研究馆重印乾隆本。
⑤ 《土族简史》编写组：《土族简史》，西宁：青海人民出版社，1982年，第44页。

行轮作休耕，发展水利，经营园艺业。由上可见，土族完成畜牧业向农业的转化，在明末清初当不为错。既然在这个时期完成了向农业的转化，那么，纳顿的产生也当在这一时段。因为，只有完成了向农业的转化以后，才有可能产生庆祝农业收获的纳顿活动。而且，从纳顿"喜讯"唱词中以及一些传说中也可以得到佐证。

畜牧生活向农耕方式的变迁，即生计类型的改变导致文化类型的改变。土族在历史上是从事畜牧业，属于草原型文化，具有流动型和外向型。随着土族转向农业，土族文化中产生了河谷型农耕文化，凝聚力和容纳性加强。成型的土族生态文化应该概括为河谷型—草原型文化，是一种混合型文化。土族的经济类型已兼具农业和畜牧业了。一方面，它的文化系统是对外开放的（草原型文化特型）；另一方面，它又积极吸纳其他文化系统的信仰模式（河谷型文化特征），可见，土族的宗教信仰在对外开放的前提下又积极吸纳其他民族的信仰，而呈现多种信仰模式并存的局面。民族的经济与生产方式在一定程度上影响民族文化心理。发展成熟的土族经济是农业与畜牧业并存。土族的畜牧业已不是逐水草而居，而是固定在某一地区的畜牧业。这样，土族采用的主要是劳动力与大地、牧场这种自然力相结合的生产方式。这种生产方式使得老百姓要求风调雨顺、吉祥如意。

在此后的农耕生活中，逐渐熏染更多的、层次更深的汉文化因素。汉文化因素对土族先民传统文化的风化剥蚀更趋严重。此一时段可以设想在明末清初。据《秦边记略》记载，当时土人分布区域广泛。而为何现在只有在三川地区才有纳顿呢？这不是一个简单的问题。最大可能是与汉族大量迁入以后同化土族先民文化，蚕食其分布区域，连片分布地区逐渐从最薄弱的地带断裂，并从中心逐步皱缩，形成几个土族文化圈的"孤岛"。"外界的压力和威胁是引起群体凝聚的因素，甚至在某种程度上说外部敌人的存在是产生和维持一个群体的必要条件"[①]。在此过程的后期，三川土人从心理上感受到了文化生存的危机，便开始借用三国中忠义昭著的刘、关、张三兄弟的故事来彰显"义"字，鼓励全社会重义，以此来增加本族的凝聚力，所以此节目在大多数纳顿中仍有表演。土族内部团结一致，表现出较强的内向性。"土人所居，悉依山傍险，屯聚相保，自守甚严，莫敢犯其疆域者"，就说的是这种情形[②]。在历史上就有加强凝聚力的做法，而在生存面临威胁时，又借鉴了汉族关羽崇拜的内容来加强本民族的凝

---

① ［美］克特.W.巴克主编：《社会心理学》，天津：南开大学出版社，1986年，第125页。
② 《土族简史》编写组：《土族简史》，西宁：青海人民出版社，1982年，第32页。

聚力。关羽的忠义思想与当时土族社会的群众心理需求相吻合，为三国戏伴随关羽崇拜传入三川并一直得到传承提供了可能性。

第五，三川地处交通要道，便于汉族人口及汉文化的进入也是一个不可忽视的条件。三川地区自古以来是交通要道的必经之地。东晋时期，高僧法显、慧景、道整，南朝宋武帝时僧人昙尤劫（法勇）去印度等地取经求法，都经过了三川地区。隋大业五年（609）炀帝西巡，自临津渡过黄河西进。自唐起，三川地区成为唐蕃古道必经之地，文成公主进藏曾经三川。11世纪中叶，宋人进入青海的第一站，即过黄河入三川，再到青唐城（西宁）。明起，西宁卫与河州卫之间设立7个驿站，民和有巴州驿、古鄯驿经三川达河州。黄河南岸积石山大河家设长宁驿。永乐年间，宗喀巴大师弟子经过三川进京。历史上，唐蕃古道、丝绸南路、草原南路均经三川，从今之甘肃河州过黄河进入三川境内的渡口有二，一为东边的凤林渡，经塔城、转导、马营、古鄯，一为西边的临津渡，经官亭、甘沟、满坪至古鄯，汇为一路。"官亭"地名，就是由于过去是渡过临津渡进入青海的首站，于此地设立"接官亭"而来，后来简化为"官亭"。在凤林渡附近的"接官岭"、黄河南的"接唐寺"等地名均为历史的见证。

当然，不可否认，《三国演义》等相关三国故事的传播对于三国戏在纳顿中上演具有一定的宣传和固定作用。在三川土族群众中广泛流传着三国的故事，大家都知晓一些情节，而且婚礼曲、花儿中都喜用三国典故来表现内容。

三国戏的传播和演绎，在土族社会中起到了崇尚忠义的教化作用，使得土族人民人心向善、追求忠义。事实上，纳顿对于"和人神"、"合和父子君臣"、"附案万民"等观念并无直接的、必然的实际联系，不过是以一种愿望的形式表达而已。纳顿中通过各种方式在间接地散发出土族人民内心深处的价值观、民族心理等文化底蕴。三国戏中渲染的忠义思想、尊君思想，实际上是对大众心理的劝导，从一定意义上说，是纳顿舞蹈具有的间接的社会功利性质。

纳顿中的观众常被面具形象所表达的人物及其人格魅力所征服。典型的是三国戏，各村的情节、招式雷同，但每个纳顿上仍有许多观众，就是因为舞者与观众对于面具形象的共同的心理认可，关羽、刘备、张飞在土族群众心目中具有崇高地位，尤其是关羽。所以在具体舞蹈过程中，一次次地将深藏于心中的那种情感得到重温，得到升华，得到提醒，得到凝结。

三国戏的进入，是中华民族各民族"你中有我、我中有你"的有力表征。虽然独特的纳顿是土族文化的特色，但其中蕴涵着深厚的汉文化、儒家文化的理念，这些因素的进入是与汉族人口融入土族中是密切相关的。也是区域历史上各民族互动的民族关系的一个写照。

四、五官戏

五官戏是"五官"、"三官"或"三官三娘"、"五官五娘"等组成的系列舞蹈。目前所能看到的上演五官戏的纳顿中多数也只是上演"五官舞"。"五官舞"是表现5位官员的舞蹈，他们着有红缨的类似清朝官帽的尖形帽、面具，身穿黑色长袖马褂，底下穿白色长袍，胸佩做工精细的扇子盒。列队上场后，手挥纸扇，一脚以脚后跟着地，另一脚快速跟进并随之摇摆身体，分别表演抓着耳朵、捏着扣子、提着袍摆等动作，转着小圈，并有朝拜、相互参拜的动作。该舞表演动作幅度较小，但具有其他面具舞所不具的文雅韵味。关于该舞，民间有说是表现清朝丞相的，有说是元朝蒙古族官员的，也有领头的是皇帝其余4位是大臣的说法，更有五官分别代表天官、地官、人官、火官、水官，而三官代表帝、王、公的说法。对于动作设计的解释是，对应于皇帝和4位大臣相聚，他们在皇帝面前对一些事情不能明说时采取暗号的艺术表现。舞蹈动作文雅别致、有官气。祁家纳顿的五官由5位年逾六旬的老人扮演，在装扮过程中，从他们的言谈举止中能够体味到他们极愿扮演，这与五官为朝廷大官、扮演会给自己及子孙带来官运的观念存在直接的关系。"五官舞"，目前除在下川的赵家、中川的鄂家、桑布拉、祁家表演外，其他村庄尚无此节目。据调查，过去都有"五官舞"，而且还有"三官三娘"、"五官五娘"等节目，情节、动作与"五官舞"相似，只是多了各位官员的夫人的角色。目前这种状况是在破除之后的恢复中，尚未得到全面恢复，像祁家的"五官舞"是在近3年才新置面具、服装、官帽得到恢复的。

五官戏所表现的真实内容，目前同样尚未进行深入研究。据笔者的长期观察和访谈，认为"五官舞"的产生与土族地区历史上长期存在的土司制度存在密切的关系，可能是明清两朝封授土司的场景的艺术再现。

明清时期，中央王朝通过实行土司制度，依靠土族上层的力量来完成对土族地区的统治。明初，明朝对率部归附的蒙古人采取安抚政策，分别封授西宁卫的指挥使司、指挥金事、千户、百户等世袭官爵。据《西宁府新志》："按宁郡诸土司，计十六家，皆自前明洪武时授以世职，安置于西、碾二属。"土司制度使地处西北的土族上层与中央王朝之间建立了政治上的隶属关系，中国大一统的局面进一步巩固。对于归附头领，中央王朝依其势力大小授予各种职衔，以利用其在本地区本民族中的影响力和号召力以达到安定社会的作用。而土司也倾心归附，并以其特殊的身份，在一定程度上起到了联系中央与地方、稳定和凝聚边远民族地区的作用。土司在归附中央王朝以后，出于各种可能的目的，在事实上与中央王朝建立了良好的臣属关系，亦或说两者之间建立了良好的君臣关系。土司"捍卫之劳,无悖叛之事"①,"绝不类蜀、黔诸土司桀骜难驯"②。从此,土族地区逐渐稳固有序地安定下来,民族社会经济文化得到较大发展。与明王朝之间良好的君臣关系,反映了中央王朝对土司强大的政治吸引力和影响力,体现了对统一王朝的归属认同感和向心力。土司对中央王朝忠诚,而中央王朝如明朝倚重和信任土司。甘青地区"籍以保障者,非兵之力,土司之力也",土司"管土官土军土民,西陲之地实倚籍焉"③。

这种背景下,土司在获得朝廷的嘉奖或者认可、招抚和封授以后,在民间社会中利用纳顿这种具有很大影响力的宣传工具宣扬此事,也是很自然的事情。此系列节目,可能就是土司得到明清朝廷的封赐以后,根据接受封授的事实在纳顿中加入了反映这一历史内容的舞蹈,以宣扬土司功德,宣扬朝廷对他们的倚重,宣扬他们对于当地的正统统治地位,以利更好的统治本地区。

这可能基于当时的文化传统、民族心理以及社会经济现状。

土族传统文化中的价值取向、社会心理深受中华大传统的制约。因为土族成为一个民族共同体以来一直活动在统一的中国版图上,土族的活动区域一直归属于中国封建王朝的统治,土族传统文化受中华文化传统的影响,以中国大一统思想为正统思想。在家国同构的封建社会结构中,家国一体的宗法伦理思想浸透人心,形成一种巩固的政治制度和社会心理。封建社会这种普遍存在的意识和心理、唯上的态度和思想,起到稳定社会秩序,形成社会共同心理的作用。受到大一统思想的影响,土司虽然面临和经历改朝换代但仍然以中原王朝为中心、为正统,在价值取向、社会心理上仍然认同中原,认同儒家文化等。清朝取得统治地位后,土司归顺,而清朝仍然延续明廷的治边方略,采取安抚政策,"原有官职者,许至京朝见授职,一切政治,悉因其俗"④,土司制度得以继续。

土族生计方式自游牧转向农耕方式以后,传统的价值取向和社会心理产生的经济基础也转换为小农自然经济。同样,土族社会也转型成为具有传统农业社会特点的社会。在自然经济的土壤中,经济基础和生产方式的同构极易形成同质的价值取向和社会心理,而且往往表现为保守、僵化,成为社会中稳定的思想规范。土司和其属民,深受大一统思想的熏染,时时处处以这种思想为处理和解决社会政治生活的指导。他们以中央王朝为正统,认可明清朝廷的统治。受汉族思想文化浸润,有了接纳和吸收汉文化的社会和心理需求,其行为习惯

---

① 《清史稿》卷五百一十七《土司传》北京:中华书局,1977年。
② (清)杨应琚纂:(乾隆)《西宁府新志》卷二十五《官师志》,1954青海省文史研究馆重印乾隆本。
③ (清)梁份:《秦边纪略》卷一《庄浪卫》西宁:青海人民出版社,1987年。
④ 《清实录·世祖实录》卷十五,北京:中华书局,2012年。

和价值观念发生了变迁,新的行为和观念逐渐形成统一多民族国家一体化进程的社会生活基础。土司受到明朝廷认可后,全心全意归附明廷,并以得到中央王朝的嘉奖、认可为一种值得自豪和骄傲的事情,具有很高的荣誉感。而要将这种荣誉感、自豪感广泛传扬,借用已经存在的纳顿这种传播媒介,在纳顿中创作以封授为原型的"五官舞"表现被褒奖的事实是合乎情理的。

明朝视土族土司为一支可以依靠和利用的本土力量。土司多次听从征调平定叛乱,巩固边防,维护地方秩序[1]。土司正是以其对中央王朝的忠顺表现、所在地区的重要战略地位和强大的本土军事实力而被明朝视为一支重要力量。第一,忠诚明王朝的行为顺应了明朝初年大统一的历史潮流,赢得明王朝的信任。第二,地处西北,具有重要的地理战略地位。第三,平叛的一系列军事行动表现出其强劲的军事实力。这不仅奠定了政治地位,开创了明王朝与土司之间良好的君臣关系,明王朝成为土司的依靠力量,而土司成为明王朝的倚重力量。土司在获得朝廷的嘉奖、封授以后,利用"五官舞"这样的形式在纳顿中展演,也有向广大属民展示土司自身在中央王朝心目中的地位,说明其统治土族地方的"合法性"的因素。

中央王朝和土司建立起良好的君臣关系后,通过朝贡、颁给信符敕书等政令形式,强化忠君报国的思想,而土司对中央王朝倍加感激。朝贡是地方土官向中央王朝表示臣服和尊重的礼仪,也是土司与朝廷取得沟通的绝佳时机。而中央王朝对土司给予的奖励、提升,使土司感受到皇恩浩荡,浸润于中央王朝的浓厚温情,在情感上拉近了君臣之间的距离。土司通过对这种情感的省悟,内化为对朝廷的稳定的自然情感。这样,"五官舞"也是为了表达土司对于朝廷的感激,宣泄对朝廷的内化情感的一种手段。

除对中央王朝备加感激外,土司也在进行着不断的反思和内省。随着与明、清王朝之间互动交往的纵深发展,尤其是经历了明替代元、清取代明的历史变化,对于自身和家族的长远发展,以及如何维系与中央王朝之间的关系经历了一个自觉体认的过程。他们通过改朝换代的事实以及自身的经历,总结出一些适合自身乃至家族长远发展的经验。实际上,通过"五官舞"的表演,就是在特别强调这些经验:一是祖先的功德;二是号召子孙效法祖先;三是强调勿忘"皇恩",勿忘封建国家的恩典,永做中央王朝的忠孝世臣。这一点,或许是"五官舞"在纳顿中长期延续下来的重要因素。

土司被纳入封建国家的管理体系,在这样的制度体系下,作为主流思想、

---

[1] 秦永章:《甘宁青地区多民族格局形成史研究》,北京:民族出版社,2005年,第140页。

具有强大辐射功能的封建国家意识形态和汉族礼仪范式不断向边疆各地各族渗透。民族地区在政治、军事、经济、文化和思想等方面逐渐向汉文化方向发展。朝贡、封授等无疑使土司深刻感受到封建传统伦理道德的无形力量，逐渐产生了接受儒学的社会和心理需要，学习汉文化，模仿汉族修订宗谱，建立勋祠，仿照中原汉族建设家族伦理仪制，都是认同封建国家、自觉以封建伦理为价值取向的表现。中央王朝通过朝贡、颁给信符敕书等政令形式，向土司灌输封建国家意识形态，增强了土司对中央王朝和汉文化的认同，使其产生强大向心力和强烈的归宿感，有利于土族地区与中央王朝关系的巩固与稳定。"五官舞"正反映出汉文化、官方文化对于土族社会的影响。

其中，"五官舞"的创设，与土族民间精英的积极参与是无法分开的，与土族社会精英对于汉文化的自觉靠拢是分不开的。对五官角色的动作设计，带有明显的儒学化、精英化痕迹，而这些并不是民间劳苦大众群体所能胜任的，因为他们处于社会的底层和边缘，与正统的文化教育无缘，对上层社会生活了解寥寥，以他们的经验不足以演绎出这样儒雅、含蓄的动作。而具有良好的素养是区别于底层大众、取得社会尊重的基本因素，对表现自己的角色进行儒雅的塑造既符合土司等的社会角色，同时也更容易为官方所接受。这样，实际上在民间社会与官方，至少是与当地官方之间架设了一道联系和沟通的桥梁。

五、民和土族纳顿面具舞发展史略

文化是发展变迁的。引起文化变迁的原因一是地理环境的变化，二是文化传播，三是社会心理变化。而且文化变迁都需要时间和空间①。从文化的时间上看，文化是多层次的，是积累的，它是历史的层面。可称之为"时间文化层"。每一个时间文化层都是由同时期的相互联系的若干文化丛或若干文化元素构成。"时间文化层形成主要有两种途径，一是文化承受者自身的社会经济大变革引起新文化层的产生而形成。二是大量地采用他族文化形成语言原有文化不同的新一层文化。……所采用的他族文化自然形成一个新的文化层，本民族原有的文化则成为基层或底层文化"②。"当生态环境发生变化时，人类为了适应环境就要进行新的文化特质的创造，形成新的文化丛。在这种生态环境的变迁中，旧的文化丛中有些文化特质被保留下来，成为新文化丛的组成部分；有些文化特质则被覆盖于地下，成为历史的沉积。人类一代一代的进行文化创造，不断地改

---

① 武文：《文化学论纲》，兰州：兰州大学出版社，2000年，第161—170页。
② 何星亮：《中国图腾文化研究》，北京：中国社会科学出版社，1992年，第2—3页。

变其内容和形式,文化一代一代的被淘汰、滞留、积淀,形成了一个一个的层面"①。文化按照时间序列形成不同的文化层次。如果以最近的文化层为最表层去俯视,可以说,最近的文化层是最全面、完整的,而愈向下,其文化层表现得愈不完整,到最底下的一层可能看到的只有斑驳的残痕。不同时期的文化层按照时间顺序从下向上一层一层地沉积叠加而成为时间文化层。最底下一层可以认为是某个民族在理想状态下自己产生的、没有受到任何一种其他文化的影响的纯粹的本民族文化层次,是整个时间文化层的"母质层"。母质层在时间纵向上发展的同时,接受各种横向文化因素的整合,是它的逐步"风化"的过程。新文化层距离母质层愈近,它接受保留母质层的成分愈多,而距离时间愈长,接受保留成分愈少,受母质层的影响愈不明显。以现在式来观照,看到的是从母质层到最新一层叠加的效果。当然,愈近的文化层被看到的内容愈多。

基于以上的理论支持,我们可以试着去复原一下纳顿的文化层次序列。从目前所看到的整体状况(即空间结构层次来看),其中最古朴的部分,应该是最早的一个层次。

法拉和法师,作为整个北方游牧民族文化共有的文化现象在土族先民的社会生活中的表现,可以说是早已有之。土族不管来自吐谷浑还是蒙古族,都会拥有一定数量的巫师来施行巫术,而且巫术作为早期的宗教活动,在土族先民生活中是唯一的与大自然抗争的武器。可以设想,起初土族先民在祭天时,只有法拉或法师作为主祭者带领众族民拜祭神灵。除此之外,别无其他活动。是为第一层。通过其职能,我们可以明显地看到,在纳顿形成初期,首先吸收了传统的巫师来完成人与神的沟通,法拉、法师成为了纳顿中必不可少的一个环节。

"杀虢将",被普遍承认是面具舞中最为古朴、古老的舞蹈。理应是在法拉法师之后。"杀虢将"与其他面具舞相比,是唯一的拟兽舞,反映的是早期狩猎生活时期的生活场景。在进行了长期游牧,而与农耕文化亲密接触后,开始了由游牧向农耕的转化。在生产力水平进步之后,整个生产生活方式都相应发生了剧变,在新的生活方式下,感受到了农耕生活的优越性之后,以这种方式将自己的思想直观地反映出来。并由之整合形成了第三层。这时候也就是《庄稼其》所反映的历史信息。这也是视"庄稼其"、"杀虢将"两个节目为根本的主因。

在此后的农耕生活中,逐渐熏染更多的、层次更深的汉文化因素。由于关羽崇拜的广泛兴起、汉族人口的迁入和推动、关羽的忠义思想与当时土族社会群众心理需求的吻合,导致了三国戏在三川土族社会中的广泛流行。

---

① 司马云杰:《文化社会学》,济南:山东人民出版社1987年,第238页。

最后出现的是五官戏。这些节目至今可演可不演。所以目前许多村庄中尚未得到恢复。

经过上面粗略的论述，可以说纳顿节目是循着"法拉或法师"、"法拉法师—杀虎将"、"法拉法师—庄稼其—杀虎将"、"法拉法师—庄稼其—三国戏—杀虎将"、"法拉法师—庄稼其—三国戏—五官戏—杀虎将"的脉络逐步发展丰富起来的。也是北方巫文化系统与南方巫文化系统的有机结合。纳顿的产生是走了一条从低级到高级、从简单到复杂的道路，而且是从点到面扩散成型的。

一般认为，纳顿在明时逐步形成，到清朝基本定型，并达到高潮，民国后期进入低谷。在新中国成立后掀起一次小高潮，但随着随之而来的破除迷信，跌入谷底，在20世纪80年代随着宗教政策的开放，逐步恢复，目前正走向高潮。但面临现代化的强力冲击，面临如何发展和保护的问题。

试析土族"纳顿"节传承、复兴的文化动因
——以青海省民和县鄂家村为例

贺喜焱

"纳顿"在土语中是"玩耍、娱乐"的意思。"纳顿节"是土族庆丰收、酬神的民族节日,主要流行于青海省民和县土族聚居的三川地区,它通常从每年农历七月十二日开始到九月十五日结束,历时两个月之久,几乎每个土族村落都要轮流举办,被称为"土族民间狂欢节"。纳顿至今未证实有史料记载,但从节日的主要活动来看,纳顿有着悠久的历史。由于特殊的历史原因,纳顿这一节日新中国成立后基本处于休眠状态,20世纪80年代初开始复活,这一现象与同期全国兴起的"庙会热"几乎同步,纳顿作为土族生活中不可或缺的一部分,一直活跃于三川大地上。

就笔者现在掌握的材料来看,对于纳顿深入系统分析的研究比较少。研究者大都从整体上进行概述,或就某一个方面如艺术、功能等角度进行论述,都具有缺乏较系统、完整的田野作业来支撑其论点的不足;并且,对于纳顿节复兴以后与土族人日常生活之间密切关系的分析深度还很不够。因此,笔者在2002年农历七月至九月到三川地区的田野调查所获得的第一手资料的基础上,试图以复兴动因为突破口,对土族这一传统节日进行更为深入的剖析。由于纳顿节规模大,举办时间长,活动丰富等特点,笔者感到,如果对纳顿进行总体考察研究,会受到时间及个人精力的限制,很难做到考察与研究在广度与深度上的完美结合。因此,笔者认为从方法上选择以一个村庄(鄂家)作为视点进行田野作业来观察纳顿节,以第一手资料来探讨本文关心的问题:纳顿得以传承、复兴的动因是什么?意义何在?进而,从这一非日常事件去认知民和土族的日常生活。

一、村落背景

鄂家地处青海省民和回族土族自治县的三川地区,三川是民和土族的主要聚居区,主要包括官亭镇、中川乡和峡口乡。这里位于县境东南部,靠黄河北岸,地势较平坦,气候温和,适宜农作物生长,但在过去,由于这里耕地主要靠水渠灌溉,时有纠纷发生。现在,水利灌溉条件大为改善,大部分耕地已变

为水浇地,盛产蔬菜瓜果和小麦。鄂家是一个单姓自然村落,位于三川地区的中部,属于中川乡美一行政村。鄂家共有152户,均为土族。

由于自然村是农村社会体系中最基层、最小的社区,居民人数相对较少,人口的民族构成单一,包含着少数民族农村社会的基本要素,是相对完整的社会实体。另外,笔者在当地了解到,中川鄂家、峡口桑卜拉的纳顿被公认为比较正规。因而,以鄂家纳顿为例,可以满足本文研究目的及意义的要求,有利于较为深入的分析研究。

二、鄂家纳顿

纳顿在鄂家举行3天,从农历七月十二日到七月十四日结束。纳顿由"派头"(鄂家民间活动的组织者)来组织,在节日活动之前的一两天就准备好所需的设施及物品:帐篷、供本村地方神的供桌(鄂家主要供的是"龙王爷"、"二郎爷"神)、幡杆(祭天地众神的竿子)、"钱粮宝盖"(剪成不同形状的裱纸)、鼓、锣、面具等。鄂家的每户村民也要准备祭祀的"酥盘"(一种大蒸饼)、烟、酒等贡品。通常在农历七月十一日,即纳顿的前一天,在外工作或学习的游子们都尽量赶回来,打扫庭院,穿着盛装迎接纳顿的到来。纳顿举行当天,在会场周围的空地上围满了小商贩摆设的摊点,有小百货、杂物、雪糕、凉皮,等等,这些都是本村或邻村的小商贩专门来赶场的。摊主主要是回族和汉族,也有土族。纳顿活动主要由3部分组成:一是"会手舞";二是傩戏表演;三是法拉"发神"①。临近结束,最后一项是布施活动,大、小"派头"将村民的献供,主要是"酥盘"分成大块散于在场的村民,余下的也都平均分给本村各户人家,以示人神均享。村民认为纳顿上的"酥盘"有一种神力,会带来好运。一切都结束后,大、小"派头"便开始收拾会场,将神帐和所有道具清点后收回村庙保管,以备来年纳顿再用。

纳顿在许多村中并非只举办1天,要分主客场:主场主办的村落当地称为主队;邻村纳顿必来庆贺,当地称为客队。一来一往就已经举办两天,有的村落还要参加晚自己村落一天的邻村纳顿,实际就已举办3天。鄂家纳顿就是如此。农历七月十二日为宋家纳顿,由宋家主办,鄂家作为客队前去庆贺、合会;农历七月十三日,鄂家纳顿时,宋家也要回礼庆贺,并且桑卜拉"会手"队伍

---

① 法拉:一种巫神,类似于萨满,是当地地方神的替身和代言人,一般为男性,平日他也与常人一样劳动,只有在被请到神庙或被人家要求"发神"时才会神灵附体,替人祈福消灾。法拉以神的身份说话行事,代表神的旨意来为人解决问题并趋利避害。

也来合会,十分热闹;农历七月十四日,桑卜拉纳顿时,鄂家则作为客队前去庆贺。这样相对鄂家来说,就要"跳会"(当地村民称参加纳顿节为"跳会")3天,场面、规模都十分壮观,人情往来也十分密切。

三、纳顿得以传承、复兴的动因

众所周知,中国社会正在经历一场深刻的变革,随着改革的不断深入,经济的变迁和趋近现代化并没有导致传统文化的衰落,反而带来了传统文化的复兴。离我国文化中心较远的西北少数民族地区村落也不失时机地融入其中。纳顿作为这一复兴中的民俗文化现象之一,受到时代和社会的影响是肯定的,国家与社会大环境影响作为其复兴、传承的外驱力是不容忽视的。同时,纳顿是民和土族在世代的生产与生活中为适应环境,保障生存和发展,创造、享用并传承下来的,在今天民和土族日常生活中依然生灵活现,说明有其存在的内驱力和厚重的文化含量。笔者认为,要探讨这一内驱力得以实现的原因,在方法上我们不能不关注其实践的主体——人。在整个纳顿活动中俗民主体的行为观念贯穿始终,俗民主体与外在对象的联系才构成了完整的纳顿。正如乌丙安先生所说:"民俗学的研究理应以研究这个民俗的'主体'为中心,即以研究习俗化了的俗民个体与俗民群体为对象。对一切民俗事项的调查研究,都应当服从于研究这个'主体',而不是只见'俗'而不见'民'。民俗学的'主体'研究,应当是21世纪民俗学充分展现人文精神的重大课题。"[①] 基于这一认识,笔者将从俗民与物、俗民与社会、俗民与超自然这三个方面对纳顿得以传承、复兴的动因进行分析。

(一)俗民与物:纳顿存在的物质基础

从历史上看,土族经历了由畜牧业向农业过渡的发展阶段。直至今天,民和土族人与农耕生产仍有密不可分的联系。纳顿作为土族庆丰收、祈求来年风调雨顺的庆典仪式,直接体现了俗民主体(人)与物质生产(农耕)的这一联系。风调雨顺、五谷丰登是人得以平静、安定和有秩序生活的保障,每一年春耕时村民便祈愿丰收,丰收时则又祈愿来年的五谷满仓,这样对于丰收的愿望(意识观念)自然要外化于人的实践行为中,纳顿正是在特定时间里给了人们这样一个契机。纳顿具有明显的季节性,从纳顿的开始到结束正好是依据三川地区庄稼因地域不同而逐渐收获的走势来的,每个村纳顿的举办正好是该村新打

[①] 乌丙安:《民俗学原理》,沈阳:辽宁教育出版社,2001年,第133页。

粮食不久的日子,新粮入仓酬神献祭时,自家新酿的美酒,蒸的"酥盘"是酬神祈福的最好的象征。

从笔者对鄂家纳顿的调查来看,这一节庆习俗的程序中,俗民的行为最终都是为了祈福避灾,充满了现实功利性,与农耕这一物质生产基础更脱不了关系。如为了酬神而表演的"庄稼其"与"杀虎将",前者被视为纳顿的根本,表达了土族"以农为本"的传统意识,崇尚务农通过傩戏的表演表达得淋漓尽致;后者则表达了土族在经济文化类型过渡时,土族先民为了生计与大自然的漫长斗争。在纳顿中许多口耳相传的喜神曲(如"搭头词"、"喜讯")唱的都是为了答谢神灵赐福于民间,风调雨顺、五谷丰登向"二郎爷"、"龙王爷"等神灵报喜谢恩的词,虽然随着水泵、电站的落成,靠天吃饭的现象已逐渐消失,物质经济生活已有了很大改善,但农耕在人们日常生活中依然占有非常重要的位置,作为敬天祷地的信仰活动,很难摆脱与农耕的联系,这种联系作为纳顿的一个基本特点,在今天的纳顿中依然广泛存在。

(二)俗民与社会:"纳顿"开展的村落组织保障

纳顿得以复兴、传承的另一个十分重要的因素便是村落组织的保障。"村落组织一般有村庙供奉保护神,有村规民约界定村民的义务和权利,外来户取得居住权的条件等;有青苗会负责与生产的事务,如农田用水、防涝抗旱、家畜管制、看护庄稼、摊派钱物、祭祀鬼神"①。在鄂家纳顿中,大、小"派头"是村落组织的成员,他们主要领导、组织纳顿节上的一切活动安排,并且还负责除纳顿以外的其他活动。其中,大派头的地位较高,在过去一般都由村中有一定地位和经济势力的大户人家的老者担任,现在也推选村中有威望、办事公正、能力强且经济条件较好的老人担任。小派头有七八人,由村中比较干练的青壮年男子来担任。鄂家有四社,每年按照一社两人轮流分派,是应尽的义务。

三川地区雨量少,缺水现象严重,自古就有"黄河边上渴死人"的谚语。水与庄稼人的生计联系非常密切,这里主要依靠水渠灌溉,纠纷很多。大派头在过去最主要的职能便是"派水"。间接地,大派头与村民的生计也就紧密相关,其民间权威性也由此树立。另外,大派头在过去还有田间管理、青苗保护、日常供奉及宗教活动的组织和维护村落秩序的权力,有权对违反者进行处罚(罚钱或罚物),这样,村落组织的负责人大派头作为村规民约的推行人和监督者的民间权威性便一直深埋于村民的心中。到了20世纪80年代,国家政策放

---

① 钟敬文主编:《民俗学概论》,上海:上海文艺出版社,1998年,第127页。

宽，很多从前就当过大派头的老人作为传统的传承者和传播者倡议恢复村落组织。随着村庙的重修和村中一些宗教活动的恢复，作为庆丰、酬神的纳顿也被安排到日程上，并被传承至今。逐渐地，大派头除了"派水"的职能消失以外（因1969年兴修水利，建立泵站，为庄稼灌溉的问题得到解决），其他职能都或多或少地恢复了。

笔者从对纳顿的调查发现，有关纳顿的一切活动计划都由大、小派头参与安排组织，使之井井有条。首先，纳顿举办所需要的资金，近两年来大概为1500—2000元左右，主要用于待客的烟、酒、茶、鞭炮及道具维修。这些资金表面上来源于村民的自愿捐献，实际上每户人家都要依据各自的经济状况捐助，并且由于"跳会"必须是每家至少有1个男子参加，如若某户未能出人手还要多交一份实质属于罚款性质的钱。另外的资金来源还依靠鄂家外出发迹或读书工作的人的捐助（这些人的捐助一般较村内人高），这样纳顿节就有了经济保障。其次，从纳顿节前的准备到跳会当天的一切活动安排均由大、小派头负责组织，每一个礼仪过程，大、小派头都是按照以前派头传下的规矩来操演，形成一种固定的习俗模式，尤其是小派头的轮流分派更使这一节庆习俗在村中青壮年身上得以广泛的传承，打下了广泛的群众基础。

（三）俗民与超自然：纳顿——维系信仰的纽带

在民和土族人的日常生活中，精神信仰占有十分重要的位置，村民对于超自然的神、佛都虔诚地信仰，尤其是很多土族老人都是比较虔诚的信徒。土族的信仰比较复杂："藏传佛教、萨满教和汉传信仰在土族人的精神生活中并行不悖，从而使土族人在精神上既不同于汉民又与藏民区别开来。"[①]民和土族由于周围聚居主要为汉、回两个民族，自然地，民和土族人受汉族的汉传信仰影响更深一些，这一点可从纳顿得到见证，但其中也不乏一些萨满教的遗存。整个纳顿节都笼罩着很浓的宗教色彩，纳顿庆丰、酬神这一主题本身就直接与超自然有紧密联系，纳顿给村民提供这样一个空间场，使人置身于一种神秘而特殊的环境中，通过在纳顿上的一些祭祀行为，实现一种人神之间的对话，表达了人们祈福禳灾的愿望。纳顿实际上已成为俗民与超自然交流的空间场，而俗民对超自然的信仰又成为纳顿的维系纽带。

第一，从鄂家纳顿会场的安排来看，设有的神帐，"二郎爷"、"龙王爷"的神轿，村民献礼的供品，如"钱粮宝盖"、"酥盘"等使整个会场俨然一个露天

---

① 高丙中：《文化影响与重构》，许让神父：《甘肃土人的婚姻》，费孝通、王同惠合译，沈阳：辽宁教育出版社，1998年，第266页。

神庙。尤其是"酥盘"制作前必须洗澡、烧香、夫妻分宿，根据村民的说法，这样才能表达对丰收的珍视和对神灵的敬意。村民的这种行为与意识，无疑加重了整个会场虔诚、圣洁、庄严、肃穆的氛围。

第二，法拉"发神"，法拉作为人与神之间的中介，作为神的替身和代言人，在纳顿即将结束时代表神宣布是否满意，并示意神受，在他的带领下，村民们将供品"钱粮宝盖"等烧掉。法拉"发神"时在自己的肉体上插入铁钎，癫狂地奔波于人群与神帐之间，引领着众人抬着村神游遍全村，为纳顿增添了浓重的宗教神秘色彩。

第三，在纳顿中表现具有非凡意义的还有村民的誓言、祷词、神歌及傩戏。誓言是村民在"跳会"前与"跳会"中向"二郎爷"、"龙王爷"作揖叩首进行膜拜时心中向神许愿或还愿的话语。借助于这样的心灵表白感动神灵，从而达到神灵帮助实现自己心愿的目的。鄂家纳顿上的祷辞（即"搭头词"）是向神灵请求通报和谢恩，以说的形式感召神灵直接表达出举办纳顿的目的：众人答报神恩。神歌（即唱"喜讯"）是以演唱的方式对"二郎爷"、"龙王爷"进行歌颂，表达对其保万民太平、风调雨顺、五谷丰登功德的感谢及敬奉。傩戏的内容虽然不直接与神灵有关，但它除了自娱之外，目的是为了娱神。纳顿节上的这几种活动的意义主要体现在"通"上，也就是说人们借助这一切的行为就可以达到人与神的对话，沟通两个独立的神秘世界。人们按照自己的意志和生活方式塑造了神灵，并为神灵设计出一定的生活环境，以自己的方式或形式来献祭神灵，以此换来神灵赐予的幸福，这种心理与对神灵的信仰是纳顿发展的心理基础和维系纽带。

村民的行为在纳顿节上还依然具有浓厚的宗教色彩，对那些超自然的神力还是毕恭毕敬，尤其是一部分虔诚的老人这样的意识仍旧浓烈。但是，随着现代科学技术的普及和文化水平的不断提高，信息交流、文化传播越来越广泛迅猛，现代人（尤其是年轻人）也许不再这样畏惧超自然力的神秘性了。在笔者访谈的几个鄂家年轻人中，有本村的农民，还有读书后留在省城工作的，他们融入纳顿跳会时与年长者一样投入，热情高涨，甚至在向村神膜拜叩首时也一样虔诚，但一旦问起对神灵的信仰时，他们的回答却似是而非：不能说信，但也不能说不信，心里有这么个信念，求求拜拜，灵验最好，不灵验也不缺什么。造成这样一种心理的社会原因，我们可以这样认为：近年来，随着改革开放和现代化进程的加快，到处都掀起了经济建设的热潮，鄂家虽然是一个边远小村也不例外，这里的传统习俗受到强大的冲击，随着机遇和挑战的增多，人们面临的社会风险也日益增多，对自身命运的不稳定感、无把握感与传统信仰的祈福禳灾现实功利性相结合,共同推动着人们向神灵顶礼膜拜,以获得免除人生灾难、疾病与不幸的心灵慰藉。这时,对超自然的倾诉已成为消除焦虑、烦恼与不安的镇静剂,而纳顿提供给村民这样一个最合适的机会,让村民在神灵这个假想权威面前不同程度地释放自我。

总之,纳顿作为青海民和三川土族庆丰酬神、自娱的民族节日,它因人们有寄寓精神的期待和沟通人际关系、丰富文化生活、活跃物质交流的多种需要而应运而生。它在今日土族社区发挥着重要作用,是为人们实际生存和生活理想的需要而设,可以说,只要这种生存和理想的需要存在,纳顿就有可能承继和拓展。

非物质文化遗产保护视野下的土族婚礼传承研究

贺喜焱

土族婚礼涵盖了土族人生活习俗、宗教信仰、审美艺术、伦理道德等多方面内容，是土族传统文化的综合体现。土族婚礼作为青海省特有民族重要的民俗文化礼仪已经被列入第一批国家级非物质文化遗产名录中，这为土族婚礼文化的传承与发展带来了新的契机，使其以非物质文化遗产而备受世人瞩目。根据联合国教科文组织《保护非物质文化遗产公约》，非物质文化遗产指的是"被各群体、团体、有时为个人视为其文化遗产的各种实践、表演、表现形式、知识和技能及其有关的工具、实物、工艺品和文化场所。这种非物质文化遗产世代相传，在各社区和群体适应周围环境以及与自然和历史的互动中，被不断地再创造，为这些社区和群体提供持续的认同感，从而增强对文化多样性和人类创造力的尊重。在本公约中，只考虑符合现有的国际人权文件，各社区、群体和个人之间相互尊重的需要和顺应可持续发展的非物质文化遗产"。[①] 国务院办公厅《关于加强文化遗产保护工作的意见》的附件《国家级非物质文化遗产代表作申报评定暂行办法》第3条有关非物质文化遗产分类的界定为："非物质文化遗产可分为两类：（一）传统的文化表现形式，如民俗活动、表演艺术、传统知识和技能等；（二）文化空间，即定期举行传统文化活动或集中展现传统文化表现形式的场所，兼具空间性和时间性。非物质文化遗产的范围包括：（一）口头传统，包括作为文化载体的语言；（二）传统表演艺术；（三）民俗活动、礼仪、节庆；（四）有关自然界和宇宙的民间传统知识和实践；（五）传统手工艺技能；（六）与上述表现形式相关的文化空间。"[②] 土族婚礼属于"社会风俗、礼仪、节庆"中的项目，在我国第一批国家级非物质文化遗产名录的10种分类中被列入"民俗"类，这对于土族婚礼的非物质文化价值给予了充分的肯定。虽然土族没有自己的文字，许多传统文化无法从白纸黑字的文字资料来了解，但是，我们可以从活生态的婚礼礼仪行为和口耳相传的婚礼歌中去感知它。婚礼不仅仅是一种个人的生命礼仪，它更加负载着社会文化功能，对于民族文化建

---

① 王文章：《非物质文化遗产概论》，北京：文化艺术出版社，2006年，第445页。
② 王文章：《非物质文化遗产概论》，北京：文化艺术出版社，2006年，第298—300页。

设起着不可忽视的作用。在非物质文化遗产保护的大语境下，加深对土族婚礼传承的研究与了解，是我们开展保护工作的关键，具有十分重要的现实意义和学术价值。本文将主要针对青海互助地区的土族婚礼进行论述，将婚礼的传承方式、谱系以及婚礼在人们生活中的发展状况展示给大家，面对现在婚礼程序日趋简化、传统文化的成分日趋淡化的现状，以期引起人们对于土族婚礼更为广泛的关注。

一、土族婚礼习俗概述

土族一般实行外婚制的通婚原则，同姓同宗之间不能通婚，但是远村之间的同姓可以通婚。互助地区侄女嫁给姑姑的儿子，即侄女随姑姑的情况比较普遍①。同时，遵循本民族之间通婚原则，也有与藏族、蒙古族通婚的，与汉族通婚的较少。从历史上来看，土族经历过抢婚、入赘婚、服役婚、一夫多妻、戴天头等婚姻形态，但总体来说是以一夫一妻制为主体婚姻形态。

土族婚礼程序复杂，主要有提亲、订婚、嫁女仪式、迎娶仪式和回门等，其中嫁女仪式和迎娶仪式是婚礼过程中最为隆重的两部分，几乎都是在歌舞中进行的。婚礼歌名目丰富、曲调繁多，不同场合、不同活动都配有不同的歌曲，互助地区有新娘哭嫁时唱的《哭嫁歌》；女方迎接娶亲人时唱的《纳什金妥偌》②；娶亲人必须以歌作答才能进入女方家门唱的问答歌《唐德格玛》；女方家妇女戏谑娶亲人时唱的《纳什金斯果》③《敬其子》④；迎娶仪式中唱《伊姐》⑤；娶亲人在准备迎娶新娘上马启程时唱的《谢玛罗》；送亲人在前往男方家途中唱的《拉隆罗》；男方家在迎接新娘及送亲人时唱的《东家门前舞蹈歌》；在婚宴上为了答谢媒人而唱的《谢媒曲》；男方为女方家的送亲喜客送行时唱的《海姐》等⑥。安召舞是土族婚礼中必跳的一种集体舞蹈，男女相间排成一个圆圈，由一位能歌善舞的人来领唱、领舞，后面跟随的人伴歌伴舞，一唱众和。安召舞歌词内容以祝福吉祥如意、人畜平安、五谷丰登为主，曲调丰富，有《召应召》、《拉热拉莫》、《索罗罗》、《谢玛罗》等。嫁女仪式要举行摆嫁妆、哭嫁仪式；迎

---

① 李克郁、李美玲、李永翎：《土族婚丧文化》，西宁：青海人民出版社，2003年，第31页。
② 纳什金：土语，即娶亲人。妥偌：土语，即礼物。
③ 主要包括《尖加玛什则》、《从哪里开的人》、《你们拿来的什么》等。
④ 其子：土语，即切成菱形的面片，一种面食。《敬其子》是姑娘们为迎亲人唱的下饭歌。
⑤ 《伊姐》是一种曲调，在迎娶中的几个主要仪式中来唱，如《改发伊姐》《转圈伊姐》《留"夫热"伊姐》等。
⑥ 刘占山主编：《中国民间文学集成互助县卷·互助民间歌谣集》，互助土族自治县民间文学集成编委会1991内部编印本，第49—93页。

娶时主要有迎接娶亲人、戏谑娶亲人、新娘改发、新娘告别启程、男方家迎接、拜天地、谢媒人、宴请喜客、新娘开口、摆嫁妆和抬针线、冠戴新郎、送别送亲喜客等仪式。

二、土族婚礼的民俗传承

传承，是民俗文化的特性之一，是"民俗文化在时间上传衍的连续性，即历时的纵向延续性；同时也是指民俗文化的一种传递方式"[①]。民俗文化一旦形成，就会成为集体的行为习惯，由人们集体承载、享用并传承。土族婚礼作为一种民俗文化现象，是土族先民创造，经过土族人民一代一代绵延不断地传递、继承下来，是长期生活经验的一种文化积淀。土族婚礼不仅形式活泼、载歌载舞，内容也十分纷繁复杂，负载有丰富的土族传统文化信息。

（一）土族婚礼传承的内容

土族婚礼具体内容主要包括婚礼程序的传承和婚礼歌舞的传承。婚礼程序中，一是婚礼程序的顺序、流程；二是每个仪式场地、空间、所需器物的布置；三是参与婚礼人员的活动安排；四是婚礼中必要的物质准备，包括婚宴中的饮食，亲朋好友贺喜的礼物，男方的聘礼，女方的嫁妆，等等。婚礼歌舞中，一是歌曲的传承，包括歌曲的名称、唱词、曲调等；二是婚礼中大量仪式赞词的传承；三是安召舞蹈的传承，包括舞蹈动作、唱词、曲调等。

（二）土族婚礼传承的方式

第一，以参与互动式的大众传承。土族人性情豪爽、能歌善舞，他们喜交朋友、热情好客，凡是朋友相聚、喜庆佳节时总会饮酒助兴，席间还会唱歌跳舞，气氛十分热烈。土族十分注重礼节，参与亲朋好友、同村乡邻婚礼的机会很多，这样就为婚礼的传承提供了很多场合和机会。在人们群体聚会的场合里演、唱、说、舞，大家参与其中，自然而然地耳濡目染、心领神会，逐渐习得婚礼中的仪式、歌舞等内容。土族婚礼主要以这种参与互动式的大众传承方式延续至今。

第二，以家族式传承。这种传承是血缘世代相传的系谱关系，以女孩学唱哭嫁为典型代表。土族女孩从十二三岁开始由其母亲一边教学针线刺绣，一边教学各种婚礼哭嫁词。如果姑娘到出嫁的时候或出嫁后还不会做针线活或不会哭嫁词和哭丧词，就被看作是无能。这样，哭嫁就由母传女的方式世代传

---

① 钟敬文主编：《民俗学概论》，上海：上海文艺出版社，1998年，第13页。

承下来。

第三，以专门从师学艺的方式传承。这种传承是以村落为地缘传承的系谱关系。在村落中都有善唱的名歌手，喜好唱歌的年轻人会自愿向这些人学习，平日农闲之时，有心的年轻人就会前去拜访，学习请教歌唱的技艺。例如互助县东沟乡塘拉村乔生财、乔旦主，现年60多岁，是由本村乔有财传予，乔有财是由丹麻乡伊官布传给，伊官布是从其父亲处传承。

（三）土族婚礼的传承人

民俗文化并不是空中楼阁，它需要载体来继承和传播，这个载体就是人自身，在承载民俗活动的人之中有一部分人较为特殊，他们不仅参与民俗活动，还将这种民俗活动传送给别人，他们拥有丰富的文化知识和参与民俗活动的经验，受到其他人的崇敬和信赖，我们可以称他们为"民俗传承人"，或者"民俗传人"，"他们是民俗文化的主要承载者，是民俗实践经验最丰富的民俗活动操持者和民俗知识的集散者……这些人在民俗行事中都有突出的技艺或才能表现。他们往往是世代相续的民俗文化传人和习俗社会规范的主要支配力量"[①]。婚礼作为礼仪文化与其他民间表演艺术、口头传说、手工艺技能等非物质文化不同，只要是人的正常生活都会经历婚礼礼仪的洗礼，婚礼习俗是集体智慧的结晶，可以说参与其中的所有人都是婚礼文化的传承人，新娘和新郎、新人的父母、媒人、娶亲人、主仪人、前来贺喜的喜客，等等，他们按照自己在婚礼中的不同身份，以相应的语言和行为来扮演着自己的角色。热闹而隆重的土族婚礼以载歌载舞的形式贯穿始终，这是土族婚礼的一大特色，因而最为突出的传承人应该是其中的能歌善舞者，他们是促使婚礼顺利进行的关键人物，如娶亲人"纳什金"、与"纳什金"对歌的阿姑（年轻的土族妇女）、哭嫁的新娘，等等。

三、土族婚礼传承过程中的问题及变迁

据笔者调查访谈了解[②]，婚礼在现今土族人民的生活当中基本保持了传统婚礼仪式的程序和内容。一些细节内容由于时代的不同、经济的发展而发生了

---

① 乌丙安：《民俗学原理》，沈阳：辽宁教育出版社，2001年，第323页。
② 笔者于2007年8月到互助县东沟乡塘拉村进行了田野调查，塘拉村位于互助县政府所在地威远镇东部，距威远镇10千米。塘拉村有5个生产队（拉马官、塘拉、上拉洞、西山根、尕五队），276户人家，人口1200多人，土族占总人口的84%，其余为汉族、藏族等，塘拉村人均纯收入为2270元左右，塘拉村是互助县土族村落经济发展速度中等的村子。

变化，这主要是相关婚礼中物质民俗文化，如婚宴中的饮食、亲朋好友贺喜的礼物、男方的聘礼、女方的嫁妆等等。一些仪式本身所蕴含的文化意识很多人（尤其是年轻人）已经无法解释，主要是相关具体仪式中精神象征物，如男方送给女方的白色母羊，迎娶时男方家院中燃起的火堆等。相对来说，婚礼中变化较大的是婚礼歌的传承，年轻人中能够唱婚礼歌的人数相对以前少了许多，面对土族婚礼中最具特色的婚礼歌，其传承人数逐渐减少，直接影响了婚礼文化的完整传承，使婚礼文化具有濒临失传的危机，这些最具特色的内容和形式在婚礼中有逐渐淡化的趋势，尤其是土族婚礼歌在青年一代里的传承令人担忧。

面对土族婚礼传承过程中的变迁，我们探究其原因，认为是由内因和外因共同影响所致。首先，从这些婚礼文化本身来说，土族婚礼歌的曲调极为丰富，唱词内容也十分复杂，要熟悉掌握它并非一朝一夕所能办到，需要一定的功夫和能力来学习，婚礼歌中一些内容是针对具体婚礼仪式的，因而它的演唱时空就会受到限制，不能随时随地反复歌唱来加深和扩展人们对它的印象。现在年青一代价值取有所向转变，追求的是时尚婚礼，古老的土族婚礼在他们眼里显得复杂、难学，认为与其学习婚礼歌倒不如出去打工挣钱，继承和保护民族文化遗产的意识逐渐淡薄。其次，究其外部原因，应该说土族婚礼与其他非物质文化一样都面临的共同处境，本民族或者本土的文化与主流文化、外来文化、现代文化的交流碰撞时，造成了婚礼中一些仪式的逐渐消亡。随着知识经济和电子化时代的到来，经济的全球化引领文化全球化，使当地本土文化在外来文化的影响和冲击下发生各种变化，它的直接后果就是丰富多彩的现代文化使当地人们受到强烈刺激。同时，因经济落后而导致的自卑感以及对新事物的好奇心会促使一些人尤其是青年人，对这些新鲜时髦的文化产生浓厚的兴趣，导致本土文化在与外来文化的竞争中丧失大量原有的受众群。当经济迅猛发展到每个地域后，相应而来的是物质消费方式和生存观念的巨大改变，从而导致许多民族传统文化传承人的大量减少，或者传承人青黄不接、后继乏人[①]。土族婚礼习俗作为一种民族民俗文化现象，在"文革"中受到了严重的挫折，包括土族婚礼在内的一些民族风俗被当成"四旧"而禁止，演唱婚礼歌的传承人受到迫害。党的十一届三中全会后，党的民族政策重新得到落实，土族婚礼歌得以恢复。但因受强势文化的激烈冲击和全球经济一体化思潮的影响，会讲土语和使用土语的人相对减少，而且土族自古没有文字，没有留下可继承的文字性东西，

---

① 王茜：《西部少数民族口传与非物质文化传承及发展的几点思考》，《中央民族大学学报》（哲学社会科学版），2007年第3期。

再加"文革"十年的禁传,导致土族婚礼中的很多东西濒临失传。虽然于1979年创制了土族文字,并搜集整理了《互助土族婚礼习俗》,但也因种种原因未能在群众中普及开来,所以利用文字传承土族婚礼习俗的人也寥寥无几。这一切就是造成土族婚礼濒临失传的社会历史文化背景[①]。随着时间的流逝,"文革"前的传承人越来越老,大部分已经去世,中年人知道的也不多,年青的传承人又寥若晨星,有些青少年根本听不懂演唱什么。因而继承和保护土族婚礼势在必行,现急需采取可行的保护措施,使包含大部分土族民间文学内容的这一土族婚礼习俗能够得到保护和传承下去。

四、保护土族婚礼文化传承的核心

作为非物质文化遗产,婚礼文化不同于口头传统、传统表演艺术、传统手工艺技能等非物质文化,它是人生角色变换的重要礼仪,社会功用性非常强。它的传承范围更为广泛,不仅局限于某些人群当中。它是一种更为综合性的文化表现,整合了人们物质、精神、制度等多方面的文化因素。因而婚礼文化是否能够完整地传承发展,这并不是一个简单的政策性问题,也并非是专家学者研究和解读就能解决的问题。作为活生态的民间习俗,婚礼文化的传承与发展要依靠民众的积极参与是关键。土族婚礼与民众的现实生活密不可分,也真实地反映了人们的某些文化需求,因而具备一个良好的文化生态环境是民众积极参与所必需。民众是文化遗产的创造者、传承者,是文化遗产的真正主人。民众又是社会中的人,不脱离民族特殊的生活生产方式,必须存活于一定的文化生态环境中。任何一种文化事象的传承与发展都离不开特定的文化生态环境。文化事象、民众和文化生态环境之间是相互依存、不可分割的关系。

首先,土族婚礼作为非物质文化遗产源自于民间、存在于民间,并有其特定的文化渊源。这些文化渊源与所在的地方、环境有着内在的固有联系。抛开具体环境,无异于使鱼儿离开了赖以生存的水,将使文化遗产成为无源之水、无本之木。因而文化遗产一旦脱离其本土环境,其真实性即可能受到损害。可以说土族婚礼文化的传承与发展离不开良好的文化生态环境。作为婚礼的文化生态环境至少应该包括生育制度和观念、经济生产状况,对于土族婚礼来说,民族语言、口头民间文学、民间音乐、民间舞蹈以及信仰的传承和发展都是婚礼能够完整传承发展下去的文化因素,它们是婚礼赖以生存的土壤,它们共同

---

① 资料来源于青海省互助县申报非物质文化遗产代表作的申报书,即《国家级非物质文化遗产代表作申报书·互助土族婚礼》。

构筑了婚礼传承发展的文化生态环境。很难想象如果这些文化因素从民众的日常生活中消失之后，婚礼文化是否会继续发展。尤其是独具特色的土族婚礼歌和安召舞是民间文学、民间音乐和民间舞蹈的重要组成部分，这些传统文化如果能够活跃于人们日常生活之中，那么，独具特色的婚礼仪式的传承也就成为必然之事。因而如何使人们对民族语言、口头民间文学、民间音乐、民间舞蹈、信仰等这些传统文化继续保有足够的传承热情，认识到即便是商品经济的现代社会，传统文化依然是其坚不可摧的文化基石，继承和发扬传统文化是至高无上的荣誉和义务，是非常重要的。对其中失去活力的、行将衰亡的文化事象，要完整地记录保存下来；对尚有活力的文化事象，则要使其更好地存活，保护其赖以存活的土壤，使在现代社会传承下去。可以通过各种媒体广泛开展宣传工作，相关文化部门可以组织开展具有高水准、高品位的传统文化展览、展示，吸引更多群众参与到非物质文化遗产的保护工作中来。作为文化研究者，对土族婚礼习俗进行广泛而深入的调查、记录和分析，从科学的角度对它的文化内涵进行阐释和探讨则更是责无旁贷之事。

其次，民众是婚礼文化的传承和发展必要创造者和传承者，尤其是一些重要的民间艺人和名歌手更是婚礼文化传承的关键人物，确认他们在婚礼文化中的传承作用是非常重要的。国务院办公厅《关于加强我国非物质文化遗产保护工作的意见》中，特别强调："建立科学有效的非物质文化遗产传承机制。对列入各级名录的非物质文化遗产代表作，可采取命名、授予称号、表彰奖励、资助扶持等方式，鼓励代表作传承人（团体）进行传习活动。通过社会教育和学校教育，使非物质文化遗产代表作的传承后继有人。"[1]保护传承人是传承机制中非常重要的一个方面。注重保护非物质文化遗产的宣传工作，我们可以通过对一些重要传承人进行登记造册，不但在经济上给予必要的补助，同时还赋予他们相当高的社会地位。做好相关的宣传工作，并鼓励他们培训年轻一代的传承人，最大限度地调动年青一代参与的积极性。在全社会逐渐形成自觉保护民族民间文化的良好氛围。

总之，土族婚礼作为非物质文化遗产是不可再生的文化资源，需要人们共同珍惜和保护，最根本的核心是对其文化生态环境以及文化传承者进行本土性与整体性的保护。

---

[1] 王文章：《非物质文化遗产概论》，北京：文化艺术出版社，2006年，第394页。

"那达慕"的传承与创新研究

——以青海省海西蒙古族藏族自治州"那达慕"为例

贺喜焱

"那达慕",蒙古族语,有"游戏"、"娱乐"、"游艺"等意思,是蒙古族最为重要的传统节日。其节日主题以蒙古族传统游牧文化和民间信仰为基础,逐渐演化为集体育竞技、交际娱乐、服饰、饮食、歌舞、仪式等内容于一体的盛大集会,成为民族文化传衍、交流的重要途径和载体。节日的产生与人们的历法、生产生活、宗教祭祀等多种因素息息相关,是民族集体智慧的结晶,也是情感维系、共同记忆的表现。"进入新世纪以来,如何传承和弘扬传统节日文化问题,成为党和政府、学界及广大人民群众共同关心、关注的重大社会、文化课题"[①]。蒙古族作为我国北方草原游牧文化的主要承载民族,其最有代表性的节日便是那达慕。学术界对此的研究较为丰富,但主要集中于内蒙古的那达慕研究,且以探源、体育竞技等为主要研究视角,对于那达慕在新时期的传承与发展方面探讨不够。本文选取青海省海西蒙古族藏族自治州蒙古族那达慕,以2013年8月海西蒙古族藏族自治州第六届那达慕大会的第一手田野调查资料为基础,试图分析和探讨新时期少数民族传统节日的传承发展、自我调适与自主创新。一方面为全貌了解和研究那达慕做有益补充;一方面也为如何保持特色、传承并弘扬少数民族传统节日的文化路径选择做有益尝试。

一、海西蒙古族藏族自治州那达慕的生成背景

海西蒙古族藏族自治州地处青海省西部,因其地理位置位于青海湖以西而得名"海西"。北邻甘肃省酒泉市,西接新疆巴音郭楞蒙古自治州,南与青海省内玉树、果洛藏族自治州相连,东与本省海北、海南藏族自治州相毗邻,是青、甘、新、藏4省区交往的中心地带,也是内地通往西藏的重要通道,如今这里更是青藏铁路、青藏公路、青新公路的中心和交汇地带。中国"四大盆地"之一的柴达木盆地构成了海西蒙古族藏族自治州地域的主体,这里自然资源较为丰富,发展农业和牧业,尤其是草场较为广阔,成为游牧文化发展的基础条件。根据2010年海西蒙古族藏族自治州第六次人口普查数据,全州常住人口为

---

① 王文章:《弘扬传统节日文化现状与对策:中国传统节日文化调研实录》,北京:文化艺术出版社,2012年,第1页。

489 338 人，常住人口中，汉族人口占 66.01%，各少数民族人口占 33.99%。其中，蒙古族占 5.53%，藏族占 10.93%，回族占 13.45%，土族占 2.03%，撒拉族占 0.95%，其他少数民族占 1.1%。蒙古族是世居青海的民族之一，进入青海大致经历了蒙元、明、清 3 个时期，而在明代为盛。现今生活在海西蒙古族藏族自治州的蒙古族大多是和硕特蒙古。青海作为我国蒙古族的主要分布地区之一，现今生活在海西蒙古族藏族自治州和河南蒙古族自治县的蒙古族大多是和硕特部蒙古族，是清卫拉特蒙古四部之一。这里的蒙古族因长期与汉、藏、土、回、撒拉等民族杂居，风俗习惯既有蒙古族的特点，也有不同于内蒙古、新疆的蒙古族的地方特色。蒙古族由于长期与其他民族杂居与交流，其民族文化具有很强的地域特色，这也突出地反映在那达慕大会中。

二、海西蒙古族藏族自治州那达慕概貌

那达慕的源起与蒙古族游牧文化和北方原始宗教萨满教的敖包祭祀活动关系密切，因而作为蒙古族独特的民族文化象征一直都伴随着各地蒙古族延续发展。"'那达慕'在青海蒙古族也有较长的历史，最早他们以'祭海'、'祭敖包'的形式，于每年七、八月牧草茂盛，牛羊肥壮时举行。"①那达慕在青海蒙古族的传承应该与早期青海蒙古族 29 旗的祭祀青海湖，以及协商会盟事宜关系密切。由于缺乏文字记载资料，海西蒙古族藏族自治州蒙古族那达慕在历史上的展演状态难以在此详尽叙述。据笔者调查了解，新中国成立后，在海西蒙古族藏族自治州各地曾陆续恢复并举办了一些小型那达慕，但是没有形成规模。直到 20 世纪 80 年代才真正走上复兴之路②。海西蒙古族藏族自治州蒙古族那达慕规模类型以承办主体来分主要有三种：第一种是牧民家庭举办的小型那达慕，这种主要看家庭的财力而定，邀请周边的牧民好友参加，一般是因给老人祝寿或举行婚礼而举办。第二种是苏木（即乡镇）与苏木合办的中型那达慕，这种一般都是官方组织，本地牧民参与。第三种是由州政府举办的大型那达慕，这种大规模的那达慕参与人数非常多，地域也不限于本地，其他省份的蒙古族都被邀请前来参加，大会内容更加丰富，影响力也较为广泛，本文就主要以这种大规模的那达慕为主要探讨对象。早期比较有影响力的中大型那达慕主要有两个：一个是 1982 年海西蒙古族藏族自治州人民政府举办的首届那达慕大会，主要以物资交流形式为主。另一个是 1983 年乌兰县人民政府举办的乌兰县首届那达慕大会。但这两次大会都没有形成定期的后续发展。就大型那达慕在海西蒙古族藏

---

① 跃进：《国家级非物质文化遗产：海西蒙古族"那达慕"》，《柴达木开发研究》2013 年第 5 期。
② 资料来源于笔者对海西蒙古族藏族自治州群众艺术馆跃进研究馆员的访谈。

族自治州的举办来看，其历史可以追溯到1988年"海西蒙古族藏族自治州第一届'那达慕'大会"，此后每4年一届，一直延续至今，笔者将所搜集历届资料以表格形式列出如表1所示。

表1　1988—2005海西蒙古族藏族自治州历届那达慕大会情况

名称	时间	地点	主办	主要内容
海西蒙古族藏族自治州第一届"那达慕"大会	1988年8月5日	都兰县巴隆草原	都兰县政府	摔跤、赛马、射箭、赛骆驼、蒙古象棋
海西蒙古族藏族自治州第二届"那达慕"大会	1992年8月1日	乌兰县西里沟滩	乌兰县政府	摔跤、走马、跑马、射箭、赛骆驼、蒙古象棋、布格（即蒙古民间棋）、民歌、现代歌曲、拔河、诗歌朗诵等
海西蒙古族藏族自治州第三届"那达慕"大会	2001年8月8日	德令哈市戈壁草原	德令哈市政府	摔跤、赛马、射箭、赛骆驼、蒙古象棋、布格、民间手工艺、服饰和蒙古包评选活动等
海西蒙古族藏族自治州第四届"那达慕"大会	2005年7月26日	格尔木市金水河滩	格尔木市政府	摔跤、走马、布格、跑马、射箭、赛骆驼、蒙古象棋、民间手工艺、民歌、现代歌曲赛、骆驼赛、书法、摄影、骏马装饰等比赛内容
海西蒙古族藏族自治州第五届"那达慕"大会暨第七届柴达木"孟赫嘎拉"文化节	2009年8月8日	大柴旦湖畔		那达慕活动：摔跤、赛马（分走马赛和跑马赛）、射箭、还有蒙古象棋、赛骆驼、长调比赛、布格（蒙古围棋）、拔河比赛。孟赫嘎拉活动：服饰、祝词、说唱、采词、诗歌、火镰点火、民间手工艺展、家庭生产工具制作赛、好来宝及采词赛、拉利（情歌）、搓绳赛、火镰点火赛、都吾尔（抛石打鞭）、达洛表演赛等
海西蒙古族藏族自治州第六届"那达慕"大会暨第十一届"孟赫嘎啦"文化节	2013年8月8日	都兰县巴隆乡科尔村呼德那木哈草原	都兰县人民政府	那达慕活动：摔跤、赛马（分走马赛和跑马赛）、射箭、还有蒙古象棋、赛骆驼、长调比赛、布格（蒙古围棋）、那达慕省级传承人收徒仪式。孟赫嘎拉活动：服饰、祝词、说唱、长调、民间手工艺及家庭生产工具展、拉利（情歌）等。另外，大会期间还有杭盖乐队的专场文艺演出、篝火晚会以及放映电影等活动；同时还在大会期间省内外企业举办经贸洽谈及签约式，举办"都兰县羊产业发展论坛"等内容。

三、海西蒙古族藏族自治州那达慕的传承与创新

传统节日作为民众生产与生活的智慧、能力和意识的集中反映，它既是民众长期集体传承、积累的结果，也会随着时代、社会的发展而进行自我调适。我们现存的很多传统节日所展现出来的民俗形态也并不是一开始就已经固定下来成为我们所传承的节日，而是经历了漫长的发展变化和调适才逐渐相对稳定地传承下来。因此，我们在传承传统节日的时候不能否认传统具有相对演化和调整的内在可能性。对于传统节日的传承与创新探讨是传统节日能够可持续发展的必要途径。

那达慕作为蒙古族的传统节日，它的延续与发展依托于民俗文化的传承机制，传承是其持续发展的前提条件；同时，那达慕所展现出的民俗活动与形态也经历了逐渐演化和调适的过程。"'男儿三项'竞技最初与古代部众的生产劳动、社会生活直接融合在一起，用于人们锻炼体能、试探马的速度、练就优秀射手，后来才演变成为独特形态的'那达慕'，并在发展'那达慕'的过程中，还和祭敖包和生产劳动集会结合进行，近代开始才形成独具特色的'那达慕'大会的形式"①。如此来看，那达慕的传承与发展就是在不断适应生活、服务生活和改造生活的创新过程。民俗传承论认为民俗的传承"包括民俗的一切传的型式和行动方式。它既包括由一代传给另一代的传，也包括由一个局面向另一个局面的传，还包括在横的方向直接或间接的传递"②。并且，"在探索传承的法则性本质时，不能不关注传承人或者传承者、民俗传人的主体位置"③。本文将从那达慕的传承机制，即传承内容、传承人与传承方式等方面来探讨海西那达慕的传承与创新。

（一）那达慕活动内容的传承与创新

传承内容是那达慕传承的外在表现形式，作为公共集会和节日，那达慕的传承内容反映了海西蒙古族藏族自治州蒙古族传统游牧生产与生活，同时也体现了海西蒙古族藏族自治州和硕特蒙古的地方特色。并且在整个那达慕活动内容既保持了蒙古族传统那达慕活动的核心内容，又与海西蒙古族藏族自治州特定时空相适应而创新发展出一些不同于其他蒙古族聚居区的活动内容。第一，在时间和空间的传承上，从海西蒙古族藏族自治州举办的第一届那达慕大会以

---

① 白红梅、额尔敦巴根：《蒙古族"那达慕"文化溯源》，《论草原文化》（第6辑），呼和浩特：内蒙古教育出版社，2009年，第289页。
② 乌丙安：《民俗学原理》，沈阳：辽宁教育出版社，2001年，第284页。
③ 乌丙安：《民俗学原理》，沈阳：辽宁教育出版社，2001年，第288页。

来，一直都秉承了那达慕与蒙古族游牧生产方式密切相关特点，在海西蒙古族藏族自治州牧草茂盛，牛羊肥壮时举行，日期均选择在公历的 8 月；仪式活动场地、空间的选择都以水草丰盛的海西蒙古族藏族自治州各大草原为主。第二，体育竞技活动为核心的内容传承上，那达慕的核心活动依然以传统的"男儿三艺"，即射箭、摔跤和赛马 3 项技能为主，突显了"那达慕"与蒙古族游牧生产生活方式的特色。但同时海西蒙古族藏族自治州还在活动内容上创新设立了赛骆驼项目，这个项目突出了海西蒙古族藏族自治州柴达木双峰驼①在蒙古族日常生活中的生产优势和重要地位，使那达慕更为贴近海西蒙古族藏族自治州蒙古族牧民的日常生产与生活。第三，为其他传统蒙古族文化的展示提供平台。从第二届海西蒙古族藏族自治州那达慕大会开始，就将活跃于蒙古族日常生活中的其他传统文化，如蒙古象棋、布格、民间手工艺、服饰、蒙古包评选、骏马装饰等活动加入那达慕中。这样，那达慕的活动内容从较为单一的体育竞技扩展为丰富多样的蒙古族传统文化展示。并且参与那达慕活动者不再仅限于男性，使更多民众可以参与其中，增强了那达慕民众参与的广泛性。第四，现代元素文化的展演及经贸往来、政策宣传的融入。进入 21 世纪的那达慕在传统内容的基础上都加入了一些现代元素文化的展演，如现代流行歌舞的表演、放映电影等文化形式。另外在经济文化交流、政策宣传等方面提供了相应的场地和空间，促进了当地的经济文化交流。

（二）那达慕传承人及传承方式的传承与创新

传承人与传承方式是那达慕非常重要的传承机制，传承人是那达慕传承发展的文化主体保障，传承方式是传承人得以传承那达慕活动内容的具体途径。就海西蒙古族藏族自治州那达慕的传承现状来看，传承人与传承方式既秉承了传统，同时也随着时代的变迁而进行了自我调适。

首先，传承人方面。传承人对于那达慕的传承来说至关重要，一般来说，传承人要拥有与那达慕相关的文化知识和参与那达慕活动的经验，并且这种能力受到其他人的崇敬和信赖，"他（她）们是民俗文化的主要承载者，是民俗实践经验最丰富的民俗活动操持者和民俗知识的集散者……这些人在民俗行事中都有突出的技艺或才能表现。他们往往是世代相续的民俗文化传人和习俗社会规范的主要支配力量"②。对于那达慕这样的综合性大型节庆活动而言，要确定其

---

① 柴达木双峰驼是集产绒、产毛、产乳、产肉及役用等多种经济形状于一体的优良地方品种，海西蒙古族藏族自治州是柴达木双峰驼的主产区，主要分布于州内乌兰、都兰、格尔木、德令哈等地。

② 乌丙安：《民俗学原理》，沈阳：辽宁教育出版社，2001 年，第 323 页。

传承人应从具体的传承活动内容来考虑,如能突出掌握摔跤、赛马、射箭、赛骆驼、蒙古象棋、民间手工艺等技艺的人。自 2003 年联合国教科文组织提出保护非物质文化遗产的理念,我国 2006 年起相继有许多文化遗产申报、立项。海西蒙古族藏族自治州于 2008 年就已确立了省级非物质文化遗产项目民俗"蒙古族那达慕"代表性传承人,2009 年 6 月海西那达慕被列入第一批国家级非物质文化遗产扩展项目名录,使得海西那达慕的发展前景和传承地位得到官方的确定和认同。这就突破了传统意义上传承人的自然认定和民间认定。在笔者田野调查的第六届那达慕大会中还专门设立一项"国家级项目那达慕省级传承人收徒仪式",此次收徒仪式共有 24 人确立为那达慕传承人的徒弟,有文化工作者、电视工作者、牧民群众、大学生等等,这些人都热爱那达慕文化,愿意传承发展那达慕文化。收徒仪式正式进入那达慕大会又成为那达慕传承人的确立与培养的创新方式。

其次,传承方式方面。那达慕主要的活动内容都具有一定的技艺性展示,如"男儿三艺"、传统服饰、各种传统棋类、民间手工艺等。因此,在那达慕的传承上并非以耳濡目染和日积月累的方式就能传承,这些技艺都需要专门学习才能传承和延续。笔者在第六届那达慕大会上访谈到那达慕传承人乌席勒[①],他认为那达慕文化是蒙古族文化的精髓和概括,一个传承人是无法全面掌握那达慕文化,那达慕涉及歌舞、竞技、手工艺、编织等很多门类。以他多年的那达慕组织和那达慕文化研究经验,他认为那达慕的传统传承方式主要有两种:第一种是家族式传承。这种传承是血缘世代相传的系谱关系,以摔跤、民歌、手工艺为典型代表。第二种是专门拜师学艺的方式传承。这种传承是按照个人技艺的高低来均衡,绝大部分是个人按照自己的喜好拜师传承[②]。在这两种方式中对那达慕技艺的具体传授通常是以口耳相传、实际操练来进行。但是,随着时代变迁和科学技术的革新,其具体传授途径也突破了师徒之间面对面、口耳相承、实际演练等传统方式,融入了许多时代科技元素。例如传承人乌席勒 2010 年以来自己成立了那达慕文化传习所——柴达木民族文化传播中心[③],中心成员主要是非物质文化遗产传承人和广大民族文化艺术爱好者来组成。传习所以社会组织的方式来传承那达慕相关的传统文化,建立了一系列相关部门,如柴达

---

① 乌席勒:蒙古族,国家级非物质文化遗产扩展项目那达慕省级代表性传承人。
② 资料来源于笔者对传承人乌席勒的访谈。
③ 柴达木民族文化传播中心是社会组织,非企业法人单位。注册资金为抵押个人房屋、汽车等登记,办公场所等均为房屋租赁,经费除为政府制作专项项目外,均为个人投资,没有营利项目。

木民族文化网站[①]、拍摄录制部[②]、生产性保护部[③]、传习部[④]等。以网络、音像、影视等各种现代传播方式全方位记录、传承那达慕文化，创新并丰富了那达慕传承方式的具体传授途径。

四、结　语

纵观六届海西蒙古族藏族自治州那达慕大会，其活动内容不仅保持了蒙古族传统文化的特色和精髓，还不断添加了具有时代特征和地域特色的文化新元素，一方面对于传统文化的传承具有十分重要的作用，另一方面也推广了民众的参与性，保证了那达慕传承发展的基本要素。在那达慕举办的组织形式上，既有政府地位的强化，同时由于蒙古族民俗文化精英力量的融入，也提高了那达慕举办规模和影响力的社会认可度。作为青海蒙古族的民族记忆，海西蒙古族藏族自治州那达慕在传统核心内涵传承的基础上，不断进行自主创新，赋予了那达慕时代生命力，并以一种潜移默化的方式展示了青海蒙古族的精神世界，成为海西蒙古族的民族认同标识和民族凝聚象征。

---

① 网站主要以网络宣传传播非物质文化遗产项目，广泛地传承发展非物质文化遗产项目，推广生产性保护项目及其产品。

② 拍摄录制部主要以录制濒危项目、保护项目等为主，传承发展非物质文化遗产项目；编辑非物质文化遗产图书、音像、影视等。

③ 生产性保护部主要组织"那达慕"文化传承人、民间手工艺传承人，民间工艺制作人员进行民间手工艺的生产性保护工作。

④ 传习部主要以德都蒙古方言、文字和德都蒙古民歌、长调音乐为传习重点，由青海蒙古族长调音乐传承人、德都蒙古方言与语言老师担任德都蒙古语教师进行授课传习。

从史诗《格萨尔》看藏族盟誓习俗

马都尕吉

藏族是一个有悠久历史和文化的民族,但其有文字记载的历史却只有1400年左右,直至第33代藏王松赞干布时创制了藏文。此前,藏族人民就用口头流传的神话、故事等讲述自己的"历史",史诗便是其中的一种重要形式。史诗作为一个民族"形象化的历史",深刻反映了人类"童年时期"的社会生活。它伴随着民族形成的历史而生长,是该民族历史发展过程的文学记录。这正是我们以史诗为佐证,寻觅藏民族史前文化的根据所在。藏族英雄史诗《格萨尔》艺术地再现了藏族先民的社会生活,成为认识藏民族丰厚文化底蕴的一部大百科全书,与人类原始文化关系密切且曾在藏族历史发展的一定时期产生过重大作用的盟誓习俗,亦可从中捕其踪影。

《格萨尔》以纷繁庞杂的古代部落战争为主要内容,描写了主人公格萨尔及岭国众英雄反击入侵、征战降服几十个部落邦国的战争故事。在军事民主制时代,战争虽是解决争端、掠夺财富的主要手段,但在格萨尔完成其英雄业绩的过程中,除主要采取战争的方式外,盟誓也是其处理对内、对外关系的一项重要方式。"盟"一般指书面性的缔结同盟时所订立的条约。"誓"指定决心、立誓愿的话。"盟"、"誓"两字常联合使用,从这两个字的结构看,"誓"带一"皿"字底,有结盟时杂血于皿之意;"誓"以"言"作底,表示结盟立誓之话。在藏文中关于"盟哲"一词在《藏族古代法律文书汇编》中有这样的记载,藏族先民将以面部正中的鼻子为喻的"盟誓"作为辨是非、分真假的方法[1]。敦煌文献《狩猎伤人赔偿律》载:"无论身亡与否,放箭人起誓非因挟仇有意伤害,可由十二名担保人连同本人十三人共同起誓。若誓词属实,其处置与《对仇敌之律》同,查明实情,中箭人身亡,则赔偿三百两……"[2]可见,此时盟誓已被写进律例,参与到政治生活中。吐蕃时期,盟誓习俗得到了最为频繁的运用,成为当时统治者扩疆拓土、巩固政权的一项强有力的措施。时至今日,藏族同胞仍保留了先民赌咒发誓之遗风。

---

[1] 王双成:《藏族"盟誓"习俗探微》,《西藏研究》1998年第2期。
[2] 丹珠昂奔:《藏族文化发展史》,兰州:甘肃教育出版社,2001年,第600页。

一、盟誓之要素

盟誓由四大要素组成：盟誓的主体，盟誓的目的——特定事件，盟词和仪式。①《格萨尔》中对盟誓习俗的表现可谓淋漓尽致。

（一）盟誓的主体

盟誓的主体即指与盟双方，大致有3种形式。

（1）个人之间的盟誓。《格萨尔》中讲，格萨尔降服魔王鲁赞的妹妹阿达拉茂，她向格萨尔求饶并表示愿意以身相许后，格萨尔说道："那么，姑娘从今日起，我说声打，你能不能打你父亲的头？我说声跑，你能不能跑向地狱去？我说声要你的心头血，你能不能也给我？若能答应这样做，你就来发誓！"听了这话，阿达拉茂请魔地神灵作证，向格萨尔发了誓。格萨尔也以岭地神灵为证发了誓②。这类形式主要是指社会成员个人之间相互承诺、起誓。值得一提的是，在藏语中妻子称为"娜玛"，字面直译则为"盟女"。可见藏族人将婚姻也视为是一种盟约关系。吐蕃奴隶制时期，这种盟誓形式带上了鲜明的阶级烙印，王臣间的盟誓常是赐盟与请求赐盟的不平等关系。《敦煌本吐蕃历史文书》中记载的赞普与大臣韦·义策盟誓，可从王臣间的对歌中看出两人盟誓时地位之悬殊。"我若是抛弃你啊，苍天定会保佑你；你若是背弃我啊，我会进行惩罚也"。歌毕，韦·义策和歌作答，歌云："……大王所吩咐之语，任何时候都立即遵命；鸡是要展翅了，最终还是落在架上暖和。"③此时，与盟双方的不平等性一目了然。"有时，王与大臣，誓同生死。其王死时，亦皆自杀，同葬一冢"④。大臣参盟的结果只是讨得一死，与王"同葬一冢"，可见，盟誓的性质已有所变化。

（2）群体间的盟誓。《格萨尔》里岭国在与其他众多邦国的征战中，每征服一个部落，都要与其赌咒结盟。作为盟友的被征服部落，在岭国与其他部落发生战争时，都须听从格萨尔的调遣，为岭国出征。此时，格萨尔居于盟主的地位，与盟双方是不平等关系。如《霍岭大战》中岭国英雄嘉擦阵亡，格萨尔欲杀霍尔大将辛巴·梅乳孜为兄报仇时，附有嘉擦灵魂的鹤子说："辛巴当初一见我就逃跑，只因我穷追不舍，所以就违背了我们两人前世誓约，招来杀身之祸。"⑤霍尔归服岭国后，格萨尔要出征姜国，需召辛巴作先锋时，他立即答应，

---

① 何峰：《〈格萨尔〉与藏族部落》，西宁：青海民族出版社，1995年，第40页。
② 王兴先：《格萨尔文库》第1卷，兰州：甘肃民族出版社，2000年，第37页。
③ 王尧、陈践：《敦煌本吐蕃历史文书》（增订本），北京：民族出版社，1992年，第164页。
④ 根敦琼培、法尊大师：《白史》，西北民院研究所1981印行内部资料本，第32页。
⑤ 王兴先：《格萨尔文库》第1卷，兰州：甘肃民族出版社，2000年，第509页。

欣然前往，为岭国取胜立下了赫赫战功。《祝古兵器宗》中，岭国对祝古作战时，亦有霍尔、门国、姜国等十余个邦国在格萨尔的统领下参战。正如恩格斯所说："亲属部落间的联盟，常因暂时的紧急需要而结成，随着这一需要的消失即告解散。"① 而这种联盟，正是以"盟誓"的形式结成。

（3）个人与群体间的盟誓。这类盟誓的主体，一方是个人，另一方则是群体或以个人为代表的群体。《格萨尔》霍岭大战中，超同贪功不成反被俘，随即叛变投敌，与白帐王"两人赌咒发誓、同喝热血、同吃生肉，从此勾结在一起"②。这里，白帐王即是霍尔国的代表，他两人的盟誓实质上是超同与霍尔国的盟誓。

可见，与盟双方往往都是为各自的目的而结盟起誓。上述盟例中，格萨尔为了出征姜国，要晓勇而熟悉地形的辛巴·梅乳孜做先锋，辛巴作为战败方的将领只求"今日来到大王前，最好能收我作臣，其次牧马做奴仆，最差只求留条命"③。而超同与白帐王则是一方为篡夺岭国的王位，一方为抢珠牡而"赌下今生誓死咒，立下来世不变盟"④。

（二）誓　词

誓词一般涉及为何发誓、盟誓双方各自对对方的承诺及需承担的义务、背盟弃誓时将遭到的惩罚等内容。现代社会，藏族群众间，或为表白自己，或为解纠纷、辨是非等相互间起誓时，有的以当地寺院为起誓对象，如甘肃夏河地区藏族发誓时常说"喇荣贡吧"（拉不楞寺）或"扎仓"（经院），有的以父母为起誓对象，如"阿母哈"（母亲的肉）等，还有以佛经等为起誓对象的，如"噶吉"（《甘珠尔》）等。新中国成立后，有些藏区还出现以毛主席为起誓对象的。如今，虽然人们已不大相信不守誓言会遭报应或受惩罚，但这些誓词似乎已成为口头禅，仍挂在嘴边。

（三）盟誓的仪式

盟誓仪式有简有繁，有时只要请神灵为证，说出誓词即可；有的则还要刑牲，饮血啖肉。藏族盟誓时刑牲的习俗在许多藏汉典籍中均有记载。《旧唐书·吐蕃传》载，"赞普……与其臣下一年一小盟，刑羊狗猕猴，先折其足而杀之，继裂其肠而屠之，令巫者告于天地山川日月星辰之神云：'若心迁变，怀奸反覆，神明鉴之，同于羊狗。'三年一大盟，夜于坛之上与众陈设肴馔，杀犬马牛

---

① 恩格斯：《家庭、私有制和国家的起源》，北京：人民出版社，1972年，第91页。
② 王兴先：《格萨尔文库》第1卷，兰州：甘肃民族出版社，2000年，第131页。
③ 王兴先：《格萨尔文库》第1卷，兰州：甘肃民族出版社，2000年，第515页。
④ 王兴先：《格萨尔文库》第1卷，兰州：甘肃民族出版社，2000年，第130页。

驴以为牲，咒曰：'尔等咸须同心戮力，共保我家，惟天神地祇，共知尔志。有负此盟，使尔身体屠裂，同于此牲。"①《格萨尔王传·卡切玉宗之部》中讲，超同叛逃卡切王，虽立下誓言，但为防其诈降，猛石（卡切大将）像闪电一般，把一个约4岁的野牛的角抓住，把头扭住转了3圈，又向石头上猛地一碰，碰死后拉了下来，让手快的人来解剖，超同和卡切的官长大臣们，每人吃下了3块红肉，每人喝了3口血，然后用牛肠把大家的手和头拴到一起，在湿牛皮上踏蹂，表示在牛皮上立了盟誓，并写下了永不违背的誓约。誓约用黄金写成，上面言明一旦卡切占领岭国之后，应委托超同当岭国国王，假如得不到岭王的土地，也要把达容的百姓、财产及属部，全部献给卡切王②。这里史诗虽用了极度夸张的文学语言，但却是对藏族先民盟誓刑牲习俗的真实反映。

盟誓刑牲作用有二：一是用牺牲来祭祀神灵，称作"红祭"，与藏族的原始信仰有关；二是为了震慑和引起警戒，提醒与盟双方，如若背盟弃誓，神灵也不会放过，并将会遭到报应"使尔身体屠裂，同于此牲"。

二、盟誓之根源

（一）思想根源

藏族先民信仰以"万物有灵"为主要内容的苯教。"崇拜大自然是原始社会蒙昧时代大自然对人们的物质生活和精神生活控制的结果。正是在这种控制下才产生了原始神话和原始宗教"③。随着佛教的传入以及人们对佛教的信仰，佛教所讲的生死轮回、善恶报应等在他们的意识深处扎下了根。所以他们认为，弃誓背盟，逃不过神佛的眼睛，必将会遭到惩治。对这些宗教神灵的敬畏，是盟誓的约束力得以产生的思想根源。

对语言魅力的崇拜和对语言威力的敬畏是"盟誓"产生和赖以生存的思想基础④。在原始人类看来，语言与自然界其他事物一样，也具有相当威力，可以招福致祸。故而，藏族人很重视口头语言的重要性，而且非常爱发誓，一旦发了誓，便坚守誓言。诚实守信亦是藏族传统伦理道德的一项重要内容。汉族同样有语言崇拜，"讨口彩"、"施咒"、"避尊者讳"等都是对语言崇拜、敬畏的表现。发誓又常同诅咒连在一起。据说，苯教咒语可驱魔禳灾，甚至可以致人于死。"我有一个名叫红面黑面凶曜法—说'唪'字，人就要死；说'呸'字，人

---

① 转引自陈燮章、索文清、陈乃文：《藏族史料集》（1），成都：四川民族出版社，1982年，第249页。
② 王沂暖、上官剑璧：《格萨尔王传·卡切玉宗之部》，兰州：甘肃人民出版社，1984年，第75页。
③ 王兴先：《格萨尔论要》（增订本），兰州：甘肃民族出版社，2002年，第59页。
④ 王维强：《吐蕃盟誓之根源探讨》，《西藏研究》1990年第1期。

就要倒的咒术"①。《格萨尔》中，超同请外道咒师贡巴惹杂咒杀格萨尔时，"来到三道弯地方，口中'呸'的一声，惊散了天上所有的天神，惹杂前进到另一个山弯，口中又'呸'的一声，惊跑了下界所有的龙神，惹杂来到能看见帐房的地方，口中又'呸'的一声，吓跑了空中所有的念神"②。

（二）社会根源

恩格斯在《家庭、私有制和国家的起源》中讲到，人类由野蛮时代进入文明时代，经历了由氏族、部落联盟到国家的过程，在这一进程当中，战争成了"经常性的职业"，是掠夺财富、扩疆拓土的主要手段，而亲属性联盟也保留了下来。正是这种通过盟誓结成的军事联盟，对稳定社会生活、巩固政权，为社会逐渐从分裂状态走向永久性的联盟起到了极其重要的作用。在大动荡、大统一的吐蕃时期，"盟誓"的作用体现到了极致。《敦煌吐蕃历史文书》中对"盟誓"的记载比比皆是。

他们是野蛮人，进行掠夺在他们看来是比进行创造性劳动还容易甚至还荣誉的事情。以前进行战争只是为了对侵略者进行报复，或者只是为了扩大已经感到不够的领土。现在进行战争，则纯粹是为了掠夺，战争成为经常性的职业了③。这种掠夺性的战争，势必遭到被掠夺群体的反抗，此时就需要缔结军事性的联盟来对付强大的敌人，同时便促使了盟誓习俗的产生。

三、结　语

史诗虽不是严格意义上的历史，但它比史书更能反映社会生活的本质和发展趋向，更能体现出劳动群众的意志和理想，所以它比历史更富哲学意味，更高、更真实。藏族人民集体智慧的结晶——《格萨尔》，是藏民族史前文化的活见证。剥开其中的神化渲染与文学夸张，追根溯源，可以管窥到藏族盟誓习俗的产生、形式、仪式等诸多因素。亦可得知，今日藏民族喜发誓、持咒是对古时藏人盟誓习俗的沿革与继承。

盟誓这一古老习俗在人类社会的早期产生，经过吐蕃时期最频繁的运用，在青藏高原由分裂走向统一、由战争走向和平的历史进程中起到过重大作用，且时至今日仍有保留，其中藏族人民崇尚真诚、朴实的品格，渴望和睦友好的美好心愿可见一斑。

---

① 桑杰坚赞：《米拉日巴传》，刘立千译，成都：四川民族出版社，1985年，第37页。
② 王兴先：《格萨尔文库》第1卷，兰州：甘肃民族出版社，2000年，第130页。
③ 《马克思恩格斯选集》第4卷，北京：人民出版社，1972年，第160页。

河源昆仑与土地崇拜

米海萍

"河出昆仑"是昆仑文化的重要内容,也是中国人的古老信仰之一。先民始终将黄河源头的臆想与认识,和神圣的昆仑仙山紧密相连。

《山海经》:"昆仑之丘,是实惟帝之下都。……河水出焉。"(《海内西经》)"昆仑之东北隅,实惟河原。"(《北山经》)

《尔雅·释水·河曲》:"河出昆仑墟,色白。"

《淮南子》:"河九折注于海而流不绝者,昆仑之输也。"(《览冥训》)"河水出昆仑东北陬,贯渤海入"(《墬形训》)

《博物志》:"昆仑从广万一千里,神物之所生,圣人神仙之所集,五色云气,五色之流水,其泉东南流入中国,名为河也。"

《海内十洲记》:"此乃天地之根纽,万度之纲柄矣。"

……

种种关于河源昆仑的先验思想,不绝如缕地记载于先秦至汉晋时期的典籍中。人们执着地坚信,昆仑山处中原之西方,极高极大近于天,远远望去笼罩在熊熊之光与魂魂之气中,是汤汤黄河的发源地,也是天帝和群神常常逍遥以相游之处。在这神秘、神圣而迷离的仙乡里,生长着集天地之灵气的不死药长生草,出产有聚日月精华能使人长寿的各种美玉。这是一种在万物有灵观念基础上产生的河源信仰与昆仑仙乡信仰错综交织的文化心理和土地崇拜文化表象。

第一,"河源昆仑"中的土地崇拜文化表象,蕴涵了上古人们"土生万物"、"土载万物"等对土地和自然万物的亲和体验及与自然和谐相处共生的认识。

"土地"二字含义,在汉语言文字中所表达的意思可谓丰富,综括起来大致有两个方面。一是"土生万物"的自然性认识。《管子·水地》:"地者,万物之本原,诸生之根苑也。"《尚书大传》:"土者,万物之所资生也。"《释名·释地》:"土,吐也,吐生万物也","地,底也,言其底下载万物也。"《说文解字》:"土,地之吐生物者也","地,元气初分,轻清阳为天,浊重阴为地,万物所陈列也。"二是"土载万物"的哲理性认识。《周易·坤·象辞》:"至哉坤元,万物资生,乃顺承天。坤厚载物,德合无疆,含弘光大,品物咸亨。"《礼记·郊特牲》:"地载万物，天垂象，取财于地，取法于天，是以尊天而亲地也。"《白虎通义》："地者，元气所生，万物之祖也。地载万物者，释地所以得神之由也。"

此类从实际社会生活和情感体验中认识到土地承载万物、万物遵循自然规律而生生不息的土地崇拜文化表象，在文献中相似相近的记载亦可谓连篇累牍，表达人与自然和谐美好的理想。人们在认识土地自然性同时，也认识了土地与人的和谐性。土地与人一样是有生命、有情感的主体，不是被绝对征服和一味"勘天役物"、被无尽索取掠夺的客体。人类是生于天地之间道德高尚和人性光辉的智者，天地人之间彼此依存，和谐共生。人在适度把握自然之时，应持"尊天亲地"的感恩心态，以虔诚之心回报脚下赖以生存的土地，达到"天人合一"即天地人和谐的最高境界。

中国向来是一个以农立国的国家，依据气候水性土壤等环境条件，顺应自然规律进行春种秋收的重视堪称世界之最。《诗经·豳风·七月》就是一首反映"乃顺承天"依时序春种秋收悉心稼穑，进而敬天爱土报答神明的农事诗，人们为"衣之始"、"食之始"辛勤劳作不辍，把丝麻纺织成"载玄载黄"色泽鲜丽的"为裳"，将黍稷酿造成"苾苾芬芬"沁香四溢的"春酒"，在获取财富的利益驱动中，既遵循天道地法的和谐，又念念不忘"土生万物"的恩德而向土地"献羔祭韭"，以感谢昊天大地的养育之恩。这种浓郁的土地崇拜情怀，长久地影响着中国人的思想意识、行为和生计方式。迄今在青海河湟民间表演的社火中，传承和表达着远古以来农业为本和感恩土地以及爱土、护土和敬土意识，"民以食为天，食以土为本，北方的大豆高粱，中原的麦黍棉花，南国的水稻甘蔗，万物土中有，有土才有粮……保护耕地，惜地如金，但留方寸土，留与子孙耕"①。不仅如此，举凡军国大事、社会生活中的某些规章，甚至约定、成俗亦取法于"万物所资生"的自然。如度量和权衡的制定，正是来自于"释地所以得神之由"的经验认识。《吕览·仲夏纪》载：

> 昔，黄帝令伶伦作为律。伶伦自大夏之西，乃之阮隃之阴，取竹于嶰溪之谷，以生空窍厚均者，断两节间，其长三寸九分而吹之，以为黄钟之宫，吹曰舍少。次制十二筒，以之阮隃之下，听凤凰之鸣，以别十二律。其雄鸣为六，雌鸣亦六，以比黄钟之宫，适合。黄钟之宫皆可以生之。故曰黄钟之宫，律吕志本。

此处所谓"嶰谷"，在昆仑山北，据说黄帝派乐官伦专门到昆仑山采撷"三

---

① 张明星：《河湟春节民间文艺》，香港：银河出版社，2003年，第36页。

寸九分"长的两节竹子，制成律管吹音，以凤凰鸣声定黄钟律，雄鸟的叫声为律，雌鸟的叫声为吕，用此一个固定长度的律管吹出高低声音，来此确定春秋时令。《国语·周语》有"先时五日，瞽告有协风至，王即斋宫，百官御事，各即其斋三日"之语，参之以《礼记·月令》中宫、商、角、徵、羽五音制定的记载，可知当时训练有素的专业瞽人倾听和煦风声来定春天节候，其采用的就是"吹律听音"方法。这也是《汉书·律历志》"天地之气合以生风，天地之风气正，十二律定"之谓。经验告诉人们，每当度过一个寒冷的冬季后，感受到大地环境和气候必然发生相应变化，能够用一支定有长度的律管来判定时令。《律历志》反复解释说："度者，分、寸、尺、丈、引也，所以度长短也，本起于黄钟之长。"黄钟律管"三寸九分"实际上是九寸[1]，为标准长度，再加上一寸，即九分之一律管长度就是一尺，是为定制。竹管吹律，除测定天时、确定长度外，还用来度量。"量者，龠、合、升、斗、斛也，所以量多少也。本起于黄钟之龠，用度审数其容。"竹管芯是空的，一尺长的竹管作容积，即为度量之量。"权者，铢、两、斤、钧、石也，所以称物平施，知轻重也。本起于黄钟之重，一龠容纳千二百黍，重十二铢，两之为两。二十四铢为两。"即"黄钟之龠"的容积，容得下脱去外壳的黍粒1200颗，这1200颗黍粒的重量是12铢，两个12铢加起来就是1两，以此为基点，斤、均和石的权衡单位顺利建立。后世证明，先民以律管长度作1尺定义、以1尺之长竹管容积黍谷作重量权衡十分科学，其本质上和今天1米定义（即光在真空中1/299792458秒的时间间隔内行程的长度）作用是相同的。

　　文献记载里强调定律的竹管取自昆仑山巇谷，自有其深意。人类对于自身生存状态的共同心理是恐惧死而期盼长久生，为了追求生命的无限延长而苦苦探寻不死之术，而"昆仑的全部事物笼罩在不死观念的下面"[2]。如前所述神话中的昆仑山，是国人心目中最为神圣而伟大的圣山，不仅辽阔高大，而且神妙奇异，从山土里生长出来的一石一木全是充满灵气的长生不老之物，凡间俗人一旦服食，便可长生不老永生不死，与天地同寿。昆仑山还是天帝即黄帝在地上凡间的行宫，众神居住的乐园。黄帝是"西方上帝"，是"能成命百物"的天帝[3]，被纳入古史系统后居五帝之首，向来被描画成理想的圣王贤君，是历代帝王所尊奉的先祖。穆天子西游时，专程拜谒过昆仑山上的"黄帝之宫"，以示对

---

[1] 阴法鲁、许树安：《中国古代文化史》，北京：北京大学出版社，1991年，第3册，第70—72页。
[2] 顾颉刚：《山海经中的昆仑区》，《中国社会科学》1982年第2期。
[3] 徐元诰：《国语集解·鲁语下》，北京：中华书局，2002年。

先圣的怀念尊崇。由奇险神秘的昆仑山巇谷土地生长出来的竹子做乐器材料,其管壁致密,薄厚均匀,当属秉承天地正气、垂世不衰的灵物,足以显示所制定的吹笛正统、正宗,中规中矩合乎法度,可以达到"同律,审度,嘉量,平衡,均权,正准,直绳,立于五则,备数和声,以利兆民,贞天下于一,同海内之归"自然平衡与人类社会和谐的目的。

第二,昆仑神话中"女娲抟黄土造人",表达了土地为自然万物的化育者,蕴含有巨大生命力和顽强生殖能力的土地崇拜文化表象。

世界上很多民族都视土地为人类的生命之源。在欧洲,按照《圣经》的记载,上帝是用泥土造出人类的始祖亚当:"上帝用地上的泥土造人,将生气吹在他的鼻孔里,他就成了有灵魂的活人,名叫亚当。"希伯来语的"adam",泛指"人"。这个单词是从希伯来语"地"(adamall)演化而来。日耳曼人也把大地看作人类母亲来崇拜,"Teutsch"(德文 Deutseh)字是从"Tud"、"Tit"、"Teut"、"Thiud"、"Theotis"等字演变而来,其原意是"地之人"或"地生之人"之义①。在美洲,印第安语"Metoktheniake"是"大地所生之人"的意思,相信自己是大地怀中诞生出来的,印第安人自称"Metoktheniak"人,即"大地所生之人",至今还把大地当作他们共同的母亲。在亚洲亦是如此。诚如史学家丁山所言:"原始农业社会,认为人本乎天,万物本乎地,没有不尊祀'地母'的,有时尊称之曰'大地大祖母'。"②人们仰观变化无穷的天空,俯视孕育万物的土地,自然而然地想象天地为神明或配偶,为世界万物之父母——以天为父,以地为母。母系氏族时期,社会生活中妇女所承担的角色不仅是承袭氏族世系的中坚,也是经营农业生产的主要劳动力,更是繁衍子孙后代的生育母体。在原始人眼中,一切有生命的动植物从土地孕育出来,土地提供饮食哺育万物,母亲生育繁衍后代的能力和对新生儿的哺育呵护,与动植物的生长是极其类似的。蒙古语中称地为"涯都干·额赫",意思是"万物起源之母",又称"额赫腾格里",即"母天",意为广袤的大地无所不容③。汉语言中的农作物种子和耕种的"种"与母亲"传人种"的"种"同义同源;生命之"生"、生长之"生",农耕生产之"生"、母亲生育的"生"皆为一字。"生"字在甲骨文中写作"𤯓",是一个象形字,字形上边是生出的草木,下边的一横表示土地,合意即幼苗从地里长出来,是"万物土中生"的象形会意解释。土地就是一巨大无形的生命母体,

---

① [德]德费尔巴哈:《宗教本质演讲录》,林伊文译,上海:商务印书馆,1937年,第92页。
② 丁山:《中国古代宗教与神话》,上海:上海书店出版社,2011年,第9页。
③ 斯钦朝克图:《生殖器名称与自然崇拜——以蒙古语为例兼论北方诸民族语言与文化关系》,《民族研究》2000年第2期。

生生不息地孕育万物，人与自然一样，都是孕育于大地母亲。总之，人类多种语言所表达的是一种信息符号，最能体现原始思维的文化表象，并在口头传承中代代不衰。

"女娲抟黄土造人"是地母崇拜的反映。《山海经·大荒西经》曰："有神十人，名曰女娲之肠，化为神，处栗广之野。"《说文解字·女部》曰："娲，古之神圣女，化万物者也。"《太平御览》卷七十八引《风俗通》曰："俗说天地开辟，未有人民，女娲抟黄土作人。剧务，力不暇供，乃引绳于絙泥中，举以为人。"到了唐代，李冗《独异记》中仍津津乐道："昔宇宙初开之时，有女娲兄妹二人，在昆仑山……"女娲是昆仑神话中的大神之一，但她是居住在昆仑山上最有作为的女神，有炼石补天、止淫水、配婚姻、造乐器等种种功业，抟黄土造人则是对人类最伟大的功绩之一。历史化后的神话叙述中，仍将女娲、伏羲和神农列在三皇之中。伏羲氏在后世尊为主司日、月、宇宙的"天皇"，女娲则被奉为主司土地、山川、河流的"地祇"而加以崇拜。

女娲是昆仑神话最原始的女性土地神"地母"，以自然崇拜的对象"土地"的人格化形象出现。不少学者认为，女娲并非是一个特指的专有名称，而是泛指生育人类的原始祖母。女娲造人，所造之人是由泥土做成的，这是原始先民对自身来源的一种"不自觉的艺术手法"的创造性想象，其观念从一开始就将人的生命与土地结下了难分难舍的不解之缘。作为民族集体无意识产物的"女娲造人"神话，集中复述和再现了土地孕育生命、视土地为女性而崇拜的远古人类意识。类似观念意识在其他民族中仍有不同形式的表述。珞巴族《天和地》、《阿巴达尼三兄弟》讲述了地母生育自然万物和人祖阿巴达洛的故事①。至今广西三江侗族依旧有过生日滚泥巴田的传统习俗。无论神话故事还是民间习俗，其原初意义的表达十分明显，即人类从土地中诞生；在童孩的诞生日滚爬在泥土里，以模拟、象征"黄土造人"，并从大地母亲怀抱中吸取生长力量，期望健康强壮成长。远古以来刻印在人们灵魂深处"造人"的人种记忆，与"土生万物"的认识、"人从土中生"的生存观念和母亲"育人种"生育意识紧紧联系在一起，崇拜土地就是崇拜母亲，崇拜养育万物的大地母亲。

第三，"息壤"能够治理洪水的土地崇拜文化表象，不仅是"鲧窃帝之息壤"而遭刑的悲壮，而且奠定了伯禹治理水患成功并"敷土定九州"的功业。

在帝尧之时，"汤汤洪水滔天，浩浩怀山襄陵，下民其忧"。洪水泛滥，黄河为害，民不聊生。当尧向四岳询问谁可以承担治水重任时，四岳等众神一致

---

① 《中国民间故事集成·西藏卷》编委会：《中国民间故事集成·西藏卷》，2001年，第17—18页。

推举能力非凡的鲧。但尧不同意地说:"鲧负命毁族,不可。"经过四岳等极力请求,尧才勉强地"听四岳,用鲧治水"①。于是鲧奉天帝之命,踏上了艰难治理洪水的不归路。《山海经·海内经》曰:"洪水滔天,鲧窃帝之息壤以堙洪水,不待帝命。帝令祝融杀鲧于羽郊"。"堙",亦作"陻",塞、填之意。"息"长大之意。"息壤",《淮南子》高诱注曰:"息土不耗减,掘之益多,故以填洪水。"郭璞注《山海经》云:"言土自长息无限,故可塞洪水","伯鲧乃以息石息壤以填洪水"。鲧耗费用了9年时间,在没有任何经验可资借鉴的境况下,采取"堙"的方法治水屡不奏效,于是采用"窃"的手段,用只有天帝手中拥有的"息壤",来堵截或塞住桀骜不驯的洪水,但最终还是归于失败,还因此丢掉了性命。顾颉刚先生就"息壤"作过详细考证,秦国都城咸阳东郊有一处名为"息壤"的地名。渭河峡谷的黄土层间,常有地下水位增高或地下水流增大的自然现象,将上部薄层土壤施压,使土地突然隆起,所以称"息壤"。科学家研究认为,息壤除黏土的湿涨作用外,土壤中微生物的作用也使土壤本身具有弹性②。类似现象在文献中已有记载,《古本竹书纪年》曰:"梁惠成王七年地忽长十丈有余,高半尺","周隐王二年,齐地暴长,长丈余,高一尺。"看来是自然现象,但上古人们限于科学认识而将其视为生生不息的神圣之土,具有主宰自然万物的神力,遂产生敬畏之情,并加以崇拜。

由于"息壤"是主宰人类命运的神物,只能掌握在天帝手中,只有到得天帝的获准才能够使用,否则就是一种蔑视天帝的冲犯举动(犯上)和触犯禁忌行为(犯土),所以舜登帝位后,"殛鲧于羽山",鲧因治水遭到屠戮,这在昆仑山诸神之中较为少见。鲧为治水而牺牲后,其子禹继承父亲遗志,继续治理洪水,平息黄河水患。《山海经》多处提到禹治理水患的情况:"禹湮洪水……湮之,三仞三沮,乃以为池"(《大荒北经》);"湮",亦塞之意。"河水出东北隅,以行其北,西南又入渤海,又出海外,即西而北,入禹所导积石山"(《海内西经》);"禹所导积石之山在其(博父国)东,河水所入"。积石山名称由来,是源于禹治水时积土成山而名的,《诗经》中所谓南山、梁山也是禹造土而成的③。《史记·夏本纪》详细记载了禹不计个人恩怨、殚精竭虑投入治水的种种事迹:"舜举鲧子禹,而使续鲧之业。……禹伤先人父鲧功之不成受诛,乃劳神焦思,居外十三年,过家门不敢入。薄衣食,致孝于鬼神。卑宫室,致费于沟淢。陆

---

① 《史记》卷二《夏本纪》,北京:中华书局,1959年,第50页。
② 顾颉刚:《顾颉刚古史论文集》,北京:中华书局,1988年,第2册第199—202页。
③ 《诗经·小雅·信南山》:"信彼南山,维禹甸之";《诗经·大雅·韩奕》:"奕奕梁山,维禹甸之"。甸,治也。

行乘车，水行乘船，泥行乘橇，山行乘樏。左准绳，右规矩，载四时，以开九州，通九道，陂九泽，度九山。"①鲧禹父子两代治水的文化表征意义在于："息壤的产生与鲧、禹的成败都是崇土意识的使然。禹之所以成为中国历史传说中了不起的英雄，是因为他的身上凝聚着以'土'为一方的农耕民族同以'水'为另一方的自然灾害的斗争体验，体现出他们对自身力量的赞美和对命运的抗争"②。因此治水成功，是禹不负众望实现其父遗愿的第一件功绩。

禹的第二件功绩是敷土定九州。平水处处离不开土，所取得的功绩都与土有关，今中国称"九州"，追溯其渊源与禹治理水土有关。《山海经·海内经》曰："鲧复（腹）生禹。帝乃命禹卒布土以定九州。"《诗经·商颂·长发》："洪水茫茫，禹敷下土方。"《尚书·禹贡》载："禹敷土……奠高山大川……九州攸同，四隩既宅。""敷"，治理之意。"敷土"就是一项禹在平息水患之后的治理土地工程。在人们意识里，承载万物的大地是方形的，称地为"大方"、"大矩"或"九州"、"九地"。《管子·心术篇》曰："体乎大方。"注云："大方，地也。"《淮南子·天文训》曰："地道曰方。"《吕览·序意篇》说："大矩在下。"注云："矩，方，地也。"昆仑神话中精彩地叙述了共工与颛顼争帝失败后，大怒而碰触不周之山，致使天柱折断地维之绝，最终导致天倾西北、地不满东南的故事，这是造成中国地理地形西北高而东南低的诗意性解释。

上古人们认为大地有九州，《吕览·有始览》曰："地有九州。"《孙子兵法》云："善守者藏于九地之下。"地就是土，"九州"亦称为"九地"。《淮南子·时则训》曰："中央之极，自昆仑东绝两恒山，日月之所道，江汉之所出，众民之野，五谷之所宜，龙门河济相贯，以息壤堙洪水之州，东至于碣石，黄帝后土之所司者，万二千里。"其后注道："禹以息土湮洪水，以为中国九州。"

关于"九土"，《淮南子·墬形训》记载了9种名目：东南为农土，正南为沃土，西南为滔土，正西为并土，正中为中土，西北为肥土，正北为成土，东北为隐土，正东为申土。这是根据土质差异而立的9类土质名称，构成了彼此相邻相互交错的九州，同时也是水患后进行恢复土地原貌工程的依据③。这"敷土"和女娲"抟黄土造人"一样充满艰辛。但禹毕竟有神通有谋略，驱逐共工，诛杀相柳排除干扰，采用"湮"、"导"和"疏"积土积石的多种方法，堵洪填渊，治水成功，然后"人得平土而居之"，终于完成了乃父的心愿而博得"禹能

---

① 《史记》卷二《夏本纪》，北京：中华书局，1959年，第51页。
② 何红一：《中国上古神话与崇土意识初探》，刘守华、黄永林：《民间叙事文学研究》，武汉：华中师范大学出版社，2005年，第138页。
③ 程憬：《中国古代神话研究》，北京：北京大学出版社，2011年，第97页。

以德修鲧之功"的千古称赞。当他治水敷土成功后，天帝锡以玄圭，成为管理水土的大神，死后仍化石而生启。

禹的第三件功绩是测量九州面积，确定九州之州界，在掌握地情的基础上制定"任土作贡"之法。人们对土地充满敬畏之情，亦试图了解脚下的这块土地究竟有多大，有多宽。屈原在《楚辞·天问》中就发问："东西南北，其修孰多？南北顺椭，其衍几何？"《山海经》之《海外东经》记录了竖亥的测量结果："帝命竖亥步，自东极至于西极，五亿十万九千八百步。"在《中山经》记录了禹的测量结果："天地之东南二万八千里，南北二万六千里。出水之山者八千里，受水者八千里。"而在《淮南子·墬形训》更为详细些："阖四海之内，东西二万八千里，南北二万六千里。水道八千里，通谷，其名川六百，陆径三千里。禹乃使太章步自东极，至于西极，二亿三万三千五百里七十五步；使竖亥步自北极，至于南极，二亿三万三千五百里七十五步。"先民相信人所居土地是大方的同时，还相信大地的边缘被大海环绕，《尚书正义》道："天地之势，四边有水。"所有大方水道名川之水"东流不溢"，是因为在广袤无垠的土地边缘，有那无边际的大海，《列子·汤问》篇说："渤海之东不知几亿万里，又大壑焉，实惟无底之谷，其下无底，名曰归墟。八紘九野之水，天汉之流，莫不注之，而无增无减焉。"由于大方四周都是海水，先民就有"海内"、"海外"之称，也就是大地"九州"和"九州"之外称呼了。故《山海经》之作者将海经分为"海内经"、"海外经"，《诗经·商颂·长发》也有"相土烈烈，海外有截"之句。

伯禹根据丈量出来的数据结果和地貌地形，划分九州区域，以土色土质区分土壤颜色，以土地肥力将田土划分上、中、下3类9等，贡赋亦因地力不同分上、中、下3级9等。《吕览·有始览》谓具体九州之名："河汉之间为豫州，周也。两河之间为冀州，晋也。河济之间为兖州，卫也。东方为青州，齐也。泗上为徐州，鲁也。东南为扬州，越也。南方为荆州，楚也。西方为雍州，秦也。北方为幽州，燕也。"在《尚书·禹贡篇》中规定九州所贡物品近60种，其中植物类的有漆、枲、絺、松、桐、橘、柚、栝、柏；动物类的有各种海产品、畜牧业产品；矿物类有金、银、铅、锡，各种美玉，如西部雍州贡赋有球、琳、琅玕等各类大宗玉石产品。

第四，《穆天子传》所记周穆王西游行程中，一路上以璧玉、牛马豕羊"祭于河宗"，观舂山"铭迹于县圃"，"具刏齐牲全以禋□昆仑之丘"，"乃纪丌迹于弇山之石，而树之槐"的种种祭祀活动，既是土地崇拜的文化表象，也是作为"予一人"的周天子拥有国家最高权力和全部土地的折射反映。

三代之时，国中唯有"戎"与"祀"两件大事，周穆王在位期间重要的国事活动之一就是祀。水和土地是农耕生产的命脉所在，农业的丰收在于顺应四季天时，克服各种自然灾害，尤其是农作物生长过程中需要有充足的水来浇灌。玉是不死的仙药，也是生水的法宝，故而沉璧于河，冀希河水汤汤不息滋养作物。以最高君王的身份祭祀山川河岳，表达对河水的虔诚、对土地的尊敬。

中国自上古国家诞生时，十分注重农耕产生，重农理念的贯彻和农耕社会需要相对固定的生活环境，就与所崇拜的社神（由地母崇拜发展而来）建立了一种特殊关系。

《周礼·地官·封人》中说道："封人掌诏王之社壝，为畿封而树之。凡封国设其社稷之壝，封其四疆，都邑之封域者亦如之。"

唐代丘光庭《兼明书》卷一曰："先儒以社祭五土之神。五土者，一曰山林，二曰川泽，三曰丘陵，四曰坟衍，五曰原隰。名曰社者，所在土地之名也。凡土之所在，人皆赖之，故祭之也。……方丘之祭，祭大地之神。社之所祭，乃邦国乡原之土神也。"

《尚书·逸篇》道："太社唯松、东社唯柏、南社唯梓、西社唯栗、北社唯槐。"

雷次宗《五经要义》曰："社必树之以木。"

刘向《五经通义》曰："社皆有垣无屋，树其中以木。有木者，土主生万物，万物莫善于木，故树木也。"

《孝经纬》曰："社，土地之主也，土地阔不可尽敬，故封土为社，以报功也。"

《太平御览》卷五百三十二引《礼记外传》曰："国以民为本，人以食为天，故建国君民，先命立社。"

古代对土地之神的祭祀一年有两次，《文献通考》引孔颖达疏曰："地神有二，岁有二祭。夏至之日祭昆仑之神于方泽，一也；夏正之日祭神州地祇于北郊，二也。"在方泽所祭祀的昆仑之神是总司天下大地的神祇，是大地之神，亦如蔡邕所言"方丘"之祭；在北郊祭祀的神祇则是所在家国土地之神，即"社"所祭祀的土地之神。

选择树作为土地之神的形象，是土地崇拜的具象化，既是出于对高大树木的敬畏，也出于对土生万物的景仰。周穆王在昆仑山上手植槐树，有其很深的象征意义。槐树是根深叶茂的乔木，在唐宋以来的类书中一般排在松、柏之后的第三位。其树龄的长久，相对于人生命的短暂而言是长青之树、不死之树，自然产生崇拜心理。槐树作为土地之神的"社树"，一是含有生生不息的祈祷用意，二是寓意有政治意义。槐者，怀也，修德以怀远人。"槐有怀来远人之功能，其实包蕴一种巫术企图。一方面槐树高大翁郁，有招风集鸟之特性，于是可以借其招远人；另一方面槐树树龄长久，像三公之年长德厚，所以'三公面三槐'成为一种政治象征"①。可见，由于社的存在与所立，使周穆王所处时代的土地崇拜已经超出了土地作为自然属性的崇拜，是周天子借助于土地崇拜形式来宣告自己的土地所有权和政治地位的，意在突出"溥天之下，莫非王土"的权力，而不是单纯的土地崇拜、农业信仰，是变成政治权力的信仰意识，即从更高层面上把土地崇拜转为天子地位和权力的象征。随着农耕文明的进一步发展，社神又发展成为农业神，并与谷神合称"社稷"，成为国家政权的象征。统治者但凡立国，先立社稷，春秋祭祀从不误时。社稷是国家的象征，历代尊崇有加，成为中国礼仪文化中有着深远影响的制度和风俗。

总之，河源信仰与昆仑土地崇拜紧紧相连，从中体现了先民的宇宙观、重生意识、求和意识以及"溥天之下，莫非王土"的权力象征意识。

---

① 纪永贵：《槐树意象的文学象征》，《东方文学》2004 年第 3 期。

论土族民间信仰象征

文忠祥

象征是人类固有的思维活动和心理活动方式,是人类理性与非理性思维、心理活动的结果。观念是象征文化产生和发展的重要原因,本能是象征文化发生的原点①。"象征是世界自我说明的媒体","作为人的内在体验的外化,象征是意义的实存。因此,世界通过它的中介,去展现自身和说明自身"②。采用的象征符号、对符号赋予的意义与一个民族的居住环境与接触的文化有关,不同事物在不同民族中有不同的象征意义。土族民间信仰中的每一个符号、行为、实物,归根结底都有其特定的象征意义。

一、象征思维

象征思维产生于原始人的巫术思维。随着社会文明的进步、思维进程的分化,在民族交融中,原始信仰及其巫术思维形式逐步发展,由初级的混杂的反馈,转向相对高层次的精专的定向的反馈。在逐步发展的民族文化系统的熏染下,原始信仰不断衍生、增删、交融、变迁,成为一个集自然、社会、文化等为一体的象征系统。之所以如此,作为先民认识和掌握世界的特殊思维方式的产物,原始信仰成为对原始世界建构的解释体系和实用关系。原始信仰一方面借助巫术来征服和支配自然力,一方面又用"以己度物"、"以类度类"和直观把握的方式去推测和解释世界。在信仰世界中,原始人们展开象征思维,运用丰富的象征,希望通过咒语、巫术及仪式等的象征达到控制自然事象和社会事象的目的。也就是说,在原始信仰中,人们借助幻想平衡了低下的认识力和复杂世界的矛盾,借助象征完成了对于自然界的控制,借助象征以及仪式达成了与"神灵"的交流。

在原始时代,由于人与自然的不分化性,民间信仰具有物我合一、天人交感的心理基础特征。人们认为,万物与自己一样,具有情感、意志和魂魄,具有与人相似的心理功能和其他功能,自然的兆头对应着人类社会的吉凶祸福,

---

① 居时阅、瞿明安主编:《中国象征文化》,上海:上海人民出版社,2001年,第18页。
② [法]保罗·里克尔:《恶的象征》,公车译,上海:上海人民出版社,2005年,第3页。

人的行为可以导致某种自然规律和宇宙秩序的改变。如健康与否由神灵或祖先等把握，丰收是神灵保佑的结果，等等。民间信仰的仪式和象征使民族成员通过"历史记忆"的反复展演来诉说先民的历史活动、信仰历程，鼓动起集体的情绪，使得全体成员合为一体，与传统文化联成一脉，同时，也将人界秩序与神界秩序、社会结构与自然结构置入一个幻想的象征体系之中。从这个意义而言，不尽可能地回溯到它产生时的境地，就不大可能理解象征体系的产生发展。对于某一象征物而言，象征物具有无数要被象征的可能性，而该文化又是如何选择其中若干有限的被象征的可能性来表达自身的意义？并把这些被象征的可能性结合在一起，通过多次重复运用而逐步形成一种程式化的规则，定型为民众的象征意识呢？

象征的意义是人们主观地赋予象征物的。象征的产生发展，决定于象征制造者的见识水平，即以制造者的主观经验为依据。据此，象征符号的产生，也与他们最初的感知方式、内容以及效果有很大的关系。在最初的感知过程中，客观对象在人们心中内化为一种心理表象，在多次的内化过程中，这些表象经过类化而产生各种外化的符号，表示具体的感知并为本族内所认同、共享。随着时间的不断推进，这些象征呈多向发展态势。有些从原先直观的形象转向抽象的形象，有些象征范围扩大，有些从一义向多义发展并随不同的使用场合而有区别。象征意象作为集体创作的产物，以世世代代口头、行动等相传续的方式在本民族传承，并以深入思维定势的方式产生影响，反映他们的集体意识，成为他们共同的希望、恐惧、宇宙观、价值观等文化的象征。这种现象，与过去人们生活范围的封闭性有很大的关系，他们生活在一个区域比较明确的比较狭小的范围之内，而且在这样的范围之内，以集体意识支配个体意识，集体意识淹没个体意识。这样，民间信仰象征在共同思维基础上，在巫术性质的象征思维过程中，大量使用形态类比（具有相同、相似形态的不同的事物之间被赋予共同的性质特点）、属性类比（具有相同、相似属性的事物被赋予相同的属性）的方法，经过对事物属性的不断认识以后，逐步归纳出同一类的事物，并使同类的事物具有相同的属性。在简单的逻辑思维中，他们使用的只是从简单到简单的、形象到形象的类比。这样的类比是基于两个事物之间的同构对应关系，创造了天人同构、人神同构、心物同构等观念，并在此基础上创造了各种具体、外显的象征事象。这种象征思维缺乏严格的逻辑推理，缺乏必要的中间环节，表现出明显的巫术性质以及强烈的主观幻想特征，用丰富的想象弥补实际生活中的感知上的局限。通过形象直观的意象的类比推演，去把握事物的某种整体关系，以小见大；通过某些特征上相似或相联系的物象来对应象征另一类事物或观念。逻辑推理中，从实象（已知已有物）到虚象（神鬼等），即用已知来推理出未知的事象。

土族民间信仰仪式借助符号化的象征手段，构成一套严格规定的程式，以显示其神圣性和庄严性，并在人们心理上造成极为严肃敬穆的氛围，培植信仰感情和信仰理智。土族民间信仰仪式是一种象征性的活动方式，具有高度符号化、规范化和理想化的象征意义。

二、土族民间信仰中的象征结构

土族民间信仰的象征体系，包括具体象征物的意义结构和仪式过程的象征结构等两个方面。

"象征有如隐喻，它或者借助于类似的性质，或者通过事实上或想象中的联系，典型地表现某物，再现某物，或令人回想起某物"①。象征是通过某一具体的事物或行为表现某种特殊的意义。事物或行为与某种特殊意义的有机结合完成象征。象征是隐喻，有喻体、被喻体。亦可用"能指"与"所指"来指称。土族民间信仰象征物的象征结构是能指与所指：能指就是民间信仰中采用的实物或者实在的符号，而所指是这实物或者实在的符号所要表达的意义，也就是象征意义。"能指"与"所指"的结合，构成完整意义上的象征系统。土族民间信仰中具体的仪式过程以及仪式过程中的每一个符号、行为、实物，归根结底都有其特定的象征意义，均被赋予超验的价值观念，并将其隐喻其中。一般说来，土族民间信仰仪式可划分为3个阶段。

第一阶段：创建神圣空间和时间，并将信仰对象邀约到仪式空间。具体地说，是打扫选定的空间，清除不洁事物，净化仪式空间；之后，安置神位，树立幡杆等，并经过一定的仪式使之获得神性，获得民间信仰意义上的象征意义，即一般的树木、面粉、馍馍等被仪式化为具有神性的显圣物，尤其是幡杆的树立，将整个宇宙象征性地表现在幡杆上面，上面有天界、人界、地狱的象征意象，更有天神下凡的"云路"。这样，将在仪式中需要邀请的神灵、鬼灵等都请到了这里。这个过程，可以称作"宇宙微观化"。

第二阶段："人神交流"或"人与自然的交流"。土族民间以法拉、法师、阴阳先生等神职人员为媒介，展开人与神、天与神、人与自然的交流。民间信仰中的神职人员，使神灵凭借象征物显现在天上或水中，显现在神杆上或者在神灵牌位上，乃至显现在参加仪式的人群中间。这时，依据不同的仪式目的，

---

① 史宗主编：《20世纪西方宗教人类学文选》上卷，北京：生活·读书·新知三联书店，1995年，第195页。

可能有所侧重的交流形式，如在捉鬼仪式上，侧重人与鬼的交流，在祭祖仪式上着重进行的是人与祖先之间的交流，而在庆祝丰收的仪式上，重点表现的是人与已经被拟人化的天神、雷神等自然之间的交流。根据仪式规模，可以有众人与众多神灵的交流，也有私人与某个具体的神灵、祖先、鬼魂之间的交流。通过互相交流，达到一种状态到另一种状态的转变。

第三阶段：人们在与诸神、鬼、祖先完成交流，达成预期目的后，将鬼魅赶往阴界或埋入地下，并威胁他们不可返回；神、鬼等超自然力量等被请出人文空间，回归自然世界、上方神界。在仪式的最后阶段将迎请的诸对象各归其位，达到一种暂时的理想化的平衡。人们又复归日常生活，进入常态。即经过仪式的重新组织，将失范的社会环境、秩序加以组织规范，重新纳入有序的状态。土族人认为，经过仪式营造的理想状态是暂时的。任何一个环节出现问题，理想状态就会被打破。一旦被破坏后，就需要及时利用各种仪式来修复。

在理解了仪式内在的逻辑规则以后，表面上看起来怪诞的仪式也就可以理解了。神职人员所凭借的石块、木片等本身只是作为表达符号，他们真正的对手是聚于仪式空间、附着于象征符号的超感知的信仰存在——神、祖先、鬼魅。也就是说，仪式是宇宙象征主义观念支持下，发生在三维空间中人、神、祖先、鬼魅等之间的实实在在的交流。神职人员是中介，是人和神、祖先的代理，给鬼魅施予补偿等事宜。仪式结构就是"请—交流—送"的模式下根据具体的目标而设计的。

土族民间信仰的象征体系，充满游牧社会和传统农业封建社会色彩，与现今科技进步及信息发达的社会十分脱节。但是仍然能够利用其"理论"对社会现实提供一些合理和圆满的解答。这也许是他们能够在民间至今生存下来的理由。斯默西奇的调查说明，那些由象征性符号加工成的组织仪式、组织口号、组织语汇和占统治地位的风格，作为组织的一部分，有助于组织中共有意义的发展，正是这种组织的共有意义赋予组织成员的一致性。任何组织或群体，其活动的稳定性依赖于共同解释模式的存在和对经验的共同理解。正是这些共同的理解使得日复一日的活动变得习以为常和理所当然。通过对事件、对象、词语和人的共有意义的发展，就能使组织成员获得对推进活动一致性的经验的共同感受。"仪式是组织中被设计出来的或被构造而成的并在某种形式中被不断重复的行为方式。当共同地将仪式与有宗教色彩的事件联系起来时，在日常的组织生活中举行的仪式就会充满重要性，参与仪式的组织成员就能从中掌握各种意义"①。对于现代化社会中的象征意义的功能以及意义的传承的讨论，也为我们对土族民间信仰仪式的象征的传承发展提供了理解上的帮助。

---

① 朱国云：《斯默西奇对组织文化的研究》，《国外社会科学》1997年第1期。

三、土族民间信仰中的象征具象

象征可划分为表层结构和深层结构。实物象征、行为象征、言语文字象征、颜色象征和方位象征等象征物和行为是象征的表层结构,土族的宇宙观、人生观、伦理道德观、族群认同观等是象征的深层结构。要达到对象征的更深刻理解,还要关注象征在仪式中是如何使用的和它与其他象征的关系,即探寻特纳所谓的操作意义(operational meaning)和位置意义(positional meaning)。

(一)实物象征

实物象征以实物的形态、性质或自然属性来体现所要表达的象征意义。人们在不同的场合一见到它,便知它要表达的意义。实物象征包括动物、植物和无生命象征物。

由于人神沟通的需要,人们为神灵供奉的各种各样供品构成了土族民间信仰象征中最为重要和比例很大的象征主题。此外,实物象征还包括不是在供品意义上使用的物质进行的象征。这些在土族的丧葬仪式、婚礼、祭祀仪式等当中表现十分突出。这里我们重点分析各种祭品的象征意义。同时说明一些被用来作为道具的物质象征。

土族民间信仰中沟通人神的供品,大致有纸品、食品、香灯三大类。纸品是用纸剪裁的供品,有宝盖、钱粮、冥钞等。食品主要有纳顿上的蒸饼(酥盘)、节庆时的油炸品、丧葬上的"尚阔"以及日常食用的各类食品,包括烟酒等。香灯为敬神礼佛、沟通鬼灵的常用物品。与超自然力量沟通时,祭祀仪式的象征意义是完全相同的——通过有形的行为(祭仪)和物品(祭品或供品),在神圣世界与世俗世界之间架设一座"桥梁"。供品要在仪式过程中被毁灭(一部分投入火中,大部分被献祭群体分享),象征神灵已经享祭。这样,同样的物品在祭祀仪式前后意义不同,物品通过祭仪变成供品并被献祭者享用后,象征献祭群体的神圣化趋向,表明在群体和神圣之间已经建立了联系,人可再次向神祈福,请求神的护佑。群体内的那种无形的一致性、归属感和认同感也在献祭过程中得到了强化。

象征不仅表现人们对现实世界的生活图景,也表现他们对死后世界的理想建构。象征,是他们对自己周边世界观察的结果,是对于人与自然关系思考的结果。但最根本的思想源头还是不能脱离人的社会关系,他们构建的宇宙秩序实乃他们自身存在的社会秩序的象征性的表现,是现实世界的翻版。葛希芝从神人互惠的角度分析了小资本主义经济文化,以及黏合这一文化的象征媒介

（纸钱）①。事实上，纸钱的使用就是反映生者世界对钱的看法和交换行为，然后推及生人与死者之间的关系，并因此来构建其象征意义。不论是过年举行祭祖活动或是举行葬礼、参加吊唁活动时，纸钱作为不可或缺的一种用品，它是社会文化再生产过程中一种重要的、不可缺少的象征物。因为，烧纸钱是人间借着祭祀行为，送达阴间专用货币给特定的神祇、祖先或鬼魂使用的一种宗教行为，反映了世俗对"幽冥世界"的普遍信仰及托庇于祖先的心理。基于心灵的欲求和物质、精神的需要，人类便藉由仪式，向不可知的神秘寻求安慰和希望，这才是纸钱由来的精神②。"纸钱"是人类送与鬼神、祖先的"所费"、"供养"，其实就是"伴手"与"红包"③。"纸钱存在的意义是不可置疑的：它是尊崇意念的传达，也是天人意识交流的象征，它又代表了人与鬼神之间的期约承诺，及人对未来的不确定感、不安全感；因此，期约越重，不安全感与不确定感也越重，也许，这可以解释出今天我们仍大量烧纸钱的真正意涵"④。

在土族地区，人们将整个宇宙缩微在一根木杆（幡杆）上。幡杆在地面上的长度被限定在3.3丈，象征33天，埋如地下部分长度规定为1.8尺，象征十八层地狱；顶上的柳枝，象征着宇宙树、神树以通天，在柳枝上从中段向下依次粘上象征太阳的折叠的环形扇状制品（称达热热，意为风轮），上画北斗七星、白色的较长的斜三角形纸，称小天旗的三角形黄纸（长度垂到地面，两侧剪成锯齿形，故亦有称莫盖，即蛇），实际是象征天神下凡的通路。有些地方还有象征"万神台"、"须弥山"等意象。

在斋醮仪式中，利用红筷子搭起一座拱形桥，象征亡魂从阴间回到神圣空间的通道；幡杆上段到正房中堂神位用白布连接，上书"九天云路"，象征众神进入神位的路径；神位就是神灵显圣的实物。在向亡魂"带宝"时临时搭建一座供阴阳先生们开展法事的棚子，在该仪式临近结束时要求尽快地拆除此棚，象征与阴间亡魂立即断绝关系，害怕亡魂逗留；而捉拿鬼灵时设置的"天罗地网"，就是用筛子、面箩等为实物。

在三川地区神灵的"装脏"仪式中，典型地运用"类比象征"给神灵赋予灵力：装入蛇象征肠，喜鹊象征肝肺，燕子象征头脑，十二精药象征一年12个月。再如，文家地方神装脏后坐洞时一定要安置在盛满水的盆子上的蒸笼里，象征在他的水帘洞里。

---

① 汪铭铭：《走在乡土上：历史人类学札记》，北京：中国人民大学出版社，2003年，第116页。
② 赵睿才、杨广才：《"纸钱"考略》，《民俗研究》2005年第1期。
③ 赵睿才、杨广才：《"纸钱"考略》，《民俗研究》2005年第1期。
④ 赵睿才、杨广才：《"纸钱"考略》，《民俗研究》2005年第1期。

在对付鬼灵的祛病禳灾活动中，土族大量使用如狗血、驴蹄、破布鞋帮等物，象征不洁、恶毒，运用这些物件就是象征以毒攻毒，以不洁之物征服邪恶的意象。

土族十分崇拜火。人们认为火是光明、圣洁的象征，被赋予驱邪、净化功能象征。土族社会里，死者的家属及参加葬礼的人从墓地回来后在丧家门口用水洗手，经过火堆，与蒙古人接受"水火之净"①存在文化联系。他们认为，不净的东西拿到火上来回反复转动几下，可净化、消毒。如从集市上买回来的猪崽在进门前在火上经过。保留至今的对火的崇拜，均源自火所承载的象征意义。这也是火崇拜得以长久留传的社会根源。

土族的丧葬活动的各项仪式，都是以宇宙观念为其内在的逻辑基础。人一旦死亡，就意味着要脱离原来的生活世界，要到阴间去。这时，对于坟墓的构建，人们赋予宇宙观念的象征意义。其一，葬礼上，如金山、银山，不过是人对于财富欲望的符号表达，因为生人希望拥有无限的财富，同样设想死者也需要很多的财富，借助对死者的准备而反射了生人的思想。其二，棺材上绘上具有宇宙象征意义的图案，可能象征死者到达的世界。其三，坟墓的设置的象征意义。墓穴和棺材是生者为死者建造的栖身之所，而生者的建造只能以生者自己的实际体验和所拥有的一套观念来进行，对于死者的生活世界的幻想是以生者的生活世界为摹本的。所以，当地有些解释为坟墓就是阴间的象征，棺材就是死者在阴间的住所。

土族在祭祀活动中，多用鼓来作为召唤神灵到来，享用祭献的手段。鼓以及鼓声，是沟通人神的方式和中介。因为鼓"起着沟通神灵的重要作用。……日食用牲于社用鼓，时灾用鼓，大水用鼓，敬神、敬鬼皆用鼓。可见这种鼓的内涵，要起着沟通人神之间敢通，求福免灾的作用"②。"'鼓'是一种交通天人、神民的神圣乐器，本身就是一种中介体"。③

象征，实际上是把民间信仰过程中升华为民间信仰的简单理论内化为思维方式和思维模式，外化为行为规范和物化形态的连续传承。如雷台、插牌、鄂博、庙宇等是物化形态。塑像乃至庙宇等都是支配着人们生活的外部力量被人们的幻想超自然化、超人间化以后，变成的某种神圣、神秘的物化形态。因为要成为信徒共同崇拜的对象，这种虚幻的东西不能始终局限在主观的幻想世界

---

① [法]柏朗嘉宾：《蒙古行纪·鲁布鲁克东行记》，耿升、何高济译，北京：中华书局，1985年，第37页。
② 祝建华：《楚俗探秘——鹿角立鹤悬鼓、鹿鼓、虎座鸟架鼓考》，《江汉考古》1991年第4期。
③ 萧兵：《中庸的文化省察——一个字的思想史》，武汉：湖北人民出版社，1997年，第71页。

之中，必须把它表象为信徒可以感知和体认的感性物。故神灵塑像等圣物都是神灵观念的物化的象征系统，而庙宇等是神灵存在的物质形式。庙宇在土族社会中普遍存在并具有这样的意义：一是对外界的意义，表现为一种文化或社会的自立与独特性；对内部，象征一种公众承认的权威中心，是村人赖以精神寄托、物质与象征需求的载体，是判定尘世正邪的机构。

象征符号揭示的宇宙结构，在直接经验层次上是不可能认识的。而象征符号揭示的世界，是一个活的世界的整体，不是一个用土族民众拥有的知识进行理性思考后能够得到解决的问题，而是一个"直接直觉"的问题。因此，象征符号的"逻辑"表明它自己是"自成体系的认识方式"。它把纷繁复杂的现实世界通过自身的方式，全部拢合在一起成为一种统一体系。这里，不仅涵盖了合理的现实世界的秩序井然的事物，而且也包含大家看来是怪诞的、矛盾的、邪恶的东西，使之被整合成为一个与宇宙相对应的涵盖各种事物的复杂世界。土族宇宙观通过这样的方式得到表达和综合。他们通过给自然世界赋予自己的态度，使自然世界转换为按照他们的意识创造的意识世界。按照自己的意识世界的结构，把自己放置在这样的世界里，按照他们所赋予的意义生活。他们生活在自己营造的神圣世界里，本质上通过这样的象征手段来表达自己的世界观，表现对世界的掌握程度。

（二）言语文字及行为象征

言语象征，通过信仰者以符合民族习俗的语言、方式规范化地向邀请神灵、利用超自然力量的过程。这里赋予语言以巫术功能。言语象征，一方面是信仰者利用自己的语言在向神灵直白地告诉自己的请求、愿望的行动。这个过程，反映他们对于自然、世界、社会的理解和对于他们的意义。另一方面，就是民间信仰仪式中大量运用的咒语、神号等。人们通过念诵咒语，来达到控制神灵、鬼灵等的目的，通过念诵神号让该神灵到自己身边。有些仪式中，通过"导至拉"①让语言产生作用，使神灵到来，或在某人身上显灵。而使用的道符、朱砂黑碗、书写文字的石头、煞桩等，就是文字象征的典型。书写了这些文字的物件也被象征具有了某种法力，如道符可以请神灵、镇邪恶，而朱砂黑碗、书写文字的石头、煞桩等是常用的镇恶物件。

"社会生活的真正开始是在人类发明了共同象征的时候。语言是一种最重要的象征体系。我们在相同的象征中制约我们的反应，使我们能从这些象征推己

---

① 导至拉：土语，是通过念诵神号或者咒语、其他一些能够产生心理暗示作用的话语，致使神灵到来、神灵附体的过程。

及人，用自己的感觉来推测别人的感觉"①。"可是这些象征的意义却又只能从我们各个人的经验中体会得来，因之，自己所没有的也就无法推己及人；自己有而别人没有的，也无法使人明了，发生同感。社会生活的可能还是靠了各分子间相同的经验"②。这样，没有相同生活经验的人是不会对一个象征产生同样的体会和反应。土族社会中民间信仰的信仰体系，很大程度上都是建立在土族民众所具有的直接或者间接的共同经验之上。这样，普遍的共同经验就要求是大家能够接受和掌握的，而非玄奥难懂、不易掌握的，所以这些信仰象征体系大多是浅显的共同象征。正是因为这样的原因，对于法拉、法师等神职人员的直接经验，不是一般大众所具有的，而且也由于种种原因很难获得这方面的间接经验，这样，法拉、法师的经验是他们所独有而垄断的，成为他们保持在土族信仰中"民间权威"的依据。另外，土族社会中，不能直呼亡人的姓名、地方神的名号等，实际上也是基于言语象征思维基础上的禁忌。认为称呼姓名、名号能够引来亡魂或神灵。其中，有关地方神的神话故事表面上看起来只是在表述前人创造的故事，但是这些故事在象征的意义上，是对于神灵的包罗一切的意义的表达和展示。

　　土族民间信仰仪式中伴随语言的祈求，就是行为活动。他们以跪拜、叩首为最常用的仪式化动作，向神灵、祖先表示自己对它的敬仰、信服。叩首过程的每一个动作据说都有其象征意义。在具体的仪式中，根据不同目的，也有一些行为——肢体语言，如法拉发神时因为不同的神灵附体而有不同的步伐、动作。

　　信仰者以规范化的行为来表示意愿，表达对神的崇敬和祈求，摆脱了实物象征具有的神和人之间较明显的物利交换关系，使民间信仰象征更加符号化和象征化或仪式化。这种象征使民间信仰仪式更抽象化、符号化和理想化，使每一个符号化了的礼仪动作都赋予特殊意义。

　　行为仪式化旨在为人神之间的无限伦理要求提供一个代价不高的替代物，它只需用一套新规则（行为象征）补充另一套规则（如实物交换）。这样，伦理表达和仪式表达放到一起就成了复合的行为象征方式。这里，伦理表达的背后还暗含着对于超自然力量的敬畏、恐惧，并因此产生面对超自然力量的顾忌。伦理观念携带着这种复杂的情感混合到仪式的象征中。只有仔细地体味，才能发现信仰者心理上的体验在行为象征上的表现。更重要的是，仪式化的行为和言语等象征。总的看来都表明它们自身之外为它们所模仿或重复的原型，姿势

---

① 费孝通：《生育制度》，北京：商务印书馆，1999年，第58页。
② 费孝通：《生育制度》，北京：商务印书馆，1999年，第81—82页。

的模仿和言语的重复只是过去实际参与原始行为的不相连贯的表示,而这原始行为是仪式与言语象征的共同原型。

(三)颜色象征

色彩信仰是一个民族心理的折射,直接反映民族的信仰倾向。民族服饰成为反映各民族历史、价值观念、政治制度、宗教信仰等非常直观而重要的形式。在色彩象征交流的过程中,色彩是色彩象征的能指,而通过色彩象征所表达的潜藏在人们内心深处的信息是色彩象征的所指。能指与所指的结合,构成完整意义上的色彩象征系统。色彩象征的传递模式为:社会中的人将一定的意义赋予到某种色彩或色彩组合中,而另外的人通过这种色彩或色彩组合能领悟到其中的含义。

人在适应天然的色彩环境过程中,通过刺激与反应的形式认识色彩、区别事物,并结合自身社会环境,将自然色彩符号化为语言,给色彩赋予意义,用色彩进行象征。土族人崇尚白色,以白色为美,认为白色象征高贵、圣洁,能辟邪免灾等。根源在那里呢?朱净宇提到"色彩语言的意义来自图腾,色彩的语言也起源于原始的图腾崇拜"。同样,土族的尚白习俗也是来源于图腾崇拜[1]。在生活习俗中,土族人赋予白色更多的情感象征,认为白色是最吉祥的颜色,如互助土族自称"察汗蒙古尔",土族姑娘常佩带"察汗手巾",土族人庄廓的大门外壁用白土泥抹光或用白粉粉刷,在招待贵客时酒壶上要绑上白色的羊毛等。这些习俗也反映了土族源自原始崇拜的尚白心理。

土族赋予青色以庄重的意义,认为青色是神圣的或者是不可侵犯的。在许多庄重或禁忌的场合,人们常穿青色衣服,以青色作为基调。民和土族丧事中,前来参加丧礼的妇女一律身着青色长衫作为丧服。再如,在生完孩子坐月子时要穿青色长衫,因为土族人认为生完孩子的妇女是不洁净的,是忌讳的。此外,青色衣服还在一些重要的祭祀场合中穿着。互助地区土族妇女在正月十五晚上去祭山神时,都要脱下花袖衫,换上青色长衫,以示庄重。另外,在土族老人年事已高时,为他准备的"老衣",颜色也基本以青色为主。这种青色禁忌来源于土族原始的"蛙崇拜"[2]。作为象征符号的色彩,因为最初所表达的意义来源于图腾崇拜,色彩往往成为原始宗教观念的物化形式,在其中渗透着对自然神灵的幻想,并以其神秘的魅力向人们传递着信息。如花袖衫中的五彩来源于土族对自然的崇拜,因为红色象征的太阳、绿色象征的草原、黑色象征的大地等,

---

[1] 邢海燕:《青海土族服饰中色彩语言的民俗符号解读》,《西北民族研究》2004年第4期。
[2] 邢海燕:《青海土族服饰中色彩语言的民俗符号解读》,《西北民族研究》2004年第4期。

都是大自然中的事物，土族出于对自然的这种敬畏和热爱，将有不同含义的颜色设置在衣服上，表达了他们对自然的原始崇拜①。

将尚白意象及青色讲究视为图腾崇拜与禁忌象征是否恰当，有待进一步研究和确证，但能提出这样的思路为以后进一步的研究提供了很好的借鉴和思路。"尚白传统直接来自黑白二元对立思维。白色代表着好和善，与光明和火同义"。"藏族尚白的传统乃是古老的萨满教的遗风，是原始二元对立思维中对于'善'价值取向，是原始火崇拜的一种深化形式"②。如果此说不误，可以认为土族的尚白传统同样来自于火和光明崇拜，是火崇拜的一种深化形式。关于青色，学者论及吐蕃人平时，甚至在重要场合下是用赭色绘面的，而在父母丧礼时所用的则是青黛之色③。何星亮在《中国图腾文化》中说："赤色、红褐色是猕猴脸色的特征，奉猕猴为祖的吐蕃人为了让猴祖认识自己，同时也为了与其他民族相区别，表明自己是猴族，于是模仿猕猴的形貌和行为，用赤色、红褐色的颜料在脸上涂成像猴一样的红脸。""这里所显示的文化涵义是，绘面作为图腾的标志，以免祖先不认识他，或不承认他。而祭祀死去的祖先时，则把脸上涂成青黛之色。青黛之色就成为吐蕃的丧色。"④土族使用青色，与藏族之间文化交流的影响可能也不容忽视。

土族服饰中的"五彩"观念应该是受到中国古代文化"五色观"影响的结果，因为这种五色的象征观念，早在中国古代就有了非常丰富的意蕴。早在公元250年前，中国的阴阳五行之说就流行于世了。那时，把朝代的兴衰用金、木、水、火、土5种物质元素的相生相克作解释，同时为五行所代表的"气色"标定了5种色彩，即金为白色，木为青色，水为黑色，火为赤色，土为黄色，这是中国最早的色彩象征符号⑤。李泽厚指出："到春秋时，五味、五色、五声以及五则、五星、五神等已经普遍流行。人们已开始以五为数，把各种天文、地理、历算、气候、形体、生死、等级、官职、服饰……种种天上人间所接触到、观察到、经验到并扩而充之到不能接触到、观察、经验到的对象，以及社会、政治、生活、个体生命的理想与现实，统统归纳入一个齐整的图式中。"⑥由此看来，五色的象征观念是一种文化世界观的表达方式。而在土族古老的妇女头饰

---

① 邢海燕：《青海土族服饰中色彩语言的民俗符号解读》，《西北民族研究》2004年第4期。
② 汤惠生：《北方游牧民族萨满教中的火神、太阳及光明崇拜》，《青藏高原古代文明》，西安：三秦出版社，2003年，第364—365页。
③ 刘锡诚：《中国原始艺术》，上海：上海文艺出版社，1998年，第64页。
④ 刘锡诚：《中国原始艺术》，上海：上海文艺出版社，1998年，第59—60页。
⑤ 乌丙安：《民俗学原理》，沈阳：辽宁教育出版社，2001年，第256页。
⑥ 李泽厚：《李泽厚十年集》第1卷，合肥：安徽文艺出版社，1994年，第219页。

"扭达"中,有着明显的五彩的痕迹。有的扭达称作凤凰头,传说源于"五色鸟",至今在土族地区还流传有《五色鸟》的歌谣①。

(四)方位象征

土族民间信仰中的方位象征,主要表现在北斗七星崇拜、五方观念等方向,此外尚有垂直方向上的象征。

方位象征可能源自于原始人对于自然环境的认识过程。"考察空间意识的起源,我们发现构成原始空间意识之基础的是方位观念。而方位观念的确立本身又是一个漫长的发展过程,这一过程中有两次重大的飞跃:一是从二方位观念跃进到四方位观念;二是从平面的四方位空间观念跃进到立体的七方位空间观念"②。中国传统文化又赋予四方以四象的象征意义。其实,土族的五方、五色意识等与这样的思维背景是一致的。在中国传统文化的大背景下,土族进行融合、改造后形成了自己的方位与颜色观念。他们接受了汉族的四象观念,具有左青龙、右白虎等一些理念。"同对数字四的崇拜一样,对数字五和七的崇拜也会发生于对基本方位的崇拜:与东西南北四方一起,世界之中被认作是部落或民族所当居处的地方;而上与下,天顶和天底,也被赋予了特殊的神话—宗教的区别。正是这样的空间与数目的结合,产生了……决定着他们理论上和实践上、智力的和社会的世界观的七重统治形式。另外在别的地区,数字七的法术的、神话的意义也显示出某些基本的空间感同时间感是不可分割的,二者共同构成了神话的数观念的出发点"③。土族重视五方观念,这突出地表现在各种民间信仰仪式中。如在"安神"仪式中,法师表演的地方,突出东南西北方位标志,人在中方;在作法时演唱五方歌,仪式中多次出现拜五方,在幡杆杆底有"供奉五方五帝五岳天神之位",摆上供品。而在婚礼歌中更是充满五方五色的象征,如《五方拜歌》、《五行歌》等很为典型,而在"观天地"、"混沌周末"、"巴央九月"等当中也突出表现五方五色象征。

土族对于垂直方向的象征不是很发达,多停止在五方位的象征上。关于"七方位"相关的象征,丧葬上的念"七七"可为一例。"七"作为众多少数民族心目中的圣数,代表了华夏初民的三维立体空间意识:东、南、西、北、上、中、下,构成了一个七方位的完整空间。三维空间的全方位数"七"经过神话

---

① 邢海燕:《青海土族服饰中色彩语言的民俗符号解读》,《西北民族研究》2004年第4期。
② 叶舒宪:《中国神话哲学》,北京:中国社会科学出版社,1992年,第205页。
③ 卡西尔:《象征形式哲学》第2卷,第148页。转引自叶舒宪:《中国神话哲学》,北京:中国社会科学出版社,1992年,第261页。

的无意识转换，成为一个时间周期的基数，七日象征时间周期的完满，正如七方象征空间方位的完满一样。①这可能是土族、汉族等丧葬仪礼中念"七七"的最早的象征和意义。通过7次每次7天的完满，也象征着亡魂完满地进入下一个阶段的历程。土族对于垂直方向上的崇拜，还表现在对北斗七星的崇拜上。土族社会中，崇拜北斗七星实际上就是一种方位崇拜，崇拜其稳定不变的特性。"古人崇拜北斗星，是因为经过观察发现，北斗星只围绕北极星而回转，它不像其他星辰一样没入地下。它居于天体的中央。汉代人认为，那是天神泰一帝常居住的地方，它位居群星之王，可以控制整个天庭，就像地上的君主控制国家一样。于是把北斗神圣化，它成了天帝的象征"②。而源自于游牧民族的土族人，对于北斗七星的崇拜，更多的是在黑暗中指引方向的原因，而后来随着文化交流，融合进去了更多更复杂的象征意义。关于垂直方向上的象征，几乎典型地反映在"幡杆"的内容上，从上到下依次为天界、人界、地狱。

"最后的象征显示先前象征的意义，而最初的象征为最后的象征提供了其所有象征化的动力"③。民间通过神圣化的心理和感情，运用象征手段完成对信仰对象、信仰仪式和人神关系的神圣化过程，并在此基础上形成民间信仰的神秘性、神圣性，让神灵的灵光充满了土族民众的生活空间。基于群体共享和集体崇拜的要求，象征的客观化具有必要性。但是，客观化的象征经过多次重复，持续不变地使用一些相同的象征媒介，使它们变得司空见惯，导致常规化的结果，存在"机械而粗糙"的趋势，而且越来越远离孕育它们的特定情境或者土壤，一些象征意义逐渐模糊乃至已经丧失。因此，一些仪式早期明显的象征主义意义或者原始象征意义已经被丢弃了。这样一来，象征程序也发生了异化。借助于象征手段的崇拜活动，更多地变成了一种注重形式而神圣性越来越淡化的民间仪式活动，与它最初的目的越来越背离了。

---

① 叶舒宪：《中国神话哲学》，北京：中国社会科学出版社，1992 年，第 245—313 页。
② 朱存明：《汉画像的象征世界》，北京：人民文学出版社，2005 年，第 218 页。
③ [法]保罗·里克尔：《恶的象征》，公车译，上海：上海人民出版社，2005 年，第 134 页。

田野调查篇

乡土社会农事祭祀与社会控制
——对民和县桥头村青苗善事的民俗学调查

李言统

一、引 言

传统的乡土社会，人们以为，存在一种超自然的力量在操控农作物的播种和收获，为了与这种力量达成默契或妥协，当地民众会依托一定的庙宇，在一年四季繁杂的生产活动中，定期举行一些与这些活动相适应的祭祀仪式。农事活动和穿插其中的祭祀仪式，与基层社会的政府管理相协调，形成较为稳固和长期的农事制度，成为维系当地民众生活的一种重要力量，让乡村社会的生产生活得以顺利展开，保证民众的生活稳定和谐。

每年举行的农业祭祀仪式，是以祈求当地神灵护佑农业获得丰收为目的，以当地村庙为中心，形成跨村落的联村组织信仰。在仪式场景中，出于对神灵的敬畏和集体氛围的影响，个体与个体、村落与村落之间的隔阂或边界暂时消弭不见，使得在仪式结束后的日常生活实践中，不同个体和村落之间的身份和情感得到强化和认同，重新建构起了和谐有序的乡村社会秩序。正如人类学家特纳所言："仪式的举行，不但可以解决社会文化内部原有的矛盾，更可以吸纳外来不同的力量，调节传统文化与外来文化间的冲突。"[1]鉴于农事祭祀活动对各种力量的有效整合和对基层社会管理弥补的思考，本文以青海省民和县桥头村举行的青苗善事为田野调查对象，通过仪式行为的全面描述，试图理解传统力量在乡村社会的发展中如何发挥社会控制的作用。

二、以西王母庙为中心的庙会组织

青海省民和县隆治乡桥头村，地处河谷地带，海拔较低，气候适宜，历史上是以农业生产为主的地区。其中有一座西王母庙，每年在这里定期举行青苗善事的祭祀仪式，当地桥头行政村和张家行政村9个社[2]的信众参与其中，并

---

[1] 参见黄应贵：《反景入深林——人类学的观照、理论与实践》，北京：商务印书馆，2010年，第258页。
[2] 桥头村下辖堡子一社，河滩李家二社、三社，桥头四社、五社，马场六社，张家四社、五社、六社。

形成一定的信仰传统。青苗善事活动，从每年四月的青苗初长到九月庄稼归仓，这一期间举行。庙会上，除了举行一些有关农事的春祈秋报外，还有驱邪攘灾等活动，仪式复杂，内容繁缛，表达了民众趋吉度厄、境安民顺的思想意识。其中的组织者都是由一些特殊的人来承担，并形成内部独特的组织制度。

（一）"水　利"

桥头村沿袭的一种与农业生产相关的临时职务，专门组织村民进行与农业灌溉有关的事宜，兼办完成西王母庙里每年举行的3个青苗善事。"水利"分"大水利"和"小水利"，大水利由村委会支部书记聘任，让办事能力强、为人稳当、手脚勤快的人来担当，村委会支付相应的报酬，主要完成挖灌沟①、搭杆子②，并督促、监督和协助村干部完成浇地、挖水沟等事宜。比如浇地时，按照一定的顺序，各社轮流灌溉，如果在灌溉问题上村民之间产生矛盾纠纷，大水利出面负责调解，提出赔产量、补损失等解决办法，大水利处理不了的事情就告知村干部一级协商解决。在完成王母庙善事的活动中，大水利的职责主要是安排确定掌神桌的马脚③、抬神轿的人以及组织仪式按序进行等，还负责财务开支，根据每年庙会的开支预算，安排小水利按户收钱。行政村下辖社，每个社产生1个小水利，协助大水利，完成灌溉和善事的事务。每个社还有王母的官房④，每年举行官房的3茬善事，大水利不负责，由会头负责完成。

（二）会　头

负责村落内部进行农事祭祀活动的人，并在庙会中组织和操办官房3茬善事活动。信奉西王母庙的两个村下属9个社，每个社产生1个会头，依一定的顺序，每年一换，有的村的会头往往由小水利来兼任，像桥头村6个会头，同时也是小水利，共同负责一年的3茬善事，6个会头当中再产生1个说话办事比较利索的人当大会头，在大事小事上做决定，否则就会"乱打鼓乱跳神"⑤。

---

① 灌沟：农田中间浇地的水沟，当地有"水流三年成灌沟"的说法。
② 搭杆子：挖灌沟时，用一根3米左右的杆子来确定每户应完成的挖沟距离，然后承包到户，责任到人。
③ 马脚：扶乩的时候，执掌神桌的人，由4个年轻力壮的男性青年人组成，每人手牵一只桌子的脚，另外一只手相互挽住，不致散开。
④ 客房：亦称歇马殿，是王母临时歇脚驻扎的地方，类似于当地的民居建筑，由正房和厢房组成，信奉王母的3个村庄当中，桥头和马场、河滩李家、张家都有一座自己的官房。建在村子当中，每逢朔望之期有专人去上香，三大善事、春节迎接社火、嘛呢奶奶摆灯等活动都在这里举行，并公布3茬善事的财务收支情况。
⑤ 乱打鼓乱跳神：当地俗语，指乱了秩序。

（三）社　长

村委会下属的最低一级的乡村事务管理者，负责农事生产活动。桥头村每个社推选1—2名社长，兼任小水利，以抓阄的方式或按村落的居住顺序轮流产生，每年一换，职责跟小水利一样。有的地方不设小水利，直接由会头或社长协助大水利完成浇地和过善事等事宜。

（四）庙　官

专门看护庙宇的人，平日吃住在庙里，生活所需作为一年庙会财务开支的一部分，由村里会头向大家收取。负责上香点灯，开启庙门，守护香钱，平时也不能离开庙宇去很远的地方。一般由那些家里没生活负担，儿女都已成家立业，老伴去世或离异且为人正直、稳重老实的男性老人来担任此职。据现任庙官[①]说，前任庙官因生活作风不端被庙委会人员辞退。

（五）庙委会

由3—5名当地威望较高、热衷于民间宗教事务并熟悉其中庙会各项规程的人组成，对庙内的善事活动出谋划策，对庙的修缮、扩建制订计划、决策的一种民间宗教组织，在每年例行的青苗善事祭祀中，他们较一般人更加积极活跃，协助、协调大水利和信众，让善事活动得以顺利完成。

（六）嘛呢奶奶

在庙会活动中配合其他的仪式活动进行燃灯、上香、诵经的人，由当地中老年妇女构成。嘛呢奶奶基本上都是本村庄的人，有时候也有亲戚参与。善事活动上，嘛呢奶奶按时到庙里或官房，带上香表、钱粮，有条件的还给玉皇、观世音菩萨、王母写上黄纸幡，祈求神佛保佑"大者无难，小者无灾，一年里风调雨顺，五谷丰登"[②]。庙会上给当地信奉的每位神佛摆一架灯[③]，并念诵《地母经》、《王母经》、《十柱香》等经文。

（七）厨　子

由会头家的女性来参与，一般是3—5位，负责善事上人们的3顿饭和茶水馍馍，厨房所用的肉、蔬菜、面等由会头置办，所需的费用从每年向全村人按户收取的财务中开支。

---

① 访谈人一：李连喜（1955— ），男，河滩李家村人，不识字，农民，西王母庙庙官。
② 访谈人二：霍莲英（1945— ），女，汉族，桥头村人，娘家下川口村人，小学文化程度，农民。
③ 一架灯：108盏灯，俗称一架灯。

水利、会头、社长、庙官、庙委会组成了西王母庙会的组织系统，在他们的组织和协调下，加上一些长期对大小庙会热衷参与并自觉承担一定信仰义务的嘛呢奶奶，共同保证和促成了庙会活动的正常进行，并形成了庙会活动绵延不绝的长效机制。

三、村际之间的官房仪式

青苗善事的仪式活动分为两种，即官房善事和庙宇善事。其中官房善事是庙宇善事的一种延续，两者相辅相成，共同维护、形成了当地较为完整独特并具有一贯性的民间农事祭祀活动。

官房举行的青苗善事，亦称青庙善愿，每年农历的三月中旬，正值当地青苗长成之际，各社在自己官房举行善事活动，其他社的人不参与，依照惯例，桥头社和马场社一个官房，河滩李家和堡子一个官房，张家一个官房。每个地方按期举行一定的仪式来完成善事。每期善事活动由陈设坛场和完成善愿组成，共用2天的时间，其仪式活动包括以下诸项。

（一）定日子

由各村的社长邀请4个马脚和专门为神桌剖签的人，掌上神桌，到官房中宫处，上香化表，恭请黑池龙王坐桌①，然后带动4个马脚进行一番扶乩仪式，最后由剖签的人在神桌的示意下，借口传言，敲定青苗善事举行的日期，然后社长或会头根据这个日子开始善事活动的各项准备。

（二）陈设坛场

每年举行善事的日期并不统一，先有神桌择定日子，到期的前一天，阴阳先生到官房，陈设坛场、写幡、合会亡牌、写大字、写对联、打扫宝殿、开经立幡等。

1. 写幡和合会亡牌

用黄纸粘接成宽50厘米、长3米左右的长条形旗子，其上用墨笔写上各路尊神的诰号，还有诸神牌位和合会亡牌，其他诸神的牌位都写全。如玉皇幡：

至尊金阙玉皇大天尊玄穹高上帝御陛下献；

众人合庄先祖牌位：

元始符命：合会五音（各姓）门中释先远三代宗亲等魂儒来餐法味；道去步金莲。

---

① 黑池龙王：当地非常信奉的水神。坐桌：当地俗语，指神附着在特制的神桌上面。

2. 写旗子

将红、黄、绿纸裁剪成直角三角形，上面用毛笔画上不同的符号，一边缠在一根竹竿上，插在中宫的盛有粮食的方斗里，称为玉皇、王母等号令旗，总称五路神仙号令旗，专门用于发号施令。

3. 写大字

在一块1尺见方的彩绸纸中央写上"青苗茂盛、风调雨顺、国泰民安"等字，一副大字由4个字组成，每个大字中间只写1个字，下面粘接上两个朝下垂的三角绸纸，形成一个不出头的"大"字形。在方纸中央写上1个字，一般是4个大字连在一块，贴在门楣上和中宫搭起的木板上，由于彩绸纸轻柔，随风摆动而不致破损，也方便人进出。

4. 写对联

在官房大门和正房的门框及廊柱上，贴上红纸对联，都是祈福降祥之语。如大门处，左联：清风细雨降人间；右联：五谷丰登养众生；横批：五谷丰登。

5. 抓桌子

下午3点左右，由4个马脚掌上神桌①，在官房的中宫前面，一人边焚表边央谋②：

王母瑶池斗牛宫黑池龙王逢山开路二郎真君左出右入③土主一庙福神，年里挑年，月里挑月，时刻里挑时刻，意思是青草得种，黄草得收，保佑百姓庄稼成给，雨要打给，病头灾难要到给……

旁边一人敲锣，这时马脚开始有所感应，心里似乎着急，感觉佛爷坐桌了，桌子开始带着马脚左转3转，右转3转，然后由剖签的人传言，告知其他人进行下一项活动的时刻和事项。

---

① 神桌：用上好的红木、楠木等木料，做成长约40厘米、宽约20厘米、厚2厘米左右的桌面，中间挖一个眼，四角安上高30厘米左右的桌腿，桌子做成后，由阴阳先生或喇嘛在桌面掏好的眼中装上名贵药材，称为装脏。外面包上被面、黄绫、哈达等。当地西王母庙和嘉吉寺都信奉黑池龙王。神桌功能，主要为婚丧嫁娶择日子、问病、驱邪等，当地人遇到难事，都去求神桌。神桌平时供在庙内大殿的供桌上。村里过善壁时，前一天，由村里会头带上香表、钱粮，到庙里神桌前上香、焚烧钱粮，谓之请神桌。然后把神桌从供桌上拿下来，带到官房。据当地人说，龙王爷（黑池龙王）神桌有音无相，在庙宇中，也看不见龙王爷的神像。

② 央谋：当地方言，一种带有祈求意味的念叨。

③ 左出右入：指王母庙正殿两侧墙壁上绘画的神仙图像，左边是各路神仙乘马出去的图像，右边都是乘马归来的图像，出去时人马皆精神抖擞，归来时显示的人困马乏的神态。

6. 请神轿

由马脚掌着神桌，带领其他人从官房出发，到西王母庙里去请神。到时由庙官开启庙门和大殿的门，大殿的门是由4扇活扇门组成，人们上香焚表，卸下活扇门，然后将王母娘娘的神轿串上抬轿用的木杠，每角两人，从大殿内抬出来，马脚掌着神桌前面领路，有人扛上三角彩旗跟随其后，彩旗上绘有龙凤或其他瑞兽图样。由于存放时间长，庙内经常烟熏，旗面陈旧模糊。神轿紧随其后，一直抬到官房的供桌上，放置停当。

7. 开经立杆

即阴阳[①]先生开始诵经，先前要神桌丢卦，剖卦的人负责认卦，说开经立杆，接下来由众人立幡杆，在一根高约5米左右的木杆顶端，用长绳横绑上一根木棍，绳子绕过顶端固定的木制滑轮拽到地上，然后将木棍树立在中宫的位置，准备第二天升幡。嘛呢奶奶开始摆灯诵经，阴阳先生念诵祈福禳灾、保佑平安的经文，有《玄门日诵早晚坛功课经》、《太上三元赐福赦罪解厄消灾延生保命真经》、《太上玄灵北斗本命延生真经》、《太上九天应元雷声普化天尊玉枢宝经》、《太上元始天尊说北方真武妙经》、《太上说火车王灵官真经》、《诸神诰》、《太上说平安土皂真经》、《太上洞渊请雨龙王真经》等。

（三）完　愿

前一天坛场陈设完毕后，第二天正式开始青苗善事的完愿仪式。

1. 升　幡

这天早上，阴阳念经，嘛呢奶奶摆灯诵经，有人打锣，马脚掌起神桌，阴阳在一边敲钹击鼓，在一片紧张喧嚣的气氛下，将幡绑在立好的幡杆上，众人用绳子将写好的幡升到空中。

2. 抓桌子

当地举行的一种扶乩仪式，即每进行一种祭祀仪式，就要抓桌子来确定时刻，再由桌子领着进行仪式。4个马脚净手后，掌上神桌站在中宫前，剖签的人先焚香化表，旁边一人敲锣，不一会，神桌就牵着4个马脚活动起来，先是前后各仰3下，然后左转3圈，又右转3圈。最后站定，剖签的人问问题，神桌通过摇动或撞击前面的桌子来传神谕。比如众人领会神谕并准许这样去做的话，神桌向前低一下表示同意，否则左右摆动表示不同意，通过撞击桌子的次数来

[①] 阴阳：对伙居道士的一种称谓，专门负责民间起灵卧丧之事宜。

确定焚烧钱粮的个数。如果众人不能及时领会神谕，神桌会牵着马脚重复前面动作，以示恼怒。神桌还判符，由前面马脚握住桌子的一只手夹住毛笔，随着神桌在铺在前面的黄纸上，用黑赤二笔画上不同的符号。

3. 娘娘爷洗脸

中午12时，马脚掌上神桌，阴阳给娘娘举行洗脸仪式。身披红色道袍、头戴玄色道冠的高功[1]左手执金铃，右手敲木鱼，念诵《沐浴圣像经》，另外两名阴阳一人击鼓，一人打钹，站在娘娘神像面前，然后高功揭开圣像头发，右手拿梳子，左手撩头发，模拟梳头的动作，接下来右手换上毛巾，左手掌净水碗，用毛巾沾上碗里净水，向着神像脸部净撒，再用毛巾擦洗。另外两人左鼓右钹，合诵《正乙庆赞圣像沐浴玄科经》，高功做仪式，诵经结束，沐浴完成。结束后，阴阳还要念诵《灵官经》、《土皂经》、《真武祖师经》等。这时，嘛呢奶奶也开始在院中或廊檐下空地上摆灯念嘛呢，非常虔诚，说"一百单八一架灯，该有灯处就有神，一个灯为一个神，不多不少一架灯"[2]。

4. 送　亡

阴阳念诵《送亡经》（又叫《救苦妙经》），击打木鱼鼓钹、手摇金铃，诵经结束后，大家在神桌的引领下，拿着烧纸冥币，手端合庄亡牌，在大门外东侧择一地方焚烧，最后鸣炮，仪式结束。

5. 送　神

下午2点30分左右，马脚掌上神桌，举行送神仪式。人们先将贴在门楣处的大字、对联撕毁后焚烧。神桌降神谕，在东、南、西、北、中5个方位用朱、墨两种颜色的笔写上5张符，并通过撞击桌子的次数来确定各方位焚烧的钱粮数，然后降下幡，卷成一团，盛在一个木盘里，由各个会头顶在头上，在神桌的带领下，围绕中宫左转3转，右转3转，旁边由阴阳击鼓敲钹，合诵诸神真诰，最后将幡在中宫处烧掉，各方位的符和钱粮也在相应的位置依次焚烧。

6. 送　轿

在神桌的带领下，将娘娘的神轿，抬回庙里，前面有人燃放鞭炮，四五个人掌着三角龙凤旗紧随神桌，只要逢着路口或拐弯处，便有人鸣炮，最后将神轿从正门抬进去，安放在大殿的供桌上，神桌也放在供桌的一角，最后将殿门

---

[1] 高功：道教中对斋醮法师活动中的主持叫高功，此处是对身着玄色法衣的阴阳经师的称呼。
[2] 访谈人三：王雪莲（1944—），女，汉族，桥头村马场社，娘家乐都雨文乡旱庄村，不识字，农民。
访谈人五：陈福花（1947—），女，汉族，桥头村马场社，娘家总堡哈家村，不识字，农民。

锁好，众人从偏门离庙。

7. 倒幡杆

将前一天立好的幡杆，等所有仪式结束后，放倒后搁在官房翘起的屋梁之间，以备下次善事仪式上再用。这在当地有一定的讲究，日期不同，幡杆所倒的方向也不一样。

8. 结　束

大家回到官房，吃饭。阴阳脱下道装，收拾经卷法器，吃晚饭，并接受众人随心布施，会头会给高功阴阳一定的报酬，俗称抬经钱。阴阳也不会全部拿取，会给会头返还一部分，剩下的与其他几个阴阳均分，然后给众人说一些颂祝性的喜话：

> 众姓人等，方神保佑，想事得到，谋事得成，青草得种，黄草得收，一粒落地，万粒归仓，一年四季，风调雨顺，国泰民安，上学者金榜题名，求财者财源广进，上班者工作顺利，务农者五谷丰登……

最后众人打扫庭院，收拾完毕后，锁好院门离开，官房善事就算圆满结束。

四、联村举行的庙宇善事

官房仪式结束后，就在西王母庙举行端午善事，届时，信仰西王母的各村人都来参与，按当地人的说法，就是吃庙的所有人，他们共同构成了以西王母庙为中心的信仰圈，这些信众虽然分属于不同的自然村和行政村，但对庙上的活动，表现非常一致，庙上的善事包括二月二、端午节和九月九3个时期，其中端午的仪式，对应着官房举行的青苗善事，在麦苗抽穗之时举行，其中有对麦苗长成之后的一种祈福。主要的仪式活动有以下几项。

（一）穿衣裳

农历五月初五凌晨，根据神桌示谕时刻，给王母娘娘穿衣裳，衣裳是当地虔心的民众提前请人缝制好的，有裙子、裤子、衣服、鞋袜等。做衣裳时，所用的材料全是绸缎，多为黄色，外绘有龙凤图案，上身缎料为1.2丈，白绸缎3尺，领子、袖子和裙子6尺，裤子3尺，请会做衣服的人缝制好，在端午前一天拿到庙上。一般人要是不会做，就买好缎料或将缎料折算成钱，送给会做衣服的人，帮着做出来。穿衣裳的时候，3位"功德"[①]，先在烧红的铁勺里，放上清油、柏香、醋和3块烧红的石子，在大殿的各个角落里熏过，口念"醋坛神到了"，俗称打醋炭。然后等待神桌谕示的时刻，就开始给佛爷穿衣裳。3位功德喝上柏香水或酒漱口，再净手，然后拿一块新毛巾，捂住嘴系在脑后，再将上身穿的所有衣服，从里到外按顺序套好，将衣领、袖口等对齐后，用线针固定一下，等时刻一到，就穿在佛爷的身上。结束后将神像扶端正，帽子和身上衣服收拾整齐后，磕头离开，穿衣服仪式完成。最后将佛爷抬到庙内山门的二楼上，放到供桌上的轿子里，将帽子和身上衣服收拾整齐，把神像扶端，然后磕头离开。

（二）挂荷包

端午这天，有很多完愿的人，像求子娶妻的人，先从佛爷的轿子上摘一个荷包带回家供起来，第二年若家人如愿，她们来参加庙会活动的时候制作上一个新的荷包，和旧的一起带来，诚心大的还做上衣裳和匾，衣裳给佛爷穿上，匾就挂在大殿的两侧，新的荷包挂在轿子上，旧的荷包在院里烧掉。若家里有久治不愈的病人，病人家人会携带钱粮来向神桌问病，神桌会开出治病的方子，若病人痊愈，家人会携带清油来庙里摆灯、烧钱粮进行致谢。

（三）领　羊

在宰羊之前举行的一项仪式。先由当地的水利买好羊，端午这天，根据看定的时刻，先将羊的嘴、头、脚爪、鼻子等擦洗干净，将羊牵到大殿前面，头朝神像，众人拈香跪在当地围成一圈，你一言我一语地说：

老人家，大家诚心的，你把羊哈领上……

有人在羊身上浇一些清水，此时如果羊摇头、摆尾和哆嗦，将身上的清水撒落，表明神灵欢喜领受，羊如果静止不动，就表明神不喜欢，重新剖卦，是什么做得不对触犯了神灵。据当地人讲：有一次会首到人家去买羊，说好40元，主人妻子认为卖便宜了，应该卖45元钱，后来在献羊的仪式上，神就不领羊，最后看卦后说主人不愿意，神灵也不欢喜，卖主上了几元香钱，在神灵前祈求，神才领羊。说明人要心直口快，人心里不欢喜神佛也不欢喜[②]。

---

① 功德：专门负责操办西王母庙里举行大型信仰活动的人，一般是心地善良、办事稳当、热心民众事情、地方威信高的人来担当，由当地民众推举产生。

② 时任水利赵喜存口述。

（四）献　羊

领羊仪式结束后，就请人收拾，将宰好的羊剥皮后割成两半，放在大锅里煮，等血气浸干时捞出来，放在大殿前铺好的羊皮上，将羊头、羊身等对齐成一个整羊的样子，给佛爷[①]献上。宰羊时，先把几撮毛和血接到碗里，一起献在中宫的桌子上。最后将肉和心、肺、肝、胆等内脏，在5个碗里放上少许，再盛上肉汤，各添一些血和羊毛，在龙王爷神桌的指引下，东、西、南、北、中5个方位，焚烧钱粮、泼洒羊肉，每进行一个仪式，众人便喊"泼到了"。再对灶娘爷[②]、门神、王母，像前面仪式一样依次祭奠，最后在庙门外给合姓亡人烧纸祭奠。

（五）享　胙

祭奠仪式结束后，将羊肉剁成小块，放到大锅里，和上洋芋、萝卜、粉条等，再加上调料熬成烩菜，凡是来参加这个庙会活动的人都来享用，吃完为止，将剩余的菜泼到河滩里。

（六）结　束

下午三四点的时候，根据时刻倒杆，谢神，跟官房善事的活动一样。官房善事上有阴阳参与，庙里的善事不邀请阴阳，水利组织大家，由龙王爷神桌敲定时刻，共同完成整个仪式。

（七）"水利"换届

所有仪式结束后，还要进行小水利的换届工作。现任小水利将献羊的两只前腿，交给下一届水利。如桥头村有四社、五社两个社，各分到一只羊腿，每年轮换着担当水利工作的人，今年要是轮到四社，明年就是五社，每个社产生两个社长，一个社长负责浇地，另外一名社长负责巡水，小水利由当年的社长来承担，接受大水利的领导，其中一个吃了羊腿的人，负责过3茬善事。

五、仪式实现的社会控制

这一地区，对农业生产活动最具影响和制约的因素，莫过于水利资源的使

---

① 佛爷：当地人对西王母的一种俗称。
② 灶娘爷：亦称灶爷，是当地民众对灶君的一种称呼。

用。因此，这些农事的祭祀仪式当中，民众关于"风调雨顺"、"五谷丰登"、"国泰民安"的祈求，都是围绕水问题展开，而水分配和使用的顺利与否成了影响当地民众生活稳定和和谐的重要力量，青苗善事的信仰活动，暗合了政府对当地实施有效管理的利益诉求，实现了两者的合谋。

通过以上仪式可以发现，民和县桥头村举行的青苗善事在协调当地水利资源，保证农事生产顺利进行的过程中起了很重要的作用。整个仪式中，积极参与的广大民众，既是祭祀仪式中的坚定信仰者，也是农事生产活动的主要操持者，信仰活动通过他们的行为，在日常生活中产生持久的影响。研究仪式的学者认为，"仪式属于某一个或某一些社会历史选择和约定俗成的规范性行为活动，只要属于同一个社会成员，就必须参与这些仪式"①。而这些信仰仪式与民众的现实目的结合，便具有一定的社会控制的效用。其中，神灵西王母、黑池龙王以及组织者水利是促使仪式顺利进行并实现现实社会控制的重要力量。

（一）仪式中西王母对当地民众的威慑

西王母作为当地庙宇的重要神灵，也是一位至高无上的统领神。对西王母的笃信，源于西王母神力的一种威慑，当地关于西王母具非常神格功能的口碑叙事，强化了西王母在当地民众心目中的地位和作用，笃定了普通民众对西王母庙会活动的认真践行。因此在青苗善事中，西王母具有凝聚人心、让人"唯命是从"的特殊功效，而且与现实农业生产直接联系而备受信崇。这种对西王母的坚定信念和精神上的高度依赖，在老年人和妇女身上格外明显，也影响到了年轻人和周围的人，比如外出务工的人和考学求工作的人，面临生存的困境时偶尔也来求西王母显灵，帮助其摆脱困境。关于西王母的灵异叙事和神迹故事的讲述，进一步强化了对西王母的信仰，"凡事都靠西王母"的意识成为当地民众不自觉的宗教观念。青苗善事就是借助西王母的神威，在农业生产期间展开的农业祭祀仪式。研究仪式的人类学家维克多·特纳认为，仪式是指那些"用于特定场合的一套规定好了的正式行为，它们虽然没有放弃技术惯例，但却是对神秘的（或非经验的）存在或力量的信仰，这些存在或力量被看作所有结果的第一位的和终极的原因"。而且，"仪式一经形成并得以流传，往往与社会机构相辅相成，构成了社会机制的一部分。一方面，它成为社会控制的有效力量；另一方面，仪式的形式本身也转化成为一种权力"②。

---

① 彭兆荣：《人类学仪式的理论与实践》，北京：民族出版社，2007年，第77页。
② 参见彭兆荣：《人类学仪式的理论与实践》，北京：民族出版社，2007年，第76页。

（二）龙王对农事的控制

"民以食为天"，由于龙王特殊的神格功能与农业的丰歉关系紧密，在青苗善事中，水神黑池龙王作为西王母下辖的重要大神，仪式中的各种规程，人们都遵循它的谕示完成。参与民众对黑池龙王也是"一呼百应"、"言听计从"。关于龙王的信仰，在汉族地区由来已久，农村的大多数地区都有龙王庙，每逢风雨失调，久旱不雨，或久雨不止时，民众都要到龙王庙烧香祈愿，以求龙王治水，风调雨顺。龙是中国民众根深蒂固的一种图腾崇拜，在发展的过程中更加表现出适合普遍民众信仰心理的世俗化倾向，龙不但能降雨除旱，还可以救火祈雨，求福、长生、升职、祛病、卜吉等，"无有不能"，几乎世上所有的事都可以包揽了。当地不管是定日子、行仪式，还是祛病问灾，都是通过抓桌子扶乩的方式来完成，人们也非常信奉，对西王母以及其他诸神的信仰是通过受龙王的谕示完成。龙王具有这种强大的神格功能，以及对农业生产产生的直接影响，赢得了民众心中的虔诚信奉。它既位列神班，又关乎民众日常生计，民众在日常生活中不敢稍有忤逆。它作为神界的代表，因为是沟通现实和信仰的一个关键性的力量而备受信崇。实践证明，仪式行为能够借助这种看不见的神灵实现社会控制，往往非常奏效。

（三）"水利"权威的建立

由于水资源的使用在不同行政村之间进行协调，而行政机构乃至于村委会在这方面的管理往往很乏力，所以，这种围绕着西王母庙展开的联村信仰组织，恰好弥补了行政权力乏力或失控的情况。由于当地民众对神灵的信仰和仪式上长期形成的惯制，能够保证不同村落对水资源的使用得以顺利展开。其中以水利为代表的善事组织者，是青苗善事这一信仰活动的坚定维护者。由于他们在家庭和当地民众中的威望，他们的行为具有一定的号召力和感染力，在善事活动中，与会头、社长、庙委会、嘛呢奶奶以及普通信众等这些人的合作，加强了他们之间的联系，有效地沟通和团结，使得水利在现实生活中建立了自己的权威。水利在祭祀仪式和农业生产中的作用，表明当地村民农业生产中对水资源的重视和加强水利的有效管理、努力提高农业生产、改变生活现状的一种迫切愿望。水利既是仪式活动当中的组织者，也是农业生产的组织者和协调者，他是连接了民间信仰活动和乡村农业生产活动的中间力量。所有参与其中的人，他们坚定地维护、坚持这一信仰传统，又是这一活动的积极参与者和身体力行者，他们坚定地要求自己维护这一传统，同时对各种仪式活动懈怠、持消极态度的人进行孤立或排挤，最后使他们也成为信仰中的一员。这些人既是信仰的主体，同时又是农业生产当中的主力，青苗善事仪式结束后，当地马上进入农田的灌溉阶段，由于水资源有限，为了保证各个村庄能利用好这一灌溉资源，有效的秩序保证就成为必要。

六、结　语

在传统乡土社会里，各种外来思想、社会主流思潮以及传统观念并存，而民间信仰观念作为重要的一极，与这些思想呈现出一种对抗或相容的复杂局势。由于青苗善事的祭祀仪式与民众的生活关系紧密，在某种意义上调和了各种关系，使整个村落的生活变得稳定和谐。

毋庸置疑，桥头村进行的青苗善事的祭祀仪式是乡土社会中调配本土资源的重要力量，"往往与社会机构相辅相成，构成了社会机制的一部分。一方面，它成为社会控制的有效力量；另一方面，仪式的形式本身也转化成为一种权力"①，促进了农业生产活动的效率，协调了农业生产秩序，成为加强邻里、邻村之间民众情感的一种纽带，对乡土社会单调的精神生活是一种补充和滋养，对团结民众、协调劳动秩序、化解资源竞争造成的紧张冲突、缓解劳动压力等起到了很重要的作用，它在不断强化民众对村规民约的认同之外，还保证乡村社会的平稳、均衡和有序状态。

---

① 彭兆荣：《人类学仪式的理论与实践》，北京：民族出版社，2007年，第77页。

青海民和土族"纳顿"节的田野调查

贺喜焱

"纳顿"在土语中是"玩耍、娱乐"的意思,"纳顿"节是青海省民和县土族娱神、庆丰收的民族节日,民和三川地区的大部分土族村按夏粮收割早晚排列轮流举行,每年从农历七月十二日开始到九月十五日结束,历时两个多月,被称为"土族民间狂欢节"。如若遇灾年,庄稼歉收就不举行。纳顿与土族人民的生产生活有十分密切的联系。纳顿在今日的现状是一个有组织的由村民集体参与,包含祭祀仪式、民间歌舞、傩戏表演以及经济行为的综合性活动,它与当地土族人的日常生活紧密相关。对于纳顿的调查有利于我们深刻理解当地土族的日常生活结构,对进一步探讨民和土族民俗文化有所助益。笔者于2002年农历七月至九月进行了为期三十多天的田野作业,通过参与观察、访谈(深入访谈、一般访谈),并辅以照相、录音、笔录等方法获取了第一手调查资料,保证了资料的系统性和丰富性。基于纳顿节规模大、举办时间长、活动丰富等特点,不可能一一记述,据笔者在当地了解,中川鄂家村、峡口桑卜拉的纳顿被公认为比较正规。现以鄂家为主,将当地纳顿的实况记述如下。

一、村落背景

鄂家地处青海省民和回族土族自治县的三川地区,三川是民和土族的主要聚居区,主要包括官亭镇、中川乡和峡口乡。这里位于县境东南部,靠黄河北岸,地势较平坦,气候温和,适宜农作物生长,但在过去,由于这里耕地主要靠水渠灌溉,时有纠纷发生。现在,水利灌溉条件大为改善,尤其是1969年建成的泵站发挥着不可替代的作用,大部分耕地已变为水浇地,盛产蔬菜瓜果和小麦。鄂家是一个单姓自然村落,位于三川地区的中部,属于中川乡美一行政村。鄂家共有152户,均为土族。鄂家现今依然以种植业为主,村上有大型半自动磨面机一个,机械脱谷机7台,拖拉机49辆,人均年收入1100多元,鄂家现今村民的生产、生活水平处于现三川土族地区各方面中等水平,是情况较为普遍的村庄。

二、纳顿节中的祭祀神祇

酬神、娱神是纳顿的主题，向神灵祈福消灾的祭祀行为自然成为纳顿期间的重要活动，一般祭祀的是自己村上的村神，以及三川地区的地方总神——"二郎爷"。"二郎爷"平日每到纳顿节时就要被供奉在神轿内游神整个三川地区的土族村落，"二郎爷"要被请到举行纳顿的村落享受村民们的祭祀。

鄂家纳顿供奉的本村村神是"红石宝山摩羯龙王"（又称"龙王爷"），据老人讲，摩羯龙王是个瘸子，很早以前他管辖地方遭到大旱，河水断流，泉井干枯，摩羯龙王为了挽救百姓，上天庭求玉皇大帝下雨，玉皇不允，摩羯龙王一急之下扳倒了南天门的大水缸，结果倾盆大雨从天而降，一方百姓生灵得救，但摩羯龙王的腿却被砸伤了。现在中川乡美一、美二行政村一带有很多水草滩，据传就是那时候留下的。至今，鄂家法拉"发神"时一条腿还是瘸着走的①。

三、纳顿节的民间组织

纳顿节的活动并非由村民自发举行，而是有专门负责的民间组织者，大、小"派头"和乡老就是村落组织的成员，他们主要领导、组织纳顿节上的一切活动安排，还负责除纳顿以外的其他活动。其中，大派头的地位较高，在过去一般都由村中有一定地位和经济实力的大户人家的老者担任，现在也推选村中有威望、办事公正、能力强且经济条件较好的老人担任。小派头有七八人，由村中比较干练的青壮年男子担任。鄂家有4社，每年按照一社两人轮流分派，是应尽的义务。乡老大多是一些年纪较长，曾经任过大派头的老人自愿组成的，来协助大、小派头举办纳顿。

有关纳顿的一切活动计划都由大、小派头参与安排组织，使之井井有条。首先，纳顿举办所需要的资金，就由大、小派头来征集。近两年来，鄂家纳顿大概需要1500—2000元左右，主要用于待客的烟、酒、茶、鞭炮及道具维修。这些资金表面上来源于村民的自愿捐献，实际上每户人家都要依据各自的经济状况捐助，并且由于"跳会"必须是每家至少有一名男子参加，如若某户未能出人手，则要多交一份实质属于罚款性质的钱。另外的资金来源还依靠从鄂家外出发迹或读书工作的人的捐助（这些人的捐助一般较村内人高），这样纳顿节就有了经济保障。其次，从纳顿节前的准备到跳会当天的一切活动安排均由大、小派头负责组织，每一个礼仪过程，大、小派头都是按照以前派头传下的规矩来操演，形成一种固定的习俗模式。

---

① 这一说法来自笔者对原官亭文化馆干部徐秀福的访谈。

四、纳顿节前的准备

（一）"装脏"仪式

村民通过娱神来祈求借助神力保佑来年庄稼丰收。在村民的观念中，神的神力也会逐年消失，因而举行了一种被当地人称为"装脏"的仪式以增强神力。

在装脏仪式及纳顿节上有 3 个神秘人物法拉、法师、阴阳不容忽视，他们各司其职，作为人和神之间的中介在装脏仪式与纳顿中发挥着重要作用。下面，笔者从对法拉、法师、阴阳的介绍入手，对装脏仪式作一简略描述。由于装脏仪式笔者未能亲眼目睹，这里介绍的概况主要来源于笔者对鄂家阴阳的访谈。

1. 法拉、法师、阴阳

法拉，是一种巫神，类似于萨满，是当地地方神的替身和代言人，一般为男性。平日他也与常人一样劳动，只有在被请到神庙或被人家要求"发神"时才会神灵附体，替人祈福消灾。法拉以神的身份说话行事，代表神的旨意来为人解决问题并趋利避害。现今鄂家早已没有法拉，一些仪式活动请的是桑卜拉的老法拉。

法师，是具宗教性的民间歌舞艺人，一般为祖传世授的男性，信仰佛教和道教，表演兼有唱、舞、乐，当地人称为"跳法师"。表演时，法师的装扮极像女子：绣鞋、绣花坎肩、宽红腰带和百褶裙，还有一条假长辫，手持羊皮神鼓。现在鄂家的一些活动请的是安家法师，本村的法师在 20 世纪 50 年代去世后没有继承人。

阴阳，是祖传世授或带徒授业的神职人员，均为男性，其职能是帮人择日、卜卦、画符驱鬼、消灾祈福。现今鄂家有一个年纪较轻的阴阳，有时村中有急事来不及请外村的法拉或法师时就由他来代替。

2. 装脏仪式

装脏仪式是一种能增强神力的仪式，分"香脏"和"非香脏"两种。香脏一般使用佛经及朱砂等物；非香脏则用马蜂、蜈蚣、麻雀、喜鹊等物。装脏主要是用以上法物填装于神像的头、胸、肚部位。据鄂家阴阳说，鄂家村神"龙王爷"逢龙年装脏一次，三川地区的区域神"二郎爷"则是每年都要举行装脏仪式，并且是从农历五月十一日到十三日举行 3 天。装脏仪式通常都比较复杂，举行前一周便由庙倌请神出庙藏于山中一隐秘处，每日夜晚上香供奉，神坐洞 7 天后，由法拉指引请神，在村庙院中准备装脏。第一天要先请法师表演，次日要先准备"开光点珠"仪式，装脏仪式正式开始，阴阳要念诵经文，村民还会前来献祭。最后一天，依然要由法师唱颂神歌，最后请神入殿。

整个装脏仪式十分庄严、神秘，据说只有这样，才能确保神力增强，尤其是"二郎爷"的装脏仪式之所以每年选择在农历五月，目的就是为了在纳顿期间巡游三川时能更显威灵保佑百姓。

（二）"下庙"仪式

鄂家在举办纳顿前一天（即农历七月十二日），一般都要举行"龙王爷下庙"仪式。纳顿在村庙周围的开阔地举行，大、小派头（鄂家民间活动的组织者）在"龙王爷"下庙前要安排好供神所用的大帐篷及供桌，下庙前在庙堂要点燃108盏佛灯，焚香烧纸。最后几个小派头敲锣打鼓将神轿抬到会场。

另外，大派头还要安排人手去刚刚结束的宋家纳顿请来主神"二郎爷"，一路上也是敲锣打鼓，逢村口、桥头都要放鞭炮。不论是"龙王爷"、"二郎爷"的神轿，人们都要一路上左摇右摆，以示神力非凡。

五、纳顿会场的布置

纳顿会场上的主要设置为：供请"二郎爷"和"龙王爷"神轿的神帐，神帐坐北朝南，前有一铁制香炉，供人们祭拜、烧"钱粮宝盖"（剪成不同形状的表纸）所用。神帐内的设置为：正中大供桌上供有3台神轿，神轿为木制，正面被玻璃罩住，上面挂了许多村民献祭神灵的自制香包，供桌上还摆放着供品。帐内还放有锣鼓等跳会所用道具，与神帐遥遥相望的是处于空地南端的祭天地众神的幡杆，呈"十"字形，高约7—8米，上面挂有许多"钱粮宝盖"，幡杆旁有一顶小帐篷，里面堆满了村民献祭的"酥盘"（村民用自家新打粮食做成的一种大蒸饼）、酒、烟等东西。一切准备就绪后，就等纳顿开始了。

纳顿举行当天在会场周围的空地上围满了小贩摆设的摊点，有小百货、杂物、雪糕、凉皮等等。这些都是本村或邻村的小商贩专门来赶场的。

六、纳顿节的仪礼过程

表1 仪礼概略一览表

日期（农历）	时刻	仪礼名称	仪礼执行者	仪礼内容概要	会称
七月十二日	早上	"合会手"	宋家、鄂家男性村民	跳"会手舞"、"摆阵法"、"打杠子"、唱"搭头词"、"报喜"、"喜讯"	宋家纳顿
	中午	傩戏表演（又称面具舞）	宋家男性村民	"庄稼其"、"三将舞"、"五将舞"、"关王舞"、"五官舞"、"杀虎将"	
	下午	法拉"发神"	法拉	法拉"发神"、上口钎、代表神的旨意收受献祭	
	傍晚	布施、收拾会场	大、小"派头"	将"酥盘"等供品散发给村民，与神共享；将"二郎爷"神轿抬往鄂家	

续表

日期（农历）	时刻	仪礼名称	仪礼执行者	仪礼内容概要	会称
七月十三日	早上	"合会手"	鄂家、宋家、桑卜拉男性村民	跳"会手舞"、"摆阵法"、"打杠子"、唱"搭头词"、"报喜"、"喜讯"	鄂家纳顿
	中午	傩戏表演（又称面具舞）	鄂家男性村民	"庄稼其"、"三将舞"、"五将舞"、"关王舞"、"五官舞"、"杀虎将"	
	下午	法拉"发神"	法拉	法拉"发神"、上口钎、代表神的旨意收受献祭	
	傍晚	布施、收拾会场	大、小"派头"	将"酥盘"等供品散发给村民，与神共享；将"二郎爷"、"龙王爷"、"娘娘爷"神轿抬往桑卜拉	
七月十四日	早上	"合会手"	桑卜拉、鄂家男性村民	跳"会手舞"、"摆阵法"、"打杠子"、唱"搭头词"、"报喜"、"喜讯"	桑卜拉纳顿
	中午	傩戏表演（又称面具舞）	桑卜拉男性村民	"庄稼其"、"三将舞"、"五将舞"、"关王舞"、"五官舞"、"杀虎将"	
	下午	法拉"发神"	法拉	法拉"发神"、上口钎、代表神的旨意收受献祭	
	傍晚	布施、收拾会场	大、小"派头"	将"酥盘"等供品散发给村民，与神共享；将"二郎爷"神轿抬往下一村	

纳顿在许多村中并非只举办一天，要分主客场。主场主办的村落当地称为主队；邻村纳顿必来庆贺，当地称为客队。一来一往就已经举办两天，有的村落还要参加晚自己村落一天的邻村纳顿，实际就已举办3天。鄂家纳顿就是如此（如表1）。农历七月十二日为宋家纳顿，由宋家主办，鄂家作为客队前去庆贺、合会；农历七月十三日，鄂家纳顿时，宋家也要回礼庆贺，并且桑卜拉"会手"队伍也来合会，十分热闹；农历七月十四日，桑卜拉纳顿时，鄂家则作为客队前去庆贺。这样，相对鄂家来说，就要"跳会"（当地村民称参加纳顿节为"跳会"）3天，场面、规模都十分壮观，人情往来也十分密切。

（一）村民的活动

农历七月十一日，即纳顿节的前一天，在外工作或学习的游子们都尽量赶回来，每家每户也早已打扫干净庭院；妇女炸油饼，做献供给神的酥盘（据说做酥盘之前3天夫妻不能同房，有病、来月经者也不能参与制作，以示对神灵的敬意）；要给小孩穿上新衣裳，老年妇女也要穿上传统的黑色长衫，戴上黑色头巾。这一天，村民陆续来到纳顿会场的神帐前还愿，一些发了财、交了好运的人牵着羊，抱着鸡，向"二郎爷"或"龙王爷"感谢神恩。献祭时，一般都要在还愿的羊或鸡的头上倒净水，倒水时如果羊或鸡摇一摇头，便证明这个祭物被神悦纳，否则认为神不喜欢，需另换一只。与此同时，庙倌要进行占卜，以观神是否接受。占卜工具是竖分为两半的木制圆锥体，当正负两半各落在地上，说明神已接受，还愿的人便将祭物拉回家宰杀。傍晚，村民们还要到祖坟上去祭祖，给祖宗献新粮做的糕饼、烧香及钱粮宝盖。

纳顿这天早上，村中每家都会派人端着前一晚做好的酥盘及钱粮宝盖来到纳顿会场给神磕头上香，然后众人回家吃早饭。饭后，男人们忙着去纳顿会场狂欢，女人们也在忙着准备一整天来客的饭食，之后便去纳顿会场观看表演。

（二）纳顿上的主要活动过程

1. 第一项："合会手"

鄂家纳顿正式开始于农历七月十三日，早上天刚亮，约上午7点左右，大、小派头们准备好茶水、美酒来迎接本村老人及外村来客。一切就绪后，约上午8点左右，大、小派头们敲锣打鼓，村里准备去跳会的人听到锣鼓的召唤声，赶到会场参加近百人组成的"会手"队伍。会手由两列纵队组成，队伍是按长幼顺序排列，最前排是身着白衫黑马褂的年纪最长者，中间是只穿白衫的年纪较长者，队伍后面是身穿青衫的青壮年，中间还穿插有敲锣打鼓的人手。众人头戴草帽，一般都要扎裤脚，老者手持折扇、小型彩旗、短钢刀、笛、箫等器物；青壮年则手举大型彩旗，旗上都写有"国泰民安"、"风调雨顺"、"神光普照"、"国富民强"等话语。

参加会手的人到齐后，约上午9点左右，全体跪拜在神轿前磕头上香，感谢神保佑今年的庄稼获得丰收，祈祷来年风调雨顺。这时，大派头说一些感谢神保佑今年的庄稼获得丰收、祈祷来年也风调雨顺的话语。约上午10点左右，有两位老人①念诵祷词（"搭头词"）答谢神恩。致完搭头词，众人烧纸焚香，锣鼓齐奏，鞭炮齐鸣，会手们高呼大好，热闹一番后又各自回场地，开始"摆阵法"，如摆一字长蛇阵、二龙戏珠阵等。

（1）"报喜"。会手队伍在各自的场地表演一阵又合第二次会手，由两个十来岁的孩子手提铜锣，跪在神轿面前并跟随老者祷念诵词，敲一声锣，将前面

---

① 2002年的"搭头词"是由鄂积英和鄂双宝两位老人念诵。

的颂词再重复一遍，只是在结尾把"谢恩"改为"报喜"，其后又是一番热闹，会手又各回场地表演摆阵。

（2）唱"喜讯"。报喜之后便进行"合会手"比较隆重的一个仪式——唱"喜讯"。双方会手推送出德高望重，又有嗓口的老者来唱"喜讯"[①]，要有一锣一鼓伴奏，唱一声喊一声"大好"！歌词内容主要是赞颂所供奉的神灵。鄂家为主队则唱"二郎爷"，唱对方桑卜拉的地方神"九天圣母娘娘"；桑卜拉为客队则唱鄂家村神"龙王爷"，以示相互尊重。唱喜讯的唱词是按一个模式套下来的，都是先开天门，后开神门，再请神灵，接着唱每个神的穿戴、坐骑、兵器以及坐骑吃的什么草、喝的什么水，然后，神灵骑着坐骑来会场，到了会场点会手，共庆庄稼丰收、人畜平安。

（3）"打杠子"。唱"喜讯"与"打杠子"是插花式表演，在每唱完一个神，都要选4位身强力壮的青年人表演一次"打杠子"，在神帐前相互对打一番。据说，这一具有体育竞技武打性质的"打杠子"反映的是土族先民在这块土地上当初练武打仗得以开拓生存下来的情景。唱3次打3次，第一次叫"打个杀刀"，第二次叫"打个撒刀"，第三次叫"打个夹刀"，然后又是鞭炮齐鸣，锣鼓齐鸣，众会手高呼"大好"！狂欢一阵后"会手"解散，各自准备跳面具舞。

2. 第二项：傩戏

中午休息一会后，约下午2点左右，鄂家具有表演才能的男性就开始表演戴着面具的傩戏了。整个傩戏在娱神的同时，实际上也是在娱人，周边前来观看的男女老少边看边评，看到热闹处笑声不断。

（1）"庄稼其"。"庄稼其"是反映农业生产的一场戏，有4人表演，分别戴着父亲、母亲、儿子、儿媳的面具。父子双裤腿绾起，赤脚，脚踝上套着用柳枝编的柳环，一副农民装扮，母亲与儿媳则身着长衫。上场时，由父亲带领全家扛着犁杖在一锣一鼓的伴奏中出场，先是4人集体舞，不时地做耕田的动作，儿子表示对耕田不感兴趣，此时父亲便到会场外请来乡老教育："古语说：七十二行务农为本，赌博伙里出盗贼，买卖伙里出奸心，千买卖，万买卖，不如土里翻土块，庄稼人务农才是本分。"经过教导，儿子表现出回心转意后开始学习怎样驾犁耕田，最后在会场内用犁在地上划一"田"字，烧黄表纸后结束表演。据老人介绍，"庄稼其"被视为纳顿的根本，如果不务农也就无所谓庆祝丰收，纳顿节也就没有存在的意义了。

[①] 2002年的"喜讯"是由鄂山得和鄂积林唱的。

（2）"三将舞"、"五将舞"、"关王舞"。这几出戏主要以歌颂关羽为主题，用傩戏舞蹈形式将忠君报国的关公形象英雄化、神化，演的是一些类似民间小戏的三国故事，如关公单刀赴会、刘关张三兄弟结义、三英与曹操战吕布等。这几出戏虽出场的人物、内容不尽相同，但舞蹈动作基本相似，有转场、拜神、对拜、下战书、祭刀、磨刀等舞蹈动作，尤其是表现打斗场面，武打动作干练，单打、对打十分精彩，引起周围人的不断喝彩。象征性几个回合后，吕布战败，以面具代表其头被砍下置于地上而收场。

（3）"五官舞"。据老人介绍，"五官舞"并非所有村落都表演，这个节目与土族先民有蒙古人的成分有关，至于为什么要跳，却已无人能解释清楚。在场上，由5个男子穿着长袍马褂，戴着5个不同形象的面具，扮演的是元朝蒙古族官员。这个节目有朝拜、对拜、走太极等舞蹈动作，舞蹈的基本动作是摇摆身体，手持纸扇，随着鼓点起舞行进。笔者在鄂家调查时，许多人都不知道"五关舞"到底表演的是什么，只有一些老人说，这个节目是为纪念和庆贺三川土族先民——蒙古族统一全国的丰功伟绩，五官代表天官、地官、人官、火官、水官，也有说五官中领头的是皇帝，其余4位是大臣。

（4）"杀虎将"。"杀虎将"是傩戏的压轴戏，是一个原始粗犷、激烈紧张的面具舞。开场时，一对头戴老虎面具和牛面具的手持刀剑的老虎和牛表演搏斗。后来牛因斗不过老虎便请来杀虎将，戴着牛面具、身着战袍的杀虎将随着快节奏的锣鼓声入场并挥舞着双剑与老虎厮杀，最终老虎被杀死。据老人说，很早土族先民从事畜牧业，过着逐水草的游牧生活，常常遭到狼豺、虎豹的袭击，人们便恳求法拉作法请天神下凡，为民除害。舞蹈充分体现了土族先民与自然界的邪恶势力和天灾人祸顽强斗争的精神。

3. 第三项：法拉"发神"

约下午4点30分左右，当傩戏表演完毕后，纳顿中最具神秘色彩的一幕上演。法拉手持法器，身着法衣，在会场上跑来跑去，请神附体。进入亢奋状态，口吐白沫，目光呆滞，便将两支10余厘米长的铁钎插入双腮（据老人讲法拉年轻时可以插入12支钎，分别插入双耳、双鼻、双肩、双奶头及舌头上），此时表明法拉已"发神"，他手持法器跑到幢幡前，将钱粮宝盖及帐前的其他献供品各击一下，并将它们拿到帐前焚烧，以示意神受：今天鄂家纳顿，设下神坛请我来，献供都已收下了，我将报于众神保佑你们村子年年风调雨顺、五谷丰登、人畜平安。这时众人齐呼："大好！"以示接受神谕，感谢神的护佑，此时几个神轿也被人抬起，绕场一周，除将外请的"二郎爷"神轿交给下一个举行纳顿的村抬走外,本村的仍迎回本村村庙内安放。

4. 第四项:布施活动及收拾会场

纳顿在下午5点左右临近结束,最后一项是布施活动,大、小派头将村民的献供,主要是酥盘分成大块散于在场的村民,余下的也都平均分给本村各户人家,以示人神均享。村民认为纳顿上的酥盘有一种神力,会带来好运。一切都结束后,大、小派头便开始收拾会场,将神帐和所有道具清点后收回村庙保管,以备来年纳顿再用。

七、结 语

纳顿作为青海民和三川土族庆丰酬神、自娱的民族节日,包含了祭祀仪式、民间歌舞、傩戏表演,由村民集体参与,将人们的行为与情感总括于特定时空布局下,它以集中的方式较充分地体现了民和土族物质生活、精神生活和社会关系的方方面面。它因人们有了寄寓精神的期待,沟通人际关系、丰富文化生活和活跃物质交流的多种需要应运而生,它在今日土族社区发挥着重要作用,是为人们实际生存和生活理想的需要而设。可以说,只要这种生存和理想的需要存在,纳顿就有可能承继和拓展。纳顿作为民和土族文化中宝贵的一笔财富,是外界了解土族的一个窗口。我们认为,对纳顿的开发和利用,不仅对促进民和土族地区的经济发展会产生积极的影响,而且对宣传土族的优秀文化传统,让世界认识纳顿,认识土族都具有重要的现实意义,由此必将推进土族人民的经济发展和文化建设。

神圣的民俗化与民间信仰的多元性
——大通老爷山朝山会调查研究

邢海珍

一、引　言

大通回族土族自治县（以下简称大通县）在青海省的东北部，位于湟水以北，祁连山以南。东邻互助，西接海晏、湟中，南与西宁市郊接壤，北与门源隔山相依。全县总面积为3090平方千米。大通县因地处青藏高原和黄土高原的过渡地带，属高原大陆性气候，且是一个多山地区，地形复杂，气候垂直差异明显，霜冻、冰雹、春旱、秋涝等自然灾害比较频繁，在这片土地上生存的各族人民辛勤耕耘，形成了丰富多彩的文化景观。

早在明代万历年间，真武信仰就在西宁卫官员的推动下形成，并且在当地社会和民众中产生了广泛的影响。随着老爷山道教建筑——真武庙的修建，各种祈福、进香、还愿的民俗活动也相继产生，逐渐形成了"朝拜圣山大会"（简称"朝山会"），形成了"老爷山花儿会"。朝山会有着严密的民间组织和完整的朝山仪式。这一大型的民间信仰活动在一定程度上影响了周边村落的文化生态，进而形成了一定范围的民俗文化圈。笔者认为，老爷山朝山会具有神圣与世俗的民间狂欢、多元信仰和民间艺术并存的文化特征，起着社会认同功能、行为规范功能及文化传承功能等作用。这一民间信仰是一个遵从严格仪轨到逐步通俗化的过程，具有深远的民俗文化意义。

二、老爷山朝山会的文化语境

（一）老爷山自然概况

大通全县共有山脉、高山30余座，山区占全县总面积的96.5%。老爷山系马鞍山山峰，位于桥头镇东侧北川河畔，是大通回族土族自治县中部的一座主要山峰。老爷山面积约2.5平方千米，主峰海拔2928米，相对高度达486.5米。因山顶原有太元宫（即关帝庙），俗称"老爷山"，又称"元朔山"、"北武当"。因其"雄"、"奇"、"险"、"幽"的自然风貌和独特的文化景观，成为旅游和避暑的胜地。

(二) 老爷山文化景观

据《大通县志》记载，老爷山上原来建有很多殿宇，诸如"药王庙"、"玉皇宫"、"百子宫"、"柴家大殿"、"无量殿"、"斗母宫"、"三官庙"、"雷殿"、"八仙洞"、"祁家顶殿"、"行宫"等，除此之外还有"老虎洞"、"石柱"、"火烧台"等古迹，但大多屡遭劫火，仅存遗址。改革开放后，随着经济的发展和政府的开发以及社会的资助，部分建筑和宗教民俗文化活动逐渐恢复，其中朝山会和花儿会因集历史文化、宗教文化和多民族民俗文化为一体，成为两大独特的文化景观，被列入首批国家级非物质文化遗产代表作名录。

(三) 老爷山周边村落"文化圈"

自古以来，就先后有少数民族在老爷山周边生活。如周、秦至汉代有猃狁、匈奴，魏晋六朝，有诸羌生息。唐贞观初年曾设米川县，宋、元时属藏族政权唃厮啰，明朝为蒙古族麦力干部落游牧。因为地处中原通往中亚、西藏的通道，中原文化、印度文化、阿拉伯文化、北方草原文化在这里不断碰撞交融，从而形成了一种典型的连接地带文化。

如今，老爷山所在之地桥头镇，南与黄家寨镇接壤，北与良教乡、塔尔镇为邻，东接朔北乡，距省会西宁市 35 千米。宁张公路、宁大高速公路、双新公路穿镇而过，宁大铁路至镇区，交通便利。全镇辖 22 个村民委员会，主要聚居着汉、回、藏、土、蒙古、满、壮、撒拉等民族，总人口 12 万人。其中农村人口 3.6 万人，城镇居民 8.4 万人。①

基于历史上多民族文化的积淀，老爷山周边村落在朝山会和花儿会的共同影响下，形成了一个民间信仰文化圈。该文化圈经过岁月的洗礼，不但没有消亡，反而规模越来越大，内容越来越丰富，究其原因，主要有：

第一，不仅是民众自发地组织活动，政府也适当参与，形成了这一文化圈的最初规模。清代地方县衙也组织队伍朝山（城关东会），为避免官方与民间两支队伍发生冲突，县衙还曾专门划分两支朝山队伍所经过的路线，这种习俗一直延续至新中国成立前②。改革开放后，政府为了打造旅游文化品牌，也积极宣传并加以保护。

第二，老爷山、娘娘山、城关镇城隍庙等各庙宇之间加强互动。各寺庙主持人专门派人走街串巷，给周围民众"下帖"（实际上就是邀请函）。接到帖子

---

① 大通回族土族自治县人民政府网 http://xndtx.xining.gov.cn。
② 南德庆：《青海大通老爷山"朝山胜会"渊源考释》，《青海民族学院学报》（社会科学版）2008 年第 1 期。

者，除非有特殊原因，几乎没有不去"还帖"的。还帖的财物依个人能力而定，没有最低要求。还帖之人带着香、表、钱、"寿桃"等物，极为虔诚。通过这些联系，这一文化圈的规模和范围不断扩大，内涵也不断丰富起来。

第三，老爷山地处全县政治经济文化中心，民众信仰的中心也随着政治经济文化中心的改变而改变。当地民众普遍认为，本村的神灵都归老爷山的神灵管辖。例如，在笔者的调查过程中，城关镇几个村落的土族、藏族等都要在农历六月六日这一天去老爷山拜佛。认为本村的神灵都是归老爷山的神灵管辖，本村的村庙内所供奉的神灵如黑虎灵官、阿米柔拉等都是小神，且常常不在本村，只有在村里举办法会的时候，神灵才会被请回本村。

三、老爷山朝山会的起源与发展变迁

（一）起　源

说起老爷山"朝山"的由来，相传在明朝永乐年间，明永乐太子宁愿放弃奢华的生活，一心修仙成道。他经过几番思考，才选风景秀丽、雄奇壮美的老爷山作为修炼之地。临行前，皇帝问他有何要求，太子说："别无他求，只要'半副銮驾'相送即可。"皇帝答应了这个请求。太子上山后，铺百草、盖青天，渴饮清泉、饥食松子。一天，他见一位老道长拿根铁梁坐在大石头上磨，便问："道师，这样粗的铁梁，你磨它做什么呢？"老道说："磨作绣花针。"太子感叹："铁梁何时才能磨成绣花针呢？"老道便说："功到自然成哪，忙人修不成好道场！"太子闻此言，深悔自己修道性急，便更加苦修，光阴荏苒。这天，太子正在打坐，来了一个美貌女子，百般纠缠，太子再三驱赶，却被挑逗更甚，气极拔剑追杀，追至山涧，那女子跃身而过，太子也迈步过涧，一脚踩空，直坠谷中。这时，5条神龙腾上，捧住太子灵魂，冉冉飞升。永乐太子脱却肉身，得道成仙，被封为"北天教主无量佛"。人们都说那个老道和美女都是观世音菩萨来点化他的。从此老爷山年年"朝山"，以"半副銮驾"来这里祭奠太子，祈求他保佑人民风调雨顺、牲畜繁茂、万事如意。

（二）文献记载与研究

据清代苏铣纂《西镇志》载《广福观修建记》曰：永乐壬寅秋八月（1422），会宁伯李英"因请建真武庙，以为边人岁时祝寿祷祈之所。诏许之。"永乐癸卯七月八日（1423）真武庙在西宁城建成，宣德元年（1426）冬十二月，敕赐观额"广福"。

在20世纪30年代，《西北通讯》驻青海记者张有魁《元朔山的庙会》记载了朝山会的相关情况[①]。20 世纪 50 年代，朝山会被迫停止举行。20 世纪 80 年代，在《大通县志》《大通回族土族自治县概况》及一些有关西部风土人情的著作中也有一些零星记载。另外，李占芳的《老爷山朝山会札记》，从"源"、"山"、"会"三个方面记录了朝山会的过程。祁桂芳的《大通老爷山朝山会》，从民族学等角度进行了分析。笔者的《神山的洗礼——浅析大通老爷山"朝山会"的宗教文化》从宗教学的角度进行了解读。南德庆的《青海大通老爷山"朝山胜会"渊源考释》、陈荣的《青海大通老爷山朝山会考述》等则从老爷山朝山会的生成原因进行了论证。

（三）发展变迁

朝山会的定规惯制是：每年农历六月初五至初六，大通县城关、西关、衙门庄、代同庄、煤窑、庙沟、新城、上下柴家堡等地十五六支农民朝山队伍，汇聚在老爷山上，庄严而隆重地举行朝山仪式。

然而随着社会文化语境的变迁，朝山会也在不断变迁。例如，因村中很多年轻人到外地求学、外出打工，加之老年人纷纷去世，朝山会成员日益减少，成员由单一的老年男性，转变为老年男性、中年妇女和青少年 3 种；"罩子"的架子从固定的粗木条，变为随意开合的轻便架子；佛号本从手抄本，变为有硬皮封面的电脑打印本；从徒步行走"行香"，到乘坐现代交通工具；甚至用麦克风和喇叭来增大唱念佛号的声音。朝山的礼服也随着时代的渐进而逐步发生着变化，如清代及民国初期，人们朝山身着长袍马褂，头戴瓜皮小帽，民国中后期至现今的服装为身着长袍，头戴呢制礼帽。然而近年来也出现了身穿白汗衫、黑马夹，头戴草帽的，或有穿西装的，甚至孩子们还有身穿校服的。伴随着商业贸易的发展，朝山会也从单纯以祭祀神灵为主的娱神活动，逐步演变为以娱人为主的大型民间岁时民俗活动[②]。

四、老爷山朝山会的民间组织

（一）成　员

朝山会的民间组织在历史的发展过程中，逐渐形成固定的规制。成员主要有：会长（总负责）1 人，副会长 3 人，社总（执行赏罚，并分别负责管理老年

[①] 南德庆：《青海大通老爷山"朝山胜会"渊源考释》，《青海民族学院学报》（社会科学版）2008 年第 1 期。

[②] 吉狄马加主编：《青海花儿大典》，西宁：青海人民出版社，2010 年，第 383 页。

人、孩子、妇女）3人，会头（负责接洽事务、置办一应器具，管理伙食等各种具体事务）4人，领经（一般由老道士担任）3人或5人或7人，匣长（掌管财物）2人，其余的人员为炮手、持旗手、提香炉手、华盖伞手、缨络伞手和乐队等成员，总计130人左右。除了持旗手、华盖伞手和缨络伞手可以由中年妇女担任外，其余均为男性。

（二）会 规

以笔者田野调查的大通县桥头镇新城乡上关村的朝山队为例：农历六月初一起所有会员在村庙排练，由社总负责教孩子们唱念佛号。朝山会起因于无量佛"善而修成"，故此以"善"为宗旨。在朝山活动期间成员必须与人为善，遵守各种仪式和行走路线，不得抽烟喝酒、随意请假。凡参加朝山队者，六月初一登记，自带口粮20斤。初三开始，早晨一律到会吃饭，中午由接待点管饭，吃饱为原则，晚饭在家要自觉忌口，要求饮食素净。所有成年会员要身穿黑（老年人居多）、蓝色长袍（中年男性或女性），头戴白色草帽或塑料凉帽，帽子两边插有柏香枝（由会头负责发放），身披一条"红"。队员每天要用柏香熏身，尤其是请"幡"的人，早晨要喝柏香水漱口。如有违纪行为就要被社总插签记过。所谓"插签"就是社总从一个装有30多支竹签的竹筒中，随意抽取写有"打扫卫生"、"罚钱"等内容的一支竹签，插在违纪者的草帽顶上。每天傍晚，在村庙里，社总依据帽子上的竹签执法。受罚者不能有任何怨言或不满，还要给执法者磕头作揖，口中念念求饶，承诺以后不再犯错。

（三）执 事

朝山会行进的行列中，执事的排列可分为前、中、后3段。

前段为8名炮手，均由年轻的男性担任。不同的朝山队伍中炮手的服饰会有所不同。有的是身穿白汗衫、黑马夹，头戴草帽；有是身穿枣红或铁锈红的坎肩、黑色的大襟长衫，头戴礼帽。但是，炮手都腰系红、黄、绿三色彩绸，身佩精美绣花图案的火药包，手持三响石装炮，每到一处或离开此地时，点炮助威。接着是两对长喇叭，两对香蜡，四面开路旗。其次是十几个三角形的彩旗，十几个"罩子"（各类彩饰遮阳大伞），每个罩子后面有一个"吊儿"（围绕"罩"的彩饰物）。

中段首先是吹奏乐队和打击乐队：两对唢呐，大锣、大钹、手鼓、盏儿、七响、三响以及20名执板少年。再次是4位老人分别手擎"东方青龙神君"、"西方白虎神君"、"南方朱雀神君"、"北方玄武神君"4个神位。紧接着是4对"签"，上面写着"朝山盛会"。

后段由3部分组成：首先是由13名中年妇女请的半副銮驾，其后是1名执尚方宝剑老者，1名身背真武大帝官印的男孩，一对熏炉。其次是4名匣长，身背香火匣子，匣内装有香烛，2名执香盘者，紧跟在后面的是1名身披两条金黄色"红"的年轻请"幡"人。再次是1名执座督旗，一对"襁子"、一对熏炉，其后是"无量佛"的画像，一副写有"日月"字样的木牌，3名领经的道士，2名执法者分别斜背执神棍一对。最后是十几个罩子和吊儿。整个队伍在行进过程中是排成"一"字的，只有在过桥或遇到其他朝山队伍时，才在道路两旁对称排开，中间为"幡"和"无量佛"的画像，遇到天阴下雨时，为了保护画像，只有"幡"，不请画像。

五、老爷山朝山会的仪式过程

（一）朝山路线

以新城乡上关村朝山队为例，朝山会从初一开始准备，到老爷山的三官庙去升"幡"。初三下午"请亡"、初六"送亡"。初三、初四早晨按照"执事"的顺序，到本大队所辖之地"行香"。初五到后庄、南关、古城、上庙、下庙及娘娘山周围村庙"行香"。初六是正式朝山吉日。所有的朝山队伍都去老爷山朝山。现在大通县政府为了保证朝山各项活动有序进行，具体规定了各地朝山队的朝山路线和时间。

（二）仪式过程

升"幡"：在六月初一鸡叫头遍的时候，朝山会的众头目和请"幡"人就到老爷山上的三官庙去升"幡"。他们在三官庙里把"幡"吊在空中，点起香烛明灯，烧香化表，道士们大声诵经、叩拜。此时，升"幡"的人们扯起"幡"绳，高唱佛号《升幡号》：

> 神之格恩庙无心，香幡结彩东方清。
> 视之不见求之德，听则无声感则灵。
> 出赐柏，降灵吉，日见则此。
> 望严然，祭如在，至诚无息。
> 明四目，达四宗，克配上帝。
> 渡迷僧，开足路，民皆受赐。
> 千赐位名占吉心，神道原来知四同。

旦能主去财浪意，作福降香君有云。

在一片佛号声中，坠着铜铃的长布条借助风力互相缠绕，结成无数的疙瘩，这就算升"幡"了。如果此时结成的疙瘩又自动散开，互不缠绕，此时人们会认为请"幡"的人没有忌口，或是不干净，惹得神灵不高兴，因而升"幡"的人就要受罚。

降"幡"：朝山队伍准备出发时，在大家吃早饭时，先由3位道士在村庙中念经祈祷，饭后再由少年和老年人高唱降幡佛号，少年唱前半句，老年人和后半句，称为"应号"。佛号唱毕，大家行三跪九拜之礼，接着再由3位道士在村庙的院子中央面对高悬的"幡"，念经祷告。此时，众人将升"幡"的绳子慢慢解开，"幡"缓缓落下，由接盘者将"幡"的下半部碎条状长条及虎头铃接入红漆木盘中，请"幡"者则接过"幡"杆，两人小心翼翼地相互配合，随着众人准备前往目的地"行香"。

"行香"：初四、初五早晨在村庙道士念完经，大家面对"无量佛"的画像行过三跪九拜的大礼后，开始"降幡"，并按"执事"的顺序定好位，朝山队便到附近20里内的各村镇去"行香"。朝山队每到一处，都会受到人们热情而虔诚的迎接。他们在自己家门口摆上香案供桌，点燃香腊明灯，并根据自己的条件给朝山队献上一定的财物，也有的献彩旗、彩伞、香包或馍馍、茶水、红枣、糖果等。朝山会的成员则排成长长的两行，高唱佛号，祈求佛祖保佑人们吉祥平安，从而答谢跪拜的迎接者。

"朝山"：整个朝山队按照既定路线行走。沿途遇到桥或庙宇，都要停下来排成两排，炮手鸣炮，乐队吹奏，道士带领高唱相应的佛号，唱毕，接着行走。成员不分年龄大小各个表情严肃，沿途的行人更是毕恭毕敬地给朝山队主动让道，驻足虔诚祷告。朝山队在行途中若遇上别地的朝山队，双方面对面地跪成两行，轮番高唱遇会佛号。佛号唱念完毕，双方又各奏乐器，炮手们将火炮打得震耳欲聋，才算会面结束，然后互相谦让，各走其道。当朝山队到达山顶后，按先后顺序巡回到老爷山各庙朝拜，最后都到"无量大殿"焚香化表，烧化旗幡，祷告神灵保佑国泰民安、风调雨顺。至此，朝山队的"朝山"活动基本完毕，其成员将归朝山队所共有的所有物品交回给匣长统一管理后，可各干其事，来年的朝山会依然如此。

六、老爷山朝山会的文化特征

（一）神圣与世俗的民间狂欢

"神是人们对现实的一种颠倒了的异化反映，是永远不能被人所感知的，更无法被人们的实践所证实"[①]。在老爷山，不仅有神圣的宗教活动，还有一个世俗的活动——花儿会，在娱神的同时又娱人娱己，神圣与世俗得到了完美的统一。老爷山的庙宇内，烟雾缭绕，佛号抑扬顿挫，佛乐深沉幽远；庙宇外的山坡山、公园、河畔、茶园、农家乐、树阴下都有动听的花儿；街道上各种土特产、日用百货、音像制品琳琅满目，小商小贩们的各种吆喝声此起彼伏，临时搭建的小吃摊飘出诱人的香气，操着不同口音的人们沉浸在节日的喜庆里，朝山与唱花儿两不误。在这个花儿的世界里，没有严格的等级制度、礼仪规范、男尊女卑思想，人们尽情地抒发着各自的情怀。

（二）多元信仰与民间艺术并存

从老爷山上修建的数目众多的道教和佛教殿宇，以及整个隆重的朝山过程来看，朝山活动不仅反映出民间神仙信仰、名山崇拜的道教理念和佛教信仰，还反映了多神崇拜。朝山过程不仅有崇拜礼仪的内容，还有祈求礼仪的内容，它们通过一系列系统的仪式，体现信教群众对于神的笃信和虔诚。人们对代表着"无量佛"神位的"幡"加以膜拜的同时，还到其他的庙宇如"老爷庙"、"三官庙"、"玉皇宫"、"斗母宫"、"药王庙"、"百子宫"等地祭拜祈求，一些还没有生育的妇女到"老虎洞"摸小孩子的鞋。不同的庙宇代表着不同的神灵，这也是朝山会民间信仰多元性的体现[②]。

另外，朝山会还是民间艺术的展示平台，民族服饰、刺绣、皮影戏、绘画、雕塑、曲艺、杂技，包括朝山所用的各种"执事"，例如幡、罩子、吊儿以及上面的各种饰品——荷包、香包等民间手工艺品。

七、朝山会的民俗文化功能

（一）社会认同与行为规范功能

长衫、白草帽等服装的统一以及借助村庙的共餐方式，将人们结成了群体并产生一种本能的遵从，于是不自觉地便有了一种群体归属感和身份的认同感。

[①] 陈麟书、陈霞主编：《宗教学原理》，北京：宗教文化出版社，1999年，第68页。
[②] 邢海珍：《神山的洗礼——浅析大通老爷山"朝山会"的宗教文化》，《中国土族》2007年春季号。

另外，朝山会不但将本村的个体凝聚在一起，还将社会的不同个人、群体或不同村庄、不同的民族临时性地凝聚在神圣与世俗空间里。朝山会通过罩子、襁子、吊儿、交板、熏炉等具有特殊意义的仪轨符号及禁忌，展示神圣的精神信仰，并约束成员的行为。

（二）民俗传承功能

民俗的传承性，是指民俗文化在实践上传衍的连续性，即历时的纵向延续性；同时也指民俗文化的一种传递方式①。参照赵宗福教授对泾川县地方民众对王母娘娘信仰的地方社会分层方法②，针对老爷山朝山会民间信仰的多元性，本文试将大通老爷山朝山会文化传承阶层分为4层。一是居住在当地以一般干部为代表的有文化阶层，包括公务员、部分工人、商人等。一批文化精英还发表了大量关于老爷山朝山会的文章，谈及朝山会时，均会提到《明史》和"永乐太子"及"半副銮驾"。他们占据了民间信仰文化传播中的话语主导权，影响着其他阶层的民众。二是道教和佛教庙宇中的神职人员及朝山会的各个会长。神职人员通过道教经卷宣扬真武大帝，会长则通过口耳相传及其他各种非语言等民间传承方式获得一些知识并通过组织活动反复实践③。三是以农民为代表的下层民众，还包括少量的城镇居民。他们自有一套淳朴的理念，认为每个神几乎是万能的，有求必应的，并且认为朝山就是为了讨好各路神灵，得到庇佑，满足各种功利性的目的。他们传承这一文化时常常是盲从的。四是临时来的外地人，包括赶会场的生意人和旅游踏青者。他们对朝山会或略有所闻或闻所未闻。他们带着好奇和神秘的眼光观察整个活动，认为这项民间信仰活动非常让人沉迷，甚至让人畏惧。"六月六"过后，随着他们的离开，将这种文化传播到其他地域。

这四类群体，他们相互借鉴，逐步完成了老爷山朝山会文化的传承、上下层互动和地方民俗文化知识的构建。

（三）其他民俗功能

旅游资源与民俗空间相互依存。如今，老爷山上的古迹仅尚存遗迹。1985年以来，经过大通县政府对旅游景区的投入，新建了仿古石山门、长廊、迎霞亭、爱晚亭、红叶亭等亭台楼阁，此外还有"金蟾望月"、飞来石、将军岩、老

---

① 钟敬文主编：《民俗学概论》，上海：上海文艺出版社，1998年，第13页。
② 赵宗福：《地方文化系统中的王母娘娘信仰》，《民间文化论坛》2005年第6期。
③ 周星主编：《民俗学的历史、理论与方法》，北京：商务印书馆，2006年，第131页。

虎洞、雷公殿等景点。老爷山的景色随四季而变,南坡山势陡峭,危崖耸立,北坡桦木林郁郁葱葱,山清水秀。老爷山景区因其保护完好的自然风貌和独特的人文景观,为展演民俗文化提供了优越的空间,例如朝山会期间举办大通地区书画、文物、皮影展演,吸引了大批本县和互助土族自治县、湟源县、湟中县、乐都县、西宁市及甘肃、宁夏、陕西等地各个民族的游客,甚至还有很多外国人也慕名而来。同时,民俗文化的发展又促进了老爷山景区的知名度,从而能够更好地开发旅游资源,获得经济效益。据大通县人民政府2011年6月27日公布的数据,仅"六月六"当天,老爷山景区共接待游客6300多人,门票收入9.3万多元。

涌现民间歌手的文化平台。青海的农历六月,正是农闲季节,周边的各民族民众在敬佛拜神之余,在草木幽静处相聚,放声歌唱花儿。更有一些青年男女在朝山会期间通过花儿会的对歌,相互爱慕,结为伴侣。于是,这种聚会歌唱就越来越兴盛,终于在适当的时期取代了宗教活动,成为了真正意义上的花儿会。因此,花儿会是花儿展演和传承的重要场所,造就了一代代花儿传承人①。例如,2008年,大通县花儿歌手马德林被评为第二批国家非物质文化保护遗产老爷山花儿会传承人。大通县人民政府在老爷山朝山会期间,连续两年举办了"2010中国·青海首届老爷山花儿会"和"2011中国·青海第二届老爷山花儿会",一批年轻的大通花儿歌手也脱颖而出,如李迎梅(藏族)、李国全(汉族)、昝万亿(土族)、童守蓉、向国安、宋宝元等。

---

① 赵宗福:《西北花儿的文化形态与文化传承——以青海花儿为例》,《西北民族研究》2011年第1期。

青海省大通县城关镇城隍庙会调查报告

邢海珍

一、大通县城关镇概况

中国民间的城隍信仰及其庙会活动由来已久，地处青藏高原东北部的河湟谷地的青海省大通回族土族自治县城关镇民众信仰城隍及其庙会活动亦不例外。在2011年农历五月，笔者对此进行了多次实地调查后撰写成此文。

大通县在秦汉以前是西羌故地，西汉时属金城郡临羌县，东汉改隶西平郡。隋唐宋代，先后为吐谷浑、吐蕃属地，元时由西宁州管辖。明代属西宁卫。清雍正三年（1725）设大通卫时，在今城关镇筑城一座，名曰"白塔城"，因城东原有一古塔，俗称"白塔儿"，故城亦名"白塔城"。乾隆九年（1744）移卫于白塔城，二十六年（1761）改卫为县，遂为大通县城。1952年改称为"城关"，此名一直沿用至今。

城关镇位于县境中部，距县城18千米，离西宁市53千米。东南与极乐、新庄乡接壤，西和逊让、多林乡为邻，北和西山、青山、宝库乡相邻，总面积43.6平方千米。宁张公路和城西公路贯境而过，是周围12个乡镇商贸、交通中心。全镇有汉、回、土、藏、蒙古等世居民族，全镇辖区内常住人口5712户23 412人。其中农业人口4712户21 149人，少数民族11 750人，占总人口的50.19%。此地属半浅山半川水地区，居民主要从事农业生产，农作物有小麦、蚕豆、马铃薯和油菜等。境内垂直相对高度相差2342米，昼夜温差大，热冷空气对流强，气温变化亦大，尤其在4月、9月（约农历二月、八月），气温高低不稳，一日之内三五次降阵雨、冰雹、雪，刮大风很常见，由此造成的气象灾害类型较多，频率也高[①]，当地民众称之为"二八月的妖魔天"。

二、大通县城关镇城隍庙兴衰

城隍庙坐落于城关镇西关街。据访谈[②]得知：城隍庙始建于清乾隆二十六

[①] 大通回族土族自治县地方志编纂委员会：《大通回族土族自治县志》（1986—2000），西宁：青海人民出版社，2010年，第32页。

[②] 访谈人一：鱼海发，男，70岁，汉族，城关镇人，曾担任信用社主任。

年（1761），距今（2011）已有 250 年。大通城隍被当地视为"监察司民城隍威灵公"，"敕封忠烈王爷将施甘露花海龙君本县城隍灵感护国尊神"而地位颇高。在同治四年（1865），城隍庙毁于兵燹战乱，9 年以后由县知事黄仁治（湖南善化人）筹款重建[①]；光绪二十一年（1895），复遭劫难，民国改元后再次重建。1958 年，城隍庙大殿及后寝宫等建筑又被人拆毁。一直到 1984 年，城关镇西关村及附近的民众自发地将原财神庙山陕会馆大殿（危房）拆移至原城隍庙大殿旧址，改建大殿并维修了东西廊房。1991 年由地方信士朵含钧、鱼生荣、宋令德、祁洪发等，先后筹措资金、化缘募捐，修复山门。1995—1996 年，翻新东、西廊房，并绘画了冥司十殿阎君神像和十八层地狱图。同年地方信士张生胜、史国仓筹划动员捐资助工，将庙院地面用水泥地砖铺修一新。不幸的是，在 1997 年农历五月二十八日夜，大殿又遭火灾。

城隍庙虽历经劫难，但众信士矢志不渝，立志再修再造。地方耆宿朵含钧、鱼生荣、宋令德、童占仓、宋满德、丁炳南、张俭民、陈生珍、祁洪发、吴荣邦、鲁宝珠等再次倡议筹划捐资，各界信士民众纷纷慷慨解囊，鼎力襄助，新的大殿在 1999 年 3 月落成，新塑了神像，新绘了彩色壁画，添置香鼎等物，庙貌焕然一新。现在的城隍庙坐北朝南，分为前后两院，前院有山门、戏楼、大殿、东西廊房；后院为后寝宫、地藏王菩萨大殿、太上老君殿（殿内供奉太上老君、文昌帝君、送子娘娘、月下老人、送子张仙）和财神殿。在后寝宫地下一层建有约 320 平方米的"地狱"，除了民间传说中阴间几种酷刑模拟塑像，还有十殿阎君塑像，即一殿秦广王、二殿楚江王、三殿宋帝王、四殿五官王、五殿阎罗王、六殿卞成王、七殿泰山王、八殿都市王、九殿平等王、十殿转轮王。据说这十殿阎君分别办着 10 个不同的案件。

三、大通县城关镇城隍庙传说

关于城隍的由来：古代的城市都有城墙和护城河，护城河称"隍"，所以城墙和护城河合起来就是城隍。有了城隍就有了城隍神，城隍神就是城市的保护神。城隍的职责主要是保护城市免受水火之灾、免遭盗贼和敌军的侵袭、风调雨顺、国泰民安。

关于城隍的司职：据传城隍爷是玉皇大帝手下的司法官，他全权统治所辖地区阴间与阳间两界，经常派部下诸神到各处巡视，专门访察人间的善恶行为，一旦查出作恶的人，就进行"阴罚"，或让他们生病，或让他们贫困，甚至夺取

[①]（清）邓承伟纂：《西宁府续志》卷三《祭祀志》，1954 年青海省文史研究馆增补铅印本。

他们的生命；同时也负责"赏善"。当城隍爷判处恶人死刑时，就抓住死囚的灵魂，附带一封公函"搜查书"，上呈到速报司，再由速报司转奏阎王，阎王爷就根据奏章进行审判了。有恶行的人死了，其灵魂还得受苦。一个人的寿限到了，或者一个恶人该死，城隍爷就派员前去引导或捉拿这个人的灵魂到城隍庙，根据该人的生前善恶，做不同的处理。行善的人获得善待，为恶的人遭到恶报。

相传城隍庙附近的居民，深更半夜，常常能听到从庙里传出的镣铐铁绳的撞击声、拷打声和凄惨的哭喊声。人人敬畏的十殿阎王就在城隍庙中设公堂办公。另外一种说法是城隍爷是清朝征西大将军年羹尧，死后被封为大通县本县的城隍，兼任西海龙君（西海指青海湖）。

四、城隍庙会的主要民俗活动

当地人认为城隍是护国佑民之神，主要职责是消灾，旱时降雨，涝时放晴，并能监视纠察，主持善恶之报。城隍庙会的会期一般为 3 天，因往年参加活动人数太多，为了避免发生踩踏事件，城隍庙管理委员会将 2011 年的会期延长为 4 天。平时庙里有两个庙倌，分别负责前院和后院。庙会期间，庙里都管饭。早饭一般用茶水、馍馍招待。庙里午饭是用羊肉、萝卜、凉粉、粉条、洋芋熬制的粉汤，当地人叫"熬（音 nao）饭"；晚饭是面条。吃饱为原则。

城隍庙会依附于城隍信仰的主要活动包括"带包"、烧纸、"过关"、念经、"游地狱"、看皮影六大内容。

（一）"带　包"

从农历五月二十六日开始，原城关镇辖区民众及现在辖区民众到隍庙给亡故亲人"带包"。一般要连续带 3 年。所谓的"包"就是用白纸或黄表纸糊的，现在也有白布或黄布缝的长方形口袋。口袋里面一般装柏香[①]、小黄米[②]、法宝、棉花、艾草、龙票[③]、往生、冥币等物。道士在包的正面写：

灵宝大法司　　　今据　　　虔供
青海省大通县城关镇龙曲后拉村居奉

---

① 柏香：当地人也称其为"云马"，认为神灵都腾云驾雾，将点燃后的柏香产生的云雾视为神灵骑乘的云马。

② 小黄米有时用大米代替，称为"万担粮"，1 粒米代替 1 万担粮。

③ 龙票：指在黄表纸上印有"通明宫龙票"、"玉皇金币"、"天运乙亥年正月初八日四川大足龙水镇洪信祥奉敕实行……债主六道四生早生人道，受命清静自在无极燃灯佛领受通明宫龙票利照生方冤家三圣敕令，钦奉。下至十八层地狱丰都城府以及关津把隘诸处照敕信用，玉皇敕罪大天尊玄穹高上至三十三天诸佛群"的字样。

　　　　道寄财代包人郭金莲　　张燕军叩拜
　　　　龙票法宝万贯阴票亡生资财一包
　　　　告故先妣党子孙姐灵魂收执使用
　　　　佑仰本府土地准此送行
　　　　天运辛卯年五月二十七日焚

　　包的背面写"叩封"二字，并分别在已故亲人名字和背面的"叩封"二字上加盖"灵宝大法司印"[①]和"道经师宝"的印。等道士亲自念经封口后，将其焚化，以示将包带给亲人，相当于现实世界中通过邮局汇款。

（二）烧　纸

　　专供民众烧纸的地点主要设在前院，分别是大殿正中设立的一口大鼎。此鼎专供焚烧城隍爷和其他神灵的香表，主要有龙票、法宝、柏香、金元宝、酒等物。还有一处是"亡魂焚纸堂"，共有4个水泥门洞，主要焚烧往生、冥币、万贯、黄表纸等。为了得到各路神灵及祖先的保佑，有些人就在农历五月二十七日的凌晨抢"头香"。关于"头香"，当地民众有3种看法：一是在夜间零点烧的香；二是子时（夜里11点）烧的香；三是雄鸡报晓时烧的香。他们说二十八日晚上城隍爷大赦亡人，地狱里的亲人都会被放出来与家人团聚。此时亲人也能如数收到所寄的钱财，吃穿用度都有保障，不至于在阴间受苦受累。

　　在当地还有给自己烧纸的习俗，被称为"交禄库"。尤其是在城隍庙会的时候，老人们让其子女们抬着两三个装满黄表纸、冥币等物的大纸箱子到城隍庙给自己烧纸。据访谈[②]得知"交禄库"还有一个传说：很早以前有一个孤苦伶仃的钉鞋匠，因为平日开销不大，他将所挣钱财换成冥币定期烧给阴间，日积月累，阎王爷得知有一笔巨资无人认领，于是派人调查，后得知这笔钱财的主人尚在人间。阎王觉得此事蹊跷，亲自托梦找鞋匠一问究竟。阎王说："你年复一年地往阴间寄钱，莫非是你成了？"鞋匠一听满心欢喜地说道："既然大人说我成了，我就成了！"于是这名鞋匠真的得道成仙。现在有人也认为生前多给自己烧纸可以给死后极乐世界的自己储备钱财，以供阴曹地府的开销。

（三）"过　关"

　　"过关"是前来参加城隍庙会的民众不可缺少的一项活动。城隍庙的大殿

[①] 灵宝大法司印：当地认为"灵宝大法司"是在阴司专管亡魂的，在已故亲人的名字上面盖上大法司的印章，其他亡魂就不会抢这些钱物。

[②] 访谈人二：姜玉兰，女，70岁，土族，不识字，多林乡口子庄村人。

屋檐下悬挂一口大钟，无论男女老幼都要求在大钟底下"过"一下。甚至有人认为一年内的诸多不顺，都是因为自己或家人不小心"犯关"了，农历五月二十八专程到城隍庙虔诚地"过关"。过关时每次不限人数，过关者头顶一块当地称为"过关布"的红布，站在大钟底下顺时针转圈，并由庙里专门负责过关的人员，一边敲打大钟，一边口中念如下过关经：

　　青龙关、白虎关、朱雀关、玄武关、金锁关、百口关、黄煞关、
　　青煞关、长命关、短命关、滴水关、落井关、啼哭关、七十二关、
　　三百六十关、大吉大利！

到此时，人们会很开心地从红布底下探出头，连声道谢，心满意足地去后寝宫参拜其他神灵。

（四）念　经

庙会期间主要是由道士念经祭祀，其次还专门有居家道士或老人为住在庙里的其他香客在夜间讲经领唱的。2011年城隍庙会请的是城关镇本地的5位道士。其中一位道士①告诉笔者，他们在城隍庙会期间庙里只管吃，不管住，每人每天60元。庙会3天念30卷经，每天念多少卷没有规定，从早晨7点到晚上7点，念完一卷经可休息半小时。

2011年农历五月二十六日清晨5点多，道士们先在城隍庙大殿设立香案：将写有"三天虽远；供奉承受玉女上奏灵官功曹符使传奏等神位；一状可达"的黄表纸粘在一根筷子上，筷子则插在一个白面馒头上，两旁分别点两盏油灯。准备妥当后在前院升"幡"，并念经请各路神灵各归其位。二十八日，道士们用绿、白、红、黄色纸分别糊好两个信封，封面上写：

　　十三宝忏　　右给付亡过有灵无主男女孤魂灵魄　　执收
　　忏扬减罪天尊　　圣前　　正一善坛　　叩封

信封里面内装以下纸张，念经完毕，一并焚化。
在一张黄表纸上面写：

　　太上正一坛威修真经箓奉行善筵齐事　　道众人等承行
　　中国青海省大通县城关镇居住奉

---

① 访谈人三：邢生章，男，55岁，汉族，初中文化，城关镇人。

道祈祥修善训经答报保泰信士老幼善信人等是日
  焚香上叩
  天庭具疏下情言念伏为众姓人等生居中土耕牧
  为业感天恩而少报荷地德以莫酉知恩有续少报伏望
  东极宫中太乙救苦天尊青玄九阳上帝每逢五月皇庙圣会之际善信人等
虔备香供之仪讽经答报
  伏望尊神洞鉴诸真品轩祈风调雨顺五谷丰登讽大经保一方平安祈亡魂
以脱化超升
  永保一庄老幼人等平安
  化贡云车信马右疏百拜
  上奉
  东极宫中太乙救苦天尊青玄九阳上帝 狮座下 恭望
  圣慈昭
  格谨疏
  辛卯年五月二十八日上奉（上盖"道经师宝"的印）

除此之外，还在若干张白纸上针对不同的经文写不同的内容，例如：

  雷霆都司 今据
  青海省大通县城关镇西关行政村居住奉
  道资宝送终演超度后嗣本坊善行人等
  是日哀干
  慈天具词伏念亡过本坊各姓门中三代宗亲有灵无主男女孤魂灵鬼早赴
经坛领文托化此仗
  道于家修建
  青玄救苦往生升度荐拔生天宝路经演三辰本司得此除忌依按
  玄科修奉外须至札付者
  右 叩 札 下
  孝居司命 禁忌六神准此
  辛卯年五月二十八日札（上盖"灵宝大法司印"）

庙会期间，道士们主要所念经文名称如表1所示：

表1　庙会所念经文名称

序号	经文名称	序号	经文名称
1	《灵宝齐坛随堂施食给文玄科》	10	《太上老君说十王往生妙经一部》
2	《灵宝天尊说禄库受生经》	11	《太上玄灵北门本命延生真经》
3	《灵宝齐坛早朝进词玄科一部》	12	《灵宝齐坛午朝颁赦玄科一部》
4	《元始天尊说甘露升天咒妙经》	13	《灵宝齐坛给文玄科一部》
5	《太上奠安补土玄科一部》	14	《太上老君说城隍感应消灾集福妙经》
6	《灵宝齐坛攝台玄科一部》	15	《太上君说安谢君神常清净郎灵上将马祖牛广马神牛皇真经》
7	《太上灵宝齐坛升亡减罪宝忏》（上中下）	16	《灵宝齐坛申发公文玄科一部》
8	《灵宝齐坛迴神玄科一部》	17	《太上三元赐福赦罪解厄消灾延生保命妙经》
9	《太上元始天尊说请雨龙王真经》	—	

除了给各位神灵念经，庙会期间道士还负责给人写"包"，打卦看病。在2011年笔者访谈过程中就遇到一位土族老人①来找道士看眼疾。像这种附带工作，没有明确的金额报酬，一般都是民众得到帮助后随意给钱，道士连声称谢。

（五）"游地狱"

民众给所有的神像磕头焚香祷告后，最后一项活动就是去城隍爷后寝宫的地宫参观"地狱"，当地人称"游地狱"。"地狱"是在后寝宫的地下一层，根据民间传说塑造有很多阴间酷刑，例如阳间多嘴多舌挑拨是非的死后被割舌头；浪费粮食的在阴间吃虫子；不孝敬老人的在阴间下油锅等。除此之外，在通道两壁绘有"地狱变相图"。复制"地狱变相图"缘起上写：

……近年来西风东渐，崇尚科技，视伦理道德为封建，斥宗教教育为迷信，背弃伦常，纵欲妄为，举世动荡不安，千百年来所未曾有。仁人志士深感恢复伦常道德之迫切，朱宏洲居士于二〇〇八年五月从庐江带来《地狱变相图》范本，发心将此巨画放大复制，供献给城关隍庙，供众人观览。期间得到了信众赵应录、李生玉、朱宏东等人的经济赞助，并得到了鱼海发先生为此画展提供方便。

印光大师道："善谈心性者，并不弃离于因果，而深信因果者，终必大

---

① 访谈人四：保五月，女，70岁，土族，不识字，逊让乡兰家村人。其侄女保重孙，女，66岁，土族，不识字，现为城关镇人。城隍庙会期间专门带保五月找道士看眼疾。

明于夫心性"。生命如长河，因果决不虚。善恶祸福，如影随形。地狱极乐，自作自受。望广大信众，阅览地狱图，细思圣贤语，今生来世何去何从，善思念之，熟思惟之，悉奉行之。

宽正恭书
二〇一〇年农历五月二十八日

（六）看皮影

看皮影并不是所有来参加城隍庙会的人都参加。白天看皮影的人不多，而夜晚远处民众大多当天就赶回家了。现在皮影戏的观众除了老人和凑热闹的小孩，几乎见不到中青年。皮影戏每天晚上唱1本，总共唱7本。2011年城隍庙会由青海省互助县红崖子沟下寨张氏灯影戏剧团表演。城隍庙不点戏，剧团根据自己的情况决定演出的剧目。剧团总共4人，都是汉族。每人每天80元。把式：张占保；上手：王新；空场：王德；下手：王顺召。皮影戏的演出时间及内容如下：

农历二十六日白天《路要记马庄，日久见人心》，夜戏《胡魁卖人头》；

二十七日白天《增寿图》，夜戏《马踏崔家巷》；

二十八日根据当天情况再定表演内容。

五、城隍庙会发展变迁及社会功能

（一）发展变迁

1. 组织管理的日趋完善

以前庙会一般只有庙倌负责，城隍庙会期间人员庞杂，人数众多，城隍庙多次发生火灾，与监管不力有很大的关系。于是，现在城隍庙会期间，由专门成立的城隍庙会管理委员会出面派专人负责各项具体事宜。这些人在一定程度上掌握了城隍庙会的话语权，对当地民众的引导和庙会的组织管理都有不可忽视的作用。

城隍庙会执事表

总负责：鱼海发

城隍殿：周耀祖　赵元录　吉秀林

香桌：田玉林　魏连德　祁福全

经堂：宋来德　宋全德　李国元

山神殿：王生莲　陶阿奶

西殿：薛金莲　张佛元

后寝宫：白阿奶

地藏王殿：陈桂莲

财神殿：沈双存　张金花

大灶：陶冬梅　陈桂英　文凤花

买办：朵新春

防火安全负责：朵新春　乔通军

过关：孙发成

破签：童占仓　佘志恒

影戏：吉发荣　党增瑞

土神殿：李桂芳

东殿：黄玉梅

地域：朵恒春　刘占龙　陈满寿　朵荣春

太上老君：张桂英

烧茶水：赵三存　包秀英　尚生兰　童奶奶　冯桂英

收香防水：孙瑞麟　赵观音保

大通城隍庙管理委员会
2011年农历5月26日

2. 商品集市功能逐渐淡化

与众多的城隍庙会一样，以往的庙会除了青海省境内的商贩们云集而来之外，还有商贩专门从外地赶来参加，体现出集市或商业贸易的功能，且以日用百货、生产生活必需品、骡马交易为主，而少见非耐用品和奢侈品。因庙会的宗教色彩很浓，通过这种渠道来满足平时购买物品的需求，已经基本退化。近年，随着经济的快速发展，商品经济日益发达，从外地赶来参加城隍庙会的商贩已经不见踪影，镇上其他商店、小卖部、饭馆等受城隍庙会的影响不是很大。只有当地民众和道士们摆设的小摊，在庙会期间生意兴隆。

3. 演出团体的变迁

以前城隍庙会期间城关镇上还有外地马戏团、歌舞表演团等，甚至在城关镇上唯一的电影院还有花儿演唱会。自从2003年"非典"时当地政府取消物资交流会，这些团体不再出现。甚至庙里请大戏的传统风俗，由于经费原因也在悄然发生改变。2010年秦腔剧团演出，由于城隍庙会期间庙里免费管吃，来看戏的人太多，致使庙里入不敷出。前几届庙会还请过老年协会的老人们来唱曲子，老妇人们扭"八大光棍"等秧歌，后来民众认为这是神会，在庙里扭秧歌不成体统，于是2011年改请皮影戏剧团。这些表演团体可同时被邀请，但现在为了节省开支，每年只请1个。

4. 城隍老爷"巡游"活动的变迁

城隍老爷"巡游"以往是从每年农历六月初五开始晒伞。他们将城隍爷檀香木的塑像放在一顶轿子里，这顶轿子被称为"神轿"。初六正式抬着神轿去桥头镇"巡游"。连续巡游3年后，第四年不一定抬着神轿，其他人员仍然组成朝山队去老爷山朝拜。这项活动当地人叫"处暑"、"普查"或"朝山"。神轿所到之处民众设香案、贡品、钱物等进行接待。他们认为城隍老爷可以在巡街时知道当官的为百姓做了多少好事，又有多少官员贪赃枉法，进而逐一汇报给老爷山大殿里的玉皇大帝，进行"阴罚"和"赏善"。另外，除了在桥头镇老爷山巡游之外，还在城关镇的雷电山及小庙里进行祭拜。巡游队伍中原本有二三十顶伞，现在只剩下20余顶。如今，城隍庙巡游队伍的时间、地点都要统一服从大通县政府的相关安排。2012年农历六月在桥头镇巡游时，就曾遇到其他朝山队的奚落，双方甚至发生争执。桥头镇附近的朝山队认为他们供奉的是"无量天尊"，而城关朝山队却抬着城隍爷，跟他们的神灵不一致。无论出于什么原因，到了2013年的农历六月，城关镇就没有再派人员参加老爷山的朝山活动。

5. 信仰群众的流失

据城隍庙会管委会的初步统计，2011年城隍庙的人数仅农历二十八日1天，就有1万多人。除了城关镇附近的民众，还有来自门源、互助、西宁等地。民族成分也较为复杂，除了汉族还有土族、蒙古族及海晏县的藏族，甚至有很多穆斯林群众来看热闹。在城隍庙的人流中，除了流浪乞讨的人之外，真正的城隍庙会香客分为3类。一是居住在城关镇的本镇民众；二是城关镇所辖范围内的各个乡镇民众；三是祖籍属于城关镇管辖的民众。有一部分人在西宁市或桥头镇居住、工作已有两代，但是父辈是属于城关镇辖区内的，现在仍回城关镇城隍庙祭奠。

1957年大通县政府由城关镇迁至桥头镇，其政治经济中心发生转移。尤其是近几年当地民众纷纷在西宁市或桥头镇买房，人口大量集中在城镇。而参加城隍庙会的多数为中老年人，对城隍信仰不甚了解，加之城隍庙前几年接连失火，有些老人就认为城隍老爷也迁到桥头镇的老爷山上去了，这个地方已经没有神灵愿意留下来保佑他们，使得这些民众在农历六月六日也到老爷山去朝拜。香客中一部分人出于一种传统习俗的约束到城隍庙，除了"带包"、烧纸、"过关"之外，其他活动并不参加。且很多人并不在农历五月二十八日到城隍庙，而是错开城隍庙会期间的人流高峰期，选择在其他时间祭奠亲人。

另外,在访谈中很多人表示即便接到请柬也不是有接必回,甚至有的人因为各种原因不愿接帖。2011年的请柬内容如下:

> 谨定于二〇一一年农历五月二十六至二十九日,会期四天,在大通城隍庙举行传统城隍庙会,会间有诵大经、进香焚纸、灯影演出等活动,谨请各界善男信女信教者届时光临。
> 进香者神恩永佑、吉祥如意、发财发旺、一生平安!
>
> 大通城隍庙

因此,近几年城隍庙会期间的人数比以往锐减,且对城隍信仰开始抱有怀疑态度,他们中有人甚至说:"阳世三间人哄人,阴曹地府鬼日鬼。"意思是人间尚且尔虞我诈,谁还能保证死后阴间不是鬼骗鬼呢?

(二)社会功能

1. 劝化人心,整饬社会秩序

改革开放以来,人们的自我意识、功利意识、冒险意识空前增强,但人情趋于冷漠。农村老人"厚葬薄养"现象日趋突出,这种社会心理和价值取向导致了群体意识和行为的困惑迷乱。

在庙会期间免费提供食宿的对象除了香客、演出团体,也包括那些乞丐、卖艺者等弱势群体。而香客带着祈求自己和家人诸事顺利的功利性目的,一般也不会拒绝那些专门赶在庙会期间前来乞讨的人,或多或少都会给他们施舍钱财。一系列宗教活动虽然增加了城隍信仰的神秘感,但无论是祭祀活动还是演出团体的内容,无非是劝化人心,让人积善行好,恶事莫做,提倡尊老爱幼,互敬互助,邻里相扶。据当地的民众①讲,无论给谁烧香拜佛,孝敬父母,善待老人是庙会提倡的首要思想。当地还流传"孝顺父母不怕天,上粮纳草不怕官","害怕管,不怕官","放在家里的活佛②你不供,跑到庙里把头撞③,站折腰,跪断腿,良心不端(哈)白日鬼④"的谚语。

这在特定时空范围内形成的积极向善的氛围,对人们的思想、心理和情感起潜移默化的作用,对当地的社会治安和社会风气起到一定的整饬作用。

---

① 访谈人五:祁正良,男,52岁,汉族,小学文化程度,西关村人。其父祁洪发曾积极参与城关城隍庙的重建等事宜。
② 这里的活佛指家中的老人,如父母长辈等,并不是宗教意义上的活佛。
③ 撞:当地发音为chòng,指使劲用头撞地,意思是磕头时很卖力的样子。
④ 白日鬼:青海方言,指白费功夫,白搭。

2. 强化地域观念，增强凝聚力

在众多香客中，他们认为"城隍老爷是我们这里的主儿"，"这就跟阳间当官的一样，每个神都有自己的管辖范围和职责，其他地方的自有其他地方的神灵，要不然神灵之间也会产生矛盾。除非是来大通县城关镇的外地人死在这里，亲朋好友可以来烧纸祭奠。不过死人的灵魂还是要回到自己的家乡，这里的城隍老爷只能临时寄管，没有长久的管制权"。所以很坚定地认为凡是大通县城关镇辖区内的人，都是这个大家庭的一员，即便活着的时候没有往来，死后必定在一起受城隍老爷的管制。在农历五月二十八日城隍庙会期间，无论认识与否，在庙里烧纸祭祀的时候都会很友好地打招呼问好，相互避让。面对城隍庙后寝宫供奉的众多神灵和家中供奉的神灵，他们并没有排斥情绪，盲从和"礼多神不怪"的心理，导致当地民众信仰的多元化，无论是佛教、道教还是民间宗教，在他们的信仰体系里都有一席之地，形成庞杂而和谐的局面。

因此，这些特定的民族或群体有着共同的文化认同，这一民间活动无形中加强了民众的地域观念，这对增进民族自豪感，加强他们的"自我意识"、伦理道德观念以及巩固特有的语言和习惯起到了不可忽视的作用。从而导致在多民族地区形成一个独特的文化圈，通过一系列活动调节精神压力，缓解矛盾，加强各民族间的凝聚力。

3. 无奈的示威，诉求失落权利

从访谈中得知，城隍的巡游习俗是传承于祖辈的。现在尽管存在诸多阻碍发展的因素，例如由于年轻人外出打工人员流失；路途遥远，开支增大；设备陈旧，没有及时更新等，城隍爷的巡游活动发生了很多变迁。但当地民众十分渴望能参与到由大通县政府组织的大型朝山活动中。他们的主动性和其他朝山队途中相遇时的冲突，至少说明他们极力想通过这一活动改变自己被逐渐边缘化的尴尬处境。这样的现象可以理解为曾经的政治经济中心现在被逐渐边缘化，至少城关镇的城市民众是失落的，他们得到向城市显示他们力量的机会时，内心是喜忧参半的，这何尝不是一种无奈的"示威"。他们渴望参与活动的身份从被动变为主动，可以理解为为了巩固在民众中的信仰地位或抢夺信众、诉求失落权利而采取的一种方式。实际上，当一个村落的游神队伍到另一个村落去表演的时候，或者是两村的游神队伍在途中相遇的时候，出现互相显示力量，以至发生冲突的场面是常见的，只不过这里从平行的"对抗"变成自下而上的"炫耀"，……即不满足它们被排斥在城市生活之外的从属、服从的地位，表现了它们对城市生活的参与①。

---

① 赵世瑜：《庙会与明清以来的城乡关系》，《清史研究》1997 第 4 期。

后 记

《大文化与小传统——民俗文化学论萃》汇集了以民俗文化为主题的学术论文凡34篇，是青海师范大学法学与社会学学院民俗教研室同仁们近5年来的部分科研成果。作者分别是赵宗福教授、米海萍教授、文忠祥教授、李言统教授、贺喜焱副教授、马都尕吉副教授和邢海珍副教授。按其内容大体分文化篇、理论篇、民间文学篇、民俗篇及田野调查篇等5个版块，较为集中地在昆仑文化及昆仑神话、多民族民歌花儿及花儿会、土族民俗文化、多民族民间文学、多民族信仰及英雄史诗等方面进行学理性思考。从中国大文化的宏观视角，主要运用民俗学和文化学的理论与方法，对中国西北区域内诸多的具有代表性民俗文化事象进行了科学严谨的分析和创新性研究。其学术意义和实际意义在于，既自觉地弘扬地方优秀传统文化，发掘了地方民俗文化的内涵，又发挥民俗文化在构建和谐社会与促进文明进步的作用，为保护和发展民族文化尽到了作为学者的责任担当。

众所周知，中国的大西北历史悠久，自古以来不同民族在这里生息繁衍，所积淀的多民族民俗文化纷繁多姿，在整个中华传统文化中一枝独秀。然而民俗文化的研究与文学、历史等学科相比，其优势并不是很突出。尤其是青海，在中国民俗学百年坎坷发展历程中，因历来被中原内地视为"处万山中"、"孤悬河外"的文化僻远地，民俗学研究起步亦较晚。但令其他学科始料未及的是，青海本土民俗学者在着力构建"地方民俗学"学科方面成就斐然，赶上甚至超越了其他传统人文科学研究的步伐，而且佳绩连连，迈上了新的台阶。就青海师范大学民俗学教研室团队而言，全体学人秉承民俗文化严谨而规范的学术操守传统，执着守望于民俗文化家园，在青海这块民俗文化富矿区孜孜探宝，成果累累。在科研方面，大多数同仁独立承担有国家社会科学基金项目、教育部人文社会科学科研项目和省级科研项目，或独立担纲，或合作撰稿，参与了青海省一批富有特色研究成果如《昆仑神话》、《青海花儿大典》、《青海省非物质文化遗产丛书》（10 种）、《西北民俗文化丛书》（8 种）、《青海民俗学精品论丛》（10 种）等，且在历届青海省哲学社会科学评奖中屡屡获奖。在学术活动方面，或以策划者，或以会议主持人，或以主要参加者身份参加了青海省举办的"昆仑文化与西王母国际学术论坛"、"昆仑神话与世界创世神话国际学术论坛"、"昆仑神话的现实精神与探险之路国际学术论坛"、"格萨尔与世界史诗国际学术论坛"、"土文化国际学术研讨会"等高端学术会议。在学术交流方面，积极主动地与美国印第安纳大学、日本爱知大学、北京师范大学、中央民族大学、西北民族大学、云南大学、台湾师范大学、台湾政治大学等著名高校的民俗学者们进行广泛的学术对话，极大地开阔了学术眼界。在社会公益活动方面，多数同仁身兼数职，担任省级和市级的非物质文化遗产保护中心的主人、副主任和委员，在积极申报和评审各级各类非物质文化遗产保护项目中，发挥了决定性作用。教研室同仁在青海省一级学会、优秀学会青海省民俗学会中是中坚力量，担任副会长、副秘书长及理事等职。在课程建设和学科建设方面，"中国民俗学"、"中民间文学"等课程一直是中文系的专业基础课和提高课，2004 年起招收民俗学硕士研究生；国内权威期刊《民间文化论坛》在 2006 年第 6 期曾专文评介本学科的建设成就，并给予高度评价；2007 年民俗学学科被确立为青海省的省级重点学科，标志着民俗学学科建设进入了新的发展阶段；2013 年"中国民间文学"课程被确立为校级精品课程；2014 年"中国民俗学"教学团队被确立为校级教学团队进行重点建设。总之，作为青海师大院系最为基层的教研室团队，本人自 2005 年很荣幸地担任教研室主任这个小小的"官儿"以来，因得到各级领导和导师赵宗福先生的鼎力相助，加之教研室同仁们齐心协力、无私奉献，乘学校改革发展的东风，民俗学教学和研究成果在省内外引人注目。

教研室同仁们的研究成果除了专著由国内知名出版社出版外，把部分新创之作结集于一册，在国家的权威出版社科学出版社出版，是一件值得纪念和欣慰的幸事。当初民俗教研室隶属于人文学院中文系，2015 年 7 月学校出于学科远景发展规划的考虑，将民俗学调整到社会学一级学科下的二级学科进行提升式建设，教研室全体同仁亦移麾新组建的法学与社会学学院之下。大家在朋友式领导王作全院长、鄢晓彬书记、乔益杰副院长的关怀下，在众多新同仁善良的问候中，很快融入了新的大家庭。这本小著的问世，权当是在新的学院愉快工作新起点的纪念吧。至于欣慰之事，感触良多。青海师大民俗学学科确立能够走到今天，并顺利地得到有序建设与持续发展，自然与学校领导的关心支持分不开，但具体规划和实施步骤，大多归功于赵宗福教授。赵先生是我和李言统博士的导师，也是教研室其他同仁的良师益友，我们学术研究的进步、学术素养的提高与学术伦理的严谨规范，并形成团结和睦共同进步的学术团队，都与赵先生的无私帮助和耐心指导分不开。人生难得遇良师，古谚曰："桃李不言下自成蹊。"铭记师恩，诚实做人，严谨治学。在这里还要补充几句，邢海珍老师是新闻系的专职教师，长期为民俗学硕士研究生开设重头课程，深受学生好评，本著特意纳入她的 2 篇田野研究报告以表示感谢。另外，很遗憾的是，教研室海归博士何吉芳副教授用英文发表的数篇有关土族文化的高质量论文，因出版社建议在一本书中不宜出现两种语言的文章而没能收录进来，容当纳入以后的出版计划中。

是为记。

米海萍
于 2015 年冬月谨识